DE L'ÉCONOMIE DE PILLAGE
À LA SOCIÉTÉ DÉSAGRÉGÉE :
UN ESSAI SUR LA RÉVOLUTION
THATCHÉRIENNE

Collection « L'esprit économique »

fondée par Sophie Boutillier et Dimitri Uzunidis en 1996
dirigée par Sophie Boutillier, Blandine Laperche, Dimitri Uzunidis

Si l'apparence des choses se confondait avec leur réalité, toute réflexion, toute Science, toute recherche serait superflue. La collection « L'esprit économique » soulève le débat, textes et images à l'appui, sur la face cachée économique des faits sociaux : rapports de pouvoir, de production et d'échange, innovations organisationnelles, technologiques et financières, espaces globaux et microéconomiques de valorisation et de profit, pensées critiques et novatrices sur le monde en mouvement...
Ces ouvrages s'adressent aux étudiants, aux enseignants, aux chercheurs en sciences économiques, politiques, sociales, juridiques et de gestion, ainsi qu'aux experts d'entreprise et d'administration des institutions.

La collection est divisée en six séries :

Dans la série *Economie et Innovation* sont publiés des ouvrages d'économie industrielle, financière et du travail et de sociologie économique qui mettent l'accent sur les transformations économiques et sociales suite à l'introduction de nouvelles techniques et méthodes de production. L'innovation se confond avec la nouveauté marchande et touche le cœur même des rapports sociaux et de leurs représentations institutionnelles.

La série *Economie formelle* a pour objectif de promouvoir l'analyse des faits économiques contemporains en s'appuyant sur les approches critiques de l'économie telle qu'elle est enseignée et normalisée mondialement. Elle comprend des livres qui s'interrogent sur les choix des acteurs économiques dans une perspective macroéconomique, historique et prospective.

Dans la série *Le Monde en Question* sont publiés des ouvrages d'économie politique traitant des problèmes internationaux. Les économies nationales, le développement, les espaces élargis, ainsi que l'étude des ressorts fondamentaux de l'économie mondiale sont les sujets de prédilection dans le choix des publications.

La série *Krisis* a été créée pour faciliter la lecture historique des problèmes économiques et sociaux d'aujourd'hui liés aux métamorphoses de l'organisation industrielle et du travail. Elle comprend la réédition d'ouvrages anciens, de compilations de textes autour des mêmes questions et des ouvrages d'histoire de la pensée et des faits économiques.

La série *Clichés* a été créée pour fixer les impressions du monde économique. Les ouvrages contiennent photos et texte pour faire ressortir les caractéristiques d'une situation donnée. Le premier thème directeur est : mémoire et actualité du travail et de l'industrie ; le second : histoire et impacts économiques et sociaux des innovations.

La série *Cours Principaux* comprend des ouvrages simples, fondamentaux et/ou spécialisés qui s'adressent aux étudiants en licence et en master en économie, sociologie, droit, et gestion. Son principe de base est l'application du vieil adage chinois : « le plus long voyage commence par le premier pas ».

André Rosowsky

De l'économie de pillage à la société désagrégée : un essai sur la révolution thatchérienne

Tome 1

L'Harmattan

5-7, rue de l'École-Polytechnique ; 75005 Paris

http://www.editions-harmattan.fr/

ISBN : 978-2-343-12612-8
EAN : 9782343126128

Table des matières

Chapitre No. 1

Introduction

La révolution initiée par Margaret Thatcher en 1975 a mis fin aux espoirs nés dans l'après-guerre des années '60', espoirs fondés sur une société solidaire basée sur le compromis à travers la social-démocratie et les partis sociaux-libéraux tel le Parti Chrétien-Démocrate en Allemagne. Cette révolution a produit des crises économiques à répétition et des crashs boursiers toujours plus graves, dont le dernier en 2008 a failli détruire le système monétaire mondial. Dans le même temps, des études ont montré que la concentration des richesses a précédé les deux crashs boursiers de 1929 et de 2008. Le crash de 2008 était considéré comme impossible suivant les thèses néo-libérales monétaristes de la révolution thatcherienne. Il invalide donc expérimentalement ces thèses.

Plutôt que de retomber dans l'opposition entre approches keynésienne et néo-libérale, cet essai se propose de considérer cette révolution comme une maladie qui détruit le capitalisme, vu ici comme machine à produire des richesses et non comme idéologie. À l'instar de la médecine, c'est parfois par l'étude d'une pathologie que l'on a accès à la compréhension du système sain.

La critique du monétarisme néo-libéral ne conduit pas ici au rejet du monétarisme, mais à une modification de l'équation de Fisher et au rejet des théories de Milton Friedman, au profit d'un retour à un libéralisme proche des idées d'Adam Smith. Elle est basée sur une modélisation des flux financiers entre monnaie réelle (« fiduciaire ») et monnaie scripturale (« crédit »). Ce modèle permet de quantifier la modification des flux financiers par la révolution thatcherienne. Il invalide la dérégulation néo-libérale qui conduit à un marché dominé par des oligopoles peu efficaces, en lieu et place d'un marché libre de l'offre et de la demande. Le monétarisme, introduit ici, nécessite pour fonctionner la régulation du marché afin d'obtenir un marché relativement efficient. Ce modèle conduit aussi à réinterpréter le rôle de la monnaie.

L'étude de la révolution thatcherienne conduit aussi à définir une économie de pillage caractérisée par le fait que l'entrepreneur traditionnel, qui prend un risque et en tire bénéfice en cas de succès, se trouve en compétition avec des nouveaux acteurs économiques, dont l'objet est de détourner les bénéfices de l'entrepreneur, tout en lui laissant assumer les risques. Il ne s'agit pas d'opposition entre capital et travail, mais de pillage de la richesse créée par le capital et le travail. Une économie de pillage est un type de fonctionnement économique très ancien dans l'histoire.

Le capitalisme n'est pas considéré dans cet essai comme une idéologie, mais comme un outil à fabriquer des richesses, qui peut produire des sociétés *sociales-démocrates* avec une forte solidarité sociale, aussi bien que des sociétés *sociales-libérales* classiques, de type chrétien-démocrate allemand, où l'individu a plus de responsabilités vis-à-vis de son bien-être. Le libéralisme, conçu par Adam Smith à la fin du 18e siècle, est favorable à la démocratie représentative portée par les sociétés sociales-démocrates et sociales-libérales. Au contraire, le néo-libéralisme de la révolution thatcherienne conduit à mettre en place une économie de pillage. Et ce type d'économie est incompatible à moyen terme avec la démocratie représentative. Au-delà de considérations morales ou éthiques, c'est un système de production de richesses très inefficace et destructeur.

La révolution thatcherienne est elle-même issue d'une révolution idéologique portée par les idées libertariennes d'Ayn Rand. Les idées libertariennes voient la société humaine, organisée par un État, comme une ennemie de l'individu. À l'inverse, la démocratie représentative voit dans la société organisée par un État de droit l'espace qui permet l'épanouissement de l'individu. Les idées libertariennes ont produit deux idéologies qui formellement s'opposent, mais qui dans les faits marchent la main dans la main : le néo-libéralisme dont l'expression politique est le néo-conservatisme, et la gauche rouge brun dont les expressions politiques diverses vont de l'altermondialisme à l'extrême gauche anti-parlementaire. Le néo-libéralisme et la gauche rouge brun ont un but politique commun : mettre fin à la démocratie représentative. Pour les néo-libéraux, la démocratie représentative doit être remplacée par un néo-féodalisme. Pour la gauche rouge brun, la démocratie représentative doit être remplacée par une démocratie participative. Cette relation entre les deux branches du mouvement libertarien ainsi que les caractéristiques idéologiques de ces mouvements seront présentées dans la deuxième partie.

La pseudo-légitimation de la révolution thatcherienne est basée sur une idée simple, intuitive, mais inexacte : « la somme des gains maximaux à court terme garantit l'optimisation des gains à moyen et long terme ».

Cette idée trouve sa justification apparente dans la description statistique des phénomènes, et en particulier dans l'utilisation de la distribution de Gauss pour justifier un marché supposé, à tort, totalement efficient. Il n'est pas question dans cet ouvrage de donner un cours de mathématiques et le lecteur pourra suivre cette étude sans connaissances mathématiques préalables. Les idées qu'expriment les théorèmes mathématiques sont simples et compréhensibles par tous. Par ailleurs, il convient d'indiquer que ces théorèmes et leurs conséquences dans le champ économique ont été étudiés depuis longtemps : d'abord par Louis Bachelier à la fin du 19e siècle, puis par Paul Lévy et enfin par Benoît Mandelbrot. D'autres auteurs ont depuis appliqué ces travaux mathématiques dans le domaine économique. Mais leur utilisation pour analyser la révolution thatcherienne et ses conséquences sur les sociétés fait défaut : c'est l'objet de cet essai.

Au-delà d'être une fraude intellectuelle, l'utilisation d'une idée simple mais fausse a eu des conséquences destructrices sur beaucoup d'entreprises et un effet de désagrégation des liens qui forment une société. Les classes moyennes qui assurent la stabilité des sociétés démocratiques ont été appauvries et les représentants élus, de droite comme de gauche, se sont trouvés impuissants. Cette impuissance est une menace pour les sociétés démocratiques. L'analyse présentée ici, montre que cette impuissance n'est qu'apparente et, une fois démontés les mécanismes de cette fraude, il est possible par des moyens classiques, dans le cadre existant, d'y remédier pour retrouver une économie de production.

À l'inverse d'une société « libérale classique », la révolution thatcherienne est animée par une idéologie qui attaque le capitalisme vu comme outil et le transforme en théorie « naturelle » de l'économie tout comme le marxisme se considérait comme une théorie scientifique de la société et de l'évolution historique. Cet essai s'attachera à montrer que cette théorie « naturelle » semblable aux lois de la physique, communément nommée *néo-libérale*, est aussi naturelle que le marxisme était scientifique, c'est-à-dire une fiction.

La révolution initiée par Margaret Thatcher a changé et réorganisé la gestion du temps économique dans le cycle de fonctionnement des entreprises. Cet essai étudie comment cette réorganisation s'est traduite dans le changement de rôle des acteurs économiques. En particulier, il s'attache à démontrer que le long et moyen terme ont été dévalués au profit exclusif du court terme et que les acteurs liés au court terme ont pris le contrôle des entreprises.

Cette prise de contrôle a ensuite gagné toute la société et l'économie de pillage a détruit la machine capitaliste au sens d'Adam Smith.

Par le passage à l'économie de pillage, les sociétés démocratiques, dont le socle est la classe moyenne, sont remplacées par une forme nouvelle de féodalisme où le citoyen cède la place au consommateur et le salarié devient un nouveau serf, vivant dans la précarité de l'emploi. L'asservissement devient complet par la perte de l'espace privé qui était apparu avec la révolution libérale du 18e siècle, perte au profit d'une vie espionnée et commercialisée par les multinationales d'internet.

Pour mettre en place ce néo-féodalisme, la révolution thatcherienne va retourner la classe moyenne contre elle-même par une idéologie dont les hypothèses semblent intuitivement justifiées mais qui s'avèrent inexactes. L'intuition est parfois trompeuse, pendant des siècles on a cru que la terre était plate... En fait, l'intuition est le résultat d'une éducation et celle-ci doit être remise en cause avec l'évolution des connaissances : c'est cette remise en cause qui sera présentée ici.

L'étude est en plusieurs temps. En suivant le cheminement chronologique de la révolution thatcherienne, l'argument statistique fallacieux, qui a justifié la prise du pouvoir des néo-libéraux dans les entreprises et la dérégulation du marché financier, est mis en lumière. Une fois le mécanisme de fraude élucidé, ce qui émerge est une forme ancienne d'économie : le pillage. Pour éclairer son fonctionnement, la machine capitaliste au sens d'Adam Smith est modélisée en se basant sur les flux financiers et sur le rapport entre la monnaie réelle et scripturale. Cette modélisation est étendue pour décrire la thésaurisation et la corruption qui sont les instruments de l'économie de pillage. Les principaux outils de détournement des investissements productifs sont alors analysés en utilisant cette modélisation.

Ce modèle définit de façon plus précise la « vitesse de circulation de la monnaie » et modifie l'équation de Fisher. Cette modification permet de réanalyser les crises de 1929 et de 2008 et de les comparer.

Adam Smith (1723-1790) a fondé non pas *l'économie* comme science naturelle (telle que la physique ou les mathématiques), mais *l'économie politique* en tant que science humaine. Il a fait brûler presque tous ses écrits de son vivant à l'exception de deux livres :

- « The Theory of Moral Sentiments »
- « An Inquiry into the Nature and Causes of the Wealth of Nations »

Ces deux livres étaient indissociables pour l'auteur, l'économie ne pouvait être comprise sans la politique avec ses bases morales, c'est-à-dire la compréhension du rôle et du fonctionnement de l'État dans lequel cette économie se développe.

Or, à la fin du 19e siècle et au cours du 20e siècle, l'utilisation des outils mathématiques pour modéliser les flux économiques a conduit à la croyance que l'économie pouvait se comprendre seule, indépendamment de l'État qui organise une nation.

Auteur de ces lignes, je ne suis pas économiste mais physicien et je pense que l'on fait fausse route : je soutiens le point de vue d'Adam Smith. La fascination pour le langage cabalistique des équations conduit à confondre le langage mathématique avec le contenu des idées exposées par ce langage. Pourtant en physique et en mathématique on sait bien que cette confusion n'est pas justifiée. Au départ considérée comme objet physique par Louis de Broglie, la fonction d'onde de la Mécanique Quantique a par la suite été considérée comme une onde de probabilité, avant d'être réinterprétée comme un champ quantique, interprétation qui pose aujourd'hui des problèmes quand on essaye de l'appliquer dans le cadre de la Relativité Générale. Bref, le même objet mathématique, les mêmes équations conduisent à des compréhensions différentes sans que cela pose un problème : les équations ne sont pas les lois physiques, mais une représentation qui permet de quantifier et de discuter celles-ci dans un cadre donné. Quant aux mathématiques, il suffit de se reporter aux discussions sur ses fondations entre l'approche platonicienne et intuitionniste des quantités infinies, ou de se rappeler que les nombres transfinis de Cantor ont été longtemps refusés par la meilleure publication du domaine, pour constater que la situation est identique à celle de la physique : le langage mathématique exprime des idées, il n'est pas l'essence de ces idées.

Il y a dans cet essai quelques équations. Le lecteur sans formation mathématique de base est invité à ne pas se laisser impressionner et à sauter les lignes correspondantes. Les paragraphes, qui précèdent et suivent ces quelques équations, expliquent en langage ordinaire leur contenu et ce qu'elles expriment. Ces équations sont nécessaires pour justifier l'argumentation et pour permettre à ceux qui le souhaitent de tester le modèle avec les méthodes présentées dans les appendices.

Durant la guerre froide, sous l'impulsion de Friedrich Hayek et Milton Friedman, la révolution thactherienne a porté l'idée de l'économie comme science naturelle à son paroxysme, avec pour conséquence qu'il n'existerait qu'un seul régime politique et économique naturel, donc viable à long terme : le néo-libéralisme.

Il s'agit d'une idolâtrie de la science qui n'a rien à voir avec la science, et qui, comme le marxisme, conduit à la destruction de la démocratie.

L'effet de la révolution thatcherienne sur la démocratie et la tentative de remplacement de l'État *de droit des individus* par l'État de *droit des entreprises multinationales* seront discutés dans le cadre de la protection de la vie privée qui est dénié aux citoyens par les multinationales d'internet.

Enfin, cette mésaventure sera le point de départ de questions sur la façon dont une société démocratique peut se projeter dans l'avenir sans être victime d'idéologies simplistes. L'analyse de la révolution thatcherienne offre la possibilité de regarder en arrière, de questionner le projet de société que l'on souhaite pour l'avenir, et de retrouver une machine économique productrice de richesse, de plein-emploi et favorable au développement démocratique.

Chapitre No. 2

La révolution thatcherienne

1

Capital et investissement : court, moyen et long terme

Pour comparer la gestion du temps d'une entreprise à une autre, l'allocation des ressources financières peut être regroupée en trois catégories :

- A : les frais de fonctionnements, salaires, matières premières, énergie, etc.
- B : les investissements pour le futur, le renouvellement des machines, la R&D, etc.
- C : les dividendes et la valorisation du capital.

La catégorie A concerne le présent et le futur, la catégorie B le futur, et la C, le passé et le présent.

La catégorie A regroupe la gestion quotidienne de l'entreprise, mais aussi son futur au travers de la formation et des parcours de carrière qu'elle offre aux employés. Une entreprise qui souhaite fidéliser sa main d'œuvre et obtenir un engagement fort de celle-ci doit donner une visibilité, un *futur*, à tous ses acteurs. Mais pourquoi fidéliser sa main d'œuvre et obtenir un engagement fort ? Cela n'a de sens que dans le cadre d'un projet clair de développement : projet technique, nouveau service, vision de l'entreprise dans dix ans. Seul un projet clair permet de définir une formation ciblée et une adhésion des employés. Chacun doit pouvoir se donner un but dans ce projet. C'est le projet qui crée un *stress positif*, semblable à celui d'une équipe sportive. À l'inverse, pour maintenir des employés très actifs en l'absence de futur bien défini, les entreprises ont recours à un *stress négatif*, organisé dans la gestion par le stress sous le nom anodin de « gestion par centres de profits ». On a pu voir les effets de ces pratiques dans la série de suicides à France Télécom en 2008-2009 : l'entreprise a-t-elle été plus prospère, plus grande, financièrement plus forte pour autant ?

Il convient de noter qu'un « projet d'entreprise » n'est pas un objectif de taille financière ou de part de marché, mais une ensemble de choix de produits ou de services nouveaux que l'on se propose d'offrir aux consommateurs dans dix ans. La taille financière ou la part de marché sont des moyens et des résultats et ne constituent pas un « projet d'entreprise ».

En d'autres termes, une entreprise qui n'a pas de projet n'a pas besoin de fidéliser sa main d'œuvre et un engagement fort des employés. Elle peut remplacer la création d'une communauté économique soudée autour d'un projet par une gestion par le stress des salariés au prétexte de « Performance Management » et « Performance Rating ». La seule limite est de ne pas tomber sous le coup de la loi. Quant à la formation, la part légale est remplie par des « formations garages » sans impact positif ni pour l'entreprise ni pour la carrière de l'employé. Une entreprise sans projet peut réduire la part des ressources financières allouées à la catégorie A et présenter « un bilan plus performant ». Nous verrons plus loin que ce bilan « performant » a un coût financier non seulement pour les employés, mais aussi pour la masse des investisseurs de la classe moyenne à travers ses assurances, fonds de pension, et investissements directs.

La catégorie B regroupe les activités qui servent à redéfinir continuellement le projet d'entreprise (ce qui était « pour dans dix ans » l'an dernier est aujourd'hui « pour dans neuf ans »), à construire les prototypes, à faire des tests de services nouveaux, etc. Bref, ce sont des activités qui sont par essence déficitaires aujourd'hui : elles ne se justifient que dans le cadre d'une vision future. Une entreprise qui pense seulement améliorer l'existant peut réduire ses dépenses dans cette catégorie au strict minimum et à nouveau présenter « un bilan plus performant ». Dans le cas d'un projet d'entreprise, ces dépenses représentent la part la plus risquée et la plus difficile à gérer. On sait quand une R&D commence, on ne sait pas quand elle aboutira et si elle aboutira, et on doit savoir l'arrêter pour repartir dans une autre direction. Brefs ces coûts sont très difficiles à évaluer et à gérer.

La catégorie C doit assurer la liquidité et l'équilibre financier de l'entreprise à la clôture des comptes, année après année, c'est-à-dire au présent. Il y a deux façons opposées de gérer ces activités qui correspondent à deux types d'investisseurs très différents.

Un investisseur est un « marchand de risque » : il achète ou vend du risque. Son activité est la gestion du risque et cette activité coûte d'autant plus cher que les opérations sont nombreuses (frais de transactions, études des marchés, infrastructure informatique de suivi en temps réel, etc.). L'investisseur du premier type cherche à minimiser ses coûts et donc le nombre de ses opérations. Il recherche des entreprises qui ont un projet dont il pense pouvoir évaluer le risque et les gains potentiels. Son activité ayant moins de coûts, il peut se contenter de dividendes raisonnables. Cet investisseur est de type « Buffet » du nom de Warren Buffet. Son intérêt est une allocation des ressources financières d'une entreprise dans les catégories A et B. À l'inverse, le deuxième type d'investisseur recherche le gain d'opportunité à court terme, seuls les dividendes immédiats ou les faillites rachats l'intéressent. Comme cette activité requiert de nombreuses opérations, il a besoin de dividendes importants. Cet investisseur est de type « trader ».

Ces deux types d'investisseurs sont des intermédiaires et ont pour source financière les classes moyennes. Par ailleurs, ils opèrent une politique économique opposée. Le type Buffet favorise le moyen et long terme, le type trader favorise le présent et se base sur le passé. Le type Buffet favorise les entreprises qui allouent une part importante de leurs ressources financières aux catégories A et B, alors que le type trader favorise la catégorie C au détriment des catégories A et B. Dans les deux cas, l'entreprise sélectionne le type d'investisseur à travers la répartition de ses ressources qu'elle a fait dans le passé et qu'elle fait aujourd'hui, en particulier les dividendes. La catégorie C est donc une allocation de ressources liée au passé et au présent : c'est une allocation de dividendes correspondant au type d'investisseur déjà actionnaire (passé) et qui doit fournir le financement actuel (présent). Plus la portion allouée aux dividendes est élevée au détriment des catégories A et B, et plus les investisseurs-actionnaires sont de type trader. Bien que le discours dominant présente l'allocation de dividendes comme un investissement pour le futur, celle-ci est, en fait, une relation à court terme : l'investisseur peut à tous moment changer d'avis. C'est pour empêcher ce renversement que les objectifs de dividendes sont mis à jour tous les trimestres : on ne s'engage pas à un taux de dividendes moyen sur dix ans, ou alors trop rarement.

2

La révolution thatcherienne dans l'entreprise

Avant la révolution initiée par M.Thatcher, l'actionnariat des entreprises était stable, voire trop stable, et c'était l'entreprise elle-même qui avait de la valeur par opposition à ses composantes : bâtiments, machines, qualification de la main d'œuvre, savoir-faire, brevets, etc. Cette situation n'était pas la plus favorable pour ses actionnaires sur le court terme, car l'ensemble des parties générait moins de valeur immédiate que la somme des parties vendues séparément. Cependant, cet ensemble avait une certaine « plasticité » et garantissait un revenu régulier. La plasticité venait du fait si l'une des parties était dépassée par une nouvelle technologie, les autres pouvaient stimuler un renouvellement, et/ou compenser les pertes durant la remise à niveau, et même contribuer à cette remise à niveau. Le problème était que l'actionnariat majoritaire était riche et peu actif dans la gestion des affaires, on peut parler d'actionnariat de rentiers. Or ce type d'actionnariat est peu réceptif au risque que comprend la poursuite d'une voie nouvelle. Les gestionnaires, sélectionnés par et parmi les actionnaires rentiers, étaient souvent peu tentés par l'innovation. Cette situation était, en particulier, très marquée dans le cas de conglomérats d'entreprises gérées de façon centralisée.

Ce n'était pas toujours le cas, l'entreprise italienne Olivetti, spécialisée dans les machines à écrire, d'abord mécaniques, puis électriques, a su, dans un contexte d'après-guerre très politisé, trouver des compromis constructifs entre syndicats et direction pour la bonne marche de l'ensemble. C'était une entreprise « vertically integrated » capable de contrôler l'ensemble de sa production, de la R&D à la vente. Sa plasticité lui a permis de passer à travers les aléas politiques, et de passer de la machine mécanique à la machine électrique tout en s'affirmant sur le marché par une identité et un design unique. Lors du choc provoqué par l'arrivée des micro-ordinateurs, cette plasticité lui a à nouveau permis de passer de la machine à écrire au micro-ordinateur pour traitement de texte puis au micro-ordinateur tout court. Au moment de son zénith dans les années '90', Olivetti était un des principaux acteurs du marché des PC.

Cependant, dans de nombreuses entreprises, les actionnaires rentiers laissaient l'innovation dépérir. Le cas le plus célèbre est celui de Xerox, dont les laboratoires avaient inventé l'interface de l'informatique moderne (souris, bureau, menus, métaphore visuelle, etc.) et qui l'avait rejetée. Dans ces entreprises, l'allocation des ressources dans les catégories A et

B se faisait sans remise en cause et sans trop savoir pourquoi : c'est comme ça que la révolution industrielle avait eu lieu un siècle plutôt et il suffisait de continuer. L'allocation de ressources en dividendes devait être supérieure à l'inflation et au rendement des bons d'État : si elle était deux fois plus grande que ce dernier, tout allait bien. Ainsi, il était rare et considéré comme peu raisonnable de produire des dividendes de 8% , 10 % ou plus comme il arrive depuis la révolution thatcherienne.

Dans l'entreprise, la révolution thatcherienne a commencé par organiser une lutte entre petits actionnaires et actionnaires rentiers. Un peu comme les premiers militants communistes avaient organisé la classe ouvrière contre les propriétaires de manufactures, des intermédiaires financiers ont fait prendre conscience aux petits actionnaires de leur pouvoir potentiel, et les ont organisés pour sortir les actionnaires rentiers des postes de gestion. Tout comme le Parti Communiste a pris le contrôle du pouvoir au nom de la classe ouvrière, les intermédiaires financiers ont pris le pouvoir dans les entreprises. L'argument avancé était que les petits actionnaires gagneraient bien plus si l'entreprise était dépecée en petits morceaux et rentabilisée par la vente des morceaux moins rentables. Les morceaux restants devenaient clients les uns des autres sans obligation de solidarité : fin de la plasticité de l'ensemble.

Moralement, cela était présenté comme une avancée puisque les actionnaires rentiers étaient un obstacle à l'innovation. Le petit actionnaire participait à une révolution moralement et économiquement justifiée tout en s'enrichissant. De même que la classe ouvrière s'est appauvrie dans les pays communistes au profit des idéologues de la révolution, les petits actionnaires et toute la classe moyenne se sont appauvris au profit des idéologues de la révolution thatcherienne, à savoir les intermédiaires financiers.

Une partie des idées théoriques avancées pour effectuer ce changement de personnel à la tête des entreprises est une adaptation des idées de Friedrich Hayek. Selon ce corpus d'idées, seul l'État est un mauvais planificateur en matières d'économie. Les entreprises opèrent des choix globalement optimaux par un processus d'adaptation et de sélection naturelle, sous la pression d'un « prix naturel » intrinsèque des biens et des échanges, quantifié par l'argent. Ceci en l'absence de toute régulation ou action étatique, que celle-ci soit directe ou à travers une Banque Centrale : le rôle assigné à cette dernière sera exclusivement limité à assurer la stabilité des prix selon Milton Friedman. Ce corpus d'idées a été en partie déformé pour se focaliser sur l'existence supposée d'un « ordre économique naturel ». En redonnant le pouvoir aux petits actionnaires, les intermédiaires financiers permettraient à cet « ordre économique naturel » de s'établir. Ainsi, non seulement cette révolution se présentait comme morale, mais aussi comme permettant l'établissement de la seule « économie naturelle », semblable aux lois de la nature.

Or, une caractéristique des projets à moyens et longs termes, est qu'ils résultent d'une action collective, une action économique collective. Le problème est que les projets à long terme souvent ne sont pas favorables à leurs initiateurs, mais plutôt à leurs successeurs. Dans ces conditions, comment une « atomisation des acteurs économiques » au niveau du simple petit actionnaire pourrait conduire celui-ci à abandonner son capital pour un gain qui ne serait pas le sien ? Suivant la révolution thatcherienne, cette action économique collective émerge naturellement. L'hypothèse est que la suite de choix indépendants basés sur les gains maximaux à court terme produit *toujours* un choix à long terme cohérent et positif. Ainsi, « l'ordre économique naturel » ne peut produire de projets à moyen et long terme que de façon « naturelle », c'est-à-dire résultant de la suite de choix à court terme.

Dans cette approche, la justification de projets à moyen et long terme par des acteurs économiques, unis par un projet autre que leur intérêt strictement personnel *immédiat*, est contraire à « l'ordre économique naturel ».

La prise de contrôle par les intermédiaires financiers et le dépeçage des ensembles industriels a induit une politique de court terme systématique.

3

De l'entreprise à l'idéologie économique

Après la prise de contrôle de l'actionnariat des entreprises, l'étape suivante de la révolution thatcherienne a été de simplifier la façon d'évaluer une entreprise issue du dépeçage d'un ensemble. Nouvellement indépendantes ces entités n'avaient pas de passé de référence en terme de rentabilité ni d'histoire propre en terme de projet d'entreprise. Une entreprise qui a une histoire, fournit aux investisseurs une série de projets passés qui, réussite ou échec, permettent d'évaluer ses forces et faiblesses et d'estimer le risque et le potentiel de gains du projet actuel. C'est ce genre d'information qui est la base des choix de l'investisseur type Buffet, lesquels, jusque-là, dominaient le marché.

À l'inverse, l'absence d'histoire en tant qu'entreprise indépendante a permis d'introduire comme seule mesure pour celle-ci le retour sur investissement à court terme, soit par le jeu des dividendes, soit par la valorisation au moment d'un rachat ou d'une fusion. Cela s'est traduit par le déplacement des ressources financières des catégories A et B vers la catégorie C. À court terme, les classes moyennes, à travers leurs fonds de pension et investissements directs, ont eu intérêt à favoriser ce type d'investissement. C'est ainsi que les investisseurs de type trader ont pris le dessus sur ceux de type Buffet.

Concrètement, la mesure de performance qui a servi à justifier cette stratégie d'allocation de ressources est le rendement annuel des fonds propres investis, le ROE, « Return On Equity ». Si une entreprise fait un bénéfice de 10 sur un fonds propre de 200, le ROE est de 5%, c'est dire ROE = 10 / 200. Mais si on diminue les fonds propres pour acheter une autre entreprise et enregistrer les bénéfices produits par celle-ci, alors on augmente le ROE. Par exemple, le bénéfice de 10 peut être la somme du bénéfice de 5 produits en interne et du bénéfice de 5 produits par l'entreprise achetée. De plus, l'achat lui-même a diminué les fonds propres de 200 à 100 : le ROE double et devient 10 %. Il n'y a pas eu d'investissement supplémentaire dans l'ensemble constitué des deux entreprises, ni de création de richesse nouvelle dans l'immédiat, mais en apparence, le rendement a augmenté : c'est une création de richesse qui est fictive[1]. Cette technique marche parce qu'on dépense à court terme les fonds propres existants pour les faire diminuer, et augmenter ainsi le rapport ROE = bénéfices / fonds propres.

La richesse fictive, mesurée par l'augmentation du ROE, justifie alors l'allocation des ressources dans la catégorie C en augmentant les dividendes des actionnaires et réduisant encore les fonds propres de l'entreprise.

En pratique, on peut acheter une entreprise pour créer une synergie dans le cadre d'un projet industriel et on peut le faire sans diminuer les fonds propres : dans ce cas, on émet des actions pour financer l'achat. Le nombre de copropriétaires augmente, chacun prenant une part du risque et des bénéfices. Les fonds propres ne diminuent pas et comme les actions émises s'ajoutent au capital total des deux entreprises réunies, cela correspond à un investissement net. Cet investissement utilisé pour réaliser un projet d'entreprise créera de la richesse, mais dans le futur. Bref, il s'agit d'une allocation des ressources dans les catégories A et B.

La technique d'augmentation du ROE par diminution des fonds propres peut être poussée à l'extrême si au lieu d'émettre des actions

1. Cf. Aldo Shorno, *Les dessous de l'Empire du Mal*, Ed. Baudelaire, 2015.

pour financer l'achat, on émet des obligations ou si on emprunte à une banque. On a alors un effet de levier : les fonds propres servent à payer les primes d'un emprunt très supérieur aux capacités de production de richesse. Le coût de ces primes diminue d'autant les fonds propres et augmente dans la même proportion le ROE.

Mais le risque associé à cette opération augmente : on a créé une richesse fictive distribuée aux actionnaires en prélevant les fonds propres qui servent à financer les projets créateurs de richesse réelle. Avant la révolution thatcherienne les banques auraient refusé d'assumer un tel risque et les investisseurs privés n'auraient pas acheté de telles obligations.

Cette difficulté a été contournée par la dérégulation financière. En effet, en autorisant le regroupement d'obligations sans liens entre elles dans un fond de placement qui est coté en bourse à la place de ces obligations, on peut cacher ce risque en faisant croire qu'il est dilué. La dérégulation permet au fonds de placement de présenter sa comptabilité sans avoir à présenter celle des entreprises qui émettent des obligations à travers ce fonds de placement. Pour se vendre facilement, l'intérêt du fonds de placement est de concentrer les obligations émises par des entreprises avec un ROE élevé, c'est-à-dire à concentrer les risques. L'investisseur achète un risque concentré en croyant acheter un risque dilué. Il le fait au prix fort, car l'investissement dans un risque apparemment faible rapporte peu : l'émetteur du fonds de placement gagne deux fois. D'une part, il garde pour lui les primes de risque élevées associées aux entreprises à ROE élevé, d'autre part, il se débarrasse du risque qui est porté par l'investisseur. Les « super managers » et les actionnaires temporaires augmentent leurs bénéfices par l'augmentation du ROE. Les intermédiaires financiers, qui émettent les fonds de placement destinés à cacher les risques, prélèvent la prime liée à ce risque. Enfin, l'investisseur qui achète des parts du fonds de placement finance un risque très élevé qu'il ne peut pas assumer, car il n'en a pas les bénéfices : quand le risque se réalise, c'est la faillite de l'investisseur, pas du fonds ni des super managers.

Du point de vu économique, il s'agit d'un transfert du risque vers un tiers tout en gardant les bénéfices. Nous verrons plus loin que c'est la caractéristique qui définit une économie de pillage.

Si on peut transférer les risques tout en gardant les bénéfices, l'optimisation consiste à créer du risque. Mais comme ce risque est basé sur l'augmentation du ROE par la diminution des fonds propres, il ne génère pas de création de richesse : on crée une dette sur le futur.

L'occasion était trop belle et les banques, les compagnies d'assurance et les agences de notation en sont devenues les principaux acteurs, détournant ainsi leur fonction initiale en tant qu'acteur économique de l'outil capitaliste.

Un exemple d'augmentation du ROE contre les intérêts des actionnaires et de l'entreprise est l'achat du groupe Chrysler en 1998 par le super-manager Jürgen Schrempp. Cet achat conduira, en 2008, à la vente par le groupe Daimler-Benz de son quartier général flambant neuf de la Postdammer Platz à Berlin et à perdre ainsi le bénéfice d'un investissement visionnaire. Le précédent directeur du groupe, Edzard Reuter, avait eu la bonne intuition d'acheter peu avant la chute du mur une portion importante du vaste terrain vague de la Postdammer Platz et ce, pour une bouchée de pain : 93 millions de deutschmark. Dès la chute du mur, il engagea l'architecte Renzo Piano pour construire le nouveau siège du groupe. Bien géré, avec des dépassements et retards usuels pour ce genre de projet, mais pas excessifs, le projet Daimler-Benz coûta 2 milliards de deutschmark et fut inauguré le 2 octobre 1998. Si on considère le prix du terrain et l'ampleur du projet dans la capitale du plus puissant pays européen et l'un des plus puissants du monde, rarement un groupe industriel avait fait meilleure affaire. En terme d'amortissement financier, il aurait fallu attendre environ 15∼20 ans pour rentrer dans les frais, soit un temps très court vu l'échelle du projet. Ce qui avant la révolution thatcherienne aurait été salué comme un grand succès se transforma en échec grâce au super-manager Jürgen Schrempp. En effet, plutôt que d'attendre sagement que l'investissement rapporte, et surtout plutôt que de se concentrer sur la production de nouveaux modèles de voiture, Jürgen Schrempp appliqua à la lettre le doctrine thatcherienne. Il s'empressa d'augmenter le ROE en achetant en 1998 un groupe structurellement malade depuis des décennies, dont le sauvetage avait échoué à de multiples reprises, groupe qui n'avait, dans son histoire et sa gamme de produits, aucune synergie avec Daimler-Benz : le groupe Chrysler. Après l'investissement de la Postdammer Platz, l'achat de Chrysler mit le groupe en situation de faiblesse financière. Alors qu'un investissement doit arriver à maturité pour produire des profits, Jürgen Schrempp chercha à imposer la vente du siège de la Postdammer Platz quitte à louer ensuite l'espace nécessaire au groupe dans les mêmes locaux. Mais la résistance interne à cette vente, chez Daimler-Benz, l'en empêcha. Finalement, c'est grâce à son plus coûteux échec que Jürgen Schrempp poussera le groupe, à cours de capitaux, à effectuer cette vente en 2008. L'augmentation du ROE par l'achat de Chrysler, saluée par le monde de la finance comme un mariage « au paradis », a créé un risque et une dette qui sera épongée par l'entreprise en détruisant un investissement en or sous la pression des mêmes financiers.

Au total, perte de 1/4 de la valeur du groupe, perte du siège de la Postdammer Platz, vente de ce siège au plus mauvais moment en 2008 pour chercher des capitaux frais, location du même siège et surtout focalisation de toute l'énergie de Daimler-Benz pendant 10 ans sur un projet industriel illusoire, Chrysler. Jürgen Schrempp est l'exemple parfait du nouveau super-manager qui a pris le pouvoir avec la révolution thatcherienne, et pas seulement en tant qu'industriel, aussi en tant que représentant d'une nouvelle classe sociale qui a remplacé les anciens capitaines d'industrie comme Edzard Reuter. Ces derniers s'inscrivaient dans un projet industriel, social et culturel, collectif. L'achat par le fils de l'ancien du maire de Berlin du terrain vague de la Postdammer Platz n'était pas anodin, c'était l'affirmation d'une confiance dans le futur : le futur de Berlin réunifiée un jour, le futur d'un groupe industriel historique qui allait se réinventer, le futur de l'industrie comme source de richesse. C'était un projet bien mené, financièrement solide et s'appuyant sur la culture. Le choix d'un des architectes les plus connus, Renzo Piano, pour un projet qui apparaissait comme un pari sur le futur signifiait clairement aux employés du groupe : la gloire de Daimler-Benz n'est pas dans le passé, elle est à venir. Le leader visionnaire et cultivé a été remplacé par un conformiste dont la marque de fabrique a été dès le premier jour la mesquinerie et la petitesse d'esprit : à l'inauguration en 1998, le visionnaire à l'origine du projet, Edzard Reuter, n'était ni cité ni invité par son successeur [2]. Jürgen Schrempp a été jusqu'à faire annuler l'invitation envoyée à Edzard Reuter.

Le rôle de l'État dans la révolution thatcherienne est d'éponger les dettes, c'est-à-dire de les faire supporter aux classes moyennes, qui seules peuvent collectivement assumer ces dettes. Celles-ci sont financées par l'impôt et par la diminution des services de l'État et des dépenses associées. Cette réduction idéologique du rôle de l'État prônée par Friedrich Hayek et Milton Friedman sera discutée plus loin.

En ce qui concerne les investisseurs, l'aspect idéologique a consisté à faire croire que ces dividendes plus élevés provenaient de gains de productivité, lesquels par le passé avaient été bridés par les actionnaires rentiers. Dans le monde réel, on peut certainement faire passer des dividendes par action de 2 % à 4 % en remplaçant des actionnaires rentiers par des actionnaires plus dynamiques, mais passer de 4 % à 10 % ou plus,

2. Un récit détaillé se trouve dans Peter Schneider, *Berlin Now*, Penguin Books, 2014.

ne peut s'obtenir que de deux façons : inventer un nouveau produit ou un nouveau service qui a beaucoup de succès, ou prendre les ressources allouées dans les catégories A et B. Par ailleurs, quand un nouveau produit ou service a beaucoup de succès, les dividendes atteignent des niveaux très élevés mais n'y restent pas : passée la nouveauté, les concurrents se mettent à niveau et les marges baissent. Donc, assurer des dividendes 2,3 ou 4 fois plus élevés sur une grande durée ne peut s'obtenir qu'en sacrifiant le futur de l'entreprise.

C'est ce transfert des ressources qui constitue la gestion optimisée pour le court terme au détriment du moyen et long terme. Et la pseudo-justification de cette gestion est que la somme des gains maximaux à court terme garantit l'optimisation des gains à moyen et long terme. Cette justification sera remise en cause dans le chapitre suivant, mais au préalable, il convient de compléter le tableau de la révolution thatcherienne.

Une fois les investisseurs de type trader installés aux commandes, les journaux financiers ont de moins en moins présenté des analyses de marchés, de produits et de projets d'entreprise, pour se consacrer aux courbes comparatives avantageuses de la nouvelle valorisation des entreprises sans pour autant que celles-ci aient introduit de nouveaux produits révolutionnaires. Il ne s'agit pas ici uniquement des entreprises du web liées à la nouvelle économie, pour lesquelles on peut imaginer la nécessité de renouveler les méthodes d'évaluation, mais de l'ensemble des entreprises, y compris celles de production très classique.

Après la prise de contrôle des entreprises, après le remplacement des investisseurs de type Buffet par des investisseurs de type trader, c'est la presse économique et financière qui a été conquise par la révolution thatcherienne. Arrivés à ce stade, les promoteurs de cette révolution sont passés à l'étape suivante, leur propre rémunération.

Deux fonctions distinctes sont souvent confondues, celle de « leader » et celle de « manager ».

Déjà avant la révolution thatcherienne une confusion régnait, bien que pour de nombreuses entreprises cette distinction soit inscrite dans les faits. Un exemple célèbre est le retour de Steve Jobs à la tête d'Apple quand celle-ci était au bord du gouffre[3]. Steve Jobs a dans un premier temps refusé d'être le CEO d'Apple, mais pas d'en être le patron ! En effet, il a laissé aux dirigeants en place le soin de gérer les affaires courantes et la production en cours, et il s'est réservé la définition de ce que

3. L'action Apple à l'époque valait 12 Dollars !

devait être et de ce que devait produire Apple. Sa première présentation publique a comporté deux parties, d'une part, une étude sur le design, sur « l'objet ordinateur » et d'autre part, un accord avec Bill Gates et Microsoft. La partie sur le design représente une projection sur le futur, sur l'identité du projet Apple. La partie où l'invité surprise Bill Gates annonce un accord de support pour la suite de programmes « Office » sur la plate-forme Apple, représente une rupture brutale et définitive avec le passé. Depuis 1984, l'entreprise Apple s'était construit « contre » Microsoft et avait perdu. Donc la mission que Steve Jobs a effectuée dès son retour a été de se projeter dans le futur sans s'encombrer du passé. Et par la suite il a continué dans ce sens. Il y avait donc deux fonctions bien définies à la tête d'Apple : l'une consistait à se projeter dans le futur, et l'autre consistait à utiliser et à rentabiliser au présent les projections passées. Nous suivrons cette distinction en la généralisant pour éviter toute confusion.

Le « leader » se projette dans le futur. Sa mission est de se demander ce que seront les produits et services de l'entreprise dans dix ans, à qui il les vendra, et dans quel contexte culturel. Elle consiste aussi à définir l'identité de l'entreprise dans dix ans. Produits et services d'un côté, identité et culture de l'autre, l'ensemble forme le projet d'entreprise.

Le « manager » réalise aujourd'hui ce qui a été projeté dans le passé. Il doit trouver la meilleure façon de produire et de rentabiliser ce projet pour alimenter le projet futur. Il est le décideur des allocations de la majorité des ressources.

Souvent dans des entreprises traditionnelles ces deux fonctions étaient confondues dans la personne d'un patron charismatique, mais au-delà d'une certaine taille d'entreprise cela ne marchait pas très bien. Par ailleurs, le vieillissement du patron charismatique et sa succession conduisaient après quelques années au déclin de l'entreprise. C'est ce qui s'est passé avec le départ à la retraite de Akio Morita, le cofondateur charismatique de SONY avec Masaru Ibuka.

Grâce à cette confusion des rôles de leader et de manager, et face à un marché global très grand, les intermédiaires financiers ont présenté leur solution : un manager neutre, formé techniquement pour cette tâche et se basant sur la maximisation des gains de croissance à court terme pour gérer les grandes entreprises. Ainsi, sont nés les « super-managers ». La justification était une approche qui se voulait scientifique et qui en conséquence nécessitait une formation spécialisée.

Les MBA (Master of Business and Administration) qui auparavant formaient des techniciens financiers et administratifs au service de patrons charismatiques, remplaçaient ceux-ci et appliquaient une gestion scientifique, en fait pseudo-scientifique. Dans cette nouvelle configuration, il n'y a plus de leadership, tout le pouvoir est au management. Pour cette tâche exceptionnelle, comme les actionnaires en tiraient un bénéfice à court terme très élevé, il était justifié de rémunérer de façon exceptionnelle ces super-managers. Tout comme les chefs des révolutions communistes ont rapidement garanti leurs avantages matériels contre tout échec de leur gestion, les super-managers ont tout de suite mis en place un système de rémunération garantie au travers des stock-options et des parachutes dorés.

Un exemple de super-managers qui n'assument aucune conséquence de leur échec est donné par ENRON avec son projet de barrage hydroélectrique en Inde. Les deux responsables reçoivent chacun 50 millions de dollars pris sur les bénéfices à venir de ce barrage qui n'a jamais produit d'électricité. ENRON était un conglomérat de 100 milliards de chiffres d'affaires pour 35 milliards de dettes. Conglomérat signifie ici, producteur d'énergie, transporteur, distributeur et assureur, donc son propre assureur (?), avec en plus comptes truqués, blanchiment et corruption.

La révolution thatcherienne a réussi le tour de force de soustraire à tout risque les décideurs et à faire porter les risques aux actionnaires stables et aux employés. Certes, à court terme les actionnaires étaient gagnants, mais à court terme seulement. Il s'agit à nouveau d'un transfert de risque, caractéristique d'une économie de pillage (voir plus loin).

Voyons maintenant l'aspect pseudo-scientifique de cette gestion.

Toute révolution doit fournir à la fois une justification morale et une justification fonctionnelle pour se légitimer, c'est-à-dire pour fournir à ceux qui la rejoignent une narration positive de leur action. En effet, combien de gens seraient-ils prêts à soutenir une révolution dont ils seraient certains de son échec à atteindre ses buts ? Pour la révolution thatcherienne, le but proclamé est une économie plus efficace et la justification morale, l'établissement de l'économie naturelle et la gestion des entreprises par des gestionnaires dynamiques à la place des actionnaires rentiers. Il reste la justification fonctionnelle, et c'est là qu'intervient une pseudo-justification mathématique. Il s'agit de justifier scientifiquement une allocation des ressources centrée sur le court terme : le « dynamisme » des super-managers.

Présentons cette pseudo-justification mathématique. Pour chaque période de temps court, il existe une probabilité pour chaque gain produit par l'entreprise (financier, de croissance, etc). Par exemple, pour chaque trimestre, la probabilité de gagner 100 000 euros peut être de 10 % , pour 1000 000 d'euros de 0.2 % et la probabilité de perdre 10 000 euros de 20 %.

À partir de ces probabilités, on peut construire une loi de probabilité pour la somme des gains sur des périodes de temps successives, par exemple sur 8 trimestres successifs pour le moyen terme, et 20 trimestres successifs pour le long terme.

Pour que la justification de la révolution thatcherienne soit exacte, c'est-à-dire que la somme des gains maximaux à court terme garantisse l'optimisation des gains à moyen et long terme, il faut que la loi statistique de la somme des gains ait une propriété de stabilité particulière, qu'elle soit une loi de Gauss, c'est-à-dire qu'elle possède une moyenne et une variance.

Si ce n'est pas le cas, la loi statistique est une loi Lévy-stable non Gaussienne et ses propriétés invalident la justification de la révolution thatcherienne. Cela invalide aussi l'idée d'une économie naturelle, semblable aux lois physiques de la nature, selon laquelle la somme des choix optimisés pour des actionnaires à court terme conduit à une économie elle aussi optimale. C'est ce qui sera discuté dans le sous-chapitre suivant.

Il est à noter que les justifications « scientifiques » de la révolution thatcherienne reposent sur des propriétés mathématiques de distributions statistiques sans que les hypothèses impliquant ces propriétés ne soient questionnées. « Le Capital » et « Le Manifeste du Parti Communiste » de Karl Marx, après une analyse historique de la propriété, l'éclairage sur le rôle du capital et de l'organisation en classes sociales, a présupposé d'une part, une convergence en deux classes sociales, d'autre part, l'existence d'un homme « nouveau » pouvant prospérer dans une société sans classes. Dans les faits Karl Marx n'avait pas prévu la société de consommation, la diversification des classes sociales et le fait que peut-être la plupart des citoyens ne souhaitent pas faire partie d'une société égalitaire au point d'être uniforme. Malgré ces aspects imprévus et rendant non fondée la révolution communiste, celle-ci a continué de prospérer dans les esprits à l'Ouest, dans la pratique à l'Est. La révolution thatcherienne n'est pas la première révolution dont les hypothèses justificatives sont infondées, les idées simplistes, et qui pourtant prospère.

4

Allocation des ressources : la loi de Gauss, un cas unique parmi les lois Lévy-stables

La question étudiée ici est l'utilisation des statistiques pour justifier un choix d'allocation de ressources financières entre d'une part, les catégories A et B, et d'autre part, la catégorie C, ce dernier choix favorisant le court terme au détriment du moyen et long terme.

On pourrait faire entrer dans une description statistique toutes sortes de paramètres pertinents et obtenir, pour chaque entreprise séparément, une information utile, et ce, d'autant plus que l'on a saisi les limites de la méthode : une approche statistique ne donne qu'une vision partielle. Cependant, un des aspects idéologiques marquant de la révolution thatcherienne est la prétention qu'un paramètre unique, à savoir les gains financiers à court terme et/ou de croissance du chiffre d'affaires à court terme, justifie le choix d'allocation des ressources financières.

Pour que cela fonctionne, il faut que ce choix du court terme se *répercute automatiquement* sur le moyen et long terme avec les mêmes effets. Si cela était vrai, alors choisir de maximiser les gains à court terme aurait les mêmes effets à moyen et long terme.

Malheureusement, les choses ne sont pas si simples en mathématique. Si on a une loi de probabilité $p(x)$ pour faire un choix qui donne un gain ou une perte x (par exemple lié à une allocation de ressources) et que l'on fait ce choix de façon répétée N fois, alors on obtient une autre loi de probabilité $S(X)$ avec :

$$X = x_1 + x_2 + ... + x_N$$

où x_i représente le résultat du i-ème choix. Ici x_i est le résultat en termes de croissance ou de décroissance de l'entreprise après le i-ème choix d'allocation de ressources financières. La variable aléatoire x_i peut aussi représenter non pas la croissance en chiffre d'affaires, mais les gains ou les pertes après le i-ème choix d'allocation de ressources financières.

La relation entre $p(x)$, la probabilité immédiate, et $S(X)$ la probabilité pour la somme des événements cumulés, a été élucidée par le mathématicien Paul Lévy : c'est le théorème central limite généralisé. Sans entrer dans les détails techniques, le résultat pratique est simple à comprendre. Quelle que soit la situation caractérisée par $p(x)$, pour N grand, $S(X)$ est soit proche d'une distribution Gaussienne, soit proche d'une distribution Lévy-stable caractérisée par des fluctuations infinies. Il n'y a pas d'autre possibilité. Ces deux types de distributions statistiques possèdent des propriétés de stabilité différentes. La distribution Gaussienne est un cas très particulier de la famille des distributions Lévy-stables.

Dans le cas de la distribution Gaussienne, l'accumulation de choix successifs suivant $p(x)$ conduit à une situation où le résultat cumulatif X, de probabilité $S(X)$, sera centré sur une valeur moyenne, et on sera certains que les fluctuations autour de cette valeur seront limitées et connues.

En d'autres termes, si la loi de probabilité de faire croître l'entreprise en maximisant les gains à court terme conduisait à une distribution Gaussienne, on pourrait sans risque d'erreur obtenir un gain moyen à moyen et long terme et ce, avec une probabilité de fluctuation, c'est-à-dire de risque, limitée et connue. Un risque limité et connu a un coût fini : il peut être financé et géré.

Mais dans le cas contraire, si la loi de probabilité de croissance de l'entreprise, liée aux gains maximum à court terme, conduit à une distribution Lévy-stable non Gaussienne, on est sûr que les fluctuations sont infinies et qu'un événement inattendu décidera du résultat cumulatif de tous ces choix successifs. Or un risque infini a un coût sans limite si ce n'est la faillite de l'entreprise, puis s'il est généralisé, de l'économie d'un pays ou d'un ensemble de pays.

Cet aspect des distributions Lévy-stables non Gaussiennes est souvent déconcertant par son côté contre-intuitif. Cependant, les distributions Lévy-stables non Gaussiennes ont aussi une propriété de stabilité qui permet une allocation des ressources dans un cadre différent, aux effets positifs sur une longue durée (voir plus loin). On peut réconcilier intuition et distributions statistiques en observant qu'on somme les fluctuations, en faisant la somme de N résultats obtenus par tirage suivant une loi de probabilité. Si ces fluctuations sont très petites, alors elles s'effacent et la somme fait apparaître la somme des maxima : on obtient une distribution Gaussienne. Dans le cas contraire, les fluctuations dominent et on a une distribution Lévy-stable non Gaussienne.

Il existe un paramètre et un seul qui détermine si la loi statistique des choix cumulatifs $S(X)$ est Gaussienne ou pas : il s'agit de l'évolution de $p(x)$ quand x est très grand (x positif = gains) ou très petit (x négatif = pertes). En termes pratiques tout dépend du comportement de $p(x)$ pour une probabilité x de gain très grand ou de perte très grande. Si pour des gains ou des pertes x très grands la loi $p(x)$ décroît plus vite que $1/\mid x^3 \mid$ alors la loi $S(X)$ sera Gaussienne et elle aura une valeur moyenne stable avec des fluctuations finies et connues.

Dans le cas contraire, les fluctuations seront infinies. De plus, si la loi $p(x)$ décroît moins vite que $1/x^2$ alors il n'y aura même pas de valeur moyenne : $p(x)$ peut bien avoir un maximum, une valeur plus probable que les autres, mais après des choix successifs, il n'y aura pas de stabilisation du résultat cumulé autour d'une valeur moyenne.

En résumé, le choix de la stratégie d'allocation des ressources entre les catégories A,B et C, produit une loi de probabilité $p(x)$ et si cette politique est appliquée de façon répétée, elle produit un gain ou une perte cumulée $S(X)$. La nature de $S(X)$, Gaussienne ou avec des fluctuations infinies, dépend de $p(x)$, c'est-à-dire du choix d'allocation des ressources.

Les différents cas sont illustrés par des exemples dans les histogrammes (2.1, 2.2, 2.3, 2.4, 2.5). Ces distributions sont définies par 4 paramètres : $\alpha, \beta, \delta, \nu$. Le paramètre δ définit la valeur la plus probable, c'est-à-dire le pic de la distribution. Concrètement si la valeur de gain la plus probable d'une entreprise est 6, alors $\delta = 6$. On a choisi dans ces exemples de fixer arbitrairement le pic à 10. Le paramètre ν définit la largeur globale de la distribution. La largeur globale dépend de chaque cas particulier. On donne ici deux exemples qui ont les mêmes paramètres α, β, δ, mais avec deux largeurs différentes : $\nu = 0.8$ et $\nu = 1.8$. Le paramètre β définit la symétrie ($\beta = 0$), ou au contraire l'asymétrie de la distribution ($\beta \neq 0$). Enfin, le paramètre le plus important est α. Si $\alpha < 2$ la distribution est non Gaussienne, cela signifie que ses fluctuations sont infinies. Si de plus $\alpha < 1$, non seulement les fluctuations sont infinies, mais la distribution n'a pas de moyenne : on observe bien un maximum, mais il ne faut pas confondre ce maximum avec une moyenne.

Ce n'est pas l'amplitude absolue d'un événement qui importe, mais l'amplitude par rapport à la valeur la plus probable : « grande », « petite » et « moyenne » amplitude qualifient la distance d'une amplitude particulière par rapport à la valeur la plus probable.

Histogramme 2.1 : la valeur la plus probable de la distribution est 10, mais la distribution n'a pas de moyenne et ses fluctuations sont infinies. Les événements de petite amplitude, c'est-à-dire les événements qui s'écartent peu de la valeur la plus probable, sont très nombreux : au voisinage d'une amplitude de 9 ou de 11, on a environ 220 événements. Il y a très peu d'événements d'amplitude moyenne : au voisinage d'une amplitude de 7 ou de 13, on a environ 20 événements. Mais surtout il y a des événements de très grandes amplitudes au-dessous de -5 et au-dessus

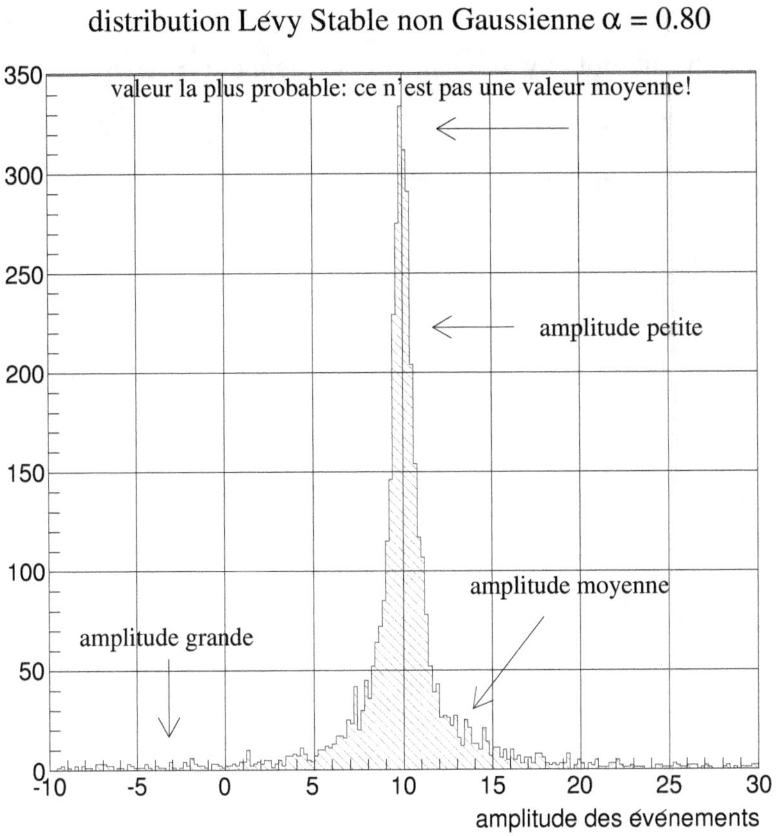

FIGURE 2.1 – Exemple de distribution Lévy-stable non Gaussienne qui n'a pas de moyenne et dont les fluctuations sont infinies. Dans cet exemple, la distribution est symétrique par rapport à la valeur le plus probable.

de 25. Si la valeur totale de l'entreprise est de +5 et si un seul événement provoque une perte de -5, l'entreprise est en faillite !

Histogramme 2.2 : la valeur la plus probable de la distribution est 10, et cette fois, comme $\alpha > 1$, la distribution a une moyenne, mais ses fluctuations sont infinies. Comme la distribution est symétrique ($\beta = 0$) la valeur la plus probable est aussi la valeur moyenne. Pour le reste, la situation est la même que dans l'exemple précédent : un seul événement d'amplitude -5 provoque la faillite de l'entreprise.

Histogramme 2.3 : la valeur la plus probable de la distribution est 10, et comme $\alpha > 1$, la distribution a une moyenne, mais ses fluctuations sont infinies. De plus, la distribution est asymétrique($\beta = -1$) donc la valeur la plus probable n'est pas la valeur moyenne. On a choisi une asymétrie

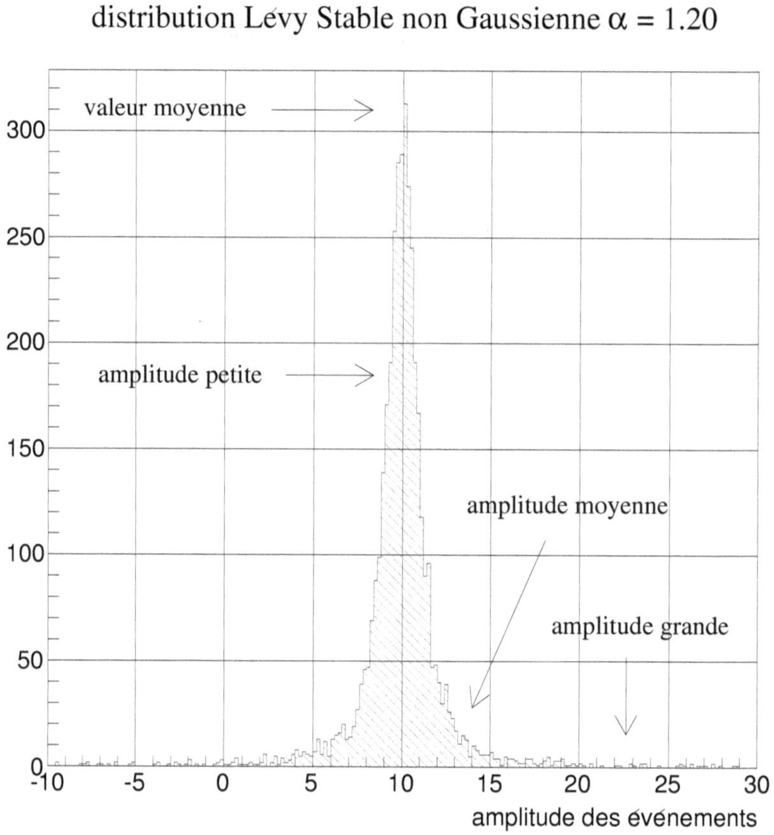

FIGURE 2.2 – Exemple de distribution Lévy-stable non Gaussienne qui a une moyenne et dont les fluctuations sont infinies. Dans cet exemple, la distribution est symétrique par rapport à la valeur le plus probable.

qui est favorable puisque les fluctuations infinies sont du côté des gains : c'est une situation idéale pour une entreprise et cela correspond aux startups qui réussissent. Mais si on change le signe de β on obtient la même distribution avec les fluctuations infinies du côté des pertes : c'est ce qui se passe quand un investisseur fait confiance à une entreprise comme Goldman Sachs, laquelle a été l'objet d'une commission d'enquête après quelle eut joué contre ses propres clients.

Histogramme 2.4 : la situation est la même que dans l'histogramme précédent (2.3). La seule différence est que la largeur globale a été augmentée pour passer de $\nu = 0.8$ à $\nu = 1.8$. On constate que cela ne change rien, les fluctuations sont toujours infinies.

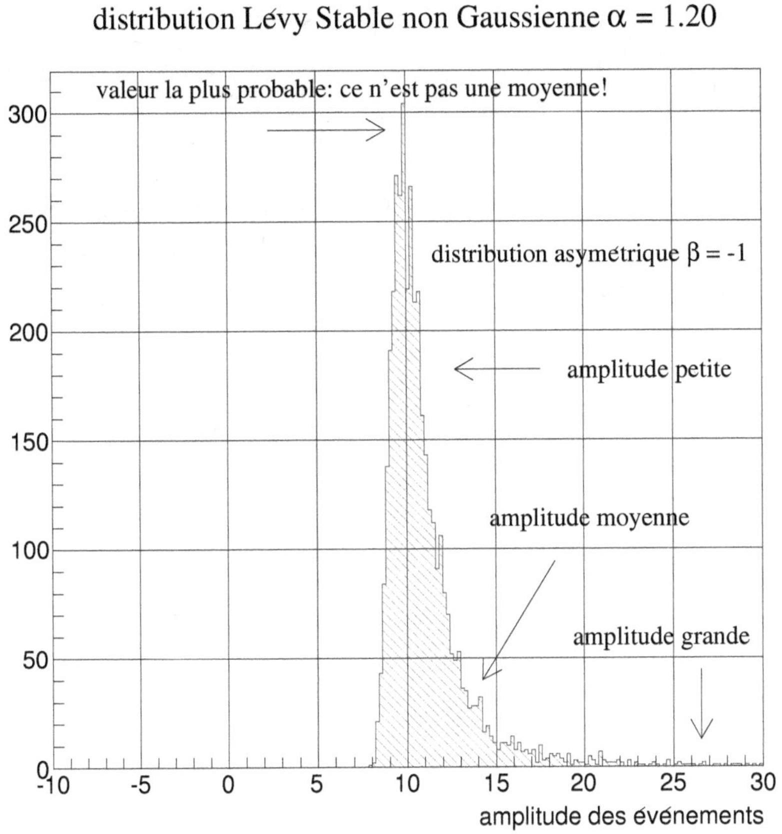

FIGURE 2.3 – Exemple de distribution Lévy-stable non Gaussienne qui a une moyenne et dont les fluctuations sont infinies. Dans cet exemple, la distribution est asymétrique par rapport à la valeur la plus probable, laquelle n'est pas la valeur moyenne.

Histogramme 2.5 : la distribution est Gaussienne. Il y a une moyenne qui est la valeur la plus probable et les fluctuations sont finies. En conséquence, il n'y a pas d'événement de grande amplitude qui peut mettre l'entreprise en faillite. De plus, contrairement aux distributions Lévy-stables non Gaussiennes, la distribution de Gauss a beaucoup d'événements d'amplitude moyenne. Cet aspect sera important pour la description du circuit financier de l'assurance.

Regardons maintenant le lien qui il y a entre certains types d'allocations de ressources et le comportement de la loi de probabilité $p(x)$ associée.

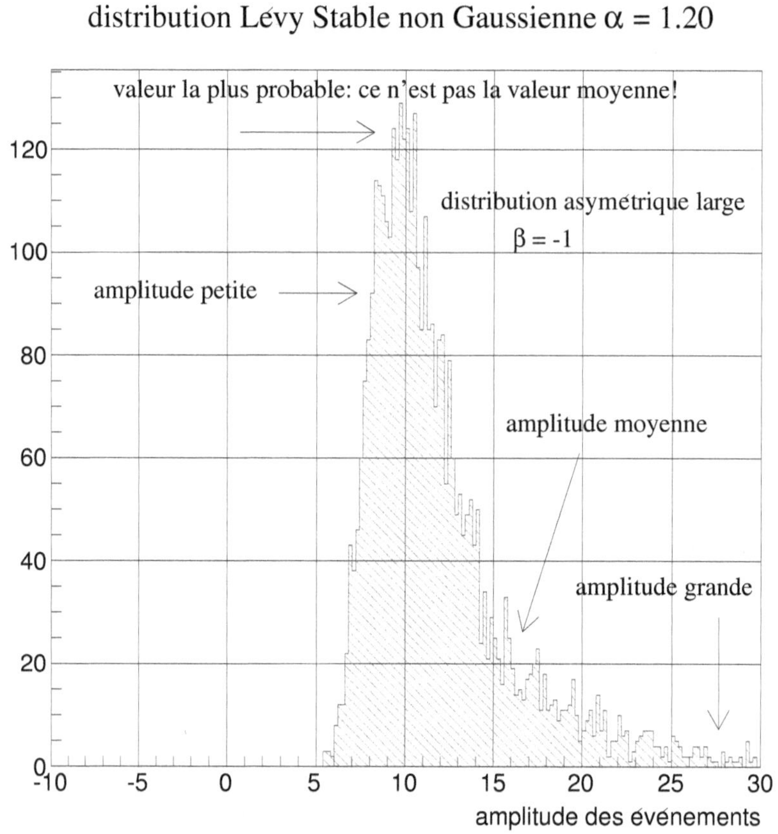

FIGURE 2.4 – Exemple de distribution Lévy-stable non Gaussienne large, qui a une moyenne, et dont les fluctuations sont infinies. Dans cet exemple, la distribution est asymétrique par rapport à la valeur la plus probable, laquelle n'est pas la valeur moyenne.

Si on défait un groupe industriel pour réorienter la production dans un autre domaine et que l'on réinvesti dans ce nouveau projet, il y a un risque calculé et une probabilité de gain finie à moyen et long terme. La probabilité de gains très grands à court terme est quasi-nulle. En contrepartie, le risque d'une perte très grande est très faible à moyen et long terme : si on s'est un peu trompé, on perdra un peu et sinon on gagnera dans la limite des gains prévus ou un peu plus. En conséquence, $p(x)$ pour un gain ou une perte x très grande décroît très vite.

C'est la limitation de la probabilité $p(x)$ pour des gains, et surtout des pertes x très grandes, qui tend à faire décroître $p(x)$ pour x très grand (positif = gains) ou x très petit (négatif = pertes). On obtient

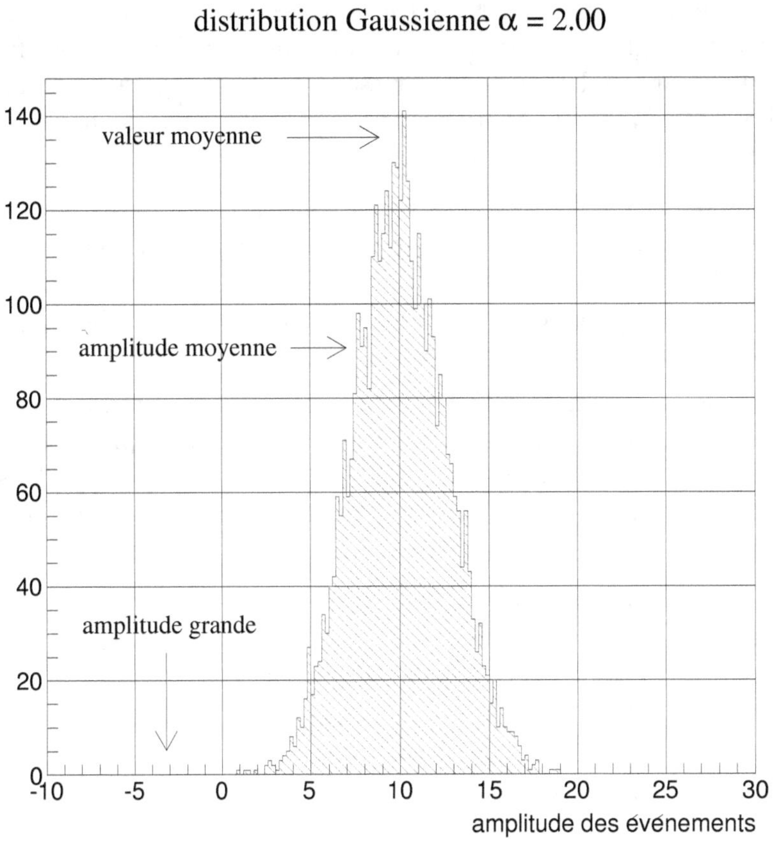

FIGURE 2.5 – Exemple de distribution Gaussienne large, qui a une moyenne et dont les fluctuations sont finies. La distribution est symétrique par rapport à la valeur la plus probable qui est la valeur moyenne. Il n'y a pas d'événement de grande amplitude, mais il y a beaucoup d'événements d'amplitude moyenne.

alors pour le résultat cumulé une loi $S(X)$ qui est Gaussienne ou qui du moins possède une valeur moyenne.

Comme les fonds obtenus lors du démantèlement du groupe sont réinvestis, ils ne sont pas alloués dans la catégorie C : on est dans le cas d'une allocation dans les catégories A et B.

Mais si au contraire, on défait un groupe industriel pour en vendre les parties et maximiser les gains à court terme, en allouant la majorité des ressources dans la catégorie C, on produit une loi de probabilité $p(x)$ qui décroît très lentement pour un gain x très grand. Par ailleurs, l'opération augmente la probabilité de pertes x très grandes, car pour les nouvelles entités issues du groupe, c'est le saut dans l'inconnu. Si ce choix fait partie d'une stratégie d'allocation de ressources, il est répété et conduit à une loi $S(X)$ qui a des fluctuations infinies et souvent pas de moyenne : ces risques ne peuvent pas être financés.

En conséquence, la maximisation des gains à court terme conduit à favoriser une probabilité grande pour un gain x maximal et donc à s'opposer à ce que $p(x)$, pour x grand, décroisse au moins aussi vite que $1/ \mid x^3 \mid$. La loi $S(X)$ non Gaussienne est souvent tellement fluctuante qu'il n'y a même pas de valeur moyenne.

Dans le cas Lévy-stable non Gaussien, en maximisant les gains et/ou la croissance à court terme de façon répétée, on joue le progrès économique cumulé aux dés avec une quasi-certitude de perdre... et c'est ce qui s'est passé. Cette propriété statistique est une des causes de la destruction de richesse produite par la révolution thatcherienne.

La maximisation des gains à court terme peut se justifier ponctuellement, mais la caractéristique de la révolution thatcherienne est d'en avoir fait une stratégie de développement économique.

Une distribution qui est Lévy-stable non Gaussienne avec des fluctuations infinies permet aussi un développement économique positif : c'est la situation du capital risque investi dans des R&D. Mais dans ce cas, il s'agit de maximiser les gains à moyens et longs termes, l'exact contraire de la maximisation à court terme. Une entreprise existante qui souhaite faire l'équivalent des « start-up » en interne, peut très bien allouer une partie *non-vitale* de ses ressources, pour bénéficier des fluctuations « infinies » d'une loi $S(X)$ Lévy-stable non Gaussienne. Dans ces deux cas, l'allocation des ressources dans la catégorie B est favorisée.

Dans le cas d'un fonds de capital risque (« Venture Capital ») qui finance des start-ups, c'est une loi Lévy-stable non Gaussienne qui est recherchée : on s'attend à ce que le résultat cumulatif soit décidé par un événement x_i qui l'emportera sur tous les autres, par exemple une percée technologique qui révolutionne un domaine. On s'attend également à ce qu'un événement unique puisse faire perdre tout l'investissement : un résultat expérimental qui indique que la percée n'aura jamais lieu, ou alors un concurrent qui arrive en premier et brevette le procédé, etc. Un fonds de capital risque accepte un taux d'échec (c'est-à-dire de faillites) très élevé pour obtenir un gain très grand à court terme. De tels fonds sont très utiles pour faire progresser une économie, mais ils s'adressent à une part non-vitale des ressources, car le risque ponctuel associé est très grand. Si le fonds fait faillite, cela n'entraîne pas toute l'économie.

Les bénéfices des fonds de capital risque reposent sur une propriété particulière des distributions Lévy-stables non-Gaussiennes : ces distributions ont un excès d'événements de faible amplitude et un excès d'événements de très grande amplitude. Par contre, elles ont peu d'événements d'amplitude moyenne. Ainsi, les petites pertes nombreuses sur des start-ups qui ont échoué, sont plus que compensées par les grands bénéfices de celles qui réussissent. Si la distribution était Gaussienne, les fonds de capital risque ne pourraient pas gagner d'argent. On verra plus loin, que la base statistique sous-jacente au fonctionnement des assurances est la même : l'assurance est une entreprise de capital risque qui parie sur la rareté d'un événement catastrophique. La franchise de non-remboursement et le faible nombre d'événements de taille moyenne garantissent les gains de la compagnie d'assurances.

Pour ce qui est de l'allocation des ressources des entreprises, qu'en est-il en pratique ?

L'exemple Nokia va permettre d'illustrer ces lois statistiques. En 1999, la compagnie Nokia dominait le marché des téléphones portables [4] grâce à un programme, Symbian, qui permettait d'accéder facilement à tous les services en n'utilisant qu'une mémoire très réduite et un processeur de faible puissance. Comme l'obstacle majeur à la réduction de taille des téléphones portables était la batterie, la faible consommation électrique imposait un processeur de faible puissance et une mémoire très réduite. Ainsi, Symbian donnait à Nokia un avantage indépassable. Les laboratoires Nokia avaient aussi anticipé le futur, c'est-à-dire des processeurs puissants et de grandes mémoires de faible consommation électrique. Ils avaient inventé ce qui sera introduit par Apple comme le *smartphone*. Mais passer des idées de laboratoire à un programme de R&D qui conduit à un produit fini coûte très cher et nécessite d'allouer des ressources financières à moyen et long terme. Tandis que produire des dividendes importants, a l'avantage d'apparaître comme une gestion dynamique au service des actionnaires.

Apple avait par le passé échoué dans la tentative de faire un ordinateur de poche avec des capacités de communication à travers la série des ordinateurs Newton. Mais Apple avait aussi anticipé l'arrivée des processeurs puissants avec de grandes mémoires et des faibles consommations électriques. Apple a même investi dans le développement de ces processeurs à faible consommation. Par ailleurs, ce que faisait le programme

4. En 1999 Nokia est la 1re capitalisation boursière en Europe et 9e capitalisation boursière mondiale.

Symbian de Nokia, montrait les services liés au téléphone qui avait manqué à Newton. Ainsi, pendant que Nokia retardait ses investissements dans le transfert de la R&D vers le marché, Apple faisait la fusion du Newton et des services de Symbian.

Quand l'IPhone est sorti, il était trop tard pour Nokia. Les supermanagers de Nokia avaient montré une gestion dynamique et des bilans performants avec des dividendes flatteurs. En fait, ils avaient tué Nokia et ruiné les actionnaires. Par contre, leur propre rémunération avait été tout aussi « performante ». Si Apple n'avait pas connu l'échec de Newton, cette compagnie n'aurait pas eu la technologie pour profiter d'une part, de l'anticipation concernant les processeurs et la mémoire à faible consommation, et d'autre part, pour comprendre et mettre en valeur ce que Symbian avait introduit. Cet événement accidentel, l'échec de Newton, lié à un autre événement extérieur, l'arrivée de processeurs faible consommation, ont emporté le géant Nokia. La gestion du temps de l'entreprise a été une allocation des ressources financières dans la catégorie C au détriment des catégories A et B et ce, trimestre après trimestre, année après année. Les projections futures se basaient sur des moyennes de croissance de l'entreprise et des risques maîtrisés alors que les choix de l'entreprise conduisaient à une fluctuation maximale de la croissance puisque Nokia a même failli disparaître ! Ce genre de situation est impossible si la distribution statistique S(X) est Gaussienne, mais elle est parfaitement normale si la distribution statistique est seulement Lévy-stable. Ces distributions sont caractérisées par des fluctuations infinies : une distribution Gaussienne est le seul cas de distribution Lévy-stable avec des fluctuations finies. Si Nokia avait équilibré son allocation des ressources financières entre les catégories A,B et C, elle aurait eu un produit pour répondre immédiatement à la sortie de l'IPhone. Avec deux produits semblables, la compétition entre le géant Nokia et le nain de la téléphonie Apple n'aurait pas vu le nain remplacer le géant. Mais dans ce cas les gains à court terme n'auraient pas été maximisés, bien au contraire !

L'arrivée de l'IPhone est un événement inattendu et extérieur à Nokia, un événement isolé, mais en ce qui concerne la croissance (ou décroissance) de l'entreprise cet événement a dominé tous les événements cumulatifs positifs qui l'ont précédé. C'est lui qui a déterminé la chute de Nokia malgré les années de succès. À l'inverse, l'échec du Newton par Apple lui a été favorable, car il a permis à l'entreprise de comprendre ce qui faisait le succès de Symbian, mais aussi que Newton+Symbian était le produit cherché. Apple a continué sa politique d'allocations de ressources équilibrées entre les catégories A,B et C : elle n'a pas abandonné ses investissements à moyen et longs termes après l'échec de Newton. On voit ici une des caractéristiques contre-intuitives des distributions Lévy-stables : toutes les échelles de temps coopèrent au résultat. La fréquence et la taille des échecs, comme des succès, suivent une loi de puissance fixe et stable. Cette loi de puissance est la propriété de stabilité qui remplace la stabilité due à l'existence d'une moyenne et de fluctuations finies de la loi Gaussienne. En conséquence, pour tirer bénéfice d'un système dynamique caractérisé par une loi Lévy-stable non Gaussienne, il faut répartir son action sur toutes les échelles de temps : privilégier le court terme conduit à l'échec ou au succès sans proportion avec la taille des actions entreprises. Aucune des actions entreprises par la direction de Nokia ne portait en elle-même la conséquence de la quasi-disparition du géant Nokia, mais toutes ces actions valorisaient le court terme. Au contraire, le passage à des téléphones basés sur des processeurs puissants et de grandes mémoires était une action à long terme menée par Apple, et a balayé l'effet de toutes les actions à court terme de Nokia.

Il ne faut pas pour autant se méprendre. Une entreprise qui allouerait toutes ses ressources à long terme serait soumise au même risque de disparition : les lois Lévy-stables non Gaussiennes font intervenir *toutes* les échelles de temps.

Si on regarde de plus près l'ascension et la chute de Nokia, on constate que Nokia a beaucoup investi dans la recherche, mais avec une politique délibérée qui orientait ces investissements quasi-exclusivement sur le court terme. Ses dirigeants ont cru à tort que cette orientation a été la clef de leur succès : ils ont cru à la fable de l'idéologie thatcherienne.

En réalité, le succès initial de Nokia trouve sa source dans une allocation de ressources à toutes les échelles de temps. Les états nordiques ont lancé un programme à long terme sur la téléphonie mobile en 1969, 30 ans avant le succès mondial de Nokia. Ce programme à long terme était complété au niveau finlandais par la création en 1983 d'un institut de pilotage de la recherche appliquée à moyen terme, TEKES, et d'une institution financière publique de capital risque elle aussi orientée sur le moyen terme, SITRA fondée en 1967. Ainsi, c'est la combinaison des efforts sur toutes les échelles de temps qui sont à l'origine de l'ascension de Nokia au zénith de l'industrie des communications mobiles. Et c'est bien l'obsession de la capture des désirs et des modes du marché immédiats sans vision à moyen et long terme, qui ont rendu les dirigeants de Nokia aveugles. Ce n'est pas le manque d'investissement dans la recherche ni le retard au niveau de la recherche de base qui sont la cause de la chute, mais bien la recherche de profits à court terme avec la certitude que la somme de ceux-ci, c'est-à-dire le marché et le marché seulement, était le meilleur critère possible de choix industriels : « sic transit gloria mundi ».

Ici, l'originalité vient du fait que l'entreprise a bien investi dans la recherche, mais presque exclusivement dans la recherche à court terme.

Cette idée que le marché financier fonctionne comme un « deus ex-machina » capable de mesurer et d'anticiper sans erreurs les progrès économiques n'est pas nouvelle. Ce sont les idées de Freidrich Hayek (1899-1992), reprises par la suite par Milton Friedmann (1912-2006) qui ont été adaptées de façon originale par Nokia dans une société social-démocrate comme la Finlande. Originale, car selon les idées de Freidrich Hayek, l'État finlandais n'aurait jamais dû créer SITRA, une institution financière publique de capital risque.

Les dirigeants de Nokia avaient un moyen simple de savoir que leurs projections de gains, basées sur des distributions Gaussiennes étaient erronées. Il existe des tests statistiques qui permettent d'identifier les distributions Lévy-stables et d'en extraire les paramètres [5].

Par ailleurs, le rôle simultané des échelles de temps conduit à une invariance d'échelle caractérisée par un paramètre : si on range tous les événements résultant de choix successifs indépendants en fonction de leur taille, et que l'on trace l'histogramme des tailles, alors la distribution obtenue est une loi de puissance avec un exposant constant. Cet exposant est le paramètre caractéristique de la distribution statistique. La stabilité d'échelle qui en résulte peut être mise à profit par une industrie pour faire face aux aléas.

C'est cet histogramme, en coordonnée logarithmique, qui permet de déterminer si une loi $S(X)$ obtenue à partir de choix indépendants suivant une loi $p(x)$ est Gaussienne ou pas. Si le résultat est une droite alors la loi $S(X)$ est Lévy-stable non-Gaussienne, dans le cas contraire, elle est Gaussienne. Quand on a une droite, la pente de la droite donne la valeur de l'exposant caractéristique.

Il est ironique que ces lois statistiques, fondamentales en physique, soient historiquement issues de l'étude du marché des actions. En effet, c'est au départ à la suite d'une intuition de l'économiste italien Wilfredo Pareto que Louis Bachelier, sous la direction de Henri Poincaré, a

5. Il existe même un logiciel commercial appelé STABLE écrit par J.Nolan qui permet à un non spécialiste de déterminer les paramètres d'une distribution Lévy-stable à partir des données. En particulier, il permet de distinguer les distributions Lévy-stables Gaussiennes et non Gaussiennes.

fait une thèse sur l'étude statistique des marchés et montré que ceux-ci étaient caractérisés par le cumul de choix statistiques. Ensuite, les lois générales sur l'effet du cumul de choix statistiques ont été élucidées par Paul Lévy. Enfin, Benoît Mandelbrot a montré que la suite des cours des actions avaient une structure semblable aux fractals. Or, les structures fractales apparaissent quand le phénomène statistique sous-jacent suit une distribution Lévy-stable non Gaussienne.

Ainsi, bien qu'issue du champ économique et centrée sur l'étude des gains boursiers, la théorie statistique a été détournée dans le champ économique qui l'a vu naître, pour produire une idéologie basée sur une fraude intellectuelle.

Cette fraude a été rendue possible par un aspect contre-intuitif : pour des distributions Lévy-stables non-Gaussiennes, la « moyenne » et les fluctuations autour de la « moyenne », calculées avec les formules correspondantes sur (n) événements, ne sont pas équivalentes à la « moyenne » et aux fluctuations d'un résultat cumulatif après N événements successifs pour N très grand. Bien qu'on puisse toujours calculer, sur un nombre fini de choix, deux valeurs numériques avec les formules qui donnent la moyenne et les fluctuations, une distribution Lévy-stable non-Gaussienne a toujours des fluctuations infinies et il se peut qu'il n'y ait pas de vraie moyenne, mais il y a une distribution de probabilité ! Pour produire leurs projections trimestre après trimestre et justifier leurs choix, les dirigeants de Nokia calculaient des moyennes de gains financiers ainsi que les fluctuations probables associées : le problème est que ces formules de calcul de la moyenne et de fluctuations étaient appliquées à des distributions statistiques qui avaient des fluctuations infinies et parfois n'avaient pas de moyenne !

Si Nokia avait réparti ses allocations de ressources dans les catégories A,B et C, par exemple en se comportant comme un fonds de capital risque en interne, elle n'aurait pas attendu le dernier moment pour valoriser le travail de ses équipes de recherche.

5

L'histoire tourmentée des distributions Lévy-stables, Warren Buffet et la fable du marché efficient.

Les distributions Lévy-stables non Gaussiennes donnent raison à Warren Buffet et à son article « The superinvestors of Graham-and-Doddsville » publié dans le numéro d'automne 1984 de la revue « Hermes », Columbia Business School Magazine. En fait, cet article et l'apparition des distributions Lévy-stables sont historiquement liés sans que ce lien soit visible.

L'argument de la révolution thatcherienne suivant lequel le gain maximal à court terme conduit inexorablement à un gain maximal de la somme des opérations, a comme conséquence un développement du trading haute fréquence. Cette façon d'opérer consiste non plus à évaluer les perspectives d'une entreprise, mais à faire une évaluation des fluctuations des cours à court terme, et à acheter et vendre ces fluctuations. Cette approche à plusieurs conséquences. Elle amplifie les fluctuations des cours, ce qui déssert les entreprises qui ne peuvent plus compter sur des investisseurs stables, mais doivent au contraire constamment produire des dividendes : les investissements à moyen et long terme sont défavorisés. Elle ne favorise pas les investisseurs, mais les intermédiaires financiers. En effet, ces opérations hautes fréquences sont très risquées et, comme on va le voir dans la section « Les fuites organisées dans le circuit financier : les outils du pillage », les opérateurs financiers ont alors intérêt à transférer leurs propres risques sur leurs clients, c'est-à-dire les investisseurs. Ils utilisent une caractéristique des distributions Lévy-stables non Gaussiennes : il y a un excès d'événements de faible amplitude et de très grande amplitude, au détriment des événements d'amplitude moyenne. Le jeu consiste alors pour les intermédiaires financiers à proposer des fonds d'investissement où l'investisseur reçoit les petits gains très nombreux, mais assume les pertes de très grande amplitude. L'intermédiaire qui vend le fonds, lui, reçoit les gains de très grandes amplitudes sans avoir à en assumer le risque. De toutes façon, il n'y a pas de miracle, que ce soit pour les grandes et les faibles amplitudes de gain ou de perte, elles doivent être réparties entre l'investisseur et l'intermédiaire financier. Sauf qu'ici, les crashs petits ou grands sont à la charge des investisseurs, et les grands gains au bénéfice de l'intermédiaire financier.

Les investisseurs sont trompés par un argument pseudo-scientifique : l'hypothèse du marché efficient. Suivant cette hypothèse, le marché équilibre toujours les risques, à chaque instant, et conduit à une allocation optimale des ressources. Pour obtenir cette efficience maximale, il convient alors de déréguler complètement les marchés financiers. En fait, avec des distributions Gaussiennes, le marché pourrait être efficient, mais les distributions ne sont pas Gaussiennes et les intermédiaires financiers le savent bien. Durant le procès de Fabrice Tourre, les e-mails montrent sans ambiguïté que Goldman Sachs pratique ce transfert de risque au détriment de ses clients investisseurs. C'est ici qu'intervient le caractère idéologique de la révolution thatcherienne : ses tenants sont comme les militants communistes des années '30', même face à l'évidence de leurs échecs, ils s'accrochent à leur croyance. Ainsi, niant l'observation factuelle de la non-efficience parfaite des marchés boursiers, les économistes qui occupent les chaires universitaires depuis la révolution thatcherienne continuent à professer cette idéologie. Les investisseurs, impressionnés par ces professeurs, se laissent duper par leurs intermédiaires financiers.

Enfin, pas tous les investisseurs : le plus brillant d'entre eux, Warren Buffet, lui, ne se laisse pas gruger. À contre-courant de cette idéologie, Warren Buffet investit sur des entreprises qui jouent le long terme et garde les actions qu'il achète le plus longtemps possible, souvent des dizaines d'années. Il suit une approche connue sous le nom de « Graham-and-Dodds ». L'approche Graham-and-Dodds recherche les entreprises dont les choix d'allocation de ressources conduisent à un résultat cumulé Gaussien.

Les distributions Lévy-stables valident l'argument de W. Buffet :

L'approche « Graham-and-Dodds », qui favorise les investissements à long terme dans des actions à risque modéré, marche parce que la distribution statistique cumulative est Gaussienne. À l'inverse, l'hypothèse du marché efficient favorise des investissements avec des gains maximaux à court terme et conduit à des distributions statistiques cumulatives Lévy-stables non Gaussiennes avec des fluctuations infinies. La première fluctuation infinie de perte ruine l'investisseur, le vrai, mais pas celui qui a transféré le risque sur un tiers tout en gardant les bénéfices, ce qui est la caractéristique du pillage.

Il est intéressant de noter que W. Buffet est très rarement cité par les économistes qui étudient les stratégies d'investissement. Ainsi, tout se passe comme si, en économie, on évitait d'étudier ce qui marche, à l'inverse des autres domaines où l'excellence est étudiée, comme la méthode d'entraînement et la diététique de l'athlète le plus rapide du monde ou la motorisation de la formule 1 la plus rapide. Certains économistes, et parmi eux, il y en a qui ont reçu le Prix de la Banque Centrale de Suède[6],

6. Alfred Nobel n'a pas créé de prix Nobel d'Économie, mais par abus de langage

affirment même que le succès de W. Buffet est une fluctuation statistique qui n'invalide pas l'hypothèse du marché efficient. En réponse à cette affirmation, John Price et Edward Kelly ont montré que les résultats de W. Buffet ne pouvaient pas être une simple fluctuation statistique [7]. L'application de la théorie des distributions Lévy-stables, présentée dans cet essai dans le cadre du théorème central limite généralisé, montre que non seulement W. Buffet a raison, mais encore que la seule façon de générer plus de richesse que lui par un investissement, est de transférer le risque associé à des tiers, c'est-à-dire de passer à une économie de pillage.

L'hypothèse du marché efficient est devenu un dogme, qui est contredit par l'observation des crashs boursiers à répétition et les succès de l'approche « Graham-and-Dodds », et qui est invalidé par le théorème central limite. Mais surtout, c'est un dogme destructeur.

L'hypothèse du marché efficient est à la théorie économique ce que la « terre au centre de la création » est à la description du monde par l'Église, laquelle a intenté un procès à Galilée... « eppur si muove ».

Il semble que les distributions Lévy-stables choquent quelque chose de profond, car leur histoire est pleine de péripéties. En 1900, dans sa thèse « La théorie de la spéculation », Louis Bachelier introduit « la marche de l'ivrogne » pour décrire par des probabilités les cours de la bourse. La marche de l'ivrogne est un processus simple : un ivrogne part d'un lampadaire et à chaque pas choisit au hasard d'aller à droite ou à gauche. C'est un processus discontinu sans mémoire : à chaque étape, le passé est oublié. La description graphique est alors une courbe discontinue. La loi de probabilité qui donne la distance entre l'ivrogne et le lampadaire, après un grand nombre de pas, est une Gaussienne. À l'époque où Louis Bachelier écrit sa thèse, les courbes discontinues en tout point sont des bizarreries que l'on ne sait pas traiter. La théorie sous-jacente à la convergence d'une somme d'étapes, obtenues par une loi de probabilité, vers une distribution statistique, n'a pas encore été inventée, et l'objet géométrique fractal est parfaitement inconnu. Mais surtout, l'outil mathématique qui permet de traiter toutes ces questions de façon rigoureuse et simple, la théorie des distributions, viendra quarante-six ans plus tard !

Louis Bachelier a trop d'avance et doit avoir recours à des raisonne-

---

et par son prestige, les média assimilent souvent le prix de la Banque Centrale de Suède à un prix Nobel.

7. John Price and Edward Kelly, *Warren Buffet : Genius or statistical anomaly*, Proceedings of the first International Workshop on Intelligent Finance, dec 13-14 2004 Melbourne Australia, www.iwif.org

ments ad hoc, au cas par cas, qui conduisent parfois à des erreurs techniques sans conséquences. Enfin, sans conséquence sur la théorie, mais avec des sérieuses conséquences pour Louis Bachelier lui-même. Souhaitant devenir professeur à Dijon en 1926, il a en face de lui, dans le choix final, un autre brillant mathématicien, lequel est défendu par un tuteur très efficace. Celui-ci trouve une ambiguïté, un argument erroné sans conséquence dans le travail de Louis Bachelier et demande au brillant mathématicien Paul Lévy de confirmer l'erreur, ce que celui-ci fait par lettre. Cette lettre fait pencher la balance du comité de sélection pour le concurrent de Louis Bachelier. Mais Paul Lévy n'a pas lu l'ensemble du travail de Louis Bachelier, seulement le passage pour lequel on lui a demandé son avis. Le hasard veut que Paul Lévy soit le mathématicien qui résout le problème de la convergence d'une somme d'étapes d'un processus piloté par une loi de probabilité. Si le processus est sans mémoire, la distribution obtenue est une Gaussienne : la Gaussienne est l'attracteur universel pour cette classe de processus. Il découvre aussi que si le processus a une mémoire, il existe aussi une famille de distributions qui jouent le même rôle, et que cette famille contient comme cas particulier la Gaussienne. Paul Lévy généralise et justifie le travail de Louis Bachelier qu'il a lui-même privé de carrière ! En 1931, il lui envoie une lettre d'excuses, mais c'est trop tard, les deux hommes n'auront pas l'occasion de travailler ensemble. Louis Bachelier meurt en 1946, l'année où l'outil qui lui a tant manqué, la théorie des distributions, est développée par Laurent Schwartz, dont le grand-oncle était le mathématicien Jacques Hadamard, qui supervisa la thèse de Paul Lévy ! Ayant montré la convergence vers une Gaussienne de la marche de l'ivrogne, Louis Bachelier l'appliqua au marché boursier. Or comme le montrera Benoît Mandelbrot, dont la thèse a été supervisée par Paul Lévy, les cours des actions ont une mémoire ! En conséquence, le processus ne converge pas vers une Gaussienne, mais vers une distribution Lévy-stable non Gaussienne.

Mais ce résultat arrive au mauvais moment et dans le mauvais contexte. Au mauvais moment, car pour que le marché soit efficient, il faut que la distribution soit Gaussienne. Or au moment où Benoît Mandelbrot fait ses découvertes sur les fractals et les applique à la bourse, la nouvelle star de l'économie est Milton Friedman lequel base sa théorie économique sur un marché parfaitement efficient. Au mauvais endroit, car dans le mileu de l'École Polytechnique et de l'école Normale, un mathématicien digne de ce nom démontre ses résultats avec un crayon et du papier et ne se compromet pas avec des expériences numériques sur ordinateurs et surtout, il doit faire ses recherches au « centre de l'univers de la connaissance » : à Paris ![8] Or, pour le développement de la théorie des fractals, Benoît Mandelbrot, ce mécréant, n'hésite pas à partir aux USA chez IBM. Encore aujourd'hui, même dans un domaine qui fait abondamment usage de mesures statistiques comme la physique des particules au CERN, les fractals et les distributions Lévy-stables ne font pas partie de la formation des chercheurs. Paradoxalement, c'est de l'autre côté du rideau de fer que l'importance de ces distributions avait été comprise, et on en trouve l'éloge sous la plume du grand physicien Andreï Kolmogorov. Mais, la chute du mur a exporté la « mise à la marge » de ces distributions aux pays de l'Est !

C'est parce que les distributions statistiques des marchés boursiers sont pour certaines Gaussiennes et pour d'autres Lévy stables non Gaussiennes, que l'hypothèse du marché efficient est fausse. Mais pourquoi ces distributions ne sont-elles pas Gaussiennes ? Et quel est le lien avec l'efficience du marché ? La réponse à ces questions nécessite l'introduction des notions de *coût ponctuel* et *coût intégré* qui seront définies dans le chapitre « Comptabilité économique ». La non-validité de l'hypothèse du marché efficient sera rediscutée dans ce cadre.

6

La révolution thatcherienne contre les classes moyennes

Le but proclamé du marxisme est la disparition de la propriété qui, d'après Karl Marx, est à l'origine des classes sociales et de tous les maux. Le marxisme a comme programme politique la réduction des classes sociales en seulement deux classes qui, dans un affrontement final, conduit à la disparition du capital et à une classe unique. Cette analyse est marquée par la 1re révolution industrielle, celle de l'Angleterre victorienne. Les classes moyennes tendent alors à se scinder : d'une part, certains marchands deviennent de riches actionnaires de la révolution industrielle et d'autre part, les petits artisans sont laminés par cette même révolution. À cette époque historique, il semble que la société évolue vers une organisation en deux classes et deux classes seulement, la classe ouvrière et le capital. Mais ce que ni Karl Marx, ni ses contemporains, n'ont vu venir, c'est la société de consommation et la création d'un capital dilué

---

8. Cette caractéristique était déjà présente avant la 2e guerre mondiale et explique pourquoi il y a eu si peu de physiciens français impliqués dans le développement de la Mécanique Quantique, malgré la contribution initiale de Louis de Broglie. Dans les labos de physique en ce début de 21e siècle, l'auteur peut témoigner que la même mentalité tend à se répandre.

dans des classes moyennes diversifiées et victorieuses. Ainsi, le projet marxiste vu du côté de la classe ouvrière a échoué, mais qu'en est-il du marxisme vu du côté du capital ? Par deux fois, d'abord lors de la crise de 1929 et ensuite lors de la révolution thatcherienne, une révolution marxiste va être menée par le capital et pour le capital. Ses principales cibles seront les classes moyennes qui seront à chaque fois réduites ou détruites.

Avant la 1re guerre mondiale apparaît aux USA la première société de consommation. Les progrès techniques et l'augmentation de productivité engendrent une économie où les clients ne sont plus seulement les riches capitalistes, mais les travailleurs qui deviennent de petits actionnaires. Par leur nombre, ces nouveaux clients et actionnaires sont le moteur de l'économie. Alors que la 1re révolution industrielle avait tendance à supprimer les anciennes classes moyennes liées à l'artisanat, la première société de consommation crée des classes moyennes toujours plus nombreuses et diversifiées. Ce type de société est une société où le compromis social et la foi dans le futur sont mis au premier plan. On peut se permettre des projets collectifs à long terme : contrairement aux théories marxistes, ce n'est pas la fusion de toutes les classes en une classe unique, mais la diversification des classes moyennes qui engendre des projets collectifs à moyen et long terme. Car ces projets nécessitent une grande cohésion sociale construite sur des réseaux de solidarité implicites, sur le sentiment de réalisation collective dans la démocratie représentative. L'initiative individuelle est valorisée par et pour le collectif : l'enrichissement personnel est vu comme la rétribution du succès dans l'amélioration des capacités de la société de consommation au service de tous.

Mais cette société de consommation dépossède les propriétaires de grand capital de leurs privilèges : leur mode de vie n'est plus exclusif et leur pouvoir politique est dilué. Certes, une Ford T n'est pas une voiture de luxe, mais c'est une voiture, elle permet de parcourir les mêmes distances, sur les mêmes routes. L'argent permet toujours de mener des campagnes politiques, mais ce n'est plus le seul paramètre, le coût de fabrication des journaux et des affiches est suffisamment faible pour que les classes moyennes y aient recours et défendent leurs intérêts. Par ailleurs, si on est privilégié dans une société inégalitaire, l'oisiveté est une marque de succès, tandis que dans une société de classes moyennes toujours en mouvement, c'est une tare ! Bref, le style de vie des propriétaires de grand capital est remis en cause par les classes moyennes.

Pour reprendre la main, les propriétaires de grand capital vont d'abord se réfugier dans la finance, et de là, mener une révolution marxiste contre les classes moyennes. Cette révolution trouvera son apogée dans la crise de 1929 et anéantira les classes moyennes issues de la première société de consommation. Après la crise, il ne restera plus que deux classes : le grand capital et la classe pauvre, ouvrière et agricole. Les classes moyennes sont appauvries et on tend vers la structure en deux classes de la révolution marxiste. C'est bien d'une révolution marxiste qu'il s'agit, mais au profit de la classe du grand capital.

Dans la stratégie de destruction des classes moyennes aux USA, on va leur cacher leur appauvrissement en encourageant un crédit sans limites. Si on fait la somme de ce que cette classe possède et de ses dettes, elle s'appauvrit, mais ne le voit pas. C'est une façon de casser les indicateurs qui permettent à cette classe de se repérer sur l'échelle sociale et de défendre ses intérêts.

La révolution thatcherienne va reprendre la méthode employée en 1929 : en dérégulant les marchés, elle va permettre la mise en place de produits dérivés qui vont jouer le rôle du crédit sans limite de 1929. Les classes moyennes vont assumer les risques financiers au-delà de leurs capacités et sans en tirer les bénéfices. Ces derniers seront captés par les intermédiaires financiers qui vendent ces produits dérivés. N'ayant plus de risque à assumer, les banques d'affaires, qui contrôlent le marché, vont cesser de jouer leur rôle d'investisseurs et leur rôle de vendeur de risque payé par une prime. À la place, les banques d'affaires vont transformer le marché des actions en casino dont ils sont la banque. En parallèle, n'ayant plus de contre-pouvoir, elles vont prendre en partie la place des élus, et transformer les pays les plus faibles en proies en les incitant à tricher avec les règles comptables pour cacher l'appauvrissement des classes moyennes. La plus grosse opération de ce type a été faite par Goldman-Sachs au détriment de la Grèce et de l'Union européenne : Goldman-Sachs a fictivement racheté la dette grecque pendant les quelques mois durant lesquels la Grèce devait présenter ses comptes à l'Union européenne, cachant ainsi à l'Union la dette réelle de chaque citoyen grec.

À l'intérieur des USA, ces mêmes banques vont organiser un crédit massif pour des clients insolvables sur le marcher de l'immobilier tout en reportant le risque d'abord sur les clients eux-mêmes, ensuite sur les finances publiques. En effet, en créant une bulle financière trop grosse pour être absorbée par le marché, c'est l'État qui doit intervenir pour « sauver les meubles ». À la sortie du processus, les classes moyennes sont spoliées deux fois : une fois à l'achat fictif de leur logement, et une deuxième fois quand la richesse nationale, dont ils sont les principaux propriétaires, doit être mise à profit pour sauver les meubles. À la fin du deuxième mandat présidentiel de George W. Bush, au moment du crash de 2008, chaque Américain a en moyenne 20 000 $ de crédit à rembourser.

Concrètement, la dérégulation des marchés va permettre à AIG, le plus grand assureur, d'assurer par l'intermédiaire de produits dérivés (CDO), des crédits qui étaient certains de faire défaut en chaîne. Résultat, 2 milliards de fonds propres, assurant 800 fois plus de prêts pourris : à court terme, les bénéfices d'AIG sont multipliés par 4. Par ailleurs, AIG l'a fait en créant une banque d'investissement à l'intérieur de AIG sans que la FED ne le sache : la banque d'investissement était cachée par l'assureur, encore une dérégulation comptable. D'assureur, AIG est devenu banque d'investissement dont le seul objet est de créer une bulle immobilière, c'est-à-dire manipuler le marché.

AIG cache les crédits très risqués dans des agrégats de crédit, les CDO, en les mélangeant avec d'autres produits financiers et vend le tout sous forme de fonds : c'est la titrisation. Celle-ci n'est possible que parce que ces titres reçoivent des agences de notation la meilleure note, AAA : ces dernières trompent les investisseurs, elles participent à une tromperie. Encore un instrument de mesure détourné. Dans un bilan bancaire, un crédit apparaît comme tel et est affecté d'un risque de défaut qui entraîne une provision. Ici, après titrisation, le risque associé au crédit est caché, il n'y a plus de provisions.

Une fois encore, les classes moyennes sont appauvries et on tend vers la structure en deux classes de la révolution marxiste.

7

Les moyens de la révolution thatcherienne : dérégulation et création d'oligopoles

On retient souvent de la révolution thatcherienne les privatisations des entités publiques comme l'eau, l'électricité, les services publics. Pourtant, le principal moyen utilisé par la révolution thatcherienne n'est pas la privatisation, c'est la dérégulation supportée par l'idéologie. La privatisation vient ensuite, car ce sont les oligopoles créés par la dérégulation qui se substituent à l'État.

Le principal effet de la dérégulation est la création de monopoles ou d'oligopoles. Ceux-ci sont peu créatifs et intrinsèquement improductifs : ils ne se maintiennent que par la destruction des outils de compétition de marché et la mise à l'écart de la démocratie représentative. Le paradoxe est que l'argument de la privatisation des entités publiques était la fin des monopoles d'État, et que le résultat de la dérégulation est la création de monopoles encore plus puissants et moins créatifs : les multinationales. Alors que les entités d'État géraient de petits monopoles contrôlés par des élus, les multinationales gèrent des monopoles aussi puissants que les États[9], sans contrôle démocratique et, le plus souvent, opposés à la démocratie représentative.

Les deux aspects, dérégulation et création de monopoles privés, sont intimement liés. L'un n'existe pas sans l'autre.

Pour déréguler, il faut d'abord délégitimer l'État. Pour ce faire, il faut ramener la question du rôle de l'État à une question binaire et éliminer toute proposition qui élargirait le champ des choix possibles. Dans les années '70', cinquante ans après la révolution bolchevique et trente ans après l'instauration des dictatures communistes en Europe de l'Est, pour délégitimer l'État, il a suffi de faire l'amalgame entre la régulation étatique d'un marché libre d'un côté, et la nationalisation associée à la gestion centralisée des régimes communistes, de l'autre. Ainsi, le choix était soit la liberté avec la dérégulation, soit l'évolution vers la dictature d'abord économique, puis politique : un choix binaire.

En réalité, cette opposition est un leurre. Un marché libre ne peut être libre que s'il est régulé. En effet, un compétiteur doit pouvoir participer équitablement quelle que soit sa taille : toutes les idées doivent avoir les mêmes chances pour permettre une sélection basée sur les besoins et

9. Exemple : la capitalisation boursière d'Apple en 2014 est supérieure au PIB de pays riches comme la Suisse ou la Suède.

désirs des consommateurs.

Peu importe que ces désirs et besoins soient rationnels et/ou objectifs : ils résultent du débat et de la culture au sein d'une société, pas d'une vérité absolue. Aux USA manger de la viande aux hormones ne pose aucun problème alors qu'en Europe continentale cette pratique est rejetée. Certaines cultures interdisent l'alcool, d'autres ont une culture du vin très raffinée.

Pour que cette sélection soit le résultat d'un libre choix, les pratiques concurrentielles, basées sur la culture locale et mises en place démocratiquement, doivent être protégées.

Prenons l'exemple des microbrasseries en Suisse. L'apparition d'équipement de brassage de la bière à un prix abordable a permis l'apparition de petites fabriques de bières artisanales. Ainsi, le progrès technique permet à de nouveaux acteurs économiques d'entrer dans la compétition. Ceux-ci offrent des bières basées sur les produits écologiques et/ou des produits locaux, ainsi qu'un service de recyclage des bouteilles. Mais pour ce faire, ces nouveaux acteurs doivent avoir accès au crédit pour investir et aux commerces qui vendent de la bière (magasins, bar, restaurants) pour distribuer leurs produits. Or, les grands groupes industriels producteurs de bière font pression sur les commerces pour les empêcher de distribuer la bière des petits producteurs. Aux magasins, ils offrent des réductions de prix si ceux-ci refusent la vente des bières concurrentes. Comme les quantités vendues sont beaucoup plus petites pour les petits producteurs, ceux-ci ne peuvent réduire leur marge pour faire une offre semblable aux magasins. Ainsi, le consommateur n'a pas le libre choix de payer une bière locale un peu plus cher pour des raisons qui lui sont propres. Son libre choix est limité artificiellement. Une autre pratique courante des grands groupes industriels producteurs de bière est de proposer aux bars l'équipement pour la bière à la pression gratuitement, en échange de la vente exclusive de leurs produits. Enfin un grand groupe industriel peut faire pression sur une banque pour qu'elle limite les crédits accordés à un petit producteur local si elle veut garder le groupe comme client. Dans tous ces cas de concurrence déloyale, c'est la régulation qui doit intervenir pour préserver le libre choix du consommateur et le libre accès au marché du producteur.

Ce n'est pas la régulation qui s'oppose au marché libre, c'est l'absence de régulation.

La définition de ce qu'est la concurrence déloyale dépend de la société, de la culture et de l'idéologie dominante dans l'État considéré. De plus, elle évolue avec la société. Mais dans tous les cas, pour que le libre choix soit respecté, c'est-à-dire pour que le marché soit libre, il est nécessaire que ce soient les représentants démocratiquement élus qui délimitent les pratiques autorisées, et c'est par la régulation que ces limites doivent être appliquées.

L'alternative est que le plus gros écrase le plus petit et empêche ce dernier d'accéder au marché : le marché n'est alors plus libre. De plus, quand il ne reste que quelques grands groupes dans un domaine donné, ceux-ci peuvent maintenir les prix artificiellement hauts, empêchant ainsi l'évolution libre des prix d'un marché libre.

Ce phénomène est ancien et un des premiers grands États industrialisés, les USA, a instauré dès le 19e siècle, des lois contre les monopoles et les cartels, et ce, au nom du libre marché. À son apogée, dans les années '90', les pratiques anticoncurrentielles de Microsoft ont été contrées en partie grâce à ces lois.

La fin de la guerre froide, entre 1970 et 1990, a été propice à l'idéologie de la dérégulation tous azimuts. Celle-ci a été aidée par l'aveuglement d'une partie importante de la gauche européenne restée attachée au dogme marxiste de la nationalisation des moyens de production. Ce dogme enfermait les citoyens dans le choix binaire offert par la révolution thatcherienne. Ainsi, les meilleurs alliés de cette révolution ont été ses opposants officiels.

La dérégulation, associée à la maximisation de gains à court terme, a conduit à la création de grands groupes multinationaux organisés en cartels, ces derniers agissant comme des monopoles.

Par exemple, pour l'alimentation, dix groupes concentrent l'essentiel du commerce mondial :

- Nestlé
- Pepsico
- General Mills
- Kellogs
- Associated British Food, plc
- Mondelez International
- Mars
- Danone
- Unilever
- Coca Cola

Leur contrôle sur la production est tel qu'ils peuvent agir sur les États par un lobbying officiel aux USA, ou à la Commission européenne, pour créer des conditions d'accès aux marchés qui rendent l'arrivée de nouveaux concurrents très difficile, et ce au nom du libre-échange !

L'apparition de ce cartel empêche le libre accès au marché de groupes plus petits.

En parallèle, ce cartel s'oppose à l'étiquetage obligatoire des produits qui contiennent des OGM. Or cet étiquetage est réclamé par une vaste majorité de citoyens dans plusieurs pays européens. Ce cartel empêche alors le libre choix du consommateur.

Stricto sensu, les dix groupes forment des oligopoles. Ceux-ci ont été préférés aux monopoles par des lois qui limitent l'abus de position dominante sur un marché. Il arrive que ce système fonctionne ; il y a encore quelques années le duopole (Intel et AMD) se livrait une concurrence réelle sur le marché des microprocesseurs. Mais le plus souvent ces oligopoles se comportent comme des monopoles par l'intermédiaire d'accords secrets. Ainsi, les lois sur l'abus de position dominante sont facilement contournées.

Robert Reich, ancien ministre du président Bill Clinton et professeur de Politiques Publiques à l'Université de Berkeley, a recensé quelques exemples d'abus de position dominante par les oligopoles résultant de la dérégulation aux USA [10] :

- la dérégulation permet aux entreprises pharmaceutiques de payer les fabricants de médicaments génériques pour qu'ils ne vendent pas des médicaments semblables aux leurs. L'oligopole pharmaceutiques conduit à des prix beaucoup plus élevé des médicaments aux USA et empêche la concurrence. Il s'agit d'un marché contrôlé par un cartel. Prix estimé pour les consommateurs : 3.5 milliards de dollars par an.
- 80 % des Américains n'ont accès qu'à un seul fournisseur internet. Résultat, l'accès à internet coûte 3 fois plus cher qu'en France où la régulation garantit la concurrence.
- les prix des billets d'avion aux USA sont beaucoup plus élevés qu'en Europe car il ne reste que quatre compagnies qui couvrent l'ensemble du territoire. Localement, le consommateur n'a souvent qu'une seule compagnie à disposition.

Dans ces segments industriels, il n'y a plus de marché libre et plus de compétition : la dérégulation conduit à des oligopoles consacrés au pillage et centrés sur le court terme.

---

10. Le blog de Robert Reich : http ://robertreich.org/

La compétition qui permet au capitalisme de promouvoir la nouveauté est éliminée. En 2015, les marques automobiles Renault et Mercedes ont décidé de développer en commun la base de la Renault Twingo et de la Mercedes Smart. Au lieu d'avoir une compétition technologique sur les matériaux, sur la propulsion (électrique ?), sur le recyclage, les consommateurs auront un modèle unique maquillé en deux voitures distinctes. De fait, les deux plus grand acteurs sur le marché des très petites voiture en Europe, ont formé un cartel qui ne dit pas son nom.

Le problème de fond est la taille démesurée de ces entreprises. Il n'y a pas d'autre moyen d'empêcher ces abus de position dominante que de limiter la taille maximale d'un acteur sur un marché : ce devrait être l'objet des lois anti-trust du 21e siècle.

De plus, le phénomène est auto-stimulé : la dérégulation entraîne l'apparition de monopoles, ceux-ci imposent une dérégulation supplémentaire qui augmente la taille des monopoles et leur pouvoir d'imposer une nouvelle dérégulation, et ainsi de suite.

Ces monopoles ou ces cartels sclérosent le capitalisme et en conséquence la société. Pas de vraie concurrence, prix déconnectés de la réalité et manipulés, destruction des entreprises de taille intermédiaire, sont la suite d'événements habituels. Or, ces entreprises intermédiaires sont l'instrument du renouveau social des élites, de l'introduction de nouveaux champs industriels (par exemple, le passage à une énergie propre), de renégociation constante et créative du contrat social qui fonde une société. Par ailleurs, les positions de monopole sont propices au développement de la corruption à la tête de l'État.

En ce qui concerne la démocratie, l'effet de la dérégulation a été le remplacement de *l'État de droit des individus* par *l'État de droit des entreprises multinationales.*

Les limites du champ d'action de l'État contrôlé par les élus est devenu flou et n'est plus basé sur des principes démocratiques. En délégitimant l'État, la révolution thatcherienne a soustrait au débat public la notion d'intérêt collectif. La méthode est de même nature que celle utilisée avec les actionnaires des entreprises. La révolution thatcherienne affirme que l'intérêt collectif *émerge naturellement* de la somme des intérêts personnels *immédiats* et seulement de cette somme. En conséquence, tout débat démocratique sur la définition de l'intérêt collectif est non seulement inutile mais néfaste, car il s'oppose à *l'émergence naturelle.* Alors que l'ordre démocratique se construit sur la confrontation des idées, sanctionnée par le vote, la suppression du débat au profit d'une émergence naturelle isole le citoyen et le transforme en consommateur. Là où il y avait débat avec autrui, responsabilité citoyenne et droit des individus, il y a maintenant des consommateurs isolés, sans débat, appelés à exprimer leur choix par des achats stimulés par la publicité et espionnés par leur ordinateur et leur smartphone. Pour permettre à cet ordre naturel d'émerger, les droits des individus doivent être assujettis au droit des acteurs du marché, mais du marché dérégulé, c'est-à-dire au droit des multinationales.

Les droits des individus qui font d'eux des citoyens s'expriment par les États, contrôlés par la démocratie représentative. Pour assujettir ces droits aux droits des multinationales, il faut rendre celles-ci inattaquables par les États sur le plan judiciaire. C'est l'objet des tentatives de traités AMI (Accord Multilatéral sur l'Investissement) en 1995-1997 et de l'accord TTIP (Transatlantic Trade and Partnership) négocié depuis 1990.

Il est important de noter que la révolution thatcherienne utilise un argument fallacieux : ces traités seraient proposés pour protéger les entreprises indépendantes classiques ou les petits groupes industriels et pour permettre leur croissance rapide. En réalité, ces entreprises indépendantes classiques et ces petits groupes industriels sont les principales victimes des multinationales. Ces dernières empêchent la libre concurrence et compensent leur faible créativité par le rachat de ces entreprises au travers d'OPA agressives.

Tout le discours de la révolution thatcherienne est fait au nom de l'entreprise, alors qu'en fait, c'est au service d'une économie de pillage organisée par des holding financiers qui ne prennent plus le risque d'investir dans de nouvelles idées.

Le processus par lequel la révolution thatcherienne remplace une économie basée sur la compétition capitaliste dans un marché libre par une économie basée sur les oligopoles, sera explicité dans la sous-section « Création des monopoles : la soviétisation de l'économie au service du pillage » du chapitre « Comptabilité Économique ». Pour expliciter ce processus, il faut au préalable définir ce qu'est une économie de pillage et modéliser le système de crédit du capitalisme, vu comme une machine à optimiser l'allocation des ressources pour la création de richesses.

8

L'économie de pillage

Depuis toujours, les sociétés humaines ont été confrontées à la gestion du temps économique. Avant l'apparition de l'agriculture, l'organisation sociale s'attachait à répartir le temps de travail disponible entre chasse et cueillette, répartis entre hommes, femmes et enfants. La découverte du stockage des aliments par le sel (dans des mines naturelles) a induit des comportements de gestion du temps pour faire face aux hivers rigoureux. La découverte de l'agriculture et de la poterie ont conduit à l'apparition de surplus qui ont permis l'émergence d'une économie, d'abord de troc, puis d'une économie contractuelle avec dans les premières cités l'apparition de l'écriture, de l'arithmétique et de la monnaie.

Parallèlement certaines sociétés sont restés fondées sur le nomadisme et l'élevage. Ces dernières avaient une très faible capacité à gérer les aléas de production année après année. Mais elles ont assuré leur survie par le pillage des sociétés agricoles organisées autour des cités. C'est dans ces cités qu'était centralisée la gestion par l'économie de ces mêmes aléas. En d'autres termes, alors que les sociétés agricoles répartissaient l'allocation de leurs ressources sur le court, moyen et long terme, les sociétés non-agricoles allouaient leurs ressources principalement sur le court terme et compensaient les aléas, si nécessaire, en se reposant sur le pillage des sociétés agricoles. Il ne s'agit pas ici d'un jugement à caractère moral entre deux types de sociétés, mais de mettre en évidence qu'en l'absence d'allocation des ressources réparties dans le temps, une économie se fonde en partie au moins sur le pillage.

On retrouve ici l'argument des distributions statistiques Lévy-stables. Une économie qui ne gère pas le moyen et long terme, par exemple une économie uniquement basée sur l'élevage, a une probabilité de succès caractérisée par une loi statistique Lévy-stable non Gaussienne, c'est-à-dire avec des fluctuations du risque infinies. En effet, il suffit qu'apparaisse un virus qui tue le cheptel brutalement pour que cette économie soit en faillite : un événement détermine le résultat cumulatif de tous les choix de gestion du risque qui l'ont précédé. La seule solution dans ce cas est le recours au pillage.

Une économie de pillage est une économie qui *transfert* ses risques propres, sur les moyens et longs termes, vers des tiers.

Ainsi, les razzias opérées sur les villes et les sociétés agricoles compensaient l'absence de gestion des aléas économiques dans le temps. Cette situation n'est pas un phénomène du passé : avec la révolution thatcherienne, il s'est généralisé à l'échelle internationale.

À la suite de l'écroulement de l'État somalien, les grandes sociétés de pêche ont pillé sans limites les ressources de l'espace maritime somalien. La conséquence a été une impossibilité pour les pêcheurs locaux d'assurer leur subsistance. Ceux-ci se sont alors tournés vers la piraterie. Pour permettre une libre circulation maritime, les États disposant d'une marine militaire ont mis en place un système de convois et d'escortes très coûteux. Mais ces coûts sont imputés aux citoyens de ces États à travers l'impôt. Les sociétés de pêche ont non seulement pillé les ressources des populations somaliennes vivant sur la côte, mais aussi les citoyens des pays qui envoient leur marine. Un risque alimentaire a été créé en Somalie et un risque de transport a été créé pour le commerce maritime. Le coût économique lié à ces risques a été transféré du pilleur, les sociétés de pêche, vers un tiers, les pêcheurs somaliens et les citoyens qui financent la sécurité maritime. Un transfert de risques et des coûts associés s'est produit, ce qui est caractéristique d'une économie de pillage.

Les deux révolutions marxistes du capital contre les classes moyennes, celle de 1929 et la révolution thatcherienne, se font par la mise en place d'une économie de pillage. Dans les deux cas, les risques liés aux investissements sont transférés massivement sur les classes moyennes. C'est bien d'un transfert de risque qu'il s'agit, tout en gardant les gains éventuels liés à ces risques.

Ne supportant plus aucun risque, les institutions financières peuvent créer des actifs fictifs sans lien avec la création de richesse réelle. Cette création engendre des bulles financières, puis des crashs dont les conséquences sont assumées par les classes moyennes appauvries. Mais à l'inverse des cas de pillage entre sociétés traditionnelles qui produisaient des richesses et où le pillage était un complément de richesse, ces deux révolutions ont mis en place des acteurs parasitaires dont l'unique action économique est le pillage.

Pour comprendre le fonctionnement de ces acteurs, il faut partir de la description académique classique simplifiée d'un système bancaire de marché capitaliste. L'arbitre est la Banque Centrale et les joueurs sont les banques commerciales. La Banque Centrale évalue la richesse globale de l'économie à un moment donné et émet de la monnaie en quantité correspondante. Cette monnaie est empruntée à un taux très faible par les banques commerciales. Ces dernières utilisent cet argent, qui correspond à une richesse existante, pour assurer la couverture de prêts aux particuliers et aux entreprises. L'astuce est que ces prêts sont très supérieurs au fonds réel que les banques ont obtenu de la Banque Centrale : les banques commerciales créent de la monnaie sur des richesses à venir.

Les particuliers et les entreprises payent un intérêt qui couvre le risque de leur projet. De son côté, la banque commerciale paye un intérêt à la Banque Centrale pour couvrir le risque lié à la sélection des destinataires des prêts. Le système fonctionne parce que chaque acteur finance le risque qu'il prend.

Les banques commerciales agissent comme un agent sélecteur des projets avec une probabilité de gains ou de pertes, mais dans les deux cas, elle finance elle-même le risque qu'elle prend en payant des intérêts à la Banque Centrale. Les particuliers et les entreprises financent le risque associé à leur projet, soit en le finançant sur fonds propres, soit en payant un intérêt à la banque commerciale. On utilise ainsi une *richesse existante* pour garantir les risques liés à la production d'une *richesse future*.

Le capitalisme apparaît dans l'histoire des hommes quand un surplus est produit qui permet non seulement de subsister, mais aussi d'investir dans une richesse future, c'est-à-dire de financer le risque associé à cet investissement [11]. Le rôle du marché est alors de permettre une sélection de l'investissement qui a plus de chances d'aboutir que d'échouer. Mais cet outil ne fonctionne que si chaque acteur assume les conséquences positives(gains), mais aussi négatives (pertes) de ses choix. Si on déconnecte les conséquences positives et négatives, le marché ne joue plus son rôle de sélection des projets.

L'économie de pillage va consister à transférer le risque des banques commerciales, d'abord sur ses clients, essentiellement les classes moyennes, et ensuite sur les Banques Centrales.

Un exemple lié à l'effondrement du système bancaire en 2008 est donné par le « shadow banking offshore » pratiqué par les banques allemandes. La régulation allemande, votée démocratiquement par des représentants élus, obligeait à la transparence des comptes des banques allemandes, mais uniquement pour les comptes déposés sur le territoire allemand. Cette transparence obligeait les banques, en cas d'achats de « junk bonds », de prévoir une couverture financière du risque associé. Et de fait, l'effet direct de l'effondrement de 2008 sur les comptes déposés en Allemagne ont été limités. Mais les banques ont contourné cette régulation par la pratique du « shadow banking offshore », c'est-à-dire par

11. Pendant longtemps, le futur était « l'après vie » et on investissait dans des bâtiments religieux comme les pyramides.

l'achat en cachette, sans transparence comptable, d'obligations pourries, les « junk bonds » : les banques allemandes ont acheté ces titres pourris et les ont mis dans les filiales à l'étranger, hors bilan. C'est l'absence de régulation des maisons mères, qui a permit aux banques allemandes, basées en Allemagne, d'utiliser leurs filiales dans les paradis fiscaux pour importer en Allemagne les risques contre lesquels les élus avaient essayé de se prémunir. Résultat, l'effondrement du système bancaire en 2008 a aussi touché le système bancaire allemand et les citoyens ont dû éponger les dettes par l'impôt. Il y a ici un transfert du risque pris par les banques allemandes vers les contribuables, transfert qui définit une économie de pillage.

Contrairement à ce que beaucoup croient, le shadow banking qui a permit à la Grèce de tricher sur ses comptes publics ne s'est pas limité à ce pays, et les banques allemandes ont usé des mêmes pratiques : les obligations pourries étant cachées, les comptes étaient truqués. La différence majeure est que l'État allemand a été abusé par les banques, tandis que l'État grec a demandé à la banque Goldman-Sachs de l'aider à abuser ses propres citoyens ainsi que l'ensemble des citoyens européens.

Pour mettre en place une économie de pillage, les acteurs parasitaires prennent le contrôle des banques commerciales. En 1929, elles en prennent le contrôle en les achetant. Dans la révolution thatcherienne, elles en prennent le contrôle par l'idéologie. Celle-ci impose l'idée que la somme des gains à court terme garantit le gain cumulé à moyen et long terme. En conséquence, les acteurs qui obtiennent des gains à court terme plus élevés sont promus dans la hiérarchie, sans se soucier des conséquences à moyen et long terme. On a vu plus haut qu'il s'agit d'une fraude intellectuelle, mais cette fraude est un succès et ses acteurs sont propulsés aux sommets des banques commerciales. Une fois ce contrôle assuré, ces acteurs font croire à la classe moyenne que sa richesse est plus grande qu'elle n'est en réalité, et que cette richesse permet de couvrir des risques plus faibles qu'ils ne sont en réalité.

C'est le cas des prêts pourris aux acheteurs de biens immobiliers dans le crash de 2008, c'est le cas de la surévaluation de la bourse de 1929 financé par l'argent économisé par les classes moyennes, et c'est le cas de la bulle internet de 2000 où les profits à venir sont surestimés. C'est en particulier le cas de la vente par morceaux des entreprises industrielles britanniques qui revient à piller le capital de savoir-faire et les outils accumulés par les générations précédentes : cette vente n'est possible que parce que les fonds économisés par les classes moyennes, placées dans les banques commerciales, servent à financer les opérations de fusion-acquisition. À nouveau, c'est l'idéologie thatcherienne qui fait croire aux classes moyennes que les rendements des actions peuvent être démultipliés par ce dépeçage. Et cette utilisation des fonds n'est possible que par la dérégulation boursière mise en place par la révolution thatcherienne.

Il n'y a ni projet d'entreprise, ni création de richesse réelle : cette action parasitaire peut se cacher derrière une création de richesse réelle existante, celle des entreprises achetées et vendues, mais elle n'y participe pas. Cela est particulièrement marqué dans la création de monopoles par des opérations de fusion-acquisition.

Au départ de la révolution internet, ce sont les sociétés de capital risque qui financent les start-ups et les risques associés : on est dans un fonctionnement sain et transparent.

Mais par la suite, la création de monopoles par des Offres Publiques d'Achat (OPA) agressives sont menées dans le but d'empêcher la concurrence. Ces opérations sont financées par les banques d'affaires commerciales, avec les fonds des classes moyennes collectés au travers de fonds d'investissement opaques.

C'est le cas de plusieurs rachats d'entreprises très créatives par Microsoft dans les années '90', et c'est le cas de la création du quasi-monopole Mittal dans la sidérurgie dans les années '2000' .

Le monopole permet à court terme d'utiliser les outils industriels existants, à l'abri de la concurrence, sans développements nouveaux et sans investissements pour le renouvellement des machines. Bref, le monopole permet de réduire les allocations des ressources dans les catégories A et B au profit exclusif de la catégorie C.

Paradoxalement, la révolution thatcherienne a été lancée en démantelant des conglomérats industriels jugés pas assez rentables pour les actionnaires. Pour finir elle conduit à des monopoles anticoncurrentiels, et surtout beaucoup plus gros que les conglomérats démantelés.

Le remplacement de *l'État de droit des individus* par *l'État de droit des entreprises multinationales* tel qu'il est prôné par les tenants des traités AMI, TTIP, et autres traités du même type, est destructeur pour l'outil capitaliste. En effet, pour que cet outil fonctionne, il faut que chaque acteur assume les risques qu'il prend. Investir dans un pays étranger comprend un risque qui doit être évalué et financé. En retour, pour être attractif aux investissements, ce pays doit montrer une grande stabilité politique et une corruption contrôlée. Bref, il y a un équilibre qui s'établit, qui tend vers une plus grande stabilité politique et une moindre corruption : c'est-à-dire une situation favorable à la création efficace de richesse par l'outil capitaliste. À l'inverse, l'établissement de traités qui garantiraient tout investissement à l'étranger par une loi supranationale, conduit à stabiliser des régimes autoritaires et corrompus qui détournent les flux financiers nécessaires au fonctionnement de l'outil capitaliste. Cela revient à soustraire les super-managers des multinationales de tous risques liés à l'investissement à l'étranger, et à transférer ce risque sur les populations locales : c'est à nouveau une forme de pillage qui parasite l'outil capitaliste.

Les sociétés basées sur l'économie de pillage sont caractérisées par des statistiques non Gaussiennes, qui leur confèrent des succès et des échecs très brutaux. Un événement isolé comme une famine peut les détruire mais peut aussi leur permettre des succès fulgurants... fulgurants, mais sans bénéfice à long terme : Attila, Gengis Khan, l'expansion arabe. Cette dernière a été plus créative, et pour durer dans le temps elle a partiellement muté en faisant des compromis avec les sociétés de structure agricole : c'est dans ces dernières, qu'elle connaîtra son âge d'or (Andalousie, Bagdad, Damas, Égypte). De même, les succès de la révolution thatcherienne ont été fulgurants. En trente ans seulement, elle a conquis le monde.

À l'école, on apprenait « Là où passe Attila, l'herbe ne repousse pas » : pour éviter cette situation, les démocraties doivent présenter un projet d'économie politique susceptible de contrecarrer l'idéologie néolibérale de la révolution thatcherienne. Le premier pas consiste à réanalyser le fonctionnement de la machine capitaliste comme outil de création de richesse, en dehors du cadre idéologique socialiste ou néo-libéral.

Chapitre No. 3

Le capitalisme comme machine à optimiser

On prend le parti-pris d'appeler « capitalisme » un système de marché libre régulé tels qu'il se pratique sous des formes diverses dans les démocraties européennes continentales. En particulier seront considérés comme éléments constitutifs de ce système :

- un marché où chaque intervenant est libre de son choix, que celui-ci soit rationnel et/ou objectif, ou pas,
- le travail est rémunéré,
- le capital est rémunéré,
- le marché est régulé de façon à garantir le libre accès à tout producteur, quelle que soit sa taille, de façon équitable en empêchant les abus de position dominante,
- le marché est régulé de façon à garantir le libre choix du consommateur en empêchant la tromperie sur la marchandise.

Il est à noter que les actions économiques à but non-lucratif et les actions liées à la vie associative existent en parallèle au marché et forment un champ de liberté économique et social protégé par la loi, en France par le statut dit « loi 1901 ». Ce champ économique précieux n'est pas considéré ici.

Le capitalisme avec les caractéristiques ci-dessus fonctionne grâce à la loi de l'offre et de la demande. Sa stabilité nécessite que ni l'offre ni la demande ne soient contraintes. On confond souvent « contrainte » et « régulation », et ce, au nom de la « liberté ». En fait, l'objet de la régulation est d'empêcher la contrainte. Le concept de liberté absolue n'existe pas : en fonction des croyances et des cultures, le sentiment de liberté de l'individu conduit à des règles différentes.

La « liberté » traitée ici n'est pas celle liée aux droits de l'homme qui sont universels et qui donnent à chacun la liberté de conscience, d'opinion et le droit à l'intégrité physique. Il s'agit du sentiment de liberté, c'est-à-dire de contraintes librement acceptées qui accompagnent le comportement de chacun en société. Ces contraintes forment les codes sociaux d'une société dans son cadre culturel.

Le capitalisme n'a pas d'objet en l'absence de capital, c'est-à-dire de surplus disponible actuel pour créer de la richesse *future*. En présence de capital disponible, son objet est l'allocation de ces ressources et la gestion des aléas économiques au cours du temps. Dans ce cadre, c'est une machine à optimiser les gains par la gestion du risque. Ce n'est pas le seul système possible, et il existe sous des formes très diverses. Mais contrairement aux idées reçues, le présent essai considère le capitalisme non comme une idéologie, mais comme un outil qui peut produire des sociétés très différentes.

Dans cette approche, la description et la compréhension sous l'angle de *l'outil* ouvrent la possibilité à chaque société d'en user de façons très diverses, contrairement au dogme de la révolution thatcherienne.

En tant qu'outil, le capitalisme comprend deux circuits financiers, le premier a pour objet la création de richesse future à partir de la richesse existante, et le deuxième a pour objet de garantir la permanence la richesse existante contre les accidents et les catastrophes naturelles.

1

Le circuit financier de l'Entreprise

Du point de vue de la gestion du risque, le fonctionnement simplifié du capitalisme est illustré par la figure 3.1.

Il y a deux types d'argent en circulation :

- la monnaie réelle émise par la Banque Centrale et dont le total représente la richesse existante,
- la monnaie scripturale créée par les banques commerciales quand celles-ci émettent un crédit.

La monnaie réelle est sous forme de pièces ou de billets et nul ne peut la refuser en payement sur le marché considéré. Seule la Banque Centrale est autorisée à émettre cette monnaie. Le fait que la monnaie réelle doive représenter la richesse existante, est la conséquence du libre accès au marché des producteurs et du libre choix du consommateur : imaginons une économie où la richesse est constituée de maisons produites et mises

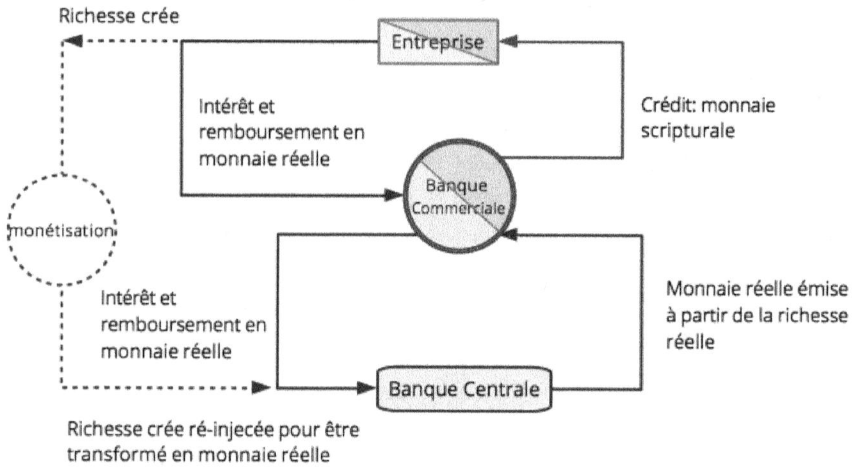

FIGURE 3.1 – Circuit financier de l'Entreprise

en vente simultanément. S'il y a moins de monnaie réelle que la richesse totale, alors les « producteurs », ici les constructeurs de maisons, n'ont pas un accès équitable au marché, car une fois toutes les maisons vendues il n'y a plus d'argent en circulation et ils ne peuvent vendre leur bien. S'il y a plus d'argent en circulation que de maisons, une fois toutes les maisons vendues, il reste des consommateurs qui ont de l'argent, mais ne trouvent pas de maison à acheter, donc ils n'ont pas la liberté de choix. Pour assurer un système de marché libre, la Banque Centrale doit émettre une quantité de monnaie réelle qui représente, au plus près, la richesse existante. On verra plus loin que ce qui rend la gestion du système difficile est que la notion de richesse dépend à la fois de la rareté, de la difficulté à produire et de paramètres culturels. L'évaluation de la richesse existante nécessite la définition de la valeur d'un bien ou d'un service : cette définition dépend de la culture de la société et fait de l'économie une science humaine.

La monnaie scripturale est sous forme de chèques, de comptes bancaires et de contrats. Elle est émise librement par les banques jusqu'à une limite maximale qui est imposée par la Banque Centrale. Par exemple, la Banque Centrale Européenne impose aux banques commerciales de la zone euro d'avoir en fonds propres, constitués d'argent réel (ou de richesse existante équivalente), 7 % de leurs actifs d'ici à 2019. Bref, les banques commerciales ne pourront pas émettre d'argent scriptural au-delà d'environ (1/0.07) = 14 fois leurs avoirs en argent réel. Le facteur de multiplication maximal qui permet de passer de l'argent réel à l'argent scriptural est appelé « levier ». Dans l'exemple précédent, il vaut environ 14.

La banque commerciale paye un intérêt à la Banque Centrale pour l'argent réel qu'elle emprunte. Elle utilise cet argent, ainsi que son capital propre, pour émettre des crédits très supérieurs grâce au levier. Ses fonds propres sont constitués de son capital et de l'argent réel emprunté à la Banque Centrale. Le rôle de la banque commerciale est celui d'un sélecteur de projets : elle fait confiance à certains investisseurs pour des projets particuliers.

Dans la modélisation, on considère comme fonds propres de la banque commerciale, exclusivement la monnaie réelle et les richesses réelles comme de l'or, de l'immobilier ou des participations à des infrastructures semi-publiques comme des tunnels, des autoroutes, le réseau ferré ou électrique. Aucune créance n'est comptabilisée comme réserve dans ce modèle, pas même les emprunts d'États. Donc les emprunts d'État font partie des investissements de la banque commerciale, pas de la réserve. Dans les modèles keynésiens, on considère que la dette de l'État est sans risque : la faillite de l'Argentine dans les années '80', et le maintien de la Grèce à flot par l'Union européenne après le crash de 2008, sont là pour montrer que cette hypothèse est infondée. Ce point important sera repris dans la section « Le rôle de la Banque Centrale » du chapitre « Économie Politique pour un monde multipolaire stable ».

Les emprunteurs, entreprises ou particuliers, payent un intérêt qui couvre leur risque. Une fois les projets réalisés et, dans l'hypothèse où ils sont un succès, la richesse produite par ces projets se retrouve dans le marché sous forme de salaires, d'achats, de taxes et d'impôts. Par ailleurs, l'entreprise pour faire des profits a créé une richesse plus grande que la valeur de l'investissement. Le facteur multiplicatif qui relie l'investissement à la richesse créée sera appelé le « multiplicateur ».

S'il y a plus de succès que d'échecs, et si les intérêts pour couvrir les pertes dues aux échecs sont bien calculés, alors la machine produit des richesses. À chaque passage dans le circuit, la Banque Centrale réévalue la richesse existante et émet la monnaie réelle correspondante.

Dans le modèle, la richesse existante sert à créer de la richesse nouvelle mais, dans le même temps, une partie de la richesse réelle est détruite, ce qui donne lieu à une estimation comptable : l'amortissement d'un bien. S'il s'agit d'un bien qui fait partie d'une économie circulaire, par exemple une ampoule dont le verre et le métal sont entièrement recyclés, alors on peut considérer la production, la vente, l'usage et le recyclage comme « un tout » équivalent à un service. Une consultation médicale et un soin produisent aussi une richesse, la bonne santé, dont la durée de vie est limitée et constituent un service. De façon générale, un service ou une production entièrement recyclée sont une richesse à durée de vie limitée qui est comptabilisée dans l'usure naturelle. Par contre, l'utilisation non recyclée de ressources naturelles conduit à un phénomène de thésaurisation qui sera introduit plus loin.

Dans le diagramme des flux illustré dans les figures (3.1) et (3.2), la richesse créée est réinjectée dans la Banque Centrale qui la transforme en monnaie réelle : cette transformation est la *monétisation*. Son fonctionnement et les outils de la Banque Centrale seront présentés dans ce qui suit, après avoir explicité l'inflation et la déflation.

Les deux simplifications principales de ce modèle sont les suivantes.

La première, et la plus importante, concerne la loi de probabilité $p(x)$ pour faire un choix qui donne un gain ou une perte (x) et qui a été considérée jusqu'à présent. Cette loi, qui peut conduire à une loi de probabilité des gains cumulatifs Lévy-stable non Gaussienne, est, dans un premier temps, mise de côté. Elle sera réintroduite une fois la structure des flux d'argent établie. Dans la version simplifiée, elle est remplacée par une probabilité fixe de succès d'un investissement. Dans un deuxième temps, cette probabilité fixe sera remplacée par une distribution statistique telle que celles utilisées précédemment. Les conséquences de l'introduction d'une distribution statistique Lévy-stable non Gaussienne à la place d'une probabilité constante seront discutés plus loin dans la section « Comptabilité Économique ».

La deuxième consiste à considérer provisoirement un système clos sur un marché unique avec une seule monnaie. Le cas de plusieurs Banques Centrales correspondant à des marchés distincts, par exemple le marché de l'Union européenne et celui de l'accord de libre-échange nord américains (NAFTA), sera aussi développé dans la section « Comptabilité Économique ».

Par ailleurs, par « Entreprise » on entend ici la somme des investissements des entreprises et des particuliers. Chaque investissement a un risque associé différent couvert par le payement d'un intérêt adapté.

Mais, quitte à pondérer la somme de tous les investissements par leur taux d'intérêt propre, on peut ramener le problème à un investissement avec un taux d'intérêt effectif commun. Cet investissement est représenté dans le diagramme par la case « Entreprise ». Cette « Entreprise » équivalente revient à supposer qu'en terme de probabilité d'allocations de ressources, toutes les entreprises suivent la même stratégie pour les événements de grande amplitude (grandes pertes ou grands gains). Dans la mesure où les investissements se font dans le même contexte économique, bon ou mauvais, les taux d'intérêt pour un risque donné sont semblables, ce qui justifie cette approximation. Cette hypothèse sera reprise dans la section « Comptabilité Économique ».

Du point de vue des flux monétaires, l'État, à travers le secteur public, est une entreprise particulière. Il emprunte aux banques en émettant des emprunts d'État. Il vend ses services en collectant les impôts ou à travers les recettes des entreprises où il a des participations. Les implications de ce rôle particulier en terme d'efficacité ou d'intérêt général seront discutées dans les sections « La proposition Minsky : le retour à la Sérénissime République de Venise » et « Le rôle de l'État comme acteur économique ». Mais du point de vue de la modélisation des flux financiers, l'État est une entreprise.

De même, il y a plusieurs banques commerciales, mais en pondérant les sommes des crédits émis, des intérêts payés et des intérêts reçus par la taille des crédits, on peut représenter l'ensemble des banques commerciales par une banque commerciale effective équivalente.

La modélisation suppose que la richesse circule librement dans le circuit économique. Cette hypothèse dans sa forme extrême conduit à la Théorie Quantitative de la Monnaie (« Quantitative Theory of Money ») qui a été remise en cause dans les approches keynésiennes par l'observation de retards dans l'ajustement des prix. La Théorie Quantitative de la Monnaie conduit à l'équation de Fisher. Cette équation dans sa forme classique ne concerne que le rapport entre prix et masse monétaire dans le cycle de création de richesse. Pour tenir compte des critiques keynésiennes et de l'effet du pillage économique, une version modifiée de l'équation de Fisher sera discutée après la modification des équations du modèle en présence de pillage économique.

Pour voir ce qui se passe en réalité, et en particulier en présence d'une économie de pillage, il faut d'abord considérer de plus près les flux financiers de ce diagramme dans le cas idéal d'un fonctionnement sain. Ces flux sont illustrés dans la figure 3.2.

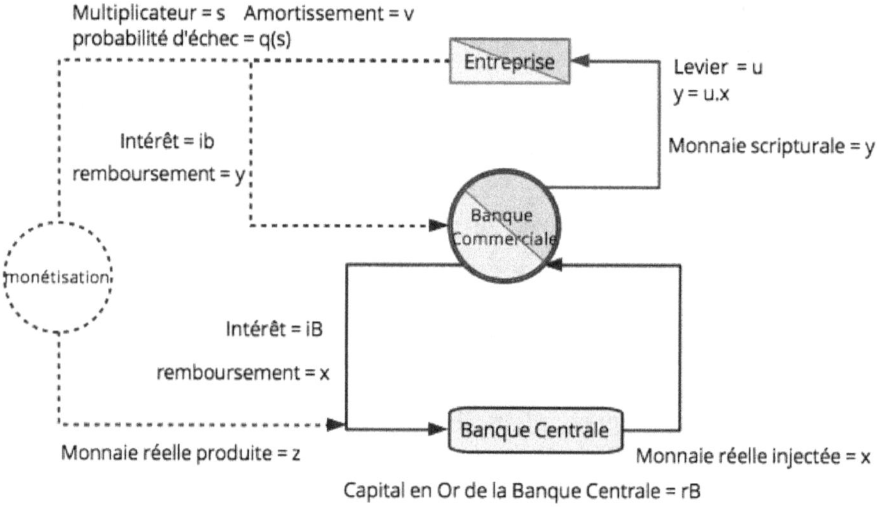

FIGURE 3.2 – Circuit financier de l'Entreprise

Dans ce diagramme, les variables sont les suivantes :

- (x) est la monnaie réelle totale émise par la Banque Centrale et mise en circulation par des prêts successifs à la banque commerciale.
- (y) est l'argent scriptural émis par la banque commerciale. On a : $y = u.x$
- (u) est le levier maximum autorisé par la Banque Centrale
- (s) est le multiplicateur. La richesse créée par l'entreprise est $s.y = s.u.x$
- (q) est le risque d'échec. En cas d'échec, la richesse créée par l'entreprise est nulle
- (v) est la fraction de richesse consommée à chaque cycle, coûts de production et amortissement
- (ib) est l'intérêt que paye l'entreprise à la banque commerciale pour son crédit
- (iB) est l'intérêt que paye banque commerciale pour la monnaie scripturale qu'elle émet
- (ir) est l'intérêt que paye la Banque Centrale à la banque commerciale sur le dépôt (rb)

- (rB) est la réserve de la Banque Centrale, le plus souvent sous forme d'or
- (rb) est la réserve de la banque commerciale déposée à la Banque Centrale
- (re) est la richesse existante, hors capital des banques
- (ve) est l'amortissement dû au vieillissement, à l'usure, de la richesse existante non bancaire
- (GB) est le gain de la Banque Centrale.
- (Gb) est le gain de la banque commerciale
- (Ge) est le gain de l'entreprise
- (z) est le total de la richesse produite durant 1 cycle

La réserve de la Banque Centrale joue le rôle de garantie de dernier recours pour couvrir l'émission de monnaie scripturale. Elle représente une petite fraction du total de la monnaie scripturale en circulation et sert en cas de catastrophe ponctuelle pour compenser, en partie et à court terme, les effets de cette catastrophe. Cette réserve comprend souvent un stock d'or et constitue le capital de la Banque Centrale.

Comme indiqué plus haut, on a aggloméré tous les investissements dans « l'Entreprise » et tous les crédits dans « la banque commerciale ». En réalité, les projets ont des durées variables et la superposition de tous les investissements engendre un flux quasi-continu de richesse (z) à évaluer par la Banque Centrale, et de monnaie (x) émise par celle-ci. Mais pour analyser la dynamique du système, on va considérer une suite de cycles discrets.

Par ailleurs, dans ce schéma simplifié, on considère une situation où les paramètres sont constants : on appellera cette hypothèse ad hoc « le modèle à constantes ». Dans la réalité, certains paramètres sont modifiés au cours du temps par la Banque Centrale et par les banques commerciales, et d'autres sont instables. On discutera l'introduction de distributions statistiques à la place des constantes dans la section « Comptabilité Économique ».

Les conventions utilisées ici pour comptabiliser les intérêts (ib) et (iB) incluent le remboursement du capital prêté. Par exemple, un intérêt sur le capital prêté par la Banque Centrale à la banque commerciale de 2%, donne un lieu à un remboursement de 102%, soit 1.02 fois le capital : avec les notations utilisées ici, (iB) vaut alors 1.02 et ce coefficient correspond à toute la durée du prêt. Il n'y pas de notion d'intérêt sur le capital non rendu, comme dans un remboursement par tranches : ici, tout le remboursement est effectué en une fois, y inclus les intérêts.

En partant d'une richesse capitalisée au départ dans la société, (x_0), on met en place une machine capitaliste et à chaque fin de cycle, on réévalue la richesse et on réémet de la monnaie. À l'étape (n), la richesse existante est (x_n). Pour étudier un cycle, il suffit d'exprimer (x_{n+1}) en fonction de (x_n).

$$x_{n+1} = rB + z + re - ve.re + rb \tag{3.1}$$

L'équation (3.1) signifie que la richesse existante à la fin du cycle est égale à la réserve de la Banque Centrale (+) la richesse créée (+) la richesse existante non-bancaire (−) le vieillissement de cette richesse durant le cycle (+) le capital utilisé pour créer la nouvelle richesse. Ce capital (rb) est immobilisé sous forme de dépôt à la Banque Centrale, il sert de garantie pour l'émission de monnaie scripturale, du crédit, à hauteur de $(u.rb)$, (u) étant le levier.

$$z = GB + Gb + Ge \tag{3.2}$$

L'équation (3.2) signifie que la richesse créée est égale au gain de la Banque Centrale (+) le gain de la banque commerciale (+) le gain de l'entreprise.

La banque commerciale achète un droit à émettre de la monnaie scripturale à hauteur de $(u.rb)$ et le prix de ce droit est $[(iB - 1).u.rb]$. Pour garantir cette émission de crédit, la banque commerciale dépose auprès de la Banque Centrale de la monnaie réelle à hauteur de (rb), et reçoit de la Banque Centrale un intérêt de $[(ir - 1).rb]$. Le gain de la Banque Centrale est le bilan de ces deux opérations. Si la banque commerciale contourne le levier par des produits financiers ad hoc, et émet plus de crédit que le maximum $(u.rb)$, elle vole la Banque Centrale et surtout elle fabrique de la fausse monnaie ! En effet, seule la Banque Centrale est autorisée à émettre de la monnaie, et ce qu'achète la banque commerciale, c'est une délégation de droit limitée à $(u.rb)$.

Le gain de la banque commerciale est constitué des intérêts payés par la banque Centrale (+) les intérêts payés par l'entreprise quand le projet sélectionné n'est pas un échec (−) le capital perdu dans les échecs (−) les intérêts payés à la Banque Centrale.

Le gain de l'entreprise est le capital investi multiplié par le multiplicateur (−) le capital investi, et ce, quand le projet est un succès, (−) les intérêts payés à la banque commerciale (−) tous les coûts induits par la production (matières premières, énergie, salaires, services, etc.).

$$
\begin{aligned}
&GB = (iB - 1).u.rb - (ir - 1).rb \\
&Gb = (ir - 1).rb - (iB - 1).u.rb + (1 - q).(ib - 1).u.rb - q.u.rb \\
&Ge = (1 - q).s.u.rb - (1 - q).(ib - 1).u.rb - v.u.rb \\
&z = GB + Gb + Ge = [(1 - q).s - q - v].u.rb
\end{aligned}
\tag{3.3}
$$

On suppose ici que la banque commerciale fait le levier maximum, (u), avec son capital, (rb), qui est mis en dépôt auprès de la Banque Centrale. L'entreprise représente l'ensemble des acteurs économiques à l'exception des instituts de crédit et de la Banque Centrale. Une banque commerciale est, dans ce modèle, exclusivement un institut de crédit. En tant qu'actionnaire d'entreprises, ses autres activités sont comptabilisées dans l'entreprise, avec les autres acteurs économiques non-bancaires. Par « banque commerciale », il faut entendre ici émetteur de monnaie scripturale.

La richesse totale au début du cycle est constituée par la réserve de la Banque Centrale (+) le dépôt de la banque commerciale (+) la richesse de la société.

$$x_n = rB + rb + re \tag{3.4}$$

On en déduit :

$$
\begin{aligned}
x_{n+1} &= rB + re + z - ve.re + rb \\
&= (rB + rb + re) + a.rb - ve.re \\
&= x_n + a.rb - ve.re
\end{aligned}
\tag{3.5}
$$

avec

$$a = [(1 - q).s - q - v].u \tag{3.6}$$

La suite (x_n) n'est pas une suite arithmétique, car le terme $(a.rb - ve.re)$ change à chaque cycle. L'équation (3.5) décrit un processus itératif qui fait partie de la classe des systèmes dynamiques chaotiques[1] [2].

1. Le terme de chaotique est mal choisi, il serait plus juste de qualifier ces systèmes de non-linéaires. Ces systèmes sont caractérisés par des domaines de stabilité, et d'autres d'instabilité : la stabilité et l'instabilité sont plus intenses que dans les systèmes linéaires.

2. Robert L. Devaney, *A first course in chaotic dynamical systems*, Addison-Wesley Publishing Company, 1995.

Pour que la suite soit croissante, il faut que le facteur multiplicatif (a) soit supérieur à 1 et on a :

$$a - 1 > 0 \tag{3.7}$$

La banque commerciale existe, car elle fait des bénéfices, donc le gain de la banque commerciale est positif et on a :

$$Gb > 0 \quad \Rightarrow \quad (ir - 1) + (1 - q).(ib - 1).u > q.u + (iB - 1) \tag{3.8}$$

Dans le cas contraire, la banque commerciale perd de l'argent. En particulier, si la banque commerciale fait des mauvais investissements, le facteur (q) augmente et l'équation (3.8) n'est plus vérifiée. Souvent, les taux (ir) et (iB) sont égaux, et l'équation signifie alors que la probabilité de succès, pondérée par le taux (ib), est supérieure à la probabilité de perte.

L'entreprise existe, car elle fait des bénéfices, donc le gain de l'entreprise est positif et on a :

$$Ge > 0 \quad \Rightarrow \quad (1 - q).s > (1 - q).(ib - 1) + v \tag{3.9}$$

Les revenus $[(1 - q).s]$ doivent être plus grands que la somme du coût du crédit $[(1 - q).(ib - 1)]$ et des coûts de production (v). On retrouve ici dans les équations du modèle des aspects connus de l'économie capitaliste.

Quand cette condition (eq 3.9) n'est pas réalisée, « l'entreprise », c'est-à-dire la somme pondérée de toutes les entreprises de l'économie, perd de l'argent.

Dans la formule qui permet de calculer (a), les taux d'intérêt (ir), (iB) et (ib), sont absents, et seuls interviennent les paramètres liés à la production de richesse : le crédit semble absent. Cela n'est qu'une impression : on calcule (a) sans les taux d'intérêt, mais il faut simultanément que la banque commerciale et l'entreprise fassent des bénéfices, et ces conditions font intervenir les taux d'intérêt.

La Banque Centrale pilote le crédit à travers le levier (u) et les taux (ir) et (iB). Si les banques commerciales prennent trop de risque, la Banque Centrale peut diminuer le levier ou augmenter le taux, (iB), que la banque commerciale paye pour avoir le droit de créer de la monnaie scripturale à hauteur de $(u.rb)$. Si au contraire, les banques commerciales sont trop frileuses, la Banque Centrale peut abaisser ce taux. Si la banque commerciale a besoin de recapitalisation après un crash et se comporte en banque responsable vis-à-vis de ses investissements, la Banque Centrale peut augmenter le taux (ir) qu'elle paye à la banque commerciale pour son dépôt (rb). Enfin, si après avoir contourné la limite du levier avec des produits financiers toxiques, car non couverts, la banque commerciale veut stocker ses gains malhonnêtes dans la Banque Centrale pour bénéficier du taux (ir), la Banque Centrale peut encourager la banque commerciale à redevenir honnête et à financer l'économie réelle, en introduisant des taux négatifs, qui, avec les conventions du présent modèle, correspondent à ($ir < 1$).

La loi punit la fabrication de fausse monnaie, aussi bien la fausse monnaie réelle que la fausse monnaie scripturale. En effet, la Banque Centrale est la seule habilitée à émettre de la monnaie, et la possibilité d'émettre de la monnaie scripturale couverte par de la monnaie réelle est une délégation octroyée par la Banque Centrale et limitée par le levier. Mais alors que la loi est appliquée pour la monnaie réelle, elle ne l'est pas pour la monnaie scripturale. La raison est idéologique et sera discutée dans le chapitre « La révolution thatcherienne contre la démocratie ». La conséquence de cette impunité est que la Banque Centrale est laissée seule face au crime sans pouvoir juger les criminels et les mettre en prison. Car contourner le levier permet d'émettre de la monnaie scripturale non couverte, c'est-à-dire de la fausse monnaie scripturale, en dehors de la limite et de la délégation de la Banque Centrale. La place des dirigeants des méga-banques qui ont eu, et qui ont encore en 2016 ces pratiques, est en prison, non pas pour des raisons idéologiques anti-libérales, mais au contraire parce que la machine capitaliste ne fonctionne pas avec de la fausse monnaie.

Considérons l'exemple suivant. Soit un pays fictif dont la richesse existante sous forme d'objets, de biens immobiliers, d'usines, de fermes, etc., vaut au total 1.2 euro. La Banque Centrale a émis de la monnaie réelle pour cette somme. Les paramètres de l'économie de ce pays sont les suivants :

- réserve de la Banque Centrale $rB = 0.05$
- réserve de la banque commerciale $rb = 0.10$
- richesse existante, hors capital des banques $re = 1.05$
- amortissement de la richesse non bancaire $ve = 0.20$
- taux d'intérêt payé par la Banque Centrale $ir = 1.01$ soit 1.0%
- taux d'intérêt payé à la Banque Centrale $iB = 1.01$ soit 1.0%
- taux d'intérêt payé à la banque commerciale $ib = 1.05$ soit 5.0%
- levier $u = 10$
- probabilité de déchec d'un investissement $q = 0.03$ soit 3%
- multiplicateur de richesse par l'entreprise $s = 1.2$
- coûts de production et amortissement $v = 0.9$

Le coefficient (v) correspond à tous les coûts : amortissement, frais de fonctionnement de l'appareil productif et de la banque, matières premières, etc. Donc si on investit 1.0 euro et que le projet réussi, on consomme 0.90 euros pour la production de 1.2 euros ($s = 1.2$) et on obtient $1.0 - 0.90 + 1.2 = 1.30$ euros, avec lesquels l'entreprise paye les intérêts et le remboursement du prêt. Ce qui reste constitue son bénéfice.

La monnaie réelle totale que la Banque Centrale laisse circuler est :

$$x_n - rB = 1.20 - 0.05 = 1.15 \quad \text{euro} \tag{3.10}$$

En appliquant les formules précédentes, on obtient :

$$\begin{aligned} a &= [(1-q).s - q - v].u = 2.34 \\ x_{n+1} &= x_n + a.rb - ve.re = 1.224 \end{aligned} \tag{3.11}$$

Et comme $1.224/1.2 = 1.020$, la croissance est alors de 2.0%.

L'augmentation de richesse que la Banque Centrale doit monétiser est :

$1.224 - 1.2 = 0.024$ euro.

On est passé d'une richesse existante : $x_n = 1.2$ euros à une richesse existante de $x_{n+1} = 1.224$ euros et, pour le cycle suivant, la Banque Centrale devra émettre de la monnaie réelle supplémentaire pour 0.024 euros.

Avant ce cycle, la répartition de la richesse (x_n) est la suivante :

- la Banque Centrale possède $rB = 0.05$
- la banque commerciale possède $rb = 0.10$
- tout le reste de la société, « l'entreprise », possède $re = 1.05$

Après ce cycle, la répartition des gains est la suivante :

- gain brut de la Banque Centrale $GB = 0.01 - 0.001 = 0.009$
- gain brut de la banque commerciale $Gb = -0.009 + 0.0485 - 0.03 = 0.0095$
- gain brut de l'entreprise $Ge = 1.164 - 0.0485 - 0.9 = 0.2155$
- $\text{GB} + \text{Gb} + \text{Ge} = [(1-q).s - q - v].u.rb = 0.234$

Pour la banque commerciale, le gain brut représente 9.5% du capital investi, (rb). Pour l'entreprise, c'est-à-dire toutes les activités non-bancaires de crédit, le gain brut représente 20.5% de la richesse initiale (re). Enfin, le gain brut de la Banque Centrale représente 18.0% de la réserve initiale. Pour avoir le gain net, il faut soustraire du gain brut la richesse qui s'est perdue par vieillissement. En effet, pendant le cycle de production la richesse matérielle s'est usée, la peinture a vieilli, le métal s'est oxydé, le ciment s'est détérioré, etc. et cette usure a un coût qui vaut $(re.ve)$. En combinant les équations (3.1) et (3.2) on obtient :

$$x_{n+1} = (rB + rb) + (GB + Gb + Ge) + re - ve.re \tag{3.12}$$

Donc, la richesse à la fin du cycle est la somme des réserves mises en dépôt, $(rB + rb)$, plus la somme des gains, $(GB + Gb + Ge)$, plus la richesse au départ du cycle, (re), moins le seul terme négatif, $(re.ve)$. Si on fait un cycle de durée nulle, il n'y a pas de variation de richesse et les gains sont nuls ainsi que le terme $(re.ve)$. Donc ce terme est lié au temps, à la durée du cycle et, étant négatif, il mesure « l'usure naturelle ». Il ne s'agit pas ici des coûts liés à la production, comme l'énergie, les salaires et les dividendes, qui sont comptabilisés par le coefficient (v), mais de l'usure qui a lieu même si on ne produit rien. C'est la raison pour laquelle elle sera appelée, dans ce modèle, « usure naturelle ».

La somme des gains bruts (−) l'usure naturelle vaut :

$GB + Gb + Ge - re.ve = 0.234 - 0.210 = 0.024$ euro.

Le produit $(re.ve)$ comprend tous les frais de fonctionnement des infrastructures existantes au début du cycle : les salaires, l'entretien des bâtiments et des infrastructures existantes au début du cycle, les allocations sociales, ainsi que la partie des coûts des services qui concernent le maintien de la richesse existante au début du cycle. Mais il exclut la partie des coûts qui concernent la création de nouvelles richesses.

Considérons un cycle qui a une durée non-nulle, mais où on ne produit rien. Dans ce cas, la richesse initiale a baissé de la quantité $(re.ve)$. Si la Banque Centrale ne démonétise pas cette richesse, il y a moins de richesse existante pour la même quantité de monnaie et la valeur de la monnaie a baissé : l'usure naturelle produit une « inflation naturelle ».

Le coefficient (ve) mesure « l'inflation naturelle ».

Si le coefficient (ve) est constant, plus la croissance crée de richesse accumulée (re) et plus le poids de la quantité $(re.ve)$ augmente. Mais ce phénomène est limité grâce aux gains de productivité qui font baisser le coefficient (ve). Ainsi, même si la richesse existante (re) au début du cycle augmente, le produit $(re.ve)$ peut rester constant ou baisser.

Supposons que la Banque Centrale ait un moyen de mesurer exactement la richesse existante, ce qui n'est pas le cas dans la réalité, alors si elle monétise une partie de l'usure naturelle, elle crée de l'inflation. C'est pourquoi, dans l'exemple précédent, la Banque Centrale doit monétiser (0.024) euro et pas la somme des gains bruts ($GB+Gb+Ge = 0.234$). La monnaie qui correspond à ($re.ve$) est déjà en circulation : la richesse qui correspond aux infrastructures existantes a été monétisée dans les cycles précédents qui ont créé ces richesses, et à cause de l'usure, cette monnaie ne correspond plus à de la richesse existante. C'est cette monnaie déjà en circulation qui est utilisée par les acteurs économiques pour entretenir la richesse existante : elle doit donc être déduite de leurs gains bruts.

Cette monnaie ne concerne pas la création de richesse nouvelle : les frais de fonctionnement de la banque commerciale et de l'entreprise pour la création de richesses nouvelles, salaires, dividendes, bâtiments, etc., sont inclus dans la fraction de richesse consommée à chaque cycle (v).

La Banque Centrale offre un service particulier : elle « monétise la richesse ». Elle fournit un équivalent liquide, la monnaie, à une richesse physique dans le cadre d'une gestion du risque associé à un investissement. Mais elle ne stocke pas elle-même cette richesse physique et ne gère pas son usage. On constate ici, que pour fonctionner la machine capitaliste a besoin d'un État qui, par la loi, impose l'unicité d'une Banque Centrale, qui seule peut émettre de la monnaie réelle pour rendre quantifiable et échangeable la richesse existante. C'est la neutralité de la Banque Centrale qui permet l'existence d'un marché libre et équitable. Mais l'existence de cette Banque Centrale neutre n'est pas suffisante, et elle doit être complétée par une régulation qui empêche le pillage et limite la thésaurisation, comme présentés dans les chapitres suivants.

Le cas de la réserve de la banque commerciale, (rb), est un peu particulier. Une banque commerciale qui possède un capital de richesses physiques (or, immobilier, etc.) peut s'en servir pour obtenir de la Banque Centrale l'autorisation d'émettre de la monnaie scripturale pour faire des crédits aux entreprises. Cette richesse monétisée constitue sa réserve (rb) sur laquelle elle va faire levier. Pour garantir cette émission, la banque commerciale dépose sa réserve (rb) auprès de la Banque Centrale. En pratique, les banques commerciales sont souvent les actionnaires principaux des Banques Centrales, et dans ce cas le dépôt formel est réalisé par le fait qu'en tant que co-propriétaires, les banques commerciales sont garantes sur leur richesse propre, de la Banque Centrale. Dans certains cas comme en Suisse, les actionnaires de la Banque Centrale sont les Cantons, des collectivités publiques, des personnes privés, et, de façon minoritaire, des banques cantonales. Cette situation est plus saine, car elle évite les conflits d'intérêts entre la Banque Centrale et ses clientes, les banques commerciales.

Ces conflits d'intérêts arrivent quand la banque commerciale ne joue plus son rôle et thésaurise. Dans ce cas, la banque Centrale peut mettre en place des taux d'intérêt négatifs pour la garde de la réserve. En conséquence, la banque commerciale est poussée à diminuer cette réserve et à investir de façon à faire le levier maximum autorisé. C'est cette action qu'a entreprise la Banque Nationale Suisse en 2015. Cette situation très particulière a lieu quand la banque commerciale continue à thésauriser alors que le taux d'intérêt qu'elle paye à la Banque Centrale est nul : avec les conventions de ce modèle, cela correspond à ($iB = 1.0$), et le taux d'intérêt négatif correspond à ($ir < 1.0$). Pour obtenir les nouvelles expressions des gains, il faut mettre ($iB = 1.0$) et remplacer les équations (3.3) par :

$$\begin{aligned} GB &= (1 - ir).rb \\ Gb &= (ir - 1).rb + (1 - q).(ib - 1).u.rb - q.u.rb \\ Ge &= (1 - q).s.u.rb - (1 - q).(ib - 1).u.rb - v.u.rb \\ z &= GB + Gb + Ge = [(1 - q).s - q - v].u.rb \end{aligned} \tag{3.13}$$

Par contre, l'expression de (a) reste inchangée. Donc le taux d'intérêt négatif, que la Banque Centrale applique au dépôt de la banque commerciale, exerce une pression sur la banque commerciale pour que celle-ci fasse le levier maximum autorisé et pour qu'elle ne détourne pas le rôle de la Banque Centrale en l'utilisant comme caisse d'épargne.

Ce qu'il faut retenir, c'est que malgré les apparences, un particulier, une entreprise ou une banque commerciale, n'est pas le propriétaire de la monnaie réelle, il est le propriétaire de richesses physiques qui sont rendues liquides par la monétisation.

Dans ce qui précède, on a simplifié en faisant comme si tous les projets avaient la même durée et comme si toutes les entreprises agrégées en une seule, fonctionnaient au même rythme. En réalité, chaque entreprise traverse le cycle à un rythme différent. Il n'y a pas de lien entre la vitesse à laquelle une entreprise traverse le cycle et la quantité de monnaie utilisée : deux entreprises traversent le cycle à des vitesses différentes et utilisent des quantités de monnaie différentes. En conséquence, pendant qu'une entreprise fait un cycle, une autre peut en faire plusieurs et la monnaie correspondante peut alors être réutilisée plusieurs fois. De plus, comme les entreprises se font crédit entre elles, par des payements en avance, ou au contraire, retardés, la monnaie réelle est utilisée plusieurs fois pour couvrir un crédit. La répartition statistique du nombre de fois où la monnaie réelle est utilisée, pendant la durée moyenne des cycles, conduit à définir la vitesse de circulation de la monnaie, (V_r), comme étant la moyenne du nombre de fois où la monnaie est utilisée pendant la durée moyenne du cycle de toutes les entreprises. La vitesse de circulation de la monnaie n'est pas égale à 1. Le rôle de la vitesse de circulation de la monnaie sera élucidé dans la section « Couplage entre les deux circuits financiers : la modification de l'équation de Fisher ».

Mais on peut déjà en conclure qu'il y a une différence entre la monnaie émise et la monnaie disponible : la monnaie réelle *disponible* est la monnaie réelle émise multipliée par la vitesse de circulation. La question pour la Banque Centrale est de savoir si elle doit émettre autant de monnaie qu'il y a de richesse existante, ou assez de monnaie pour que la monnaie disponible corresponde à la richesse existante. Dans la section sur la modification de l'équation de Fisher, on verra que la quantité de monnaie émise doit être utilisée pour ajuster la vitesse de circulation. Quand elle est trop grande, la machine financière crée une bulle spéculative et quand elle est trop faible la machine entre en déflation. On verra que la suite chronologique d'un crash boursier est d'abord un ralentissement de la vitesse de circulation, puis une accélération, suivie d'un quasi-arrêt brutal, qui détruit la machine.

La machine capitaliste produit des richesses et l'économie est en croissance économique signifient :

$$x_{n+1} > x_n \tag{3.14}$$

En utilisant les variables précédentes et en partant de l'équation (3.6) on obtient :

$$\begin{aligned}
& x_n + a.rb - ve.re > x_n \\
\Leftrightarrow \quad & a.rb - ve.re > 0 \\
\Leftrightarrow \quad & a.rb > ve.re \\
\Leftrightarrow \quad & (a-1).rb + rb > ve.re \\
\Leftrightarrow \quad & [(1-q).s - q - v].u.rb > ve.re
\end{aligned} \tag{3.15}$$

Le terme $((a-1).rb)$ est la richesse suplémentaire créée par le cycle et le terme (rb) est l'investissement en monnaie réelle. On en déduit les conséquences suivantes. Pour démarrer, la machine capitaliste a besoin d'un capital initial positif ($x_0 = rB + rb + re > 0$) et d'un investissement en monnaie réelle (rb) minimal et supérieur à l'usure naturelle $(ve.re)$ qui est le terme de droite de l'équation (3.15).

En dessous de ce seuil de démarrage, on a une économie de subsistance et l'activation de la machine capitaliste ne va pas créer de richesse.

Pour démarrer avec un capital initial (x_0) petit, il faut que la probabilité de succès ($1 - q$) soit grande, c'est-à-dire que les décideurs économiques soient très bien formés. De plus, bien que la richesse existante soit petite dans un pays pauvre il faut aussi que l'investissement en monnaie réelle soit supérieur à l'usure naturelle de cette richesse. Or, ces deux conditions sont difficiles à réunir dans un pays en sous-développement. C'est ce qui se passe dans plusieurs pays pauvres inclus de force dans la mondialisation des échanges et qui ne peuvent pas décoller économiquement. Par contre, leur inclusion dans la mondialisation des échanges les prive des protections douanières qui permettent l'accumulation lente du capital de départ (x_0) par des améliorations de l'économie de subsistance.

En conséquence, pour avoir de la croissance l'équation (3.15) nous dit que soit les entreprises doivent faire beaucoup de bénéfices ($a >> 1$) pour compenser le terme ($ve.re - rb > 0$), soit ce terme doit être petit et si possible négatif. On a ici les deux phases de fonctionnement positif de la machine capitaliste.

Dans une première phase, quand la machine est mise en marche dans un pays en développement géré avec succès, le capital des banques commerciales est petit, mais la richesse existante (re) est aussi petite, et le faible nombre d'entreprises suffit à produire assez de richesse pour respecter l'équation (3.15).

Dans une deuxième phase, l'économie est assez développée et les banques commerciales ont un capital beaucoup plus grand que la Banque Centrale, mais ce capital ne doit pas être thésaurisé : il doit être déposé auprès de la Banque Centrale pour émettre du crédit aux entreprises, de façon à respecter l'équation (3.15), avec (rb) grand, et avoir de la croissance.

A contrario, dans une économie développée, si le capital thésaurisé des banques commerciales devient trop grand par rapport à la richesse produite, (rb) devient petit, et on peut se trouver dans une situation où l'équation (3.15) n'est plus respectée : la machine détruit plus de richesses quelle n'en crée[3].

L'expression « trop petit » n'a pas de valeur absolue, c'est par rapport

3. Il est probable que l'on soit dans cette situation depuis 2015 dans les pays industrialisés. Les banques commerciales, par leur taille, thésaurisent et produisent une pénurie de capitaux productifs. Dès que la Banque Centrale se substitue à elles et réinjecte des capitaux par le « Quantitative Easing », la croissance repart. Donc, ce n'est pas l'industrie qui est en panne, ce sont les banques commerciales qui sont trop grosses par rapport à la richesse existante.

à l'usure de la richesse existante ($ve.re$) que le terme (rb) peut être trop petit. On verra qu'en présence de pillage, (rb) est remplacé par ($rb - t$) où (t) représente la thésaurisation qui rend l'investissement en monnaie réelle trop petit.

2

La monétisation par le marché des richesses créées

La banque commerciale crée de la monnaie scripturale par le levier. À l'inverse, la monétisation transforme la monnaie scripturale en monnaie réelle et absorbe le levier. Entre les deux, l'Entreprise transforme la monnaie scripturale, qui ne correspond à aucune richesse existante, en monnaie scripturale dont la valeur correspond à de la richesse réelle.

D'après les diagrammes des figures (3.1) et (3.2), à chaque cycle qui fait passer d'une richesse existante (x_n) à une richesse (x_{n+1}) , la Banque Centrale transforme la richesse créée en monnaie réelle. Dans la réalité, le processus de contrôle de la masse monétaire en circulation est continu et nécessite l'existence d'un réseau qui mette en relation la richesse existante et la monnaie : ce réseau est réalisé par les salariés-consommateurs.

Si les banques commerciales remplissent leur fonction, la monnaie scripturale émise sélectionne des projets qui réussissent. Un projet qui réussit est un projet dont le produit est consommé, c'est-à-dire acheté, ce qui génère des salaires qui représentent la richesse créée. Mais le salaire est « versé » de façon scripturale et il est consommé, au moins en partie, en monnaie réelle : celle-ci est retirée au guichet ou au distributeur de billets des banques commerciales.

Ce sont les salariés, par leur dépôt en banque d'une partie de leur salaire et par leurs primes d'assurance, qui remettent la richesse réelle créée à disposition pour être monétisée. La transformation physique de la richesse créée comprend deux étapes :

1. le salarié et l'entrepreneur reçoivent de la monnaie scripturale équivalente à la richesse créée,
2. la Banque Centrale utilise l'évaluation de la richesse présente sous forme de monnaie scripturale, pour émettre de la monnaie réelle. Cette monnaie réelle est mise à disposition de la banque commerciale contre payement d'intérêt.

À la suite de ces deux étapes, la richesse réelle est devenue de la monnaie réelle. Ni les salariés, ni l'entreprise, ni les actionnaires n'utilisent la monnaie réelle pour l'ensemble de leurs échanges. Mais en mettant la monnaie réelle créée à disposition des banques commerciales, la monnaie réelle se propage aux salariés, aux entreprises et aux actionnaires par les distributeurs de billets et les guichets de banque. Cette propagation se fait par capillarité, car les acteurs gardent leur argent sous forme de dépôts bancaires, c'est-à-dire de monnaie scripturale, jusqu'au moment où elle est retirée au guichet ou au distributeur. La capillarité permet à la Banque Centrale d'émettre de la monnaie continûment sans à-coups.

Ces dépôts sont le surplus de capital des salariés, des entreprises et des actionnaires, surplus accumulé par leur salaire en tant que salarié[4] et par leurs dividendes en tant qu'actionnaire. À la différence des actionnaires, les salariés consomment et permettent à la monnaie réelle de circuler. Pour les actionnaires, la situation peut être la même, ou très différente en cas de thésaurisation et de pillage. On voit dès à présent, qu'un impôt sur le capital non réinvesti est nécessaire au-delà d'un certain seuil de capital. En l'absence d'impôt, le capital peut être bloqué par thésaurisation comme discuté plus loin. Quand le capital est thésaurisé, la machine capitaliste se bloque.

Donc, les consommateurs-salariés et les actionnaires sont à la fois le réseau et le réservoir tampon qui absorbent les différences à chaque instant entre richesse réelle et monnaie réelle par l'argent scriptural qu'ils possèdent : ils « sont » le marché libre qui équilibre le système financier. Ce réservoir tampon permet à la Banque Centrale de créer de la monnaie réelle au fur et à mesure que la richesse est créée. Concrètement, la quantité de monnaie scripturale des consommateurs salariés ainsi que le capital des entreprises sont pris en compte par la Banque Centrale pour estimer la masse monétaire en circulation et agir sur celle-ci. La Banque Centrale agit avec trois outils : l'émission de monnaie réelle, les taux d'intérêt et le levier.

Depuis la 2e guerre mondiale, pour éviter le renouvellement d'une telle catastrophe, les Banques Centrales ont, petit à petit, toutes adopté comme objectif officiel, la lutte contre l'inflation et la stabilité des prix. Aux USA, s'ajoute à cet objectif, l'objectif du plein-emploi. Pour atteindre ces objectifs, des estimateurs statistiques d'inflations et de masse monétaire (appelés M0,MB,M1, M2 M3, et MZM) sont utilisés. Officiellement, il ne s'agit pas d'évaluer la richesse réelle, mais cela revient au même : en période de croissance, la lutte contre l'inflation est équivalente

4. Cette description s'étend aux professions libérales et aux entrepreneurs en considérant qu'ils sont leur propre salarié.

à l'évaluation de la richesse réelle. En effet, quand la richesse augmente chaque année, il y a souvent inflation et celle-ci représente la surévaluation de l'augmentation de richesse. Donc, en maintenant l'inflation petite et positive par le pilotage de la masse monétaire, on atteint le point où la richesse est égale à la masse monétaire. Par ailleurs, un manque d'émission de monnaie réelle en période de croissance, ne permet pas d'utiliser toute la richesse existante disponible pour créer de la richesse nouvelle : une émission de monnaie insuffisante limite la croissance. L'objectif de plein-emploi agit pour maximiser l'émission de monnaie réelle et éviter cette perte de croissance. Ainsi, la lutte contre l'inflation limite l'émission de monnaie réelle et l'objectif du plein-emploi augmente l'émission de monnaie réelle : le point d'équilibre correspond exactement à l'évaluation de la richesse existante et à sa transformation en monnaie réelle. Tout comme Monsieur Jourdain faisait de la prose sans le savoir, les Banques Centrales cherchent à émettre de la monnaie réelle qui représente la richesse existante.

Cette action d'évaluation de la richesse réelle est, de la part des Banques Centrales, implicite et résulte de l'analyse empirique des crises passées. Les objectifs de faible inflation et de plein-emploi sont équivalents à cette évaluation en période de croissance... mais pas en période de déflation. Et c'est là le problème : pensant, à tort, que la déflation est le contraire de l'inflation, les Banques Centrales ne prennent pas les bonnes mesures. Celles-ci seront explicitées dans la section « Crises, Bulles financières, Dette, Fiscalité et Croissance ».

Dans le modèle, on a considéré que les richesses étaient évaluées par le prix du marché, mais ce prix est théorique, car le coût dépend de la régulation. Par exemple, produire sans polluer coûte souvent plus cher que produire sans se soucier des conséquences et surtout du coût de ces conséquences. La notion de coût avec ou sans conséquences induites, sera définie avec la différenciation entre *coût ponctuel* et *coût intégré* dans la section « Comptabilité économique ».

L'équation (3.15) permet de comprendre *l'inflation* et la *déflation.*

3

L'inflation

La richesse réelle n'est pas mesurée exactement par la Banque Centrale : elle est évaluée par des mesures statistiques entachées d'erreurs. Il arrive que cette richesse soit *surévaluée.* Dans ce cas, la Banque Centrale émet trop de monnaie réelle. Dans cette situation, tous les acteurs du cycle augmentent leur gain et tous les prix augmentent en chaîne sans que le rythme de production de richesse réelle change : on a de *l'inflation.* La somme totale de monnaie réelle étant plus grande que la richesse existante, pour que la monnaie réelle représente cette richesse, l'unité de monnaie perd de la valeur, ce qui équivaut à une *dévaluation.* Celle-ci peut créer des désordres sociaux, car l'ajustement de la chaîne des prix n'est pas immédiat ni organisé, et tous les contrats de travail et d'échange doivent être renégociés. Si ces désordres sont trop importants, la production de richesse peut ralentir, voire se bloquer dans le cas d'une grève générale. Par ailleurs, de tels désordres affaiblissent la démocratie, car ils focalisent le débat public sur des conflits au lieu et place de projets collectifs positifs.

À l'inverse, une faible inflation qui ne crée pas de désordres conduit à un système de négociation continue et raisonnée entre partenaires sociaux, ainsi qu'une flexibilité des prix stimulante pour la compétition économique : l'inflation agit alors comme un lubrifiant de la machine capitaliste. La négociation continue et raisonnée renforce les syndicats modérés et favorise les entrepreneurs tournés vers la production par rapport à ceux tournés vers le gain immédiat. La démocratie et les liens sociaux en sortent renforcés. De toutes façon, l'augmentation de la richesse existante (x_n), à chaque cycle, doit se répartir dans la société pour que *la demande* puisse s'équilibrer avec *l'offre*, laquelle augmente par la création de richesse. Donc une négociation salariale continue est nécessaire et une faible inflation maintient cette négociation continue.

L'inflation n'est pas due à un manque d'offre par rapport à la demande : dans les années '70' on avait trop d'offre qui ne trouvait pas preneur, ce qui provoquait du chômage, et simultanément on avait de « l'inflation » : la situation était la *stagflation.* En apparence, il s'agissait d'inflation, mais en apparence seulement. En effet, la stagflation n'est pas de l'inflation, mais une production inadaptée au marché : l'économie basée sur un pétrole bon marché et une destruction de la nature sans limites, s'est trouvée inadaptée quand le prix du pétrole a été multiplié par 4 et quand les conséquences de la pollution ont été prises en compte, c'est-à-dire quand on leur a donné un prix. Comme on produisait de plus en plus de richesses, la monnaie réelle augmentait (on faisait tourner la planche à billets), mais ces richesses ne trouvaient pas preneur, car elles consommaient trop de pétrole et produisaient trop de pollution : la monnaie réelle représentait une richesse réelle fictive, comptabilisée avec les méthodes et les salaires d'avant le choc pétrolier.

La hausse des prix liée à une demande plus forte que l'offre n'est pas de l'inflation : au lancement des premières montres Swatch en plastique en 1983, les magasins ont vite été en rupture de stock et un marché parallèle avec des prix plus hauts est apparu pendant quelques mois. Ce marché parallèle a disparu quand la production a augmenté et les prix sont redescendus au niveau souhaité par la société Swatch.

L'offre et la demande peuvent faire varier à la hausse ou à la baisse tel ou tel prix, mais cela n'est pas de l'inflation. L'inflation correspond à une augmentation *générale* des prix et des salaires et n'a rien à voir avec l'offre et la demande : c'est le résultat d'une richesse réelle inférieure à la monnaie réelle émise par la Banque Centrale.

Donnons une définition plus précise et plus générale de l'inflation :

l'inflation est une situation où la monnaie réelle est en excès par rapport à la richesse existante.

Il y a deux situations qui produisent de l'inflation :

- une production de monnaie réelle supérieure à la création de richesse nouvelle,
- le maintien de la même quantité de monnaie, alors que la création de richesse nouvelle ne compense pas l'usure naturelle de la richesse existante.

Dans une période de croissance, ou juste après comme dans les années '70', le symptôme de l'inflation est une hausse générale des prix. On est dans le premier cas.

Dans une période de stagnation prolongée, le symptôme de l'inflation est l'absence d'augmentation des prix alors que les taux d'intérêt baissent, sont nuls, ou alors quand la Banque Centrale conduit une politique de Quantitative Easing. Ce dernier cas sera présenté dans la section « Création des monopoles : la soviétisation de l'économie ». On est alors dans le deuxième cas.

Quand la richesse existante est *sous-évaluée* par la Banque Centrale, celle-ci émet moins de monnaie réelle qu'elle ne pourrait et engendre moins de crédit, c'est-à-dire moins de projets créateurs de richesse. Mais cela n'engendre pas une baisse des prix ni un arrêt de la production de richesses : la machine capitaliste n'est pas à son maximum de production, c'est tout ! Contrairement aux idées reçues, l'inflation n'est pas le contraire de la *déflation*.

Deux exemples historiques vont illustrer la situation où la quantité de monnaie réelle créée est plus grande que la richesse nouvelle produite. Au début du 14e siècle, il existe en Europe un système capitaliste embryonnaire. Les interdits religieux qui proscrivaient les prêts à intérêt et empêchaient par là-même la création de monnaie scripturale, ont été contournés. À l'inverse, dans le monde arabe, ce contournement des règles religieuses n'a pas eu lieu. Le rôle de la Banque Centrale est joué par les cités-État italiennes qui frappent des monnaies d'or et d'argent, et la monnaie scripturale est constituée de contrats « payés par avance » sur des expéditions commerciales lointaines. Le « payement par avance » considéré comme un achat est, en fait, un prêt à intérêt camouflé puisque la marchandise n'est pas livrée au moment du payement et risque même de ne jamais être livrée. Dans ce système basé sur l'or et l'argent physiques, le cours relatif des deux métaux joue un rôle central : tout comme aujourd'hui, si un investissement est payé dans un métal et que le cours de celui-ci change beaucoup avant le retour de l'expédition commerciale, l'investissement comprend un risque de change élevé. Les Banques Centrales de l'époque cherchent donc à stabiliser le cours de l'or par rapport à l'argent.

Mais deux événements vont déstabiliser le système avec des conséquences à long terme opposées pour l'Europe et le monde arabe. Vers 1320, la production minière d'or en Hongrie augmente la monnaie réelle en circulation sans rapport avec richesse réelle existante. En 1324, Kanga Moussa, roi du Mali et probablement l'homme le plus riche sur terre qu'il n'y ait jamais eu, part en pèlerinage à la Mecque[5]. Homme pieu, par sa générosité et ses dons il inonde le monde arabo-musulman d'or, 10 tonnes environ. Cette augmentation brutale de la monnaie réelle, sans création de richesse réelle correspondante, va créer une inflation très importante qui déstabilise durablement l'économie du monde arabo-musulman. Ce même or va petit à petit rejoindre l'Europe par les échanges commerciaux. Mais d'une part, cette injection de monnaie réelle sans richesse réelle créée sera plus lente, et d'autre part, le système bancaire avec création de monnaie scripturale va transformer cet excès d'or en financement de projets de création de richesses à l'intérieur de l'Europe ainsi que le financement d'expéditions commerciales lointaines. Il y aura aussi

5. Wikipedia : Kanga Moussa.

une forte inflation en Europe, mais celle-ci sera absorbée par le système bancaire en créant de la monnaie scripturale qui financera la Renaissance. À Venise, le cours de l'or par rapport à l'argent [6] passera de 1 à 20 en 1340, de 1 à 11 en 1342 et de 1 à 9.4 en 1350 : en dix ans, l'inflation a provoqué une hausse de l'argent de 213 %. Car c'est l'argent qui est échangé dans les activités quotidiennes, l'or ne concerne que les grosses transactions et sert de monnaie de référence, et cette monnaie de référence a été dévaluée dans les mêmes proportions.

Le même phénomène va se produire pour les grandes découvertes maritimes. Après la prise de la riche ville de Ceuta en 1415 [7], le Portugal se trouve en possession d'une grande quantité d'or par l'accès aux échanges d'or des caravanes qui traversent l'Afrique du Soudan au Mali. La mise en place d'un système capitaliste embryonnaire va permettre au roi Henri IV, dit « le navigator », de financer ses expéditions autour de l'Afrique et l'installation de comptoirs commerciaux jusqu'au Japon. La mise en place d'un système capitaliste, au début basé sur l'or de Ceuta, va mettre en valeur ces découvertes géographiques au profit du Portugal. Par la suite, c'est l'or des Amériques qui, une fois monétisé, va permettre l'essor économique de l'Europe. Entre 1515 et 1560, 80 tonnes d'or et 400 tonnes d'argent arriveront à Séville des Amériques.

La Renaissance est intimement liée au contournement des règles imposées par l'Église aussi bien au niveau des idées qu'au niveau économique. Au niveau des idées, la redécouverte du savoir de l'antiquité et de ses techniques avancées ouvre la voie à la science expérimentale avec la remise en cause de la représentation du monde par l'introduction de la perspective (Leon Batista Alberti) et un ciel bleu dans la peinture, un ciel tel qu'on le voit et non pas d'or comme le lieu de résidence des anges du paradis, avec la dissection de cadavres par Léonard de Vinci, avec la remise en cause de la théorie du mouvement des planètes par les travaux de Tycho Brahe, Copernic et Galilée.

Ces changements ouvrent des perspectives de création matérielle (création de moulins comme force motrice, d'horloges, de machines, de bâtiments, etc.) qui ne pourraient pas se réaliser sans financement. Et le contournement des règles imposées par l'Église dans la finance vont permettre de transformer l'afflux d'or en investissements productifs. Ce ne sera pas le cas dans le monde arabo-musulman qui pourtant, à l'époque, est techniquement avancé.

6. Wikipedia : Histoire économique de la Sérénissime République de Venise.
7. Stanley G. Payne, *A History of Spain and Portugal*, THE LIBRARY OF IBERIAN RESOURCES ONLINE, Volume 1, chap 10.

Intéressons-nous maintenant à une baisse de la richesse existante, c'est-à-dire :

$$x_{n+1} < x_n \tag{3.16}$$

Il faut distinguer ici une baisse de la richesse choisie par une société, la *décroissance*, et une baisse de la richesse subie, la *récession*. Ce dont on traite ici, c'est de la baisse subie, c'est-à-dire de la récession et de son corollaire la déflation.

4

La déflation

La déflation apparaît comme baisse générale des prix parce que les acteurs n'ont pas confiance dans l'avenir quand la richesse existante décroît. Le symptôme, la baisse des prix, donne l'impression d'une symétrie des causes pour l'inflation et la déflation : c'est une illusion.

La déflation survient quand la richesse décroît et correspond à la destruction du processus de monétisation. À l'inverse de l'inflation qui concerne exclusivement une période de croissance ou de stagnation, la déflation est une situation où il y a simultanément une baisse des richesses existantes et une baisse des prix : la rareté plus grande des biens ne conduit pas à l'augmentation des prix, car les acheteurs deviennent encore plus rares. La déflation est une *démonétisation* : quand l'équation (3.15) de croissance n'est plus vérifiée, la machine capitaliste détruit des richesses au lieu d'en produire.

Contrairement aux idées reçues, la machine capitaliste peut aussi bien détruire des richesses qu'en produire : tout dépend des paramètres, c'est-à-dire de la politique économique suivie. Il n'y a pas de hasard : la richesse et la pauvreté sont le résultat de l'action des hommes.

La perte de valeur de la monnaie réelle est alors due à la perte de valeur de la richesse existante. Ce phénomène n'a rien à voir avec l'inflation où la perte de valeur de la monnaie réelle est due à une surévaluation de la richesse produite en période de croissance, ou au maintien de la monnaie réelle en période de stagnation. L'équation (3.15) donne un seuil minimum pour la richesse existante. La modélisation de l'autre circuit financier, celui de l'assurance, conduira à définir un plafond au-delà duquel la machine capitaliste cesse de produire des richesses. L'ensemble forme la fenêtre de fonctionnement positif de la machine capitaliste. Les deux équations, de seuil et de plafond, sont couplées par une troisième équation qui est une version modifiée de l'équation de Fisher, laquelle relie inflation et masse monétaire. Avant d'introduire le circuit financier de l'assurance et la modification de l'équation de Fisher, il faut séparer le domaine des variables qui produisent la croissance de celui qui produit la décroissance. Cela conduit à modéliser le pillage économique et la corruption.

Examinons d'abord le domaine des variables qui conduit à la destruction des richesses existantes.

La relation (eq 3.16) peut s'obtenir de diverses façons qui peuvent être classées en raisons *endogènes* et *exogènes.*

Les raisons endogènes correspondent à un mauvais réglage des paramètres du système. En reprenant les termes de l'équation (3.15) on peut distinguer les causes endogènes de déflation :

- (rb) trop petit par rapport à l'usure de la richesse réelle existante : la thésaurisation excessive de la richesse réelle par les banques commerciales bloque la croissance en retirant la fraction de richesse allouée aux investissements productifs.
- $(1 - q)$ = probabilité de succès trop faible = les projets sont mal sélectionnés par la banque commerciale.
- s = multiplicateur de richesse de l'entreprise trop faible. Les projets de l'entreprise ne produisent pas assez de *richesse réelle* par rapport à l'investissement. Il ne s'agit pas ici de la richesse mesurée par le ROE discuté précédemment mais bien de richesse réelle.
- u = levier trop faible. La banque commerciale n'émet pas assez de crédit.
- v = coûts et amortissement trop grands. Les biens produits ont une durée de vie trop courte.

Les paramètres ne sont pas *trop grands* ou *trop petits* de façon absolue, mais par rapport à la richesse existante (x_n).

Pour assurer la croissance, un pays pauvre n'a pas besoin d'investir massivement dans des technologies très chères, à l'inverse d'un pays riche. En d'autres termes, un pays pauvre peut générer de la croissance et rattraper les pays riches avec des gains (GB, Gb, Ge) mesurés, des techniques dépassées dans les pays riches, mais dont le multiplicateur de richesse (s) est suffisant par rapport à la richesse existante (x_n), ainsi qu'une bonne sélection des projets pour avoir une probabilité de succès $(1 - q)$ élevée. De fait, un pays qui ne prend pas de raccourci, mais qui suit toutes les étapes de l'industrialisation, peut rattraper les pays les plus riches : c'est ce qui s'est passé au Japon à la fin du 19e siècle et en Chine à la fin du 20e siècle.

La relation (eq 3.16) peut aussi être due à des raisons exogènes qui sont liées au pillage ou à la corruption.

5

Les facteurs limitants

D'après l'équation (3.15) une économie capitaliste bien gérée devrait toujours être en croissance. Est-ce le cas ?

Avant 1700 il n'y a pas de capitalisme et durant tout le moyen-âge la productivité économique stagne : la production totale des richesses suit à peu près la progression ou la régression de la démographie. En l'absence de guerres et d'épidémies, elle augmente toujours au même rythme.

Le capitalisme à partir de 1700 récompense les idées nouvelles, non pas au bon vouloir de riches mécènes, mais par la richesse tirée du commerce engendré par ces idées. Les capitalistes ont intérêt à financer le progrès technique. Une fois en marche, le capitalisme fait rapidement croître la productivité humaine. Mais plusieurs facteurs limitent cette croissance.

Tout comme pour les Romains dans l'antiquité, la main d'œuvre vient à manquer en particulier dans les champs de canne à sucre, et une économie basée sur l'esclavage se met en place. L'esclavage n'a pas été inventé à cette époque, il était couramment pratiqué en Afrique et au moyen-orient où il a subsisté de façon plus ou moins discrète jusqu'à nos jours. La nouveauté introduite par les Européens au 16e siècle est la commercialisation de l'esclavage à l'échelle mondiale. À partir de 1700, ce commerce a été intégré à la production capitaliste naissante : les vendeurs d'esclaves en Afrique étaient les consommateurs de biens produits en Europe, et les Européens étaient les consommateurs de produits agricoles obtenus par le travail des esclaves en Amérique. L'efficacité productive du capitalisme naissant démultiplie ce crime dont est victime une part importante de la population d'Afrique de l'Ouest. À la différence des Romains, la plupart des Européens ne vivent pas au milieu des esclaves, en France l'esclavage ne concerne que les colonies et l'esclave qui met le pied sur le sol de la métropole devient libre. Cette situation est très différente de la situation de l'empire romain, car elle empêche toute identification des serfs paysans avec les esclaves. Cela rend cette situation criminelle plus stable.

Après l'agriculture au 17e et 18e siècles qui manquait de main d'œuvre, c'est l'industrie de transformation qui va manquer de matières premières au 19e siècle. La solution trouvée est une extension de l'esclavage : après s'être emparés des hommes, les Européens vont s'emparer des terres et de leurs ressources. L'Europe colonise l'Afrique et l'Asie du Sud-Est. Les USA et la Russie suivent une politique identique, mais dans les territoires adjacents : les USA s'étendent à l'Ouest et la Russie s'étend au Sud et à l'Est. Les Russes reproduisent l'économie classique du moyen-âge et installent le servage dans les pays conquis.

Mais les USA ont une politique originale : ils offrent aux immigrants la possibilité de devenir propriétaires terriens, à condition de mettre en valeur ces terres par leur travail. L'originalité est que ce travail n'est pas basé sur le servage, mais sur la foi dans le progrès et sur une société d'hommes libres. Ce dernier choix se fait dans le sang : les États du Sud esclavagistes s'opposent à ce que l'esclavage soit aboli dans les nouveaux États de l'Ouest. On croit à tort que c'est l'abolition dans les États du Sud qui a provoqué la guerre de sécession, mais au départ, cela n'était pas envisagé. En faisant ce choix, les USA sont les premiers à tirer le profit maximal de la machine capitaliste et bientôt ils dépassent l'empire britannique.

La limitation de la production liée aux matières premières continue d'être le facteur limitant tout au long du 20e siècle, se cristallisant cette fois autour du pétrole. La fin de la colonisation va provoquer la mise en route d'un nouveau modèle pour le 21e siècle qui commence. La multiplication du prix du pétrole en 1973, suivie d'instabilités économiques et de guerres de plus en plus chères, stimule la recherche dans l'utilisation de nouveaux matériaux et de nouvelles sources d'énergie dans les pays développés. En parallèle, le développement industriel des pays émergents, sur le modèle ancien européen, provoque une pollution qui s'ajoute à trois siècles de pollution occidentale, au point de provoquer une crise climatique. C'est cette dernière, ainsi qu'une intégration économique et politique trop grande avec des pays producteurs de pétrole en guerre contre l'Occident, par terroristes interposés, qui oblige les occidentaux, bientôt suivis par le reste du monde, à basculer vers une économie circulaire, basée non plus sur l'importation de matières premières non-recyclables, mais sur la réutilisation de matières premières recyclables.

Pour la première fois, la machine capitaliste va pouvoir fonctionner sans limitations matérielles : c'est la révolution industrielle du 21e siècle. Tout comme les USA ont dominé l'économie mondiale en étant les premiers à mettre en place une économie sans esclavage et basée sur le progrès technologique, les premiers États qui se passeront complètement de pétrole, de gaz et d'uranium, auront l'avantage dans l'économie à venir. Quitter l'économie basée sur l'esclavage semblait impensable à la plupart des États « modernes » du 18e siècle, tout comme quitter les matières premières non-recyclables semble utopique aux États « modernes » du 20e siècle. Pourtant, en ce début de 21e siècle, la technologie qui le permet est là, et les premiers qui feront le pas, domineront l'économie. Ce qui s'oppose à cette transition souhaitable, c'est l'économie de pillage mise en place par la révolution thatcherienne.

6

Le pillage

Le pillage correspond à une fuite de capital dans le circuit financier. La corruption correspond aussi à une fuite de capital dans le circuit financier, mais elle produit en même temps une baisse de la probabilité de succès $(1 - q)$ en faussant la sélection des projets.

On doit alors modifier les diagrammes (3.1) et (3.2) et introduire ces fuites et cette baisse de probabilité de succès dans les équations.

Le diagramme modifié correspondant au pillage est illustré dans la figure (3.3) : le mécanisme de création de monnaie réelle est faussé puisque celle-ci est captée et stérilisée dans des comptes bancaires d'un petit nombre de clients.

Ces derniers n'ont pas la capacité, même à plein temps, de dépenser cet argent et de le faire circuler. La seule utilité de cette richesse bloquée est de donner un sentiment de réussite sociale qui comble l'ego démesuré de dictateurs, d'oligarques ou de financiers véreux : il s'agit d'un désordre mental sans objet économique ou de vie sociale.

À l'effondrement des régimes communistes, on a découvert que le niveau de vie des dirigeants de ces pays n'étaient pas supérieurs à celui d'un chef d'entreprise moyenne ouest-européenne. Mais ce niveau de vie, obtenu au prix d'une pauvreté extrême de la population, était très supérieur au niveau de vie de celle-ci. Cela suffisait à combler l'ego pathologique de ces dirigeants. Aujourd'hui, un cadre moyen d'une économie ouest-européenne, doté d'une éducation culturelle élevée, mange des mets plus raffinés dans des restaurants de terroir, s'habille avec plus de goût et visite des lieux et des expositions culturellement plus riches que la plupart des multimillionnaires issus de la révolution thatcherienne. Ceux-ci, enfermés dans un luxe de catalogue tapageur, mènent une existence

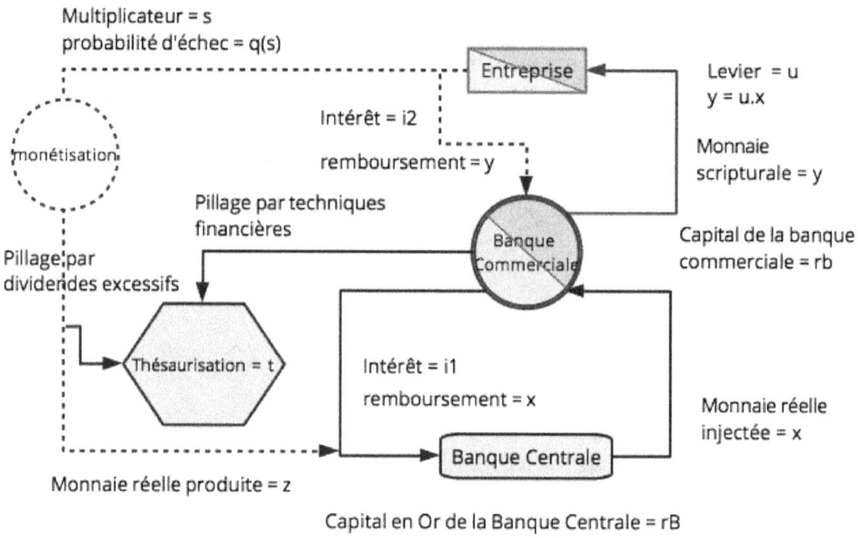

FIGURE 3.3 – Circuit Financier de l'Entreprise : le pillage

standardisée, préoccupés à montrer qu'ils possèdent le dernier gadget du catalogue. Ils mènent une vie moins variée et intéressante que celle du cadre moyen ouest-européen et ne sont pas très différents des anciens dirigeants communistes d'Europe de l'Est.

Dans le diagramme de pillage, la nouvelle variable que l'on introduit est la suivante :

- (t) est la monnaie réelle captée par le pillage et stérilisée par un stockage sans objet social ou productif, la *thésaurisation.*

Le pillage peut agir à deux niveaux :

- soit au niveau de l'entreprise en prélevant des dividendes trop élevés,
- soit au niveau de la banque commerciale en faisant porter et financer les risques par la Banque Centrale, tout en gardant les bénéfices éventuels liés à ces risques.

Ces méthodes seront décrites dans la section « Les fuites organisées dans le circuit financier : les outils du pillage », mais dans les deux cas, la conséquence pratique est la même : la monnaie réelle disponible dans le circuit pour couvrir l'émission de monnaie scripturale est diminuée. Autrement dit, le *levier réel* est supérieur au *levier officiel* imposé par la Banque Centrale, et c'est à cette dernière, c'est-à-dire aux citoyens, qu'il revient de financer cet excès de risque.

En résumé, le pillage génère un risque supplémentaire, capte les bénéfices liés à ce risque et transfert le coût associé :

- soit à l'entreprise, pillage par dividendes trop élevés,
- soit à la Banque Centrale, pillage par outils financier comme les LBO et les CDO (titrisation).

La richesse (z) est alors donnée par :

$$z = [(1-q).s - q - v].u.(x_n - rB - re) - t \tag{3.17}$$

Et il suffit d'ajouter ce terme ($-t$) dans léquations (3.5) :

$$x_{n+1} = x_n + a.rb - ve.re - t \tag{3.18}$$

La condition de croissance donnée par l'équation (3.15) est remplacée par :

$$\begin{aligned} &[(1-q).s - q - v].u.rb > ve.re + t \\ \Leftrightarrow \quad &(a-1).rb + (rb - t) > ve.re \end{aligned} \tag{3.19}$$

Reprenons l'exemple précédent en introduisant une thésaurisation de 0.05 euro.

Les paramètres de l'économie de ce pays sont les suivants :

- réserve de la Banque Centrale $rB = 0.05$
- réserve de la banque commerciale $rb = 0.10$
- richesse existante, hors capital des banques $re = 1.05$
- amortissement de la richesse non bancaire $ve = 0.20$
- taux d'intérêt payé par la Banque Centrale $ir = 1.01$ soit 1.0%
- taux d'intérêt payé à la Banque Centrale $iB = 1.01$ soit 1.0%
- taux d'intérêt payé à la banque commerciale $ib = 1.05$ soit 5.0%
- levier $u = 10$
- probabilité de déchec d'un investissement $q = 0.03$ soit 3%
- multiplicateur de richesse par l'entreprise $s = 1.2$
- coûts de production et amortissement $v = 0.9$

– thésaurisation $t = 0.05$

Le résultat est le suivant :

$$\begin{aligned} a &= [(1-q).s - q - v].u = 2.34 \\ x_{n+1} &= x_n + a.rb - ve.re - t = 1.174 \end{aligned} \tag{3.20}$$

On est parti d'une richesse existante de 1.2 euro et on a obtenu 1.174 euro : il y a destruction de richesse. Comme $1.174/1.20 = 0.97833$ on a détruit 2.167% de la richesse existante au début du cycle.

Donc, avec les mêmes paramètres économiques, mais avec une thésaurisation égale à la moitié de la réserve de la banque commerciale, on passe d'une croissance de 2.0% à une récession de 2.2% . Cette thésaurisation de la monnaie réelle est du même ordre de grandeur que celle observée en 2015 où environ 11000 milliards de dollars sont thésaurisés sous forme de produits dérivés du marché non régulé : les « OTC Derivatives ». Ce n'est pas la masse salariale qui est à l'origine de l'absence de croissance dans les pays industrialisés dans la période 2008-2015, c'est la thésaurisation. L'action sur les taux d'intérêt n'y changera rien : c'est sur les outils de pillage qui produisent la thésaurisation qu'il faut agir.

Un autre aspect à noter est que le pillage retire de la richesse existante du circuit financier de l'entreprise : cette richesse n'est pas consommée, mais tout se passe comme si elle avait été détruite. Dans une économie sans pillage, il y a aussi une petite thésaurisation résiduelle : les riches thésaurisent toujours un peu. Mais comme la régulation financière empêche la mise en place d'outils de pillage, la seule façon de valoriser cette richesse, pour l'augmenter, est d'investir dans l'économie réelle. La raison pour laquelle cette thésaurisation résiduelle existe est le risque lié à cet investissement. Or, suite à un crash limité ou à une forte baisse de la bourse, le rachat à très faible prix d'entreprises saines comporte peu de risque. Ainsi, la thésaurisation résiduelle se transforme en source de richesse qui permet d'investir : le paramètre (t) est alors négatif. Dans une économie sans pillage, non seulement la thésaurisation résiduelle est très faible, mais de surcroît, elle joue un rôle positif. Dans la section « La thésaurisation des salariés et la thésaurisation des banques » du chapitre « Couplage entre les deux circuits financiers : la modification de l'équation de Fisher », on verra que dans le cas d'une économie dérégulée qui permet le pillage, non seulement la thésaurisation est plus importante, mais elle amplifie les crashs.

7

La marche vers le chaos

La révolution thatcherienne détruit les classes moyennes et provoque des crises à répétition. Une solution qui semble intuitive pour mettre fin à ces crises est le renforcement de la classe moyenne par l'injection de monnaie. Il y a deux méthodes pour cette injection : la méthode keynésienne d'émission de monnaie pour le financement de grands travaux et la méthode par Quantitative Easing, elle aussi pour le financement de grands travaux, du moins en Europe.

L'idée est de remplacer provisoirement les banques commerciales et de faire levier directement au niveau de la Banque Centrale. La demande repartant, l'inflation redémarre et met fin à la déflation. Mais ce n'est pas ce qui se passe et, au grand désespoir de la BJ, de la FED et de la BCE, leurs politiques très expansionnistes n'ont pas permis de retrouver une inflation naturelle stable.

Ces deux méthodes, appliquées après avoir mis fin au pillage, permettent effectivement de sortir du cycle des crises, mais appliquées dans le cadre d'une économie de pillage, elles amplifient celui-ci et conduisent de façon accélérée à la destruction du système monétaire et de la machine capitaliste. En effet, dans une économie où le pillage domine, comme c'est le cas avec le néo-libéralisme, il y a un découplage entre la monnaie émise et la richesse produite. L'argent injecté ne sert pas à créer des richesses, mais est détourné par la captation du pillage et se retrouve dans le terme (t) de l'équation (3.19) : ce terme augmente le seuil de croissance. Bref, cette injection empêche le redémarrage de la machine au lieu de le provoquer. Par contre, une fois mis fin au pillage, cette injection est la bienvenue et redémarre effectivement la machine, car elle alimente exclusivement la création de richesses.

L'erreur de l'approche keynésienne n'est pas dans le principe d'un redémarrage par une politique volontariste de la Banque Centrale avec l'émission de monnaie et avec une politique de grands travaux des gouvernements. L'erreur est de l'appliquer sans avoir mis fin aux mécanismes de pillage.

Le New Deal a réussi parce qu'il a « nationalisé l'or » en interdisant sa possession et en fermant les banques commerciales avant de les rouvrir, seulement après avoir encadré leur fonctionnement par la régulation bancaire. Cette politique du New Deal sera présentée dans la section sur les outils du pillage. L'étude d'une crise monétaire et de la politique keynésienne seront discutées dans la section sur la modification de l'équation de Fisher.

8

La thésaurisation dans les théories économiques

La thésaurisation est un thème récurrent en économie.

Thomas Robert Malthus (1766-1834) avance l'idée que l'excès d'épargne conduit aux crises économiques. L'argent épargné est retiré du circuit et correspond à une thésaurisation dont le résultat est le manque de pouvoir d'achat qui conduit à une crise de surproduction. Comme par ailleurs, suivant Malthus, il ne faut pas aider les pauvres pour éviter qu'ils ne se multiplient, ils ne peuvent pas consommer la surproduction et il n'y a pas d'issue. La réponse économique à cette objection est de pousser les épargnants à laisser les banques utiliser leur argent pour faire des prêts contre rémunération de l'épargnant et d'instaurer un impôt redistributif, de façon à limiter la thésaurisation : les pauvres deviennent alors des classes moyennes éduquées et bien portantes.

Jean-Baptiste Say (1767-1832) répond à Malthus que l'épargne n'est pas une fuite dans le circuit économique, car elle est tôt ou tard dépensée. C'est exact pour une épargne raisonnable, celle de la classe moyenne, mais elle est contredite par les faits en ce qui concerne les milliardaires. Ces derniers accumulent jusqu'à l'absurde, toujours plus de richesse, alors que ce qu'ils possèdent est déjà très supérieur à ce qu'il pourraient dépenser à plein temps jusqu'à la fin de leurs jours. Cette situation pose deux problèmes pour la machine capitaliste. Le premier est que la richesse immobilisée est retirée de l'investissement global, et même si à la mort du milliardaire elle est investie, la durée pendant laquelle elle a été immobilisée produit un manque de production. Or comme la production de richesse est elle-même réinvestie, au total, c'est une perte sèche pour la machine capitaliste. Le deuxième problème est que si le milliardaire réinvestit au fur et à mesure ses gains, cet investissement est très fortement corrélé : c'est un acteur unique qui décide de la sélection des projets à financer. On a alors une très grande quantité de richesse dont le succès ou l'échec est corrélé, et la distribution statistique du résultat est Lévy-stable non Gaussienne avec des grandes fluctuations. Pour empirer la situation, on observe une tendance au gain immédiat chez les milliardaires et donc à amplifier les investissements à court terme. On verra plus loin que ces investissements favorisent le coût ponctuel au détriment du coût intégré et produisent des crises économiques. Par ailleurs, Jean-Baptiste Say est peut-être le premier monétariste : il pense que l'offre crée la demande et non l'inverse. Produire de la monnaie au-delà de ce qui sert aux échanges ne sert à rien. Ce point de vue est simpliste. D'une part, ne pas émettre autant de monnaie réelle qu'il y a de richesses existantes, revient à retirer une part de ces richesses de la machine capitaliste à produire des richesses. C'est donc une cause d'inefficacité économique. D'autre part, quand une part importante de la richesse a été thésaurisée et a produit un crash boursier ainsi qu'une crise économique, la réinjection de la richesse thésaurisée se fait par l'émission de monnaie réelle correspondant à cette richesse. À la suite du crash de 1929, la FED a nationalisé l'or et ensuite émis de la monnaie correspondant à cet or. La crise de 1929 sera discutée dans la section « Les fuites organisées dans le circuit financier : les outils du pillage ».

David Ricardo (1772-1823) identifie les propriétaires terriens comme la source principale de thésaurisation et montre que cette thésaurisation conduit au blocage de la machine capitaliste. Son analyse, exacte à l'époque, reste d'actualité si on remplace les propriétaires terriens par les méga-banques en ce début de 21e siècle. On a vu précédemment que l'équation (3.19) de croissance ne peut être respectée quand les banques commerciales sont trop grosses par rapport à la richesse existante : on retrouve ici, sous une forme actualisée, la théorie de David Ricardo et sa loi des rendements décroissants. La thésaurisation (t) apparaît en compétition avec la réserve de ces méga-banques (rb). Le paradoxe est que par rapport au risque pris et à la taille de leurs investissements, cette réserve est trop petite alors que la thésaurisation est trop grande et amplifie ce déséquilibre. Plus précisément, comme les investissements d'un même acteur sont corrélés, ils génèrent un risque accru, et pour couvrir ce risque, il faut des réserves plus grandes. Donc imposer le même taux de réserve à une méga-banque et à une banque moyenne ne permet pas de couvrir le risque, d'où la réserve trop petite. Dans le même temps, les instabilités créées par ces méga-banques nécessitent des réserves plus grandes du système bancaire. On voit que la seule solution est d'avoir des banques commerciales plus petites et en compétition les unes avec les autres, pour assurer la distribution statistique du risque. Les méga-banques commerciales en 2016 sont une cause structurelle de crise économique et de déflation, car elles fonctionnent comme des oligopoles qui thésaurisent et non comme des acteurs économiques en compétition.

Plus généralement, l'avantage d'un marché boursier de libre compétition est la répartition statistique des risques et de la sélection des projets financés, sélection qui n'est pas enfermée par la vision étroite d'un petit nombre. Le résultat du hasard et du succès favorise ainsi l'intuition créative et l'adaptation. La méconnaissance des travaux de Charles Darwin fait dire à certains que son travail favorise « le plus fort » et, suivant cette théorie appliquée à l'économie, il serait souhaitable que ce soient les plus forts, entendez les plus riches, qui dominent l'orientation économique. En fait, Charles Darwin a montré que ce n'est pas la force, mais la capacité d'adaptation qui est le moteur d'évolution des espèces. Et comme les conditions changent tout le temps, l'espèce dominante aussi. Les dinosaures étaient beaucoup plus forts que les petits mammifères, pourtant c'est un monde de mammifères qui domine aujourd'hui. En termes économiques, les méga-banques et les multinationales représentent une fraction de la richesse trop grande par rapport à la richesse existante, et leurs investissements pilotent les cours de bourse. Le résultat est que le marché financier n'est plus un marché boursier de libre compétition. La sélection des projets est devenue plus proche du Gosplan soviétique[8] que d'un système de marché libre.

Karl Marx (1818-1883) reprend la loi des rendements décroissants de David Ricardo et la transforme en décroissance des taux de profit. La source de cette décroissante est l'augmentation de la productivité qui fait baisser les prix. Pour compenser cette baisse, Karl Marx affirme que le possesseur de capital doit constamment augmenter sa plus-value. Comme la plus-value est la différence entre le bénéfice et le coût du travail, les salaires sont condamnés à baisser et le capital tend à être plus concentré. La conséquence est la ruine des classes moyennes et le conflit final entre deux classes : les travailleurs et le capital. Dans cette approche, la thésaurisation trouve sa source dans l'augmentation des bénéfices. De ce point de vue, la révolution thatcherienne est une révolution marxiste : les dividendes sont multipliés, les progrès techniques servent à faire baisser les salaires, la classe moyenne est ruinée. Mais la révolution thatcherienne introduit un processus théorique stabilisant, qui ne fonctionne pas : le ruissellement ou « trickle down ». Pour éviter que la classe moyenne ne mette en place un impôt redistributif qui empêcherait son appauvrissement en limitant la thésaurisation, la révolution thatcherienne a défendu l'idée que l'argent ne s'accumulait pas chez les plus riches et ruisselait pour alimenter la machine économique. Ce ruissellement est observé chez les classes moyennes aisées (médecins, avocats, professeurs, etc.), mais pas du tout chez les milliardaires. Au contraire, ceux-ci ont une tendance pathologique à thésauriser. Cependant, Karl Marx s'est trompé, les sociétés démocratiques pouvant instaurer un certain niveau de solidarité sociale au profit de la classe moyenne pour faire fonctionner une

8. En russe gosplan signifie « Comité étatique pour la planification ».

société de consommation : c'est ce que font les sociaux-libéraux et les sociaux-démocrates. Bien que par certains aspects la crise de ce début de 21e siècle puisse être analysée par la théorie de Karl Marx, les causes de cette crise sont de nature différente : le remplacement d'un marché basé sur les coûts intégrés, par un marché basé sur les coûts ponctuels. La révolution thatcherienne a utilisé une méthode marxiste pour effectuer cette mutation, et cette mutation a mis en place une économie de pillage. De plus, contrairement aux théories de Karl Marx, les propriétaires du capital ne sont pas les dirigeants d'entreprises, mais les salariés eux-mêmes, à travers leurs caisses de pension. Au lieu d'avoir des capitalistes qui dirigent les entreprises face à des travailleurs dépourvus de capital, on a des salariés qui possèdent le capital, mais qui en laissent la gestion à des fonds de placement. Ces derniers mettent le capital au service du pillage par des investissements à court terme. Cette situation ne correspond en rien aux théories de Karl Marx.

Léon Walras (1834-1910) construit une théorie économique où la thésaurisation est absente, ce qui permet à chaque instant au marché de trouver un équilibre général par l'action d'acteurs économiques rationnels. D'une part, les acteurs ne sont ni rationnels, ni pleinement informés et les prix sont en partie culturels, et d'autre part, la thésaurisation est bien présente. La théorie de Léon Walras est ce qu'on appelle en physique un « toy model », un modèle très simplifié utile pour explorer des nouvelles voies, mais beaucoup trop simple pour décrire une quelconque réalité. Le point important ici est le rôle que joue l'absence de thésaurisation : chez Walras la richesse n'est jamais stérilisée.

John Maynard Keynes (1883-1946) tout comme Malthus pense que l'épargne cause une thésaurisation et un manque d'argent en circulation. Il identifie correctement la différence de comportement entre les très riches et les classes moyennes : seuls les milliardaires thésaurisent. Et il propose que l'impôt redistributif limite cette thésaurisation. Cette approche a été suivie avec succès dans tous les pays occidentaux après la 2e guerre mondiale qui est une période de croissance et de plein-emploi. Mais Keynes pense que c'est la demande qui fait fonctionner la machine capitaliste et en conséquence que le chômage est lui-même source d'amplification d'une crise. Il propose donc une émission de monnaie sans limite pour assurer le plein-emploi. Cette politique de dévaluation, d'émission de monnaie et d'investissement de l'État dans des grands travaux financés par la dette, a été menée avec succès durant le New Deal. Du coup quand la crise de l'énergie a frappé les économies occidentales à partir de 1973, cette même politique a été mise en œuvre, et cette fois ça a été un échec : inflation et chômage, c'est-à-dire stagflation. Pourquoi ? Parce que durant le New Deal cette politique a été menée *après* avoir nationalisé l'or et que la monnaie émise correspondait à une richesse réelle : l'or nationalisé. Tandis qu'après la crise de l'énergie, la monnaie émise ne correspondait à aucune richesse existante, elle créait une dette en finançant la continuité de l'économie existante (frais de fonctionnement) au lieu de financer une mutation économique (investissement technologique et industriel) pour produire avec moins d'énergie et avec des énergies renouvelables. Cette question est intimement liée aux notions de coût ponctuel, coût intégré et économie des matières premières non-recyclables. Une fois ces notions introduites, cette discussion sera reprise.

Milton Friedman (1912-2006) voit la source de thésaurisation dans les ménages : dès qu'ils ont un surplus, ceux-ci épargnent, ce qui ralentit la vitesse de circulation de la monnaie. En conséquence, il y a moins de monnaie disponible et les Banques Centrales compensent par l'émission de monnaie. Or, l'équation de Fisher stipule que si le rapport de la production vendue divisé par la vitesse de circulation, (Q/V_r), est constant, alors l'émission de monnaie ne produit que de l'inflation. Après avoir vérifié sur les données historiques que statistiquement ce rapport est bien constant, Milton Friedman en déduit que la bonne politique doit être une émission limitée de monnaie qui ne compense pas le ralentissement dû à l'épargne. Ce faisant, les ménages doivent consommer leur épargne. Cette analyse s'avère exacte dans une période de croissance, ou sur des périodes assez longues durant lesquelles les changements économiques sont lents. Mais comme il sera discuté dans la section « Couplage entre les deux circuits financiers : la modification de l'équation de Fisher », l'équation de Fisher est une approximation qui ne rend pas compte des situations de crash boursier suivi de ralentissement brutal de l'économie, ni de mutation industrielle brutale comme le choc pétrolier de 1973. En conséquence Milton Friedman se trompe en rejetant complètement les théories de Keynes : les politiques monétaires de Friedman et Keynes sont toutes deux valables dans un contexte donné et pas dans tous les cas. La transition entre ces contextes est semblable à une transition de phase en physique et sera discutée avec la modification de l'équation de Fisher. En dehors de cette approche empirique et scientifique des faits économiques, Milton Friedman transforme sa théorie monétaire en idéologie politique dans le cadre de l'affrontement Est-Ouest. Ainsi, puisque la Banque Centrale doit émettre juste assez de monnaie pour les échanges sans se soucier de la politique économique, il faut que l'État fasse de même et se retire de toute action économique, son seul rôle étant sécuritaire et militaire. Milton Friedman fait la jonction entre sa théorie monétaire et les idées politiques anti-État de Friedrich Hayek, qui ensemble forment le socle de la révolution thatcherienne. Celle-ci va mettre en œuvre une politique de désengagement de l'État et de dérégulation tous azimuts. Le résultat ne sera pas une libération des forces créatrices d'un marché plus libre, mais l'apparition d'oligopoles qui entravent le libre marché et conduisent au crash de 2008 et à la crise, qui en 2016 dure toujours.

Suivant la théorie de Milton Friedman, le crash boursier et monétaire de 2008 était impossible... et pourtant, il a eu lieu ! Donc cette théorie n'est pas valable dans toutes les situations. Suivant la théorie de John Maynard Keynes, l'émission de monnaie aurait dû relancer l'économie après le choc pétrolier de 1973, et ça a échoué ! Donc cette théorie, pas plus que l'autre, n'est valable dans toutes les situations. Pourtant, il existe des situations où chacune d'elle est appropriée ; trouver les situations correspondantes est, entre autres, l'objet de cet essai.

9

La corruption

Le diagramme modifié correspondant à la corruption est illustré dans la figure 3.4. La corruption agit au niveau de l'entreprise et de la banque commerciale : l'entreprise corrompt la banque commerciale pour être sélectionnée et fausse ainsi la probabilité de succès.

Dans le diagramme de corruption, les nouvelles variables sont les suivantes :

- (c) est la monnaie réelle payée par l'entreprise corruptrice à la banque commerciale,
- (k) est le facteur compris entre 0 et 1 qui diminue la probabilité de succès de l'investissement quand l'entreprise corruptrice est sélectionnée : plus la sélection est mauvaise et plus (k) se rapproche de 0.

La richesse (z) est alors donnée par :

$$z = [(1-q).k.s - q - v].u.(x_n - rB - re) - c \tag{3.21}$$

Et il suffit de remplacer les équations (3.5) et (3.6) par :

$$\begin{aligned} a &= [(1-q).k.s - q - v].u \\ x_{n+1} &= x_n + a.rb - ve.re - c \end{aligned} \tag{3.22}$$

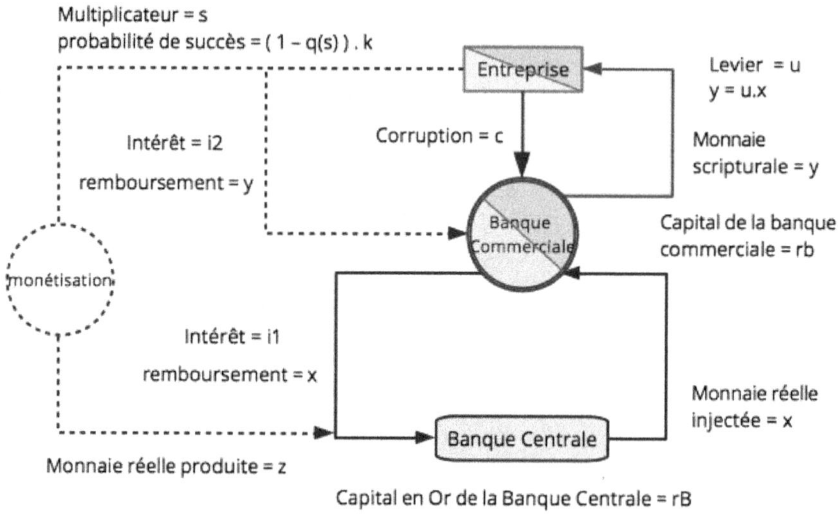

FIGURE 3.4 – Circuit Financier de l'Entreprise : la corruption

La condition de bénéfices donnée par l'équation (3.9) est remplacée par :

$$Ge > 0 \quad \Rightarrow \quad (1-q).k.s > (1-q).(ib-1) + v \tag{3.23}$$

Cette condition est rapidement mise en défaut quand le facteur d'inefficacité de sélection du projet (k) diminue et tend vers 0.

La condition de croissance donnée par l'équation (3.15) est remplacée par :

$$\begin{aligned} &[(1-q).k.s - q - v].u.rb > ve.re + c \\ \Leftrightarrow \quad &(a-1).rb + (rb - c) > ve.re \end{aligned} \tag{3.24}$$

Cette condition est rapidement mise en défaut quand le coût de la corruption (c) augmente.

Dans le cas où l'on a simultanément du pillage et de la corruption, on fait les deux substitutions en chaîne et on obtient :

$$\begin{aligned} &a = [(1-q).k.s - q - v].u \\ &x_{n+1} = x_n + a.rb - ve.re - t - c \end{aligned} \tag{3.25}$$

La condition de croissance donnée par l'équation (3.15) est remplacée par :

$$\begin{aligned} &[(1-q).k.s - q - v].u.rb > ve.re + t + c \\ &\Leftrightarrow \quad (a-1).rb + (rb - t - c) > ve.re \end{aligned} \tag{3.26}$$

Dans les équations, on constate que (c) et (t) jouent le même rôle : dans le cas de la corruption, c'est la banque commerciale corrompue qui détourne la richesse par thésaurisation. De fait, dans toutes les affaires de corruption il y a une banque commerciale complice. Pendant longtemps, les régimes corrompus du tiers-monde utilisaient les services des banques commerciales de Suisse et du Luxembourg, mais de nouvelles normes bancaires son intervenues après la crise de 2008 et avec la fin du secret bancaire dans ces pays, ce sont les banques des paradis fiscaux offshores (y compris dans les îles anglo-normandes, ou l'île de Man) qui jouent ce rôle, mais il y a toujours une banque : sans banque commerciale complice, pas de corruption !

Dans les descriptions simplifiées ci-dessus, les points suivants n'ont pas été abordés : le rôle de l'État comme acteur économique, le rôle des investisseurs privés, le rôle des consommateurs, le rôle des lois et règlementations économiques, etc. Ces acteurs et leurs rôles apparaissent quand on remplace le modèle à constantes par un modèle plus réaliste où les constantes de ces équations sont remplacées par des distributions statistiques. Ces dernières sont le résultat du contrat social où chacun des acteurs précédent intervient. Par exemple, quand la Banque Centrale est contrôlée par l'État, elle peut produire plus de monnaie réelle qu'il n'y a de richesse réelle : on a alors une inflation résultant de politiques publiques. Le modèle plus réaliste avec les distributions statistiques sera présenté dans la section « Comptabilité Économique ».

Par ailleurs, il existe une autre source de monnaie scripturale : le crédit entre entreprises. Quand une entreprise est payée à la commande, ou au contraire, 60 jours après la livraison, il y a un crédit implicite entre entreprises. Ce crédit ne donne pas lieu à intérêts et disparaît une fois la commande livrée et payée. Mais ce crédit crée un levier effectif qui sera discuté dans la sous-section « Gestion d'une Bulle Financière » de la section « Crises, Bulles financières, Dette, Fiscalité et Croissance ».

De ce qui précède on peut définir l'argent comme étant une *utilité de contrepartie du risque.* Si je possède une maison et que je la vends, j'ai le risque de me trouver sans toit. L'argent reçu en échange de la vente me garantit contre ce risque : je peux louer un appartement pendant que je cherche un nouveau logement à acheter. Si je déménage, je transforme la garantie d'avoir un toit ici en utilité de garantie du risque et j'échange cette utilité pour acheter dans la ville où je m'installe. Cela fonctionne si les risques ne sont pas corrélés : si un tremblement de terre survient et détruit une grande partie des logements, alors les prix augmentent et l'argent ne me permet plus d'acheter un toit. Les prix augmentent parce que le risque de ne pas avoir de toit augmente. Contrairement aux idées reçues, l'argent n'est pas uniquement une unité de valorisation des biens et des services. Par ailleurs, pour remplir sa fonction d'utilité de contre-partie d'un risque, il est nécessaire que les risques ne soient pas corrélés. Cette dernière contrainte sera explicitée dans la deuxième source de monnaie scripturale et son circuit financier : les assurances. Alors que le circuit financier de la banque commerciale sert à *créer* une richesse future à partir d'une richesse existante, le circuit financier des assurances sert à garantir la *permanence* d'une richesse existante dans le futur à partir de la richesse existante présente. Dans le premier cas, l'argent est une unité de valorisation des biens et des services, alors que dans le deuxième cas, l'argent est une utilité de contrepartie du risque.

Cette double nature de l'argent est réalisée par deux fonctionnalités à travers deux monnaies distinctes :

- la représentation de la richesse existante obtenue par la monnaie réelle,
- l'émission de crédit obtenue par la monnaie scripturale.

Dans les sociétés où le crédit à intérêt est interdit ou très limité, comme dans le monde arabo-musulman de l'époque de Kanga Moussa, seule la première fonction est réalisée et seule la richesse correspondante à de l'or en circulation peut faire partie du circuit économique officiel.

S'il n'y a pas assez d'or pour représenter la richesse existante, un marché parallèle, c'est-à-dire « un marché noir », apparaît. Ce marché échappe à l'impôt, mais n'a d'autre garantie que la violence puisque le recours à la justice officielle est impossible. C'est un marché dominé par la criminalité et la corruption.

S'il y a trop d'or comme lors du pèlerinage à la Mecque de Kanga Moussa, soit cet or est stocké par l'État qui le met en circulation à travers l'émission de monnaie réelle au fur et à mesure que des nouvelles richesses sont créées, soit cet or se trouve sur le marché et une inflation galopante détruit le marché et la production. En effet, pourquoi vendre aujourd'hui au-delà des besoins, si l'argent récupéré n'aura plus de valeur demain ?

Une monnaie moderne, adaptée à la machine capitaliste, doit réaliser les deux fonctions, mais faire attention à les représenter dans deux monnaies distinctes, la monnaie réelle et la monnaie scripturale. De ce point de vue, la tentation de la « cash-free society », où tous les payements sont sous forme électronique, porte en germe l'écroulement du système monétaire, à moins de faire figurer explicitement, lors du payement, la part de monnaie réelle et de monnaie scripturale. Mais dans ce cas l'utilisation est très difficile. Si on veut garder pour l'utilisateur la même monnaie, sans qu'il ait à se demander si elle est réelle ou scripturale, il faut maintenir une part importante des payements en cash.

La critique marxiste du capitalisme se base sur la critique du profit : si un bien demande une quantité de moyens de production (x) et une quantité de travail (w), alors si l'argent servait uniquement d'intermédiaire contractuel d'échange, le coût du produit et le prix de vente devraient être identiques et on aurait $c = x + w$. Mais, suivant le marxisme il n'en est rien, car il y a un profit (s) qui rend le coût plus élevé : $c = x + w + s$. Le profit est alors assimilé à un vol dans la mesure où le propriétaire du capital n'a pas participé à la production du bien. En partant de ces constatations, toutes sortes de théories ont étés élaborées pour justifier ou condamner cet état de fait et pour justifier de façon « scientifique » le prix d'un bien. Parmi les principaux acteurs de ce débat, on trouve Adam Smith, David Ricardo, Léon Walras, Karl Marx, Piero Sraffa, Nobuo Okishio. Ces auteurs cherchent à déterminer le « prix objectif » d'un bien à partir des moyens de production (x), du travail (w) et du profit éventuel (s). Et ce « prix objectif » devrait résulter des conditions d'équilibre du marché où ce bien est échangé contre de l'argent. Dans cette approche, il n'y a pas de différence de nature entre la monnaie réelle et la monnaie scripturale, et l'argent est essentiellement un intermédiaire technique, ce qu'on appelle en mathématiques « une variable muette ». Dans le modèle proposé ici le point de vue est inversé :

- l'argent n'est pas une variable muette, mais une utilité de contrepartie du risque,
- la monnaie scripturale est de nature différente de la monnaie réelle,
- le prix résulte du marché, mais le mécanisme de celui-ci est culturel.

Ces notions seront précisées dans la section « Comptabilité économique » avec l'introduction du coût intégré et du coût ponctuel. La question du coût réel d'un bien ou d'un service est essentielle, car c'est par son évaluation que la Banque Centrale peut comptabiliser la richesse existante, pour la monétiser. C'est le caractère culturel des coûts qui empêche l'économie d'être une science naturelle et en fait une science à cheval entre science naturelle et science humaine. Le refus de cet état de fait conduit les néo-libéraux à vouloir imposer une façon unique d'utiliser la machine capitaliste et provoque des conflits, voire des guerres. L'approche marxiste, elle, passe à côté du point central de la machine capitaliste : la richesse monétisée (x_n) est prêtée et remboursée, mais cela n'est pas un jeu à somme nulle. D'une part, parce que durant le prêt il y a un risque de destruction de cette richesse par l'échec de l'investissement, et d'autre part, parce que le travail qui produit de la richesse supplémentaire et permet d'augmenter (x_n), est rémunéré de façon à ce que la richesse produite puisse à nouveau être monétisée. La création de richesse est le résultat d'un jeu social qui ne se limite pas à un bilan objectif entre ressources naturelles, travail physique (l'homme comme machine) et richesse créée.

Il y a des pillages de deux natures différentes, l'une associée au circuit financier des banques commerciales et l'autre associée au circuit financier de l'assurance. La première est une fuite dans le circuit qui rend le système moins productif et peut le conduire à la récession, la deuxième est un outil de destruction du capitalisme, car elle détruit la fonction *d'utilité de contrepartie du risque* de l'argent.

Il existe une autre cause de thésaurisation qui n'est pas nécessairement du pillage, mais qui est équivalente au pillage : il s'agit du marché des matières premières non-recyclables. Par ailleurs, cette autre forme de thésaurisation s'accompagne souvent de pillage de corruption.

10

Oligopoles et Communisme

Le modèle à constantes sera amélioré par l'introduction de distributions Lévy-stables à la place des constantes, mais on peut déjà éclairer la cause commune d'inefficacité des Oligopoles et du Communisme. La machine capitaliste peut être vue comme une machine à optimiser la probabilité de fabriquer des richesses nouvelles avec des richesses existantes. La monnaie est alors une unité de compte de risque, qui sert à faire des paris en sélectionnant des investissements parmi un vaste choix. Dans les équations ci-dessus, les paramètres (q) et (s), qui caractérisent la probabilité d'échec et le gain le plus probable, résultent du mode de sélection, et en particulier de la fraction de membres d'une société qui participent à cette sélection.

Dans le système communiste, les choix sont faits par un tout petit groupe d'experts qui centralisent tout le pouvoir économique au travers d'un plan quinquennal. Par ailleurs, le communisme affirmant qu'il existe un sens de l'histoire et que le socialisme est son aboutissement ultime, toute prévision erronée est la marque d'une trahison, ou du moins d'une incompréhension de la théorie marxiste, car celle-ci ne peut se tromper si l'économie marxiste est définie comme une science exacte. Le résultat est que les experts ont toujours une opinion unanime de façon à pouvoir reporter la responsabilité des échecs sur les exécutants du plan quinquennal et mettre les auteurs de ce plan à l'abri. En conséquence, les risques ne sont pas distribués de façon à en limiter les conséquences et les erreurs ne sont jamais considérées comme telles, ce qui empêche tout apprentissage. Bref, comme les choix sont très corrélés et que l'expérience ne sert pas à les améliorer, la probabilité d'échec (q) est élevée et ne diminue pas. Quant au gain le plus probable (s), lui, il baisse. En effet, un choix erroné conduit à la destruction de richesses qui diminue la cohésion sociale et le dynamisme de la société, ce qui en retour baisse la productivité, c'est-à-dire (s). Cette approche a ruiné l'agriculture soviétique des années '30' et celle de la Chine dans les années du grand bond en avant dans les années '50'. Dans les deux cas, il y a eu des millions de morts.

Dans le système néo-libéral, la dérégulation engendre des oligopoles qui limitent la fraction des membres de la société qui participent aux choix économiques. De plus, comme on le verra plus loin, les oligopoles éliminent le leadership au profit d'un management standardisé et homogène. Ce management est produit par les écoles qui forment les MBA dans le monde anglo-saxon et par les « grandes écoles » qui forment les technocrates en France. Ces écoles jouent le même rôle que les écoles de formation du système communiste : elles enseignent une théorie « scientifique » de l'économie qui conduit à l'aboutissement ultime de l'histoire, lequel n'a plus besoin des leaders avec leurs idées saugrenues. Or le leadership, par ses choix originaux, distribuait les risques qui sont désormais concentrés exactement comme dans le système communiste. Tout comme pour le système communiste, l'idéologie néo-libérale considère que l'histoire a un sens et qu'elle-même représente l'aboutissement ultime de celle-ci. En conséquence, les échecs et l'appauvrissement des classes moyennes ne sont pas dus à des choix corrélés inadaptés, mais aux lois sociales : les classes moyennes sont responsables, tout comme les exécutants du plan dans le système communiste. Et tout comme dans le système communiste, moins ça marche et plus il faut insister. Ainsi, la crise de 2008 n'a rien changé aux habitudes des super-managers néo-libéraux : ils touchent des primes exorbitantes garanties dès leur embauche, quel que soit le résultat. Après avoir fait perdre 1/4 de sa valeur boursière à Daimler-Benz, Jürgen Schrempp est parti avec toutes ses primes.

Ce qui empire la situation, c'est qu'une société de classe moyenne dominante fait participer le plus grand nombre aux choix par la diversité des achats. Et cette diversité distribue les risques. Or le néo-libéralisme détruit la classe moyenne.

Reprenons l'exemple précédent en modifiant la valeur de (q).

Les paramètres de l'économie de ce pays sont les suivants :

- réserve de la Banque Centrale $rB = 0.05$
- réserve de la banque commerciale $rb = 0.10$
- richesse existante, hors capital des banques $re = 1.05$
- amortissement de la richesse non bancaire $ve = 0.20$
- taux d'intérêt payé par la Banque Centrale $ir = 1.01$ soit 1.0%
- taux d'intérêt payé à la Banque Centrale $iB = 1.01$ soit 1.0%
- taux d'intérêt payé à la banque commerciale $ib = 1.05$ soit 5.0%
- levier $u = 10$
- probabilité de d'échec d'un investissement $q = 0.06$ soit 6%
- multiplicateur de richesse par l'entreprise $s = 1.2$
- coûts de production et amortissement $v = 0.9$

On a augmenté (q) de 0.03 à 0.06, le résultat est le suivant :

$$\begin{aligned} &a = 1.68 \\ &x_{n+1} = 1.158 < x_n \end{aligned} \tag{3.27}$$

On est parti d'une richesse existante de 1.2 euros et après le cycle la richesse vaut 1.158 euros : soit une perte de 3.5%. Pourtant, le gain ($s = 1.2$) est supérieur à 1 et ($1.0 - 0.06 = 0.94$) donc 94% des projets sont des succès. Si les risques ne sont pas répartis, la machine capitaliste détruit rapidement les richesses, tout comme la machine communiste. Finalement, la raison statistique est la même : la concentration du pouvoir économique qui crée une corrélation des risques.

Imaginons que les dix entreprises choisies par la banque commerciale appartiennent au même groupe. Pour monter en grade dans ce groupe, les dix chefs d'entreprise feront des choix qui vont dans le sens défini par la stratégie du groupe. Les choix sont corrélés et si le choix de l'une d'entre elles conduit à un échec, les neuf autres auront aussi probablement un échec.

Ce qui se passe avec les oligopoles, c'est que les choix de projets sont concentrés dans les mains de très peu d'acteurs, très conformistes, qui se copient les uns les autres. En conséquence, ils font tous le même choix : cette corrélation rend caduc le raisonnement sur la probabilité d'échec. Car un seul échec devient l'échec de presque tous les projets simultanément. La faillite est assurée, tôt ou tard, et la dynamique du système est intrinsèquement instable.

Une autre conséquence de la création d'oligopoles est le blocage du progrès technique. Dans une économie capitaliste, le progrès technique résulte de la compétition pour produire des produits originaux et plus efficaces que ceux qui existent. Mais cela nécessite un marché libre où les acheteurs font des choix indépendants. Cette indépendance des choix est remise en cause par les oligopoles. Dans un marché dominé par des oligopoles, les Petites et Moyennes Entreprises industrielles (PME) qui fabriquent une gamme de produits limitée, voient leur production achetée par un ou deux grands groupes industriels. Ces groupes peuvent s'entendre pour fixer les prix et la qualité de ces produits, car les PME ne sont pas en situation de pouvoir vendre à d'autres concurrents. Souvent, une étape supplémentaire est franchie : ces PME, qui font partie de la sous-traitance, sont la propriété commune de quelques grands groupes qui forment l'oligopole. Le créateur de la PME ne garde qu'une part minoritaire du capital. Les PME et leurs salariés sont asservis. Sous cette forme, la sous-traitance est utilisée pour diminuer le nombre de salariés directement employés par le groupe industriel et permet de faire un chantage au chômage pour garder les salaires très bas. Ce procédé revient à transformer le groupe industriel en un agrégateur de PME sous-traitantes, et le groupe devient une entreprise essentiellement financière. Contrairement à l'industriel qui a la passion de la technologie, l'entreprise financière ne recherche que les gains à court terme et certainement pas à financer une mutation industrielle si elle peut l'éviter. Ainsi, ces oligopoles retardent au maximum le transfert des technologies du laboratoire vers la production. En 2016, en termes de nouveaux matériaux, de recyclabilité, d'économie d'énergie, l'écart entre ce qui se fait dans les laboratoires et les produits fabriqués, a rarement été aussi grand dans l'histoire industrielle. On retrouve ce retard d'application de la technologie dans un système économique cousin de l'économie de pillage par des oligopoles : l'économie soviétique.

Dans un système communiste, le rôle de l'oligopole est joué par l'État, et quand des choix corrélés, car centralisés, conduisent à l'échec, il suffit de désigner comme coupable un ennemi de classe qu'on envoie dans un goulag pour pouvoir recommencer.

Les oligopoles de la révolution thatcherienne et le Parti Communiste jouent le même rôle : en concentrant les leviers économiques, ils créent une corrélation du risque qui rend la machine à produire des richesses instable. On peut réinterpréter l'économie soviétique comme le stade ultime de l'économie néo-libérale dominée par des oligopoles.

À la différence des communistes, les néo-libéraux n'envoient pas les gens dans les goulags, ils les envoient à la guerre : il est toujours facile de créer un ennemi. Avant la guerre du Président Georges W. Bush en Irak, le régime de Saddam Hussein avait cherché à se rapprocher des USA, et ceux-ci auraient pu avoir le contrôle du pétrole irakien sans guerre. Mais plutôt que de remettre en cause le néo-libéralisme face aux difficultés économiques, les néo-libéraux se sont faits néo-conservateurs et ont préféré une guerre.

La conclusion est simple : une économie où les oligopoles dominent est équivalente à une économie soviétique, tout aussi inefficace et source de violence.

Chapitre No. 4

Les fuites organisées dans le circuit financier : les outils du pillage

Dans une première phase de la révolution thatcherienne, le pillage conduit à la stérilisation d'une partie de la richesse existante en créant des fuites dans le circuit de l'outil capitaliste. L'argent réel représentant la richesse existante est alors figé dans des comptes bancaires de riches oligarques, de dictateurs et de « super-managers » occidentaux.

Le pillage étant essentiellement un transfert de risque lié à un investissement dont le pilleur garde l'essentiel des bénéfices, il y a deux endroits dans le circuit financier où la fuite peut se produire : à *la sortie*, par le détournement d'une partie des richesses produites et à *l'entrée*, par le détournement de la couverture financière nécessaire à l'investissement.

Dans les sociétés traditionnelles, l'investisseur était la société agricole qui produisait et entretenait des stocks de nourriture et de biens. Le pilleur était la société qui n'avait pas su ou pas voulu gérer les aléas liés aux temps économiques et qui s'emparait des stocks accumulés, c'est-à-dire de la richesse produite. C'était un pillage opéré « à la sortie » : la société agricole avait investi ses biens et son travail pour produire une richesse et celle-ci était volée par un tiers qui n'avait pris aucun risque pour créer cette production. La société agricole prenait le risque de se tromper de récolte à planter, de se tromper de terrain à bonifier, d'être victime d'aléas climatiques, etc., et assumait les conséquences de ces risques : elle assurait la couverture de ces risques à travers ses capacités de stockage et de gestion des stocks. Les pilleurs, eux, n'avaient couvert aucun risque, ils tiraient bénéfice du risque assumé par autrui. Aujourd'hui, cette forme de pillage dans l'économie joue un rôle secondaire, du moins dans les sociétés occidentales (Japon compris). Les lois protègent les biens des entreprises contre les abus de bien sociaux et la comptabilité limite les possibilités de soustraire des actifs de l'entreprise sans être pris.

La forme moderne de pillage « à la sortie » est le pillage par excès de dividendes et par les salaires hors norme des « super-managers ». On a vu plus haut que cet excès de dividendes a été justifié par l'argument fallacieux selon lequel *la somme des gains maximaux à court terme garantit l'optimisation des gains à moyen et long terme.*

L'autre méthode de pillage moderne est le pillage « à l'entrée ». Il consiste à vendre une couverture de risque sans avoir la richesse nécessaire pour assurer la compensation financière en cas d'échec de l'investissement. Il y a plusieurs techniques utilisées, mais toutes se ramènent à la vente d'un risque non couvert. La liste suivante ne prétend pas être exhaustive, mais permet d'illustrer le mécanisme.

1

Méthode par LBO = Leverage Buy Out

Une dette est créée pour acheter une entreprise qui est elle-même utilisée pour couvrir la dette. Cela revient à endetter l'entreprise cible pour l'acheter. Concrètement, un emprunt est fait auprès d'une banque pour acheter l'entreprise, mais la couverture donnée à la banque pour couvrir le risque est constituée de l'entreprise cible elle-même et les intérêts payés seront pris sur les actifs de l'entreprise : le risque n'est pas couvert par de l'argent réel qui représente une richesse existante extérieure à l'entreprise.

Puisqu'en fin de compte c'est l'entreprise cible qui couvre le crédit (contre son gré) pour être rachetée, cela revient aussi à créer de la monnaie scripturale et ce, sans intérêt payé par l'initiateur du LBO pour couvrir le risque associé. Ici, l'entreprise est à la fois l'emprunteur forcé et le créditeur... tout aussi forcé.

Le LBO change la direction de l'entreprise au prix d'une dette sans pour autant constituer un projet pour l'entreprise. C'est un outil agressif sans objectif de création de richesse. Ce genre de transaction peut cependant être positif dans le cas d'une entreprise en bonne santé, mais trop petite pour racheter une autre entreprise concurrente, qui elle, est trop grande et déclinante. Dans ce cas, le LBO peut permettre à la petite entreprise de reprendre positivement la gestion de la grande.

Le problème ne vient pas du LBO en lui-même mais du fait que l'investisseur force l'entreprise à s'emprunter à elle-même et ne couvre pas les risques associés en apportant de la monnaie réelle : c'est un pseudo-investisseur, puisqu'il n'apporte pas de capital à l'entreprise.

Pour permettre à ce genre de transaction de se faire sans pillage, il faut que la régulation impose à l'investisseur de couvrir les risques qu'il crée. En conséquence, comme pour toute création de monnaie scripturale, cette transaction doit s'accompagner d'un intérêt payé à l'entreprise cible, par l'acheteur, en sus du rachat, et en monnaie réelle. De cette façon, la monnaie scripturale créée est couverte. Le fait que se soit l'entreprise elle-même qui crée cette monnaie scripturale contre son gré ne change rien, le risque doit être couvert par celui qui en est le bénéficiaire. Et dans ce cas l'intérêt doit être payé en monnaie réelle pour compenser les risques pris par l'entreprise elle-même : cet argent constitue alors un investissement net dans l'entreprise achetée. En cas d'échec du rachat, l'intérêt payé reste à l'entreprise cible : c'est le prix du risque que prend l'initiateur du LBO.

Pour éviter le pillage d'entreprises saines, provisoirement à cours de cash, l'intérêt doit être payé « up front », c'est-à-dire comme préalable du prêt bancaire qui fait levier pour acheter l'entreprise. La banque qui accepte de prêter pour un LBO doit recevoir, au préalable, de l'investisseur un intérêt au moins égal à l'intérêt que la banque reçoit pour le prêt qu'elle concède, et remettre cette somme à l'entreprise cible au moment où l'offre publique d'achat (OPA) est lancée. L'investisseur paye deux fois l'intérêt, une fois à l'entreprise cible et une fois à la banque. L'entreprise peut utiliser cet argent pour se défendre contre le LBO en trouvant une autre banque qui accepte cet argent pour lui prêter de quoi racheter ses propres actions. Si elle ne trouve pas d'aide, le LBO réussit et l'argent versé appartient maintenant à l'entreprise cible et non plus à l'investisseur qui est le nouveau propriétaire. Mais comme prévu par le LBO, l'entreprise cible paye les intérêts du capital emprunté pour le LBO à la banque commerciale à la place de l'investisseur. Donc au total, en cas de succès, l'investisseur ne paye qu'une seule fois les intérêts liés au risque qu'il crée. L'investisseur ne paye deux fois que si le LBO échoue.

Ainsi, si une grosse entreprise mal gérée est la cible d'une petite entreprise bien gérée, l'intérêt payé à l'entreprise rachetée devient l'investissement que la petite entreprise fait pour remettre sur pied la grande qu'elle possède maintenant. De plus, dans cette configuration, aucune banque n'a intérêt à venir en aide à la grande entreprise car celle-ci est mal gérée, mais a un potentiel sous la conduite de la petite entreprise bien gérée. À l'inverse, si les problèmes financiers de l'entreprise cible viennent d'un événement externe, ponctuel et pas de sa gestion, l'entreprise cible pourra utiliser l'intérêt qu'elle reçoit, ainsi que sa bonne gestion, pour emprunter et se défendre du LBO.

On a ainsi une forme de LBO qui d'une part, favorise les entreprises bien gérées, d'autre part, favorise la prise du contrôle quand elle est mal gérée, et qui, enfin, défavorise le pillage.

De façon générale, la régulation doit interdire d'emprunter avec une contre-partie que l'on ne possède pas. L'emprunteur crée le risque et doit garantir celui-ci avec ses propres fonds en argent réel.

Dans certains cas, les LBO ont été effectués avec la complicité de membres du conseil de direction de l'entreprise cible contre l'intérêt de celle-ci. Comme cela revient à tromper les actionnaires-propriétaires, une loi sur la transparence et la criminalisation de tels actes a été votée aux USA : le Sarbanes-Oxley Act. Mais cela ne règle pas le problème de la création de monnaie scripturale sans couverture du risque par de l'argent réel !

L'obligation de couverture du risque, si elle est mise en place par la régulation, limitera les effets de faillites en avalanche créées par les LBO de LBO (« secondary buyout ») et LBO de LBO de LBO, etc. Dans une chaîne de LBO, il suffit qu'une entreprise fasse faillite, et que son passif soit important, pour que l'entreprise qui la précède dans la chaîne ne puisse couvrir ce passif et fasse elle-même faillite... et ainsi de suite. De plus, si deux entreprises successives de la chaîne font faillite, l'une à cause de l'autre, le passif que doit couvrir l'entreprise précédente dans la chaîne pour arrêter l'avalanche est la somme du passif des deux entreprises ! Les passifs s'ajoutent en chaîne et rendent l'arrêt de l'avalanche toujours plus difficile.

Méthode par titrisation = les « Junk Bond »

Des risques sont cachés aux investisseurs. Au départ de cette méthode, il y a le marché de la dette. Pour des raisons diverses, par exemple une réorientation des activités d'une banque dans un domaine particulier, l'énergie ou les transports, etc., une banque peut souhaiter revendre les crédits qu'elle a émis dans d'autre domaines. Certains de ces crédits sont trop petits pour être facilement commercialisés, comme par exemple les crédits à la consommation ou les crédits immobiliers. Dans ce cas, la banque peut créer un fonds où plusieurs petits crédits sont regroupés, et vendre ce fonds sous forme de société par actions. Un tel fonds est appelé « Asset Backed Security », ou ABS. Le fonds agit alors comme une pseudo-banque par procuration, mais la différence est que les réserves de cette pseudo-banque sont constituées des réserves des actionnaires du fonds. Alors qu'une banque commerciale est soumise à un taux de réserves minimal imposé par la Banque Centrale, cette pseudo-banque échappe à cette contrainte : les actionnaires ne sont pas tenus de déposer des réserves auprès de la Banque Centrale. Ainsi, en l'absence de régulation stricte, les ABS transforment un risque couvert par des réserves, en risque non couvert : c'est alors un outil d'extension sans limite du levier. En effet, une fois le fonds vendu, la banque commerciale n'est plus propriétaire de la dette et les réserves correspondantes sont à nouveau libres pour émettre de nouveaux crédits, qui seront à leur tour regroupés dans un ABS et revendus... Pour éviter l'extension infinie du levier, la régulation devrait imposer que :

- soit le fonds ABS est vendu à une autre banque commerciale soumise à l'obligation de maintenir des réserves,
- soit la banque commerciale qui crée le fonds reste le garant en dernier ressort et soit obligée de maintenir les réserves correspondantes.

Dans ce dernier cas, la revente de la dette sous forme de fonds ABS permettrait à la banque de réorienter ses activités, mais ne créerait pas de levier infini. Les réserves de garantie seraient libérées quand les crédits individuels contenus dans le fonds arriveraient à terme.

Le problème ne vient pas des ABS en eux-mêmes, mais du fait qu'ils puissent être vendus à des acteurs économiques autres que des banques et échapper ainsi à la limitation du levier par l'obligation de maintenir des réserves en monnaie réelle. Ce qui rend les ABS non régulés (ou mal régulés) encore plus toxiques, c'est que ces derniers peuvent être achetés à crédit, crédits qui peuvent eux-mêmes être regroupés en ABS et revendus...

Parmi les ABS, il y a une sous-catégorie particulièrement adaptée au pillage : les CDO. Les CDO vont permettre aux banques de revendre les crédits émis en les regroupant... tout en gardant la partie la plus sûre des revenus de ces mêmes crédits ! C'est une version extrême de transfert de risque d'un acteur vers un autre, où l'acteur initial garde la plus grande partie des bénéfices : l'effet est une concentration des risques sur des acteurs qui sont sans couverture par de la monnaie réelle. Un CDO est, tout comme un ABS usuel, un fonds où une banque regroupe des crédits émis : le fonds devient une pseudo-banque. Mais dans cette pseudo-banque les actionnaires ne sont pas tous égaux : ils sont classés par tranches. Les mieux placés sont payés en premier, puis viennent les seconds et ainsi de suite.

Les banques qui créent les CDO deviennent actionnaire de la 1re tranche et vendent ensuite sur le marché les tranches suivantes.

Du coup, ce sont les investisseurs des tranches suivantes qui « assurent » le risque tandis que la banque créatrice du CDO peut retirer ce crédit de son bilan, c'est-à-dire ne plus couvrir ce risque par de la monnaie réelle et ce, tout en continuant à toucher une part des intérêts ! Par ailleurs, cette « assurance » par les tranches inférieures est factice, car tous les acteurs de ces tranches sont affectés *simultanément* quand les emprunteurs des crédits initiaux font défaut. Or, nous verrons dans la section suivante que les assurances ne fonctionnent qu'à la condition que les acteurs qui assurent la garantie ne soient jamais affectés par un défaut simultanément.

Donc, non seulement les CDO constituent une *pseudo-banque*, mais aussi une *pseudo-assurance*.

Par ailleurs, les CDO permettent de contourner (avec leur accord tacite) les outils d'évaluation du risque des agences de notation. En effet, puisque la 1re tranche du CDO est « protégée » par les suivantes, tout se passe, en apparence, comme si son crédit était garanti et elle reçoit la note la meilleure AAA. Et ce, quelle que soit la qualité des crédits regroupés dans le CDO : le CDO masque le risque à couvrir. La tranche suivante est un peu plus risquée et sa note un peu moins bonne et ainsi de suite.

Plus la tranche est inférieure et plus le risque et les intérêts reçus sont importants, mais l'évaluation du risque *d'investissement* par l'agence de notation a disparu et est remplacée par une évaluation de risque *d'assurance*. Comme le prix d'un actif est d'autant plus cher que le risque associé est faible, le risque caché permet au vendeur de transférer le risque à l'acheteur tout en lui faisant payer la couverture de ce risque !

Par ailleurs, en prenant l'aspect d'un faux contrat d'assurance, les CDO sont revendus aux compagnies d'assurance ou même émis par celles-ci et la situation devient critique.

Comme il sera montré dans la section suivante « La révolution thatcherienne contre le capitalisme », les compagnies d'assurance sont les autres sources de monnaie scripturales et leur fonctionnement est basé sur l'association de deux propriétés, une propriété des distributions Lévy-stables non-Gaussiennes et une propriété de dé-corrélation du risque. Ce fonctionnement est différent de la création de monnaie scripturale par la banque commerciale et incompatible avec l'investissement décrit dans les diagrammes 3.1 et 3.2.

En mettant en place à la fois une pseudo-banque et une pseudo-assurance, les CDO réalisent les actions suivantes :

- ils contournent la limite sur le levier imposé par la Banque Centrale,
- ils utilisent frauduleusement le schéma de fonctionnement des assurances pour sous-évaluer le risque vendu,
- ils concentrent les risques sur des acteurs sans couverture,
- ils permettent aux créateurs des CDO de garder les bénéfices des crédits émis tant que ceux-ci ne font pas défaut.

La possession de CDO ou équivalents par une compagnie d'assurances devrait être interdite. À nouveau, c'est l'absence de régulation qui empêche l'outil capitaliste de fonctionner et qui permet la mise en place d'un transfert de risque non financé, c'est-à-dire d'une économie de pillage.

La méthode par titrisation est une méthode *indirecte* d'augmentation du levier sans limite : en apparence, il ne s'agit que d'une revente de crédit, alors qu'il s'agit de la création d'une pseudo-banque et en plus, dans le cas des CDO, d'une pseudo-assurance.

Il existe aussi une méthode *directe* d'augmentation du levier sans limite : la méthode par sur-crédit.

Méthode par sur-crédit : le crash de 1929

Cela consiste à contourner la limite de levier imposée par la Banque Centrale et à émettre plus de crédit que la limite $y = u.x$ où (u) est le levier officiel et (x) la monnaie réelle censée garantir le crédit (y). Que la Banque Centrale impose un levier maximum ou pas, cette méthode a comme effet de corréler les risques et de diminuer la couverture de ces risques. Ce sur-crédit a été massivement employé par les banques entre 1919 et 1929. Durant cette période, aux USA tout s'achetait à crédit, et ce, sans couverture suffisante : objets physiques réellement produits aussi bien que des outils de spéculation. On passe de 6 millions d'automobiles à 27 millions, les classes moyennes achètent des actions à crédit et 1/3 des citoyens a mis ses économies à la bourse de Wall Street. Durant les cinq années qui précèdent le crash de 1929, l'indice Dow Jones est multiplié par 4 et en 1929 il y a 2 milliards de dollars à Wall Street.

Durant cette période 1919-1929, la croissance industrielle connaît une croissance record, c'est dire que la richesse réelle croît rapidement, mais pas assez pour compenser l'excès de crédit. En termes de comptabilité, c'est-à-dire en regardant les conséquences du marché non régulé sans tenir compte des causes, le problème vient d'une absence d'ajustement entre la monnaie réelle qui sous-représente la richesse réelle, et la monnaie scripturale émise sans limites. Durant cette période de croissance, il n'y a pas assez de monnaie réelle émise et simultanément trop de monnaie scripturale. Cet effet est dû à la dérégulation du crédit. Le manque de monnaie émise est occulté par la très grande vitesse de circulation (V_r). La vitesse de circulation de la monnaie est le nombre d'utilisations de la même monnaie pour des transactions par unité de temps. Ce point sera discuté dans la section « Couplage entre les deux circuits financiers : la modification de l'équation de Fisher ».

Durant les dix ans qui précèdent le crash, l'émission de crédit est déjà très supérieure à la capacité de l'économie à produire des richesses réelles. Cette situation est due aux « broker's loans ». Les « brokers » sont des intermédiaires entre les petits investisseurs et la banque commerciale : ils « garantissent » les emprunts que font les petits investisseurs auprès de la banque pour leur permettre d'emprunter beaucoup plus que leur richesse personnelle ne peut couvrir. Cette « garantie » est faussement justifiée par l'argument de la répartition des risques. Le broker prête à beaucoup de petits investisseurs et comme ceux-ci ne peuvent pas faire défaut *simultanément*, le risque est faible. On verra dans la section suivante « La révolution thatcherienne contre le capitalisme » que cet argument est statistiquement faux, car le risque est ici un risque corrélé. C'est la même méthode que la titrisation couverte par des « CDS » de 2008. Le broker n'a pas d'argent réel pour couvrir les risques, il prête à n'importe qui, quel que soit le « projet » : cette méthode augmente le levier (u) sans limite, tout en augmentant le risque (q) et diminuant le multiplicateur (s). Les projets sélectionnés par les banques commerciales sont remplacés par des investissements faits sur des rumeurs par des petits investisseurs sans connaissance des risques réels liés à leurs investissements.

De plus, à cette époque, le dollar est convertible en or et comme la quantité disponible de celui-ci ne croît pas aussi vite que la richesse réelle, il n'y a pas assez de monnaie réelle pour représenter la richesse produite. Dans ces conditions, la valeur de la monnaie réelle augmente et donc son prix, l'intérêt (iB) que paye la banque commerciale à la Banque Centrale, devrait augmenter. Mais la Banque Centrale ne va pas agir pendant neuf ans et va surréagir brutalement en 1928 avec un effet catastrophique.

Le détournement du rôle des banques commerciales qui était déjà en cours à cause des « broker's loans » va alors être amplifié par la politique monétaire.

Pour maintenir leurs profits, quand le prix de l'argent que peuvent emprunter les banques commerciales augmente, les banques ont deux possibilités. Soit elles augmentent l'intérêt (ib) qu'elles font payer aux entreprises et aux brokers, mais dans ce cas elles perdent des clients. Soit elles augmentent encore le levier (u) et elles prêtent à des entreprises, et surtout à des brokers dont la probabilité d'échec (q) est plus grande et le multiplicateur (s) est plus petit : bref, elles font des paris de plus en plus risqués !

L'absence de régulation du crédit fait que le choix économique stabilisateur qui serait d'augmenter le prix du crédit (ib) et de compenser la diminution des crédits émis par une sélection plus stricte des projets avec un multiplicateur (s) plus élevé et un risque (q) plus faible, est remplacée par un risque maximal pris simultanément par toutes les banques commerciales : on a une corrélation du risque. Au lieu de jouer le rôle de sélecteur de projets pour diminuer le risque, les banques commerciales deviennent le générateur de risque maximum.

Ainsi, au lieu de profiter de la croissance rapide de la richesse réelle en accompagnant celle-ci, l'absence de régulation des marchés financiers entre 1919 et 1929, génère un régime de fonctionnement explosif de l'outil capitaliste qui se transforme en outil de pillage des classes moyennes et d'autodestruction.

Les investissements ne correspondent plus aux attentes définies par l'offre et la demande et l'argent investi en biens qui ne trouvent pas preneur conduisent à un ralentissement de la production industrielle en juillet 1929. Ce ralentissement déclenche l'explosion de la bulle spéculative et comme tous les risques sont corrélés et le prix de l'argent plus élevé à cause du rattrapage effectué par la Banque Centrale, l'effet « de souffle de l'explosion » sur l'économie est amplifié.

Il est intéressant de s'attarder aux décisions prises entre 1928 et 1933 et ensuite de 1933 à 1937 pour sortir de cette crise par le « New Deal ».

En juillet 1928, la FED augmente fortement son taux d'intérêt (iB) : au lieu de l'augmenter petit à petit durant la croissance en commençant en 1919, la FED va attendre le dernier moment pour réagir trop brutalement. Si elle avait commencé dès 1919, avec un taux d'intérêt plus élevé, correspondant au fait que la richesse produite augmente plus vite que la production d'or sur lequel s'appuie la monnaie, les banques auraient eu deux alternatives : restreindre le crédit aux entreprises et être plus sélectives, ou alors se lancer dans une fuite en avant en émettant des crédits à tout-va sur des projets non-rentables. Mais dans ce cas, comme le phénomène aurait commencé dès le début de la décennie, le crash aurait eu lieu plus tôt avec un volume plus faible et donc moins de conséquences. En l'absence de régulation du crédit, c'est-à-dire tant que les « broker's loans » sont autorisés, la Banque Centrale ne peut pas empêcher un crash, mais avec une montée des taux d'intérêt, elle aurait pu en diminuer l'ampleur.

Comme le stock d'or n'augmente pas aussi vite que la richesse créée, dans un système basé sur la convertibilité en or, le prix de la monnaie réelle émise doit augmenter et donc le taux d'intérêt aussi.

Cette augmentation, qui était justifiée pour que la monnaie réelle convertible en or représente la richesse réelle, aurait dû être régulière et suivre la croissance de la richesse réelle entre 1919 et 1928. Elle aurait dû s'accompagner de la régulation du crédit pour mettre hors course les « broker's loans ». La Banque Centrale aurait pu, par exemple, prêter à des taux plus bas aux banques commerciales qui n'utilisaient pas les « broker's loans ».

Par contre, l'augmentation du taux d'intérêt de la Banque Centrale pendant une stagnation ou une récession est destructrice.

La FED corrige trop brutalement cette erreur et à contretemps. En effet, en juillet 1929, la production industrielle aux USA commence à baisser et provoque l'inversion des cours de la bourse. Ce n'est plus le moment de corriger l'absence d'augmentation significative du taux d'intérêt (iB) pendant la décennie précédente : il est trop tard.

Entre août 1929 et octobre 1930 la contraction de l'argent réel est déjà de 2.6%.

Le crash de la bourse en octobre 1929 emporte non seulement les investissements spéculatifs mais casse aussi l'outil industriel, et la baisse de production amorcée en juillet 1929 va devenir une destruction de richesse réelle. Du coup, la sous-évaluation de la richesse réelle, par la monnaie réelle, va être remplacée par une surévaluation : la situation s'est inversée et l'augmentation significative du taux d'intérêt (iB) n'a plus lieu d'être.

Au contraire, elle engendre une contraction de la monnaie dans le circuit financier qui ralentit encore plus la machine. Cette action de ralentissement qui aurait été très utile dans la décennie précédente est maintenant catastrophique. Plutôt qu'augmenter son taux d'intérêt, la Banque Centrale aurait dû dévaluer le dollar. Les deux actions ne sont pas équivalentes, car la dévaluation ne ralentit pas la vitesse de circulation de l'argent. Ce point sera éclairci dans la section « Couplage entre les deux circuits financiers : la modification de l'équation de Fisher ».

Entre août 1929 et mars 1933 la contraction de la monnaie dans le circuit financier est de 35% comme si la destruction de richesse n'avait pas eu lieu ! La politique monétaire agit à contretemps.

Ce qu'on observe ici est un phénomène plus général lié aux équations de ce système itératif. On peut éloigner provisoirement la valeur de la richesse existante de la valeur de la monnaie réelle totale. Mais que ce soit par l'hyperinflation ou par un crash économique, la monnaie réelle retrouve toujours la valeur de la richesse existante et vice-versa. Avant le crash de 1929, il n'y a pas assez de monnaie réelle pour représenter la richesse existante : le crash économique détruit la richesse existante pour que celle-ci corresponde à la quantité de monnaie-or en circulation (monnaie convertible en or). Mais quand la destruction de richesse se rapproche de la quantité de monnaie-or, celle-ci est retirée de la circulation par l'augmentation du taux d'intérêt de la Banque Centrale. Résultat, il faut encore détruire de la richesse pour rejoindre l'équilibre entre monnaie et richesse. C'est une course sans fin qui conduit la richesse existante à être plus petite que la quantité d'or représentée par la monnaie. Cela revient à remplacer physiquement les biens existants par de l'or thésaurisé, et la Banque Centrale amplifie la chute. Inversement quand l'Allemagne imprime frénétiquement de la monnaie pour faire face aux réparations de guerre vertigineuses en 1923, il y a beaucoup plus de monnaie réelle que de richesse existante, et le système retrouve l'équilibre entre richesse existante et monnaie réelle, en détruisant la monnaie par l'hyperinflation.

Au total en 1933, on a un marché de l'offre et de la demande qui ne fonctionne plus, des banques commerciales qui financent tout et n'importe quoi, un levier sans limites, une Banque Centrale qui agit à contretemps : au lieu de produire des richesses, la même machine capitaliste, avec la même comptabilité économique décrite par l'équation (3.15), devient une machine à détruire les richesses.

C'est par la restauration des paramètres de pilotage de la machine capitaliste que le New Deal va sortir l'Amérique de la crise.

D'abord, la monnaie réelle. Comme la destruction industrielle et commerciale a conduit à un excès de monnaie réelle convertible en or, par rapport à la richesse existante, le dollar est dévalué par rapport à l'or le 31 janvier 1934 : son cours officiel passe de 20.67$ l'once à 35$, soit une dévaluation de 41%. Cela revient à réajuster le taux (iB) à sa juste valeur.

En janvier 1934, le Gold Reserve Act interdit la possession d'or, lequel doit être remis à la Banque Centrale, ce qui revient à détruire la thésaurisation, car cela permet d'émettre de la monnaie réelle qui est réinjectée dans la machine capitaliste.

Ensuite, les banques commerciales. La plupart sont fermées en 1933 et le 9 mars 1934 « l'Emergency Banking Act », qui impose que seules les banques qui passent le test de solvabilité puissent ouvrir, est voté. Il est clair qu'une banque dont l'activité principale est le financement des brokers n'est pas solvable, donc cette loi remet les banques commerciales dans leur rôle économique. Les paramètres (u),(q),(s) et (ib) retrouvent un domaine où l'économie produit des richesses.

Encore faut-il réamorcer la machine capitaliste dans un régime de fonctionnement qui produit des richesses par des projets économiquement utiles.

En attendant que les banques commerciales, c'est-à-dire l'investissement privé, puissent reprendre leur rôle, l'État se substitue à elles provisoirement : il identifie des grands travaux d'infrastructure dont la rentabilité à long terme ne fait pas de doute et finance ces travaux. On constate que c'est la réintroduction d'allocations de ressources à moyen et long terme qui permet à l'économie de repartir alors que l'allocation exclusive à court terme l'avait détruite.

L'idéologie suivant laquelle l'État est toujours un mauvais investisseur est ici contredite par les faits. Une hypothèse plus réaliste est que l'État devient un mauvais investisseur quand il occupe une place dominante dans l'économie pendant trop longtemps. Mais à court terme ou avec une place à long terme plus réduite dans l'économie, rien n'indique que l'État soit un mauvais investisseur.

On constate aussi que la politique keynésienne d'investissement de l'État dans des travaux publics et dans une politique expansive de la monnaie, ne marche que parce qu'au préalable la thésaurisation a été détruite (ici par la nationalisation du stock d'or) et la régulation anti-pillage mise en place. Sans ces deux préalables, une politique keynésienne alimente le pillage et accélère la destruction de la machine.

Résultat : entre mars 1933 et juillet 1937 la production industrielle augmente de 79%.

Ce n'est pas la 2e guerre mondiale qui va sortir l'économie américaine de la crise, c'est le New Deal ! Et c'est parce que le New Deal avait sorti l'économie américaine de la crise, que celle-ci a pu développer aussi vite ses capacités de production durant la guerre. Qu'en 1937 tous les stigmates de la crise de 1929 ne soient pas effacés, que la bourse n'ait pas retrouvé son niveau absurde de 1929 et que l'économie ait des hauts et des bas, n'y change rien : c'est une économie opérationnelle produisant des richesses, qui émerge en 1937.

En 2015, l'outil de sur-crédit est constitué d'une part, par les « Short option », et d'autre part, par la possibilité de financer un produit dérivé de type option « Call » et « Put » à crédit en garantissant ce crédit par les CDS. Ce cas sera présenté dans la section suivante : « la révolution thatcherienne contre le capitalisme ».

Les Short options consistent à *emprunter* contre rémunération une action dont on prédit la baisse et à vendre cette action à terme. Si l'action baisse, alors la vente et le rachat à la date du terme sont automatiques, ce qui amplifie la baisse et génère un gain pour l'emprunteur, c'est-à-dire l'acheteur du Short. À la date prévue, le vendeur du Short récupère l'action qu'il a prêtée et garde la prime de location. Dans cette configuration, on a un vendeur qui fait un bénéfice et un acheteur du short qui peut faire une perte, mais qui provoque une chute amplifiée d'un cours s'il fait un bénéfice.

Le problème est que les actions louées sont des actions qui n'appartiennent pas au vendeur du Short. Ce dernier est une banque qui garde des actions pour ses clients et qui utilise celles-ci pour faire des contrats Shorts. Le risque pour la banque est de devoir à tout moment acheter l'action en bourse si le client demande à utiliser son bien.

Or les Short amplifient la baisse et conduisent donc les propriétaires à demander à leur banque de vendre ces actions que la banque a prêtées et qui ne sont pas disponibles pour la vente. Quand la banque les rachète pour les revendre immédiatement et respecter l'ordre du propriétaire légitime, elle perd les frais de bourse, amplifie les fluctuations du cours en bourse et contribue à amplifier la baisse.

En terme de crédit, le propriétaire des actions qui sont sous la garde de la banque commerciale, fait crédit à son insu à la banque sans que celle-ci ne lui paye une prime pour couvrir le risque de cette opération : elle vole son client. De plus, la banque entraîne la baisse de l'action de son client et peut le faire parce que celui-ci lui a donné à garder ses actions et paye la banque pour cela. Bref, le client achète un service à la banque commerciale et celle-ci utilise ce service contre les intérêts de son client en utilisant le bien de celui-ci à son insu. C'est du vol pur et simple.

Les Short options créent un risque corrélé, car si l'action baisse alors la revente est automatique, ce qui amplifie la baisse. Par ailleurs, une location d'action pour un contrat Short est un crédit émis par le prêteur. Mais contrairement au crédit couvert par de l'argent réel et qui a un coût auprès de la Banque Centrale, ce crédit est gratuit pour le prêteur et n'a pas de couverture. C'est un risque qui couvre un risque. En 2015, il n'y a pas de régulation sur les Shorts options pour couvrir le risque. Par ailleurs, on ne voit pas quel rôle positif ces contrats pourraient jouer dans l'économie, leur rôle est exclusivement destructeur.

À l'inverse, les options « Call » et « Put » sont des produits dérivés qui ne posent pas de problèmes si elles sont couvertes par de l'argent réel et surtout pas par un crédit.

Chapitre No. 5

La révolution thatcherienne contre le capitalisme

À l'inverse de la simple fuite de capital dans le circuit financier, le pillage peut aussi s'attaquer au système « outil capitaliste » lui-même et conduire à sa destruction par la destruction du circuit financier. C'est la deuxième phase de la révolution thatcherienne, phase qui est en cours depuis la crise financière de 2008.

Contrairement aux apparences, la révolution thatcherienne est anticapitaliste : le pillage n'est au service que du pillage. Alors que le capitalisme est une machine à optimiser l'allocation du surplus de ressources existantes pour créer des ressources futures, le pillage consiste d'abord à détourner ce surplus et ensuite les ressources vitales elles-mêmes. Cette opération au niveau financier va se faire par le détournement des mécanismes d'assurance et de réassurance appliqués aux produits dérivés. L'outil de pillage le plus destructeur est un produit financier, le CDS.

Là encore la révolution thatcherienne va mettre en place une économie de pillage en effectuant un transfert des risques tout en gardant les gains. Cette fois, les risques seront transférés vers les Banques Centrales. Elle va agir à nouveau par la dérégulation, mais cette fois dans le cadre de l'assurance.

1

Corrélation du risque et assurance

Le fonctionnement d'une assurance est proche de celui d'une banque commerciale : elle couvre par de l'argent scriptural une somme très supérieure à la prime en argent réel qu'elle reçoit de l'assuré. Le large nombre d'assurés et l'accumulation des primes sur un temps suffisamment long permettent de compenser cette faible prime.

Par ailleurs, bien que chaque contrat pris séparément constitue une création de monnaie scripturale, la compensation de l'ensemble des contrats et des remboursements fait que globalement il n'y a pas de création monnaie scripturale. Il n'y a pas non plus de création de richesse réelle. La banque commerciale comme la compagnie d'assurances créent de la monnaie scripturale. Dans le cas de la banque commerciale, la monnaie scripturale est transformée en monnaie réelle par la création de richesses par l'entreprise, tandis que dans le cas de la compagnie d'assurances, la monnaie scripturale est un intermédiaire provisoire dont l'existence est virtuelle même si ses effets sont réels.

Dans le circuit financier de l'assurance, le levier est virtuel : il n'y a pas de monnaie scripturale en circulation. La nature de la monnaie scripturale émise par le circuit financier de l'assurance est différente de celle émise par le circuit financier de l'entreprise. En conséquence, le circuit financier de l'assurance peut fonctionner sans limite imposée par un levier, mais avec deux modes de fonctionnement distincts, et seulement avec ces deux modes. Le pillage de la révolution thatcherienne va consister à faire croire que la monnaie scripturale est de même nature dans les deux circuits, en créant des faux contrats d'assurance comme les CDS.

L'assurance fonctionne suivant deux modes différents selon que les risques couverts sont corrélés en temps ou pas. Sans corrélation, l'assurance peut fonctionner sans franchise alors qu'en présence de corrélation en temps, c'est la franchise qui permet de couvrir le risque total couvert.

Dans le cas de risques non-corrélés, on retrouve une distribution de risques Gaussienne et dans le cas des risques corrélés, les distributions Lévy-stables non Gaussiennes.

Dans ce dernier cas, l'assurance ne peut fonctionner que parce que les distributions Lévy-stables non Gaussiennes ont non seulement des événements de grande amplitude et un grand nombre d'événements de faible amplitude, mais surtout peu d'événements d'amplitude moyenne : cette isolation des événements nombreux de faible amplitude permet d'accumuler assez de primes par une franchise.

Cependant, tous les événements corrélés ne peuvent pas être assurés, seuls sont assurables ceux dont la distribution statistique possède un très grand nombre d'événements de faible amplitude qui ne donnent pas lieu à indemnisation par la compagnie d'assurances.

Un exemple d'événements corrélés qui ne peuvent pas être assurés est le suivant.

Si une compagnie d'assurances décide de couvrir les risques d'incendie des 1000 maisons d'une ville construite entièrement en bois dans une région aux vents forts en été, elle a peu de chance d'éviter la faillite. En effet, comme l'incendie d'une seule maison entraîne avec une forte probabilité l'incendie de toutes les autres, les primes d'assurance ne permettront pas de rembourser les maisons détruites. On est dans le cas de risques corrélés et la probabilité d'événements de grande amplitude est grande. Mais dans cet exemple l'autre caractéristique est qu'il n'y a pas d'événements de petite amplitude et donc pas d'accumulation de primes possible par l'instauration d'un seuil de déclenchement, c'est-à-dire par une franchise.

Si une compagnie d'assurances décide de couvrir le risque d'incendie de 1000 maisons, dans 100 villages différents et avec 10 maisons assurées par village, alors comme le risque d'avoir un incendie dans les 100 villages la même année est très faible, les primes cumulées permettront de couvrir les frais liés aux incendies éventuels. La probabilité d'événements de grande amplitude, par exemple un incendie de 700 ou 800 maisons, est très faible et décroît très vite avec l'amplitude.

2

Le circuit financier de l'assurance

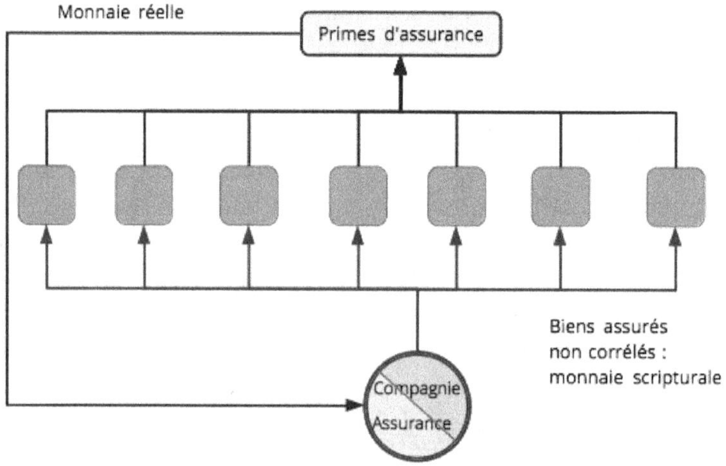

FIGURE 5.1 – Circuit Financier de l'Assurance : les primes

Le fonctionnement d'une assurance est illustré dans les figure 5.1 et 5.2 :

- en l'absence de sinistre, la compagnie d'assurances émet une garantie sous forme scripturale : c'est équivalent à un crédit, figure 5.1. Ce crédit donne lieu à un intérêt payé à la compagnie d'assurances, « la prime »,
- en cas de sinistre de l'un des assurés, les primes de tous les assurés, ainsi que les primes passées, financent le remboursement en argent réel, figure 5.2.

Au total, la monnaie scripturale est créée de façon virtuelle et provisoire puisqu'elle n'est jamais dépensée : les remboursements se font en monnaie réelle prise sur les primes d'assurance.

Ici, la compagnie d'assurances joue le rôle de sélecteur de richesse assurée et d'estimation du coût associé. Ce coût est payé sous forme de

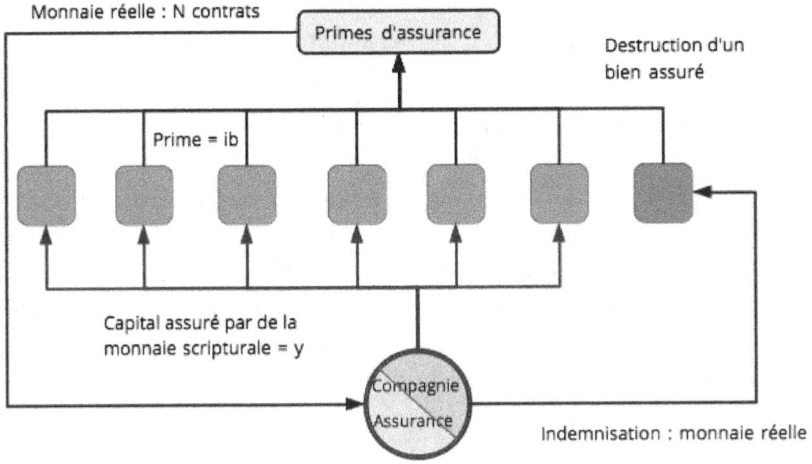

FIGURE 5.2 – Circuit Financier de l'Assurance : l'indemnisation du sinistre

prime par l'entité assurée (personne morale, ou physique propriétaire, ou usufruitière du bien). La compagnie d'assurances utilise une richesse actuelle pour remplacer la destruction partielle de cette richesse dans le futur : les primes doivent être payées à chaque échéance du contrat pour la période à venir.

Tant que l'accident n'a pas eu lieu, l'argent que reçoit l'assuré est sous forme de monnaie scripturale : c'est un contrat de garantie. Si à l'échéance aucun accident n'est survenu, cette monnaie scripturale n'existe plus : en l'absence d'accident, la création de monnaie scripturale est provisoire. Par ailleurs, cette création de monnaie scripturale est couverte par la monnaie réelle des primes payées par les assurés. Le circuit financier de l'assurance utilise *explicitement* l'argent comme utilité de compensation du risque.

Pour simplifier, on définit un contrat unitaire et on suppose que tous les contrats d'assurance correspondent à un nombre entier de contrats unitaires. De plus, on suppose que les primes couvrent la même période. On a alors des cycles d'assurance où (x_n) est la monnaie réelle que possède la compagnie d'assurances à la signature des contrats, et (x_{n+1}) la monnaie réelle à la fin de la période. Ce modèle à constantes sera, plus tard, remplacé par un modèle où les valeurs des paramètres sont données par des distributions statistiques.

Les variables qui définissent les flux financiers associés sont :

- (x_n) est la monnaie réelle de la compagnie d'assurances au moment de la signature des contrats d'assurances, c'est le capital de la compagnie moins la réserve.
- (ra) est la réserve en monnaie réelle de la compagnie d'assurances.
- (w) est le multiplicateur. C'est le coefficient qui multiplie la prime payée pour produire le dédommagement en monnaie réelle.
- (p) est la probabilité d'accident qui donne lieu à dédommagement.
- (N) est le nombre de contrats d'assurance pour la période en cours.
- (ua) est la prime, en % de la richesse assurée, que paye l'entité assurée à la compagnie d'assurances.

Dans le diagramme de fonctionnement de la banque commerciale (figures 3.1 et 3.2), la richesse existante est utilisée pour *créer* une richesse future, ici, elle est utilisée pour garantir la *permanence* de cette richesse dans le futur. Donc, un des arbitrages que doit opérer la Banque Centrale est la proportion de richesse qui est mise à disposition des banques commerciales et la proportion qui est mise à disposition des compagnies d'assurance. La Banque Centrale n'agit pas directement, mais elle peut agir à la fois par les taux d'intérêt de la monnaie réelle qu'elle met à la disposition des banques commerciales et par la régulation.

Cette proportion peut être obtenue en ayant des taux d'intérêt (iB) différents pour les banques en fonction de la proportion de leurs avoirs qui sont assurés ou pas. Et cela implique que l'usage de ces fonds consacrés à l'assurance soient régulés de façon différente, car s'ils sont, à leur tour, réinvestis dans des opérations risquées, la fonction de garantie est mise en défaut.

Par ailleurs, les transferts de monnaie scripturale et réelle entre banques commerciales et compagnies d'assurance doivent être régulés et réglementés pour éviter que les échanges entre les deux systèmes ne produisent une destruction de richesse.

Pour étudier un cycle, il suffit d'exprimer (x_{n+1}) en fonction de (x_n) et suivant les diagrammes des figures (5.1 et 5.2) on a :

$$\begin{aligned} & x_{n+1} = x_n - [x_n.w.p] + [ua.x_n] + ra \\ & \Rightarrow x_{n+1} = x_n.(1 - w.p + ua) + ra \end{aligned} \tag{5.1}$$

L'équation (5.1) signifie que la monnaie réelle disponible en fin de cycle est égale à la monnaie réelle disponible en début de cycle (x_n), moins le remboursement des sinistres $[x_n.w.p]$ plus les primes reçues $[ua.x_n]$ plus la réserve (ra). Le terme (x_n) est la somme utilisée pour assurer des biens.

Les primes reçues sont proportionnelles à (x_n), et la richesse est assurée au fur et à mesure de sa création.

On a donc une arithmético-géométrique [1] de la forme :

$$x_{n+1} = a.x_n + b \tag{5.2}$$

avec

$$\begin{aligned} a &= (1 - w.p + ua) \\ b &= ra \end{aligned} \tag{5.3}$$

La compagnie d'assurances fait des bénéfices si :

$$x_{n+1} > x_n \tag{5.4}$$

En utilisant les variables précédentes, on obtient :

$$\begin{aligned} & a.x_n + b > x_n \\ \Leftrightarrow \quad & x_n < \frac{-b}{(a-1)} \quad \text{car} \quad (a-1) < 0 \\ \Leftrightarrow \quad & x_n < \frac{-ra}{(ua - w.p)} \\ \Leftrightarrow \quad & x_n < \frac{ra}{(w.p - ua)} \end{aligned} \tag{5.5}$$

On a utilisé : $(a-1) = [ua - w.p] < 0$

En effet, si la prime est plus chère que la probabilité de risque multipliée par la valeur unitaire, alors il vaut mieux s'auto-assurer et accumuler sur un compte bancaire la quantité ($w.p$) comme si on payait une assurance. En cas de sinistre, la somme accumulée plus le prêt bancaire pour payer les dommages sera plus faible que le coût d'une assurance. Donc, pour avoir des clients une compagnie d'assurances doit utiliser le risque réparti pour faire baisser le prix de la prime au-dessous du seuil :

$$s_a = w.p \tag{5.6}$$

1. http ://fr.wikipedia.org/wiki/Suite_arithmetico-geométrique

Le seuil (s_a) définit le passage à *l'auto-assurance* où il est moins cher d'assurer soi-même la permanence des biens en alimentant régulièrement une caisse de réserve. Cette caisse, si elle est assez importante, peut couvrir le remplacement des biens détruits et dans le cas contraire payer les intérêts d'un emprunt bancaire pour couvrir ces mêmes frais. L'auto-assurance fait partie du circuit financier de l'assurance, car dans les deux cas, l'argent mis en réserve doit être de l'argent réel ou une richesse sans risque et qui peut être rapidement transformée en argent, comme l'or ou les pierres précieuse. L'auto-assurance est un cas particulier du circuit financier de l'assurance. Les dépôts d'argent non utilisés et gardés en réserve par les particuliers dans des comptes courants constituent des sommes allouées à l'auto-assurance.

L'équation (5.5) donne la richesse maximale que les compagnies d'assurance peuvent assurer en fonction des probabilités de sinistre à indemniser.

Pour que la compagnie d'assurances soit riche et donc (x_n) grand, il y a deux possibilités :

- soit elle augmente ses réserves au fur et à mesure, et (ra) croît,
- soit elle fait payer la prime maximale tout en restant en dessous de ($w.p$) et dans ce cas on a un terme ($w.p - ua$) positif mais très petit.

C'est donc un équilibre entre la probabilité d'accidents et le niveau de remboursement qui détermine, *in fine*, si la compagnie d'assurances gagne de l'argent à chaque cycle. On voit aussi qu'une assurance qui a de grandes réserves peut offrir des contrats meilleurs marché (ua plus petit) et est en meilleure position de compétitivité. Une compagnie plus petite peut malgré tout croître si elle connaît très bien un domaine économique dont elle assure les biens, en évaluant la probabilité (p) au plus juste.

Pour avoir un modèle plus réaliste, il faut remplacer la probabilité constante (p) par une distribution statistique. L'assurance couvre deux types de risques, les risques dont la distribution des richesses détruites est Gaussienne, et les risques dont la distribution est Lévy-stable non Gaussienne.

Si la distribution est Gaussienne, le risque est fini et calculable : l'entité assurée peut mettre de côté une partie de ses bénéfices pour s'auto-assurer à meilleurs prix. C'est que l'on fait quand on achète un billet d'avion et qu'on refuse d'acheter une assurance d'annulation de voyage. On sait que la conséquence est limitée au prix du billet et que la probabilité d'occurrence estimée est suffisamment petite. Cependant, pour des richesses plus importantes comme la maison ou la voiture, on utilise une assurance. Les fluctuations étant finies, la prime pour couvrir le risque est connue et le capital de réserve de la compagnie d'assurances est fini. Dans le cas de distribution Gaussienne, l'assurance peut fonctionner sans franchise.

Quand l'assurance couvre un risque dont l'occurrence est *imprévisible et rare*, mais dont l'ampleur peut détruire une très grande richesse assurée, la distribution statistique est une distribution Lévy-stable non Gaussienne. Le cas type est le cyclone Katrina qui a ravagé la Nouvelle-Orléans aux USA. Dans ce cas, l'événement rare et imprévisible crée une corrélation locale et toutes les maisons, entreprises et commerces sont détruits simultanément.

Pour fonctionner dans une telle situation, une assurance utilise une propriété des distributions Lévy-stables non Gaussiennes : ces distributions ont un excès d'événements de très faible amplitude et d'événements de très grande amplitude. Par contre, elles ont un manque d'événements d'amplitude moyenne. Il est à noter que la situation de la distribution Gaussienne est opposée : beaucoup d'événements d'amplitude moyenne au détriment des événements de faible amplitude et surtout de très grande amplitude.

Dans le cas d'une distribution Lévy-stable non Gaussienne une assurance instaure dans ses contrats une franchise en dessous de laquelle elle n'intervient pas : de cette façon, tous les événements où la destruction de richesse est petite ne lui coûtent rien et comme ces événements sont les plus nombreux, la compagnie d'assurances accumule les primes et augmente ainsi son capital de monnaie réelle. Quand un événement de très grande amplitude détruit une grande richesse, celle-ci peut alors être compensée par la somme des primes accumulées sur les événements de faible amplitude non remboursés. Les événements d'amplitude moyenne passent le seuil de la franchise, mais comme ils ne sont pas nombreux leur coût est faible.

Donc, en présence de corrélation des risques et à condition que la distribution statistique de ceux-ci ne soit pas Gaussienne, l'absence d'événements de moyenne amplitude et le grand nombre d'événements de faible amplitude permet, grâce à la franchise, d'indemniser les événements rares dont l'ampleur peut détruire une très grande richesse assurée.

Cependant, si les événements rares de très grande amplitude sont eux aussi corrélés, le système s'écroule et fait faillite. Dans le cas de Katrina, une fois les maisons détruites, le passage quelques semaines plus tard d'un deuxième ouragan n'augmente pas la somme à indemniser et peut donc être considéré comme un événement non corrélé au premier, même si du point de vue météorologique les deux événements sont corrélés. La raison fondamentale est que ces événements ont lieu au même endroit ! Mais si la corrélation météorologique reliait deux villes distantes, par exemple la Nouvelle-Orléans et Chicago, alors le système d'assurance ne pourrait pas faire face.

Or, c'est exactement ce qui se passe sur les marchés financiers dérégulés : tout événement majeur de destruction de richesse se propage presque instantanément, il ne reste pas local.

L'assurance ne peut fonctionner en présence de risques majeurs corrélés, car c'est la non-corrélation du risque entre événements de grande amplitude qui permet la compensation entre les événements de faible amplitude très nombreux et les événements de très grande amplitude.

Par contre, en l'absence de corrélation entre événements de très grande amplitude, une assurance peut fonctionner avec une distribution Lévy-stable non Gaussienne.

On traite ici du circuit financier des assurances et la situation est différente pour le circuit financier des banques commerciales vu précédemment : ces dernières recherchent des projets dont la distribution de probabilité des échecs est Gaussienne, ou Lévy-stable non Gaussienne proche d'une Gaussienne, c'est-à-dire avec une moyenne.

Le cas des start-ups est un cas hybride. La plupart sont destinées à échouer avant que l'investissement dépensé ne soit grand, mais les quelques-unes qui réussissent doivent amener des probabilités de gains très grands : on est dans le cas de beaucoup d'événements de faible amplitude qui sont des pertes, et de quelques événements de très grande amplitude qui sont des gains très importants. On en déduit qu'on est dans le cas d'une distribution Lévy-stable non Gaussienne. Un fonds de capital risque doit donc rechercher une distribution de probabilité Lévy-stable non Gaussienne avec très peu d'événements d'amplitude moyenne.

De façon à pouvoir faire face aux rares événements dont l'amplitude de coût est extrême, les assurances sont structurées en arborescence de réassurance.

Le principe de la réassurance est de permettre à une compagnie d'assurances de s'assurer elle-même. De façon traditionnelle, cela se fait quand un contrat d'assurance est trop important :

- la 1re compagnie d'assurances A assure le bien pour une prime P,
- ensuite, elle transfère une partie de son obligation d'indemnisation éventuelle, par exemple 20 % à une 2e compagnie d'assurances B,
- en échange, la compagnie d'assurances B reçoit 20% de la prime P. La compagnie B est la compagnie de réassurance.

On constate dans ce cas qu'il n'y a pas de création de monnaie scripturale non couverte, ni de dilution de l'indemnisation des biens couverts. La réassurance permet aussi d'éviter la corrélation des risques majeurs. Une compagnie d'assurances, dirigée par la même équipe peut être amenée à créer involontairement par sa politique commerciale des risques corrélés. Mais la compagnie de réassurance, en diversifiant ses contrats sur plusieurs compagnies d'assurance aux politiques différentes et sur plusieurs marchés, a comme effet une absence de corrélation des risques.

3

Le problème du stockage du capital accumulé par les primes

Le problème des assurances est le stockage des primes accumulées. Ce stockage ne doit pas être assimilable à une thésaurisation qui stériliserait une partie de la richesse existante comme le fait le pillage. Il est important de noter que même lorsque la compagnie d'assurances thésaurise une partie des primes, cela n'est pas assimilable à du pillage, car ces primes sont disponibles pour la compensation de destruction de richesse, ce qui n'est pas le cas pour le pillage : cette monnaie réelle stockée fournit un service économique. Elle sert de garantie à la création de richesse future en assurant la permanence de la richesse existante. Dans cette fonction, la compagnie d'assurances joue un rôle très semblable à celui de la Banque Centrale. La différence est qu'elle doit sélectionner les biens à assurer et qu'elle assume les risques qu'elle prend en tant qu'acteur économique par les intérêts qu'elle paye à la Banque Centrale.

La question qui se pose est de déterminer sous quelle forme les primes accumulées doivent être stockées. Il faut à la fois que ce stockage soit rapidement transformable en argent réel et que le risque lié à ce stockage soit très faible.

Le stockage d'une partie de ces primes sous forme d'argent réel est nécessaire pour assurer les premières compensations quand la richesse est détruite. Mais cette forme de stockage est rongée par l'inflation, même quand celle-ci est très faible.

Une autre forme de stockage est l'or. En effet, en l'absence de destruction de richesse et en présence de croissance économique, le prix de l'or baisse, mais dans ces périodes il n'y a pas ou peu de compensation de perte de richesse à payer : donc, l'or peut continuer à être stocké et de plus, il est bon marché. Inversement, en période d'événements de grandes amplitudes où les destructions de richesses s'accumulent, le risque économique devient très élevé et le prix de l'or augmente. Par ailleurs, l'or peut être transformé en monnaie réelle instantanément. Donc le stockage des primes sous forme d'or est bien adapté à l'assurance.

De même sur le long terme, l'immobilier, s'il est réparti dans des zones géographiques distinctes, s'avère un placement adéquat. Il est moins liquide que l'or, mais il permet, par la location des biens immobiliers, d'accumuler des gains financiers qui dépassent l'inflation. Par ailleurs, en fournissant un flux financier régulier au marché immobilier et surtout sur de longues périodes, il permet des projets de constructions et d'urbanisme qui, globalement, améliorent la stabilité sociale et les conditions de fonctionnement de la création de richesses.

En conséquence, pour éviter la tentation de l'usage spéculatif de la réserve de remboursement tout en utilisant le fonds pour la machine capitaliste, il faut orienter ces fonds vers des investissements stables et à long terme : la pierre et la réserve d'or. L'orientation favorable à ces formes de stockage s'obtient par la régulation des assurances et une taxation spécifique pour les compagnies d'assurance. On constate ici que la régulation par les taxes n'entrave pas la machine capitaliste, mais au contraire améliore son fonctionnement.

Il existe deux autres systèmes assimilés à l'assurance, mais dont la base statistique est différente : le système de pensions et l'assurance-maladie.

La pension de retraite est une assurance dont la distribution statistique associée est Gaussienne : on connaît la durée de vie moyenne et les fluctuations autour de cette moyenne. Mais, particularité importante, les corrélations dans les dates de décès dus par exemple à une grippe plus meurtrière une certaine année, ont comme effet de baisser les coûts et non de les augmenter. Cette dernière caractéristique permet de gérer le financement des pensions comme une assurance à faible risque.

L'accumulation de primes sur une longue période permet l'allocation de ressources après la fin de la vie professionnelle. Et tout comme dans le cas de l'assurance, les primes doivent être stockées de façon sûre et être transformables en argent réel facilement. Ce qui rend ce stockage moins risqué, c'est qu'il n'existe pas d'événement de grande amplitude qui nécessiterait une indemnisation rapide d'une grande somme d'argent réel : les événements statistiques de grande amplitude font baisser le coût du système de pension. Ce système ne peut fonctionner que si l'âge de départ à la retraite est suffisamment élevé pour que les primes accumulées couvrent la durée de vie moyenne après ce départ. Donc quand la durée de vie augmente, l'âge de départ à la retraite devrait aussi augmenter. Comme l'augmentation de la durée de vie dépend beaucoup du type d'activité professionnelle, l'âge de départ devrait être ajusté en conséquence.

Cependant, il y a un risque résiduel qui impose que les pensions ne soient pas exclusivement financées par les cotisations. Ce risque est le chômage, période durant laquelle les citoyens ne peuvent pas cotiser. C'est la raison pour laquelle un système de pensions est lié à la solidarité intergénérationnelle dans la société et un système de contribution par répartition doit compléter les cotisations qui forment le socle du système. De plus, la solidarité intergénérationnelle fait partie du contrat social de toute société en paix. On connaît peu de sociétés qui abandonnent leurs personnes âgées.

Le dernier grand système d'assurance présent dans les démocraties continentales ouest-européennes est l'assurance-maladie. C'est aussi un système associé à une distribution statistique Gaussienne qui doit être réajusté en fonction de l'évolution de la durée de vie, mais qui a en plus une caractéristique particulière.

Ces dernières décennies, ce système s'est trouvé en déficit par la durée de traitement des maladies chroniques dont l'apparition augmente avec l'espérance de vie et dont le traitement est financé plus longtemps. Ces maladies sont d'autant moins chères à traiter qu'elles sont détectées et prises en charge tôt. Cette détection est d'autant plus efficace qu'elle s'appuie sur un suivi de la personne tout au long de sa vie ainsi que de son entourage. Le système de santé basé sur des examens réguliers par le médecin de famille est parfaitement adapté à cette tâche.

L'intervention trop précoce des spécialistes conduit à une mauvaise médecine et à un accroissement des coûts. L'exemple est le cas des surdiagnostics de cancers thyroïdiens. En 20 ans, plus de 560 000 personnes ont été opérées pour leur retirer la glande thyroïde dans douze pays[2]. Or, en l'absence de celle-ci, il faut une médicalisation à vie pour compenser l'absence de cette glande, dont l'absence provoque en plus des symptômes

2. « Le Monde », 24 août 2016, « New England Journal of Medicine », 18 août 2016.

invalidants. Enfin, la médicalisation à vie de personnes souvent jeunes a un coût astronomique pour les assurances. En fait, les spécialistes ont bien fait leur travail et, avec les moyens modernes, ils ont identifié des petites tumeurs bénignes qui ne provoquent ni cancer ni symptôme, mais qui nécessitent un suivi régulier pour vérifier qu'elles n'évoluent pas. Or, ce suivi peut être fait par un médecin généraliste sans appareillage coûteux, car il s'agit alors d'observer une tumeur qui commence à grossir, et surtout un suivi qui s'appuie sur l'environnement familial et professionnel (autres cas dans la famille, contact avec des produits cancérigènes, etc.). Non seulement on n'impose pas une opération invalidante et coûteuse, mais en plus, on peut anticiper le traitement et l'adapter au mieux sur le long terme. La raison pour laquelle les spécialistes font opérer est double. D'une part, la seule vision du patient qu'ils ont est ponctuelle et focalisée sur leur spécialité. D'autre part, si en ayant détecté une tumeur même bénigne, mais dont ils ne peuvent pas prendre en charge le suivi au long terme, cette tumeur se transforme en cancer, alors ils risquent des poursuites judiciaires. Structurellement, cette organisation sans médecin généraliste au long cours conduit à des opérations invalidantes et coûteuses.

En fait, la médecine générale, vue sous l'angle de la prévention des maladies chroniques et leur prise en charge anticipée, devrait être considérée comme une spécialité et traitée comme telle à la fois dans le cursus des études médicales et dans la rémunération des médecins.

Mais c'est le contraire qui a été fait. La gestion des économies à court terme a conduit à dévaloriser la médecine générale à la fois dans le cursus des études médicales et dans la rémunération. Le résultat est un manque de médecins de famille qui suivent les personnes sur le long cours avec une statistique familiale, la multiplication des spécialistes que l'on va consulter quand la maladie chronique est bien installée, ainsi que la multitude d'examens inutiles prescrits par des médecins trop spécialisés ou n'ayant pas un suivi suffisamment long de la personne pour restreindre le nombre d'examens nécessaires. Tant que la gestion ne sera pas inversée, ce système est voué au déficit croissant. Cependant, en supposant un retour au bon sens, ce système peut être financé sur les mêmes bases que les pensions en inversant les rôles : le socle est basé sur la solidarité sociale et le complément sur les cotisations[3].

3. Pour une introduction concrète voir O. Rosowsky, J. Andral, J. Citée, *Le Management des Troubles de Santé en Médecine de Ville*, 2002, Rapport d'une étude menée à la demande de l'Union Régionale des Médecins Libéraux d'Iles de France, et publié avec le soutien de G. de Pourvouville, GREGAS U 537 INSERM, http ://www.sfmg.org/data/generateur/generateur_fiche/963/

Que ce soit pour l'assurance générique, le système de pensions, ou l'assurance-maladie, le circuit financier de l'assurance draine des capitaux très importants, mais il ne crée pas de richesse ni ne crée de monnaie réelle associé à cette richesse (figures 5.1 et 5.2).

Il peut cependant être détourné en le transformant en produit dérivé : c'est l'objet du CDS, « Credit Default Swap ». Les CDS vont permettre de *pseudo-garantir* les positions risquées liées aux produits dérivés. Les CDS ne concernent pas le système de pension ni l'assurance-maladie mais les contrats d'assurance liés aux investissements, en particulier sur le marché des options.

4

Le pillage du circuit financier de l'assurance

Le CDS est le couteau suisse du pillage du système bancaire mondial. C'est un contrat par lequel un acteur s'engage à rembourser un crédit à la place de l'emprunteur si celui-ci fait défaut.

Traditionnellement, il existait des assurances pour les contrats de crédit. Par exemple, quand un particulier empruntait à sa banque pour acheter son logement, il contractait un contrat d'assurance « classique » pour continuer à payer le remboursement au cas où il aurait été victime d'un accident qui le prive de ses revenus. La compagnie d'assurances qui percevait les primes était soumise aux lois et règles financières des assurances concernant l'accumulation d'un capital suffisant pour faire face à ses obligations d'indemnisation. Le détournement de ce système consiste à remplacer une assurance classique par un contrat CDS.

À la différence des contrats d'assurance, les CDS sont des produits dérivés presque complètement dérégulés. Pour distinguer le « service offert » par le CDS de celui offert par le contrat d'assurance, nous parlerons de *garantie* quand il s'agit d'un CDS et jamais *d'assurance.* Les CDS permettent de créer un faux circuit financier d'assurance destiné à faussement garantir des crédits qui ne sont pas couverts par de l'argent réel.

Les banques commerciales se sont jetées sur cette opportunité. Pour des crédits risqués, comme ceux destinés à des investissements sur le marché des options, les banques commerciales ont acheté des CDS. Elles ont payé une prime présentée comme l'équivalent de la prime d'assurance.

---

fichier_rapporturml_o_rosowsky_scene_de_dangerb0103.pdf

Mais le CDS est un contrat soumis à la règle du « counterparty risk ». Si le vendeur du CDS, qui « garantit » un crédit contre un défaut, fait lui-même défaut, alors l'acheteur du CDS ne reçoit aucune compensation et n'a aucun recours. En apparence, cette règle devrait conduire les banques commerciales à éviter les CDS, mais il y a une astuce.

Si le vendeur du CDS, par exemple une banque, fait faillite, tous les crédits couverts par les CDS de cette banque perdent leur couverture : on a alors simultanément un grand nombre de crédits sans couverture. En d'autres termes, si une banque commerciale vend des CDS sur des crédits très risqués à de nombreuses autres banques et sur une fraction importante de la monnaie scripturale en circulation, alors sa propre faillite entraîne la cessation de couverture de tous ces risques simultanément. C'est là que l'État puis la Banque Centrale sont obligés de sauver la banque commerciale qui a vendu les CDS. Sinon le défaut de celle-ci entraînerait une quantité de monnaie scripturale sans couverture et casserait la machine capitaliste.

C'est ce qui s'est passé en 2008 quand l'État avec l'appui de la FED a été obligé de sauver « l'assureur » AIG (180 milliards de dollars injectés par un gouvernement néo-libéral) et la banque commerciale Bear-Sterns. Par contre Lehman Brothers a fait faillite et a provoqué une chute des cours. AIG couvrait avec des CDS des investissements risqués des grandes banques commerciales, donc celles-ci ont fait jouer les CDS. Mais AIG étant en incapacité de payer, elles ont demandé à l'État de payer l'intégralité de la couverture. Malgré l'effondrement de tout le système, ces banques ont profité de la situation. Au lieu d'accepter un remboursement partiel, elles ont demandé à l'État de payer l'intégralité, tout en sachant que l'État n'avait pas cet argent. Donc, l'État a emprunté à ces mêmes banques pour leurs payer les compensations liées aux CDS que celles-ci avaient achetés à AIG, lequel était sauvé par l'État ! Et pour cet emprunt l'État devait payer en plus un intérêt. C'est un pillage total !

Résumons. L'État emprunte aux banques et rembourse ces mêmes banques avec cet argent. Cet argent ne quitte pas les banques. Par contre, l'État paye aux banques à la fois un intérêt sur l'emprunt et les compensations liées au CDS. Or il agit ainsi pour sauver ces mêmes banques !

En fait, l'État aurait pu se défendre et rendre la crise moins grave. Les CDS bénéficient du « counterparty risk ». Si l'État avait laissé AIG faire faillite tout en annonçant qu'il allait partiellement couvrir les dettes, les banques n'auraient pas eu d'autre choix que d'accepter de prendre à leur charge une partie des pertes : dans le cas contraire, elles perdaient tout, car AIG en faillite ne leur devait plus rien.

Alors pourquoi l'État a-t-il accepté d'être pillé ? Parce que le ministre des Finances des USA, le secrétaire au trésor Hank Paulson, est l'ancien directeur de la plus grande de ces banques qui pratiquent le pillage, Goldman Sachs. Quant au Président Georges W. Bush, sa foi religieuse le portait à croire que le néo-libéralisme est une création de Dieu et il a fait tout ce que Goldman Sachs lui disait de faire sans discuter. Il a été copié par tous les dirigeants des pays riches, car tous étaient sous l'emprise aveugle du néo-libéralisme.

Au total, les pays de l'Union européenne ont fourni 4 500 milliards d'aide aux banques commerciales, sans les faire participer au sauvetage. Tout comme aux USA, les banques européennes n'ont pensé qu'à profiter de la situation en ruinant l'économie des pays de l'Union.

Une fois l'État ruiné, c'est la Banque Centrale qui doit intervenir et annoncer qu'elle injectera autant de monnaie que nécessaire, c'est-à-dire de la fausse monnaie. Ensuite, pour éponger cette monnaie, c'est aux États de faire payer les contribuables et les entreprises, quitte à ruiner l'économie. Cette monnaie retourne alors dans la Banque Centrale qui petit à petit efface la fausse monnaie. Mais au passage le pillage continue : l'argent emprunté par l'État aux banques commerciales est rendu avec un intérêt plus grand que l'intérêt qu'ont payé ces mêmes banques quand elles ont emprunté ce même argent à la Banque Centrale. Ainsi, dans le circuit de retour de la fausse monnaie à la Banque Centrale où elle est effacée, le contribuable, au travers de l'État, paye les banques commerciales. Au total, si malgré la ponction par le pillage l'économie crée de la richesse, la Banque Centrale peut créer de la monnaie ou rendre réelle une partie de la fausse monnaie émise. Mais si l'économie n'arrive pas à compenser le pillage, alors tout le risque est pour la Banque Centrale.

Le jeu consiste pour les banques commerciales à vendre et acheter un maximum de CDS de façon à faire partie d'un réseau croisé de CDS, trop gros pour faire faillite sans entraîner la faillite de tout le système financier. Ce système permet de transférer tout le risque vers la Banque Centrale. N'ayant plus à assumer leurs propres risques, les banques commerciales ont eu intérêt à prendre des positions risquées sur le marché des options avec des bénéfices plus élevés : l'optimisation du portefeuille consiste alors à maximiser les risques. Il ne s'agit plus d'investir dans des projets industriels à moyen et long terme : la banque commerciale cesse de jouer son rôle de sélectionneur de projets, et ces derniers cessent d'être financés. Les entreprises qui créent réellement de la richesse se trouvent dans une pénurie de financement.

Le transfert de risque de la banque commerciale, qui encaisse les bénéfices liés aux crédits risqués, vers la Banque Centrale, est la caractéristique du pillage. Mais cette fois le pillage s'attaque aux fondations de la machine capitaliste : la Banque Centrale.

Il est important de noter ici le lien entre le circuit financier des banques commerciales et le circuit financier des assurances vis-à-vis de la Banque Centrale. Chacun des circuits mobilise une partie de la monnaie réelle émise par la Banque Centrale. Comme l'argent réel représente la richesse réelle à un moment donné, le rôle de l'assurance est de garantir que la portion de cette richesse, utilisée pour créer de la richesse future, soit constante malgré les aléas, y compris les catastrophes naturelles.

Juste avant une telle catastrophe, la richesse réelle est représentée par la monnaie émise par la Banque Centrale, mais juste après, la richesse réelle est plus petite alors que la quantité de monnaie réelle est la même.

C'est à ce moment qu'intervient l'assurance pour remplacer la richesse détruite et éviter le chaos. Durant la reconstruction, la Banque Centrale peut diminuer en douceur la monnaie réelle en circulation de façon à ce que celle-ci représente à nouveau la richesse réelle. Cette politique légèrement restrictive de la Banque Centrale compense l'afflux d'argent qui est déstocké par les assurances et mis au service de la reconstruction.

Le point faible de ce système est que la monnaie réelle stockée par le circuit financier de l'assurance est très importante et son stockage est délicat. On a vu plus haut que l'or et la pierre sont des bons moyens de stockage. Mais d'une part, à des risques faibles correspondent des rendements faibles, et d'autre part, ce sont des investissements à long terme. Un peu comme les réserves de grains et les richesses accumulées par les premières cités, ces deux caractéristiques en font la cible privilégiée du pillage. Le problème est qu'en dernier ressort, c'est la Banque Centrale qui est victime de ce pillage, car en cas d'événements destructeur de grande richesse, si les assurances ne peuvent pas jouer leur rôle, c'est la Banque Centrale qui doit émettre de la monnaie réelle... pour une richesse qui n'existe pas, bref de la fausse monnaie.

C'est ce qui s'est passé en 2008. La seule façon d'éviter la destruction par le pillage de l'outil capitaliste lui-même, c'est une régulation qui protège le circuit financier de l'assurance du pillage par les banques commerciales.

De façon générale, toutes les formes de pillage qui s'attaquent à l'outil capitaliste lui-même agissent à l'interface entre les deux circuits financiers de la machine capitaliste : celui de la banque commerciale et celui de l'assurance. Leur conséquence est de forcer la Banque Centrale à émettre en grande quantité de la fausse monnaie, c'est-à-dire de la monnaie qui ne correspond pas à une richesse réelle, mais de la monnaie qui correspond à la richesse réelle pillée et stérilisée par la thésaurisation.

Suite à l'écroulement des banques commerciales en 2008, pour éviter le chaos de 1929, les Banques Centrales ont été obligées d'injecter des quantités très importantes de monnaie, sans lien avec la création de richesse réelle.

Par ailleurs, les CDS ne sont pas achetés et vendus sur un marché ouvert et transparent, mais de gré à gré, sur ce qu'on appelle abusivement le « marché » OTC (Over The Counter). Donc l'acheteur de gré à gré ne connaît pas l'exposition aux risques de la banque qui vend le CDS. Et ce, jusqu'au moment où la banque commerciale fait jouer le chantage du « to big to fail » pour être sauvée par l'argent du contribuable, l'exposition aux risques est inconnue, même de la Banque Centrale. C'est la « surprise du chef » !

Enfin, les CDS peuvent être transformés en outil de pari et de manipulation des cours, en achetant et vendant des CDS sur des obligations émises par une entreprise, sans posséder pour autant des obligations de cette entreprise. Dans ce cas, le CDS ne couvre aucun risque, il est juste un pari : si l'entreprise fait défaut sur ses obligations, on touche la prime comme si on était possesseurs de ces obligations. Mais on n'a pas fourni à l'entreprise de capitaux sous forme d'achat d'obligations : les CDS sont justes un élément amplificateur des fluctuations du cours des obligations. Les CDS rendent la gestion des finances de l'entreprise par l'émission d'obligations très dangereuse, sans pour autant que l'entreprise soit en difficulté.

On peut utiliser cette technique pour faire baisser artificiellement le cour d'une entreprise. Il suffit d'acheter beaucoup de CDS sur des obligations émises par cette entreprise et de le faire savoir. Sachant que beaucoup de CDS ont été achetés, les investisseurs sont conduits à penser que cette entreprise a des difficultés financières et le cours de celle-ci baisse. On peut alors racheter à bas coûts des actions de cette entreprise, puis laisser le temps au marché pour qu'il soit clair que l'entreprise n'a pas de risque de défaut et revendre les CDS avec un cours supérieur à celui d'achat. Au total, l'opération aura permis un gain sur les CDS et un rachat à bas prix d'actions de l'entreprise visée.

La caractéristique la plus destructrice des CDS apparaît quand ceux-ci sont utilisés pour « garantir » un crédit qui sert à acheter un produit dérivé.

Les produits dérivés sont des outils qui doivent assurer la fluidité des échanges, par exemple en garantissant contre les risques de change. Comme tout outil du capitalisme, ces outils fonctionnent si chaque acteur assume les risques associés aux gains.

À l'inverse de l'assurance qui couvre un risque dont l'occurrence est *imprévisible et rare* comme une tornade, un produit dérivé est un contrat qui fait le pari, c'est-à-dire la *prévision*, qu'une variation d'un cours va avoir lieu avant une date fixée et avec une ampleur donnée. Par exemple, après avoir analysé les situations économiques respectives, un investisseur peut être convaincu que pendant les six prochains mois le cours du dollar par rapport à l'euro sera stable et aura des variations inférieures à 10%. Il propose alors à un importateur européen de produits américains payables dans les six mois, un contrat par lequel celui-ci recevrait une compensation financière si le cours du dollars augmentait de plus de 10%. En échange, l'importateur paye une prime à l'investisseur.

Cela ressemble à une assurance puisque l'importateur n'a plus à se soucier des variations du dollar supérieures à 10%, mais ce n'en est pas une. En effet, alors que le risque couvert par l'assurance se réalise de façon rare et imprévisible, le résultat du contrat de garantie de cours a toujours 50% de gagnants et 50% de perdants. L'assurance fonctionne parce que les risques ne sont pas corrélés dans le temps tandis que quels que soient les gagnants et les perdants dans le contrat de produit dérivé, ils le seront tous *simultanément* : si le cours du dollar varie de plus de 10%, tous les investisseurs dans des contrats semblables seront perdants au même moment. La corrélation est totale.

Les produits dérivés suivent les mêmes distributions de risque que les entreprises, mais contrairement aux assurances, à l'échéance tous les contrats sont corrélés en temps.

Comme on l'a vu précédemment, l'assurance peut couvrir des risques dont les distributions sont Lévy-stables non Gaussiennes avec des fluctuations infinies, mais seulement à la condition d'utiliser les événements de faibles amplitudes pour compenser les événements rares et destructeurs. Cela suppose qu'on ne spécule pas sur les primes accumulées sur les faibles amplitudes, bref, qu'on utilise une assurance et pas un CDS. Or comme les produits dérivés sont corrélées en temps et que leurs cours suivent des distributions Lévy-stables non Gaussiennes[4], l'utilisation d'un CDS est la garantie de destruction de richesse.

Contrairement aux assurances, il n'y a pas dans le CDS de mécanisme de compensation statistique entre les risques. Par contre, il y a un mécanisme de multiplication du risque. À l'inverse, les options « Call » et « Put », si elles ne sont pas financées par du crédit, sont un moyen efficace de compensation statistique du risque.

En effet, alors qu'un bien ne peut être assuré qu'une seule fois par un contrat d'assurance, il peut être « garanti » de multiples fois par des CDS. Concrètement, un propriétaire assure sa maison auprès d'une assurance : il ne peut pas l'assurer en parallèle auprès d'une autre assurance, car dans ce cas si sa maison est détruite, il recevrait deux fois sa valeur. Ce serait une incitation à la détruire et à escroquer les assurances. C'est à cela que sert la régulation des assurances qui, contrairement aux CDS, offrent un réel service et essayent de penser à tous les cas.

Mais les CDS eux sont dérégulés. Ainsi, même si le propriétaire de la maison ne le sait pas, 50 personnes peuvent acheter 50 CDS pour « garantir » sa maison. Si la maison est détruite, le coût de la compensation n'est plus la valeur de la maison, mais 50 fois cette valeur ! Certes, comme le propriétaire ne le sait pas, il y a peu de risque qu'il détruise lui-même sa maison, par contre il y a maintenant 50 personnes qui peuvent être tentées. Si une d'entre elle est malhonnête, le propriétaire voit sa maison détruite. Les CDS ont créé un risque artificiel.

L'exemple de la maison est arbitraire, mais il permet de comprendre le mécanisme. En pratique, ce n'est pas la garantie contre la destruction de la maison qui est utilisée, mais la garantie contre le défaut d'un produit dérivé. Ainsi, un produit dérivé qui est risqué en soi, n'engendre plus la perte de sa valeur nominale en cas de défaut, mais 50, 100, 1000 fois cette valeur. Si le CDS est traité comme une assurance, cela revient à faire croître le multiplicateur (w) sans limite et l'équation (5.5) montre alors que la faillite est inévitable. Le CDS contient de façon structurelle la faillite. Il est programmé pour provoquer la faillite, mais avec une amplification des gains et des pertes et la possibilité de faire assumer cette faillite à quelqu'un d'autre que le bénéficiaire des gains.

4. Benoît Mandelbrot, *Fractales, hasard et finance*, 2009 et Benoît Mandelbrot, *Une approche fractale des marchés, risquer, perdre, gagner*, 2005, traduit de *The (Miss) Behavior of Markets. A Fractal View of Risk, Ruin and Reward.*, 2004.

Alors que la machine capitaliste est basée sur le principe de l'unicité de la personne qui prend le risque, qui bénéficie des gains liés à ce risque et qui assume la compensation financière le cas échéant, avec les CDS les gains sont découplés de la compensation. La machine capitaliste est remplacée par le jeu des chaises musicales : chacun se débarrasse du risque sur autrui, en prenant au passage une commission. Et comme on peut faire cette opération autant de fois que l'on veut sur le même risque, on démultiplie celui-ci.

Ainsi, l'apparence d'une assurance permet de transformer l'achat de produits dérivés, qui est par nature une opération très risquée, en opération dont le risque est transféré à un tiers. À condition que ces achats de produits dérivés soient très importants, quand le risque se réalise, du fait de la corrélation en temps des produits dérivés la chaîne de CDS s'écroule et la banque commerciale avec elle. Grâce au « to big to fail », c'est la Banque Centrale qui assume les coûts. Bref, tant que le système ne s'écroule pas, l'intérêt des dirigeants de la banque commerciale est d'accumuler un maximum de risques, d'encaisser les primes correspondantes et de les distribuer aux super-managers.

Le CDS se transforme en propagateur de risque lors de crash boursier. La non-compensation statistique des risques sur les CDS de produits dérivés conduit au défaut en chaîne des CDS lors d'une chute brutale de la bourse, et ce défaut conduit au défaut en chaîne des crédits émis par les banques commerciales. Pour éviter le défaut des banques commerciales elles-mêmes, c'est la Banque Centrale qui doit intervenir en injectant de la monnaie qui ne correspond à aucune richesse réelle et ce, au moment même où la richesse réelle a diminué du fait des faillites liées aux retrait brutal des investisseurs. La Banque Centrale émet une monnaie qui ne représente plus la richesse réelle : la machine capitaliste est cassée.

Pour empirer la situation, les CDS eux-mêmes peuvent être achetés à crédit.

La combinaison du crédit qui sert à faire crédit avec les produits dérivés conduit à l'écroulement du système.

Dans le cas des LBO non régulés, on avait créé une chaîne de faillites d'entreprises corrélées ; ici, c'est une chaîne de faillites corrélées de l'ensemble des banques commerciales qui est mise en place. C'est ce qui s'est passé en 2008 et qui se passera à nouveau de façon récurrente et amplifiée en l'absence de régulation qui empêche tous les faux contrats d'assurance comme les CDS.

Il suffirait d'inscrire dans la loi que seuls les contrats signés avec une compagnie d'assurances enregistrée et agissant dans le cadre de la régulation ont une valeur légale. Tout autre contrat par lequel un crédit est garanti, serait considéré comme nul et non avenu. De plus, l'acheteur de la fausse garantie serait considéré comme ayant fait un don au vendeur : ce dernier ne serait à aucun moment tenu de payer une indemnité quels que soient les termes du contrat.

Dans le cas de la crise de 2008 comme dans celle de 1929, dans les années qui ont précédé les banques ont cessé de jouer leur rôle dans la machine capitaliste, à savoir sélectionner des projets de création de richesse réelle et émettre de la monnaie scripturale couverte par de la monnaie réelle.

Elles se sont spécialisées dans les méthodes de contournement de la limite du levier imposé par les Banques Centrales pour émettre des crédits sans limite, finançant tout et n'importe quoi, y compris des projets virtuels. La caractéristique de ces crédits non couverts est le gain à très court terme. Les projets de création de richesse réelle, qui eux sont à moyen et long terme, n'ont plus trouvé de financement.

4.1 La complicité des agences de notation

Une variante particulièrement retorse a été mise au point par Goldman Sachs. Elle consiste à regrouper des prêts immobiliers presque certains de faire défaut avec d'autres investissements, et d'argumenter que la « répartition des risques » rend l'investissement sûr, de façon à obtenir la note AAA. Les agences de notation ne sont pas dupes, mais elles sont complices du pillage. Ensuite, Goldman Sachs vend ces investissements regroupés en CDO, dont elle sait qu'ils vont faire défaut, en trompant ses propres clients avec la notation AAA abusive. Finalement, pour transformer le CDO qui va faire défaut, en bénéfices, il suffit à Goldman Sachs de couvrir le CDO en achetant un CDS à AIG. Au total, la banque Goldman Sachs a créé un risque artificiel qu'elle a caché dans un CDO. Puis, avec la complicité des agences de notations, elle a trompé ses propres clients pour leur vendre ces produits : première source de bénéfices. Ensuite, comme elle a construit ces produits pour qu'ils fassent défaut, elle a acheté une garantie auprès de AIG. Dès que le CDO fait défaut, Goldman Sachs fait jouer la garantie : deuxième source de bénéfice. La dérégulation permet à Goldman Sachs de jouer contre ses clients. Tout se passe comme si un médecin vendait du poison à un patient et achetait une assurance-vie basée sur la santé de ce patient destiné à mourir, assurance vie à son profit, pas au profit des héritiers du patient. Celui-ci a comme seule fonction de servir de base à l'assurance-vie et ensuite de mourir. S'il y a beaucoup de patients, l'État doit financer les soins pour essayer de les sauver. Dans le cas de la monnaie, c'est d'abord l'État, puis en dernier ressort la Banque Centrale qui doivent intervenir.

Par exemple, le 16 mars 2008 la banque Bear Stearns fait défaut et est rachetée en catastrophe par JP Morgan avec une garantie de 30 milliards de dollars de la FED. C'est en fait la Banque Centrale, la FED, qui assume le risque, mais le bénéfice futur sera pour JP Morgan. Au moment de leur faillite Bear Stearns et Lehman Brothers étaient, toutes les deux, notées A2, et AIG était notée AA par l'agence Moody. Les autres agences avaient des notations comparables. Or, ces agences savaient que ces notes étaient abusives, car pour donner une note, elles examinent les contrats passés par ces banques et par ces assurances. Donc, les agences de notation étaient complices, mais la dérégulation ne permet pas de les poursuivre pour avoir trompé les investisseurs et vendu non pas une expertise, mais une note avantageuse.

Le problème structurel des agences de notations est le suivant. Quand une banque introduit un produit financier, elle a besoin d'une bonne note pour le vendre à ses clients, les investisseurs. Si une agence de notation ne lui fournit pas une note suffisante, la banque lui achètera moins d'évaluations dans le futur. En conséquence, l'agence de notation, pour garder ses clients, cherche tous les moyens légaux pour diminuer le risque visible du produit. La source du problème est que les clients de l'agence de notation devraient être les investisseurs qui vont acheter le produit financier, et non les banques qui vendent ce produit : c'est une situation de conflit d'intérêts.

Ce qui aggrave la situation est que la régulation a été détournée pour créer un oligopole bien verrouillé au service du pillage. En effet, les fonds de pension ne peuvent investir que dans des produits bien notés par des agences agrées, et ces agences forment l'oligopole. Pour empêcher la concurrence capitaliste, une régulation fixe les critères pour que la SEC[5] donne l'agrément et reconnaisse une agence comme « agence de notation ». Et les tenants de la révolution thatcherienne, souvent des anciens des grandes banques d'investissement, sont à la tête de la SEC. Résultat, tous les prétextes sont bons pour empêcher de nouvelles agences d'avoir l'agrément. Par exemple, une des règles stipule que l'agence candidate doit présenter à la SEC dix lettres de fonds de placements, lesquels ont fait appel à elle pour une évaluation : l'agence « R&R Consulting » de New York s'est vu refuser une lettre, car celle-ci émanait d'un fonds de

5. U.S. Securities and Exchange Commission.

placement allemand[6]. Quand il s'agit de permettre à des fonds allemands d'investir dans les produits financiers de Wall Street, pas de problème, mais quand ces mêmes fonds écrivent une lettre de référence, celle-ci est jugée non-recevable. Quand il s'agit de déréguler les marchés financiers pas de problème, mais quand il s'agit d'ouvrir les agences de notation à la concurrence, alors là pas question !

Il y a pire. Suite au crash de 2008, le Dod-Franck Act, voté en 2010, devait ouvrir le marché des agences de notation à la concurrence et contrôler le bien-fondé de leurs notations. Cette loi, dictée par l'équipe d'Alan Greenspan et les banques de Wall Street, est un leurre créé pour éviter une vraie régulation. En 2015, suivant cette loi, la SEC a évalué les agences de notation, et voilà ce que l'on trouve dans le rapport[7] :

« On numerous occasions, two larger NRSROs and one smaller NRSRO failed to adhere to their ratings policies and procedures, methodologies, or criteria, or to properly apply quantitative models. », « one larger NRSRO did not code the quantitative model used for an initial rating of a structured finance transaction in a manner that reflected the actual terms of the transaction ».

Et ce qui suit dans le rapport est du même cru. En mots simples, cela signifie que les notations sont faites de façon à obtenir le résultat souhaité par la banque qui vend le produit financier évalué. Pourtant, aucune de ces agences de notation n'a perdu son agrément et aucune nouvelle agence n'a été agrée.

Dans la section « Économie Politique pour un monde multipolaire stable » on verra que l'introduction de taux d'intérêt différenciés pour les prêts de la Banque Centrale aux banques commerciales induit une notation des banques par la Banque Centrale. Cette évaluation des banques y sera explicitée. Par contre, la Banque Centrale ne doit pas se mêler de l'estimation des risques pris par les entreprises : la machine capitaliste marche parce que le risque est financé en deux étapes, la première qui va de la Banque Centrale vers les banques commerciales, et la deuxième des banques commerciales vers les entreprises.

Reste le problème de la notation des entreprises, et surtout celui des produits financiers qui combinent plusieurs entreprises et domaines d'activités. Ce sont ces produits qui sont utilisés en priorité dans le pillage.

---

6. Ingo Malcher, Brand Eins, *In lotta contro i Titani*, « Internazionale », 6 mai 2016, pp.78,79,80.

7. 2015 SUMMARY REPORT OF COMMISSION STAFF'S EXAMINATIONS OF EACH NATIONALLY RECOGNIZED STATISTICAL RATING ORGANIZATION, pp. 11,12,13.

La solution est d'évaluer les risques de ces produits, en évaluant les entreprises qui les composent, une à une, et en y adjoignant le risque corrélé. C'est ce que fait le cabinet conseil R&R Consulting en analysant les investissements de chaque composante. Cette méthode a l'avantage de cadrer l'évaluation basée sur l'intuition d'un spécialiste : celui-ci doit alors se positionner par rapport au risque mathématique mesuré, quitte à remettre en cause cette mesure, mais il ne peut utiliser le prétexte de l'intuition pour tromper l'investisseur, lequel a ces chiffres sous les yeux. La créativité pour faire ces mesures est un domaine qui ne pourra se développer sans casser l'oligopole et recréer une compétition capitaliste, en supprimant l'agrément de la SEC qui a été détourné de son objet.

En traînant les agences de notations en justice, cette méthode, appliquée par le cabinet R&R Consulting, a permis au fonds de pension des employés publics de Californie de récupérer 130 millions de dollars de l'agence Moody, et 125 millions de dollars de Standard & Poor. Ces agences de notations avaient noté « de façon avantageuse » des produits financiers vendus au fonds de pension, se rendant ainsi complices du pillage des économies des employés. Pour éviter un jugement, les agences ont accepté de payer. Si la méthode rigoureuse de décomposition d'un produit financier pour en étudier chaque partie avait pu être mise en défaut, elles n'auraient pas payé[8].

Dans la section « Économie Politique pour un monde multipolaire stable » on verra que l'évaluation des banques par la Banque Centrale ne concerne pas le niveau de risque que prennent les banques, mais le niveau de transfert de risque que ces banques propagent. Or, le transfert de risque, qui est la caractéristique du pillage, se fait au détriment des investisseurs, c'est-à-dire au détriment des clients de ces banques. On voit alors que la publication par la Banque Centrale de l'évaluation de chacune des banques commerciales est de facto une évaluation du risque qu'un investisseur prend en s'adressant à une banque particulière. En combinant l'évaluation technique d'un produit particulier proposé par une banque et l'évaluation de la banque elle-même, l'investisseur pourra échapper au pillage dont il est l'objet par les banques d'investissement.

Cette affaire montre aussi que tant qu'il y a un oligopole des agences de notations, celles-ci seront au service du pillage par les banques commerciales au lieu d'être au service des investisseurs. L'oligopole des agences

8. Les banques d'investissement Cheyenne Finance, Stanfield Victoria et Sigma Finance ont vendu des produits dérivés risqués au fonds de pension des employés publics de Californie. Mais le risque était caché par les notes avantageuses données par Standard & Poor's et Moody, notes qui ont permis de piller le fonds de pension.

de notation aux USA est formé de :

- Standard & Poor
- Moody's
- Fitch
- Dbrs
- Kbra
- Ejr
- A.M.Best
- Morningstar
- Jcr
- Hr Ratings

Par ailleurs, en participant au pillage, ces agences de notation faussent le rapport entre la Banque Centrale et les banques commerciales : elles permettent à ces dernières de transférer leur risque propre sur la Banque Centrale.

On voit ici un point important qui sera repris plus loin : les banques commerciales sont les clientes de la Banque Centrale qui leur prête de la monnaie réelle, avec laquelle elles émettent de la monnaie scripturale. Comme tout émetteur de crédit, la Banque Centrale doit connaître la situation financière de ses emprunteurs. Elle ne peut pas laisser la collecte de cette information à une tierce partie, les agences de notation, surtout si celle-ci vit aux dépens de l'emprunteur.

Ce qui aggrave la situation est le conflit d'intérêt permanent qui résulte de la possibilité pour d'anciens banquiers de devenir les gendarmes du marché, c'est-à-dire de leurs anciens collègues à qui ils doivent tout, et avec qui ils ont fraudé avant de rejoindre la SEC. Il n'y a aucune régulation qui interdit à un ancien responsable d'une grande banque de Wall Street de devenir le contrôleur de cette même banque ! On ne peut pas parler de corruption active avec échange de payement contre un service, mais de corruption structurelle : celui ou celle qui va fournir le « service » en neutralisant le gendarme, la SEC, est payé par la carrière qui précède son entrée dans l'agence qui est censée contrôler le marché, la SEC. De plus, même si par miracle il décidait de changer de cap, ses actions passées lui lient les mains dans le dos : s'il agit, la banque peut ressortir des affaires douteuses où il, ou elle, a été acteur. Le mathématicien financier Éric ben Artzi a ainsi dénoncé à la SEC, en suivant scrupuleusement la procédure prévue par la loi, une fraude de la Deutsche Bank. Celle-ci a surévalué de 1.5 milliard de dollars la valeur de ses avoirs sur les produits dérivés comme les CDS. Cette surévaluation lui a permis de contourner le levier, et donc de piller la Banque Centrale. La SEC Compliance qui est chargée de recevoir cette information est alors dirigée par Robert Rice qui a fait carrière à la Deutsche Bank de 2004 à 2013 : il fait pression sur Éric ben Artzi pour qu'il se taise, alors que sa mission est de lancer une enquête. Après enquête, la fonction du SEC Enforcement est de punir les coupables. Mais ce département est dirigé par Robert Khuzami qui a fait carrière à la Deutsche Bank de 2009 à 2013. Robert Rice et Robert Khuzami sont amis depuis vingt ans et tous deux sont entrés à la SEC grâce à leur carrière à la Deutsche Bank. Résultat, la SEC trouve un arrangement à l'amiable avec une amende minime, et surtout les dirigeants de la Deutsche Bank ne sont pas inquiétés. La banque n'a pas donné d'argent à Robert Rice ni à Robert Khuzami une fois ceux-ci infiltrés à la SEC, mais ils servent les intérêts de la banque contre ceux de la SEC : le gendarme du marché est neutralisé, c'est une corruption structurelle qui crée un marché inéquitable, et un marché inéquitable détruit la machine capitaliste. Dégoûté, l'honnête Éric ben Artzi refuse les 8 millions de dollars auxquels il a droit comme lanceur d'alerte et explique son geste dans la presse le 19 août 2016.

Avec une SEC entièrement infiltrée par les grandes banques d'affaires et des agences de notation complices des surévaluations des avoirs pour permettre le contournement du levier, on comprend pourquoi la SEC empêche l'agrément d'agences de notations indépendantes et aux méthodes transparentes. Le marché boursier de Wall Street n'est plus une source de financement de l'économie, mais un marché captif, contrôlé par les méga-banques et au service du pillage. C'est un marché néo-libéral au sens de Milton Friedman et contraire au libéralisme d'Adam Smith et David Ricardo.

4.2 La complicité des élites universitaires

Quant au personnel mis en place par les néo-libéraux à la tête de la Banque Centrale, la FED, on constate que suite au crash, trois des sept gouverneurs avaient fui leur poste avec des excuses diverses dès fin août 2008, abandonnant la FED à la dérive. Ainsi, Frederic Mishkin[9] a donné comme excuse qu'il devait relire un livre pédagogique destiné à ses élèves de l'Université Columbia. Au moment de la pire crise financière de l'histoire, les capitaines quittent le navire amiral. Quant à Columbia University, le fait de récupérer ce professeur en dit long sur la réputation surfaite de cet établissement et sur son absence totale de rigueur intellectuelle et morale. Donner à enseigner l'économie à quelqu'un qui a

9. À ne pas confondre cette personne avec le grand économiste Hyman Minsky.

échoué lamentablement et qui fuit dès qu'il y a une difficulté, n'est pas exactement ce que des étudiants sont en droit d'attendre d'une université. En fait, il s'agit de corruption. De nombreux professeurs d'économie des « meilleures » universités américaines ne vivent pas de leur salaire de professeur, mais de leur salaire de consultant pour les grandes banques commerciales. Et leur carrière universitaire n'est qu'une façade. Ces universités vivent de leur réputation passée, de l'époque où des intellectuels passionnés par leur domaine et attachés à la rigueur scientifique peuplaient ces universités. La révolution thatcherienne a commencé dans les départements d'économie de ces universités, c'est la première partie du système démocratique qu'elle a corrompue [10], et c'est le premier territoire que les défenseurs de la démocratie doivent libérer en y réintroduisant le questionnement, le doute et la contradiction. Au départ, la révolution thatcherienne est une affaire d'universitaires, elle a été pensée par Ayn Rand et lancée par Friedrich Hayek et Milton Friedman. Ce n'est pas une révolution de la finance, c'est une révolution idéologique au même titre que le communisme en son temps, et avec la même orientation : éliminer la démocratie représentative, celle où l'individu, par le débat, acquiert sa propre opinion. La différence avec le communisme est ce que la révolution thatcherienne veut mettre à la place, à savoir un régime libertarien basé sur la démocratie participative, dirigée par des communicants plébiscités dans des assemblées, où la foule manipulée remplace l'individu.

C'est la disparition du sens des mots qui est promue par la révolution thatcherienne. La dérégulation n'est pas seulement la dérégulation financière, c'est aussi et surtout la destruction du langage lui-même, c'est-à-dire de l'outil qui permet d'instituer des limites. C'est l'annonce d'un monde dominé par les communicants, où petit à petit toutes les composantes de la civilisation sont détruites : l'apparition de daesh en 2014 et l'attrait que cette secte a sur des jeunes Européens qui n'ont aucune racine au moyen orient, sont le produit de cette perte du langage (voir la section « La révolution thatcherienne contre le démocratie »). Dans le monde dérégulé et sans limites de la révolution thatcherienne, Stanley O'Neil, qui a mis Merrill Lynch au bord de la faillite, part en septembre 2007 avec un cadeau de 30 millions de dollars en cash et 131 millions en actions. Quelques mois plus tard, Merrill Lynch sera sauvée par les contribuables américains. Pour éviter ce genre de situation, la Suisse par un référendum a voté l'initiative Minder, mais en 2016 aucun autre pays ne l'a suivie.

10. Documentaire Charles H. Ferguson, *Inside Job*, 2010.

Le « Naked CDS » ou NCDS est une généralisation du CDS. Dans un CDS l'acheteur a une dette pour l'achat d'un bien réel (action d'entreprise, matières premières, etc.) et s'il est en faillite, le vendeur du CDS prend sa place pour payer la dette. Dans un NCDS l'acheteur du CDS n'achète aucun bien réel, il parie sur un événement (hausse de prix d'une action, changement politique, etc.) et s'il perd, il doit payer la valeur du pari. Le NCDS se substitue au parieur qui a perdu si celui-ci fait défaut. Le NCDS est un outil de casino sans régulation et où les joueurs sont anonymes. Ce casino permet de jouer sans payer d'impôt et de faire supporter les risques aux Banques Centrales, car si la banque commerciale a vendu beaucoup de CDS et si sa taille rend sa faillite systémique, alors c'est la Banque Centrale qui assure le risque malgré elle.

Tous ces produits, CDS, NCDS, font partie de la famille des produits dérivés dont les transactions sont de gré à gré sans témoin : les « Over The Counter Derivatives » ou OTC Derivatives.

On a vu avec l'exemple de la maison que le CDS correspond à un multiplicateur sans limite, mais cela ne marche que parce que le propriétaire de la maison et son assurance ne savent pas que 50 CDS ont été vendus pour « garantir » la maison. Les CDS et NCDS sont des outils de mise en place d'un marché noir. Non seulement c'est une fausse assurance, mais c'est une fausse assurance qui crée un risque supplémentaire à l'abri d'un marché noir.

Concernant les risques liés à un marché noir, la directrice du CFTC [11] Brooksley Born a alerté le gouvernement Clinton dès le début de la présidence, mais n'a pas été écoutée. Le résultat est la contribution importante de ces contrats dans le crash de 2008 [12]. Ses opposants étaient Alan Greespan, Larry Summers et Robert Rubin, l'ancien chef de Goldman Sachs. Alan Greenspan est un adepte fervent des théories libertariennes de Ayn Rand, laquelle a résumé ses idées dans une interview par « je suis pour une séparation totale du gouvernement et de l'économie ». Pour Alan Greenspan cela signifie qu'il ne doit pas y avoir d'agences de régulation comme la CFTC et pas d'action pour lutter contre la fraude. C'est le marché tout seul qui doit régler ce problème. À cette époque, dans les années '90', le marché des OTC Derivatives pesait 27 000 milliards de dollars.

---

11. Commodity Futures Trading Commision : dépend directement du président des USA. En charge de la lutte contre la fraude sur les marchés des produits dérivés.

12. Documentaire de la chaîne TV internet Frontline, Michael Kirk, Jim Gilmore, Mike Wiser, *The Warning*, 2009,
http ://www.pbs.org/wgbh/pages/frontline/warning/view/

Mais la chute de LTCM (Long Term Capital Management) en 1998 donne raison à Brooksley Born. Les CDS de LTCM correspondent à une couverture de 4/1000 sur des sommes de plus de 1000 milliards de dollars, ce qui signifie que la plupart des acheteurs de ces contrats sont couverts par le même argent réel ! La raison est que le marché étant un marché noir, les acheteurs de CDS ne savent pas que cet achat crée une corrélation du risque contre lequel ils veulent se garantir, corrélation avec les autres risques du marché : au lieu de se protéger, ils payent pour augmenter leur propre risque et ceux de tous les autres acteurs du marché. Or, ces acheteurs sont les banques commerciales de Wall Street qui utilisent ces CDS pour couvrir leurs propres investissements à risque. On a alors à travers LTCM une corrélation totale du risque, c'est-à-dire l'exact contraire d'un contrat d'assurance. Le métier d'une compagnie d'assurances est de limiter la corrélation du risque, alors que le métier de LTCM, avec les CDS, est de corréler le risque : les CDS sont à l'assurance ce que l'anti-matière est à la matière : quand elles se rencontrent, elles s'annihilent. Finalement, c'est le gouvernement qui doit faire pression sur les banques de Wall Street pour qu'elles sauvent LTCM in extremis. À nouveau, tant qu'il y a des bénéfices liés à un risque, les néo-libéraux les collectent en expliquant qu'ils assument les risques. Mais quand les risques se transforment en réalité, c'est le gouvernement qui doit intervenir. Cela est dû à l'absence de transparence qui permet de cacher le risque et les corrélations. Du coup, les acteurs économiques ne peuvent pas anticiper rationnellement le risque qu'ils prennent.

La raison pour laquelle cette fois l'État ne s'est pas laissé faire est que le Président s'appelle Bill Clinton, qui fera payer les banques elles-mêmes. Par contre, « entouré », c'est-à-dire poussé par son secrétaire d'État au trésor Robert Rubin, un ancien de Goldman Sachs, il n'arrêtera pas les CDS malgré l'alerte donnée par Brooksley Born. « Ancien » de Goldman Sachs ne veut rien dire, cette banque est en fait semblable à une secte dont on ne sort jamais. Après cet épisode, Robert Rubin n'a pas fini de piller l'État, il deviendra plus tard le directeur de la banque City Group qu'il intégrera dans un réseau de CDS pour ne plus rien risquer et faire des investissements CDO très rentables mais très risqués. Le résultat sera une faillite que l'État devra à nouveau couvrir avec 100 milliards de dollars pris au contribuable.

Pour être un marché de libre concurrence, un marché doit être transparent : pas de marché noir. Avec le néo-libéralisme, il n'y a pas de vie privée pour le citoyen, mais il y a un marché noir pour la finance. La protection de la vie privée des personnes physiques est nécessaire à la démocratie et à la machine capitaliste, mais la transparence des personnes morales (entreprise, banques, assurances, etc.), elle, est nécessaire pour éviter le pillage.

Au lieu de mettre en place la régulation proposée par Brooksley Born du CFTC, cette dernière a été poussée à la démission et l'agence a été privée de ses moyens d'action. Ainsi, bien qu'ayant eu un aperçu concret de ce qui allait se passer en 2008, l'aveuglement idéologique des néo-libéraux, semblable à celui des communistes en Russie, a conduit au plus grand crash financier de l'histoire. En 2007, le marché des OTC Derivatives atteint la somme de 595 000 milliards de dollars. Et parmi ceux-ci, les CDS sont emboîtés les uns dans les autres, ils forment des chaînes de « garantie », c'est-à-dire un réseau qui crée une corrélation totale du marché boursier : une étincelle, et c'est la réaction en chaîne sans limite[13].

L'étincelle s'appelle Lehman Brothers.

Mais cette fois, les banques de Wall Street ne seront pas forcées par le gouvernement de sauver la banque défaillante comme elles l'avaient fait pour LTCM. Et ce, pour plusieurs raisons, dont la principale est le fanatisme idéologique qui a remplacé le pragmatisme et le bon sens. Les autres facteurs sont de nature sociologique et politique. Sociologique : dans le monde arrogant et élitiste des plus grandes banques d'affaires de Wall Street, Lehman Brothers fait figure de parvenu dans le monde de la banque, parvenu qui s'est hissé dans les années '70' à un niveau réservé à un milieu social très fermé. Donc, laisser couler l'intrus donnerait une bonne leçon aux autres. Politique : Bill Clinton n'est plus au pouvoir, c'est Georges W. Bush qui préside avec le soutien de la droite du parti républicain. Pour lui comme pour ses soutiens libertariens, c'est Dieu qui donne sa richesse à l'Amérique, et celle-ci doit se détourner du gouvernement pour se tourner vers Dieu. Le résultat est le crash de 2008.

Ce n'est pas la seule « réussite » de ces idéologues, le moyen orient est à feu et à sang et le monde fait face à des attaques terroristes sans précédent. Quand on sait qu'en plus, le Président Georges W. Bush est arrivé au pouvoir grâce à une élection douteuse quant au comptage des bulletins de vote dans l'État de Floride, dont son frère Jeb était le gouverneur...

13. En 2016 le marché des OTC Derivatives est environ de 550 000 milliards de dollars. Et en 2016 la Deutsche Bank a accumulé 55 000 milliards d'euros dans le marché des OTC Derivatives, soit 20x le PIB de l'Allemagne et 5x celui de la zone euro. La Deutsche Bank est à l'Europe ce que Goldman Sachs est aux USA : une organisation qui pratique le pillage de l'économie.

Encore. Deux des acteurs de l'équipe d'Alan Greenspan, Larry Summers et son adjoint, sont devenus les conseillés financiers du Président Barack Obama. Quant à la CFTC, pour être sûr qu'elle ne fera pas de propositions de régulation, elle est, elle aussi, dirigée par un ancien de l'équipe d'Alan Greenspan : Gary Gensler. Ainsi, rien n'a été fait aux USA pour empêcher que ça recommence, bien au contraire, les idéologues sont aux commandes de la finance. L'expérience de LTCM en 1998 et celle de 2008 ne les ont pas amenés à réfléchir de façon pragmatique, ils sont toujours aveuglés par l'idéologie néo-libérale.

Certes, le Président Barack Obama a fait un joli discours sur le thème « plus jamais ça », mais comme dans le cas de l'espionnage des citoyens sans limite ni protection des droits élémentaires, il a accepté un compromis bancal, le Dod-Franck Act, voté en 2010. Ce dernier est une usine à gaz qui contient quelques régulations positives, mais surtout un fatras de commissions de contrôle inefficaces, sans définition concrète et précise de leurs fonctions financières et de leurs attributions. C'est aux commissions elles-mêmes qu'il est demandé de définir leur propre fonction. Le Dod-Franck Act, lui, ne définit que des objectifs généraux comme : « les impôts ne doivent pas servir à sauver les banques, etc ». On se croirait à l'eurovision : « tout le monde il est gentil, et le mal c'est pas bien » ! Ce n'est pas un hasard. Ne pouvant éviter une action législative après le crash de 2008, l'équipe d'Alan Greenspan a piloté le Président Barack Obama pour mettre en place une législation contradictoire, floue et aux multiples agences qui se marchent sur les pieds les unes sur les autres, de façon à pouvoir échapper à tout contrôle véritable.

Mais surtout, il n'y a pas de définition claire de la notion de « conflit d'intérêts » pour empêcher les grandes banques de Wall Street de placer leurs anciens dirigeants à la tête de ces commissions. De plus, en ne définissant pas clairement le rôle des banques d'investissement et de banque de dépôts, ni la séparation entre les circuits financiers de l'assurance et de l'entreprise, cette législation est truffée de failles qui la rendent facile à contourner. En lieu et place de la définition légale des transferts de risques et de la compensation statistique des risques pour autoriser ou interdire des produits financiers, il y a une énumération de cas traités par des rustines ad hoc.

Puisque les grandes banques de Wall Street ne pouvaient éviter une régulation, elles en ont créé une kafkaïenne qui s'écroulera d'elle-même. Les deux seules mesures efficaces prises sont la règle Volcker qui interdit à une banque d'investir pour elle-même avec les dépôts de ses clients, et le passage des CDS du marché noir au marché public sous le contrôle de la CFTC. Mais celle-ci, comme la plupart des autres commissions de contrôle, est dirigée par ceux-là même qu'elle est censée contrôler : les « anciens » de Goldman Sachs ou J.P. Morgan.

Des mesures efficaces seront envisagées dans la sous-section « Le rôle de la Banque Centrale » du chapitre « Économie Politique pour un monde multipolaire stable ».

En attendant, la prochaine explosion se prépare à la City de Londres avec le concours de Wall Street. Seule la BCE et la réforme de l'Union européenne peuvent permettre de limiter les conséquences mondiales de ce crash à venir.

Après l'effondrement de 2008, les banques commerciales ont relevé les standards requis aux entreprises pour obtenir un prêt, ce qui a empiré la situation des entreprises créatrices de richesse. Dans le même temps, les possibilités offertes par les produits dérivés en chaîne comme les CDS permettaient de faire des profits sans risques, puisque ceux-ci étaient à la charge des Banques Centrales.

En conséquence, la politique de réduction de leurs risques propres a conduit les banques commerciales à cesser de financer les entreprises et à créer de la monnaie scripturale sans couverture par de l'argent réel, en émettant des CDS en chaîne. Grâce aux CDS les banques commerciales n'ont plus émis de crédit pour les entreprises.

Ainsi, malgré des taux d'intérêt offerts par les Banques centrales proche de zéro dans les années 2010-2016, les entreprises sont étranglées par le manque de crédit. Cette situation correspond à une thésaurisation extrême : (t) est très grand.

Suite à la crise financière de 2008, les Banques Centrales, poussées par les gouvernements, ont exigé des réserves de fonds propres plus grands aux banques commerciales pour couvrir le risque associé aux prêts. Dans le même temps, il est possible de créer de l'argent sans limite par les produits dérivés comme les CDS, et ce, avec un fonds propre de couverture quasi-inexistant ! Bref, on a bouché une fuite dans le circuit économique où circule l'argent, c'est-à-dire l'outil contractuel de compensation des aléas, et dans le même temps, on a laissé à côté une fuite beaucoup plus grande et qui peut s'agrandir sans limites.

L'accord Bâle III de 2010 demande aux banques commerciales de la zone euro des fonds propres de couverture représentant au moins 7% de leurs actifs d'ici à 2019, contre 4% précédemment. La Banque Nationale Suisse, elle, demande 19% de couverture à ses deux banques les plus grosses et ce, dans les mêmes délais. Mais pour l'absence de couverture sérieuse de l'argent créé par les produits dérivés, c'est toujours la dérégulation thatcherienne qui règne.

Le levier dont la fonction est de protéger la machine capitaliste ne s'applique pas aux fausses assurances comme les CDS et autres produits dérivés, car ceux-ci sont considérés comme des contrats d'assurance, ce qu'ils ne sont pas. Il s'applique aux crédits, y compris aux crédits destinés à acheter des CDS et autres produits dérivés. C'est la raison pour laquelle ces produits, et en particulier ceux qui sont dérégulés, sont les outils de pillage de la machine capitaliste. On a alors un levier sans limite. En effet, en considérant un produit dérivé comme une prime d'assurance, on peut « couvrir » une somme beaucoup plus grande que la valeur du produit et ce, sans limite de levier. Ainsi, avec un levier effectif de 40 et 10 000 milliards investis dans des produits dérivés, on fait semblant de couvrir 400 000 milliards. Mais lors d'un petit crash, la pseudo-couverture s'évapore et le crash devient un méga crash qui emporte toute l'économie. Ces valeurs de levier et d'investissement ne sont pas irréalistes, en 2008 les OTC Derivatives devait « couvrir » 595 000 milliards de dollars. Fin 2015, ils « couvrent » 550 000 milliards de dollars. Cette couverture est fictive.

Pour que la machine capitaliste fonctionne, les règles pour les produits dérivés sont les suivantes :

- les produits dérivés doivent être régulés,
- ils doivent être achetés/vendus sur un marché ouvert et transparent,
- ils ne doivent jamais être achetés à crédit,
- ils ne doivent pas faire partie d'une chaîne de produits dérivés,
- ils doivent couvrir des richesses existantes (actions d'une entreprise, matières premières, etc.).

Aucune de ces règles n'est en vigueur en 2015.

Sans le soutien et les justifications fallacieuses des élites universitaires, cela ne serait pas possible. Les départements d'économie des universités américaines sont le cœur de la révolution thatcherienne. Ils sont aussi son point faible. Si la rigueur scientifique et l'éthique de la recherche s'imposent à nouveau, le débat s'étendra à la société et la démocratie libérale sera restaurée.

À la fin 2014, seulement six ans après le quasi-effondrement de tout le système bancaire, on a sur le marché plusieurs milliards[14] de dollars d'émission de CDS : le total est estimé à 16 000 milliards de dollars. C'est-

14. « long scale », continental Europe, 1 billion = 1000 milliards = 10^{12}.

à-dire qu'il y a eu création de monnaie scripturale sans financement du risque associé et ce, par des acteurs qui sont en dehors du circuit de création de richesse : cette création d'argent ne sert ni à l'investissement des particuliers ou des entreprises, ni à sélectionner des projets par des banques commerciales, ni à représenter une richesse existante comme le font les Banques Centrales. Par contre, cette création d'argent couvre son risque propre par la peur de la faillite généralisée : « to big to fail ». Les Banques Centrales sortent de leur fonction et sont alors obligées de prélever sur les richesses réelles, au lieu de les évaluer et de les représenter par de la monnaie réelle.

Les produits toxiques restant dérégulés en 2016, bien que les Banques Centrales aient conduit une politique de taux d'intérêt très bas, l'économie réelle reste asphyxiée alors que les profits par le pillage augmentent.

Les risques systémiques que créent les LBO et les CDS non régulés sont dénoncés depuis longtemps et auraient dû conduire à la mise en place d'une régulation efficace. La révolution thatcherienne va empêcher cette régulation par la justification frauduleuse selon laquelle la somme des gains maximaux produits par tout « produit » du marché, y compris les CDS achetés à crédit, conduit inéluctablement au gain cumulé maximal. C'est un remake de l'argument utilisé pour démanteler l'industrie britannique. Cette fois, l'argument est utilisé dans le cadre d'un marché qui maximise les fluctuations, c'est-à-dire d'un marché dominé par des distributions Levy-stables non Gaussiennes qui le plus souvent n'ont même pas de moyenne.

C'est la richesse réelle qui a servi à compenser en 2008 ces risques, puisque ce sont les États et les Banques Centrales qui ont renfloué les banques commerciales. Ensuite, comme les Banques Centrales doivent faire correspondre l'argent réel avec la richesse existante, c'est par l'austérité et la récession que la richesse détruite à été prélevée sur les citoyens.

Il s'agit d'une situation de baisse de la richesse qui est *subie* : la récession.

Cette situation conduit à la déflation. Comme la déflation est une spirale destructrice sans fin si ce n'est la guerre et l'anarchie, pour l'éviter les Banques Centrales ont mis en place une nouvelle technique : le « Quantitative Easing » ou QE, que nous allons discuter maintenant.

5

Le « Quantitative Easing »

Depuis 2008, les Banques Centrales sont là uniquement pour renflouer les banques commerciales quand celles-ci font faillite.

Que ce soit par choix du pillage au lieu d'une action au service de l'économie, ou que ce soit par effondrement de la chaîne de pillage, les banques commerciales ont globalement cessé d'alimenter l'économie réelle en crédit.

Le Quantitative Easing est un ensemble d'actions par lesquelles la Banque Centrale se substitue aux banques commerciales pour fournir du crédit à l'économie, mais une partie de ce crédit est à nouveau détournée par le pillage.

Le terme Quantitative Easing recouvre des interventions des Banques Centrales très variées. Une étude du Fond Monétaire International (FMI) de 2009 décrit ces différents types d'interventions[15].

En reprenant le classement de ces interventions telles qu'elles sont définies dans la note du FMI, on peut faire les observations suivantes.

Si, dans le cadre du QE, la Banque Centrale crée de la monnaie réelle pour acheter des bons d'États émis exclusivement par des États qui réduisent leur déficit budgétaire et ont une politique de recherche de l'équilibre, cette action n'est entachée d'aucune forme de pillage. Elle est, tout au plus, équivalente à l'intérieur de sa zone monétaire à une légère inflation et à l'extérieur à une dévaluation en douceur.

Si, dans le cadre du QE, la Banque Centrale crée de la monnaie pour fournir du crédit « gratuit » aux banques commerciales qui risquent la faillite après l'effondrement d'une chaîne de CDS, alors la Banque Centrale finance le pillage dont elle est elle-même victime. Elle entre dans un cycle où les crashs boursiers seront de plus en plus importants et de plus en plus rapprochés : c'est la destruction de l'outil capitaliste avec un chaos aux conséquences prévisibles. Il est peut-être bon de rappeler ici, qu'en 1787 aucun aristocrate français n'aurait pu concevoir la possibilité que six ans plus tard il serait en train de monter à l'échafaud. Pourtant, plusieurs milliers d'entre eux ont été décapités. La régulation des produits toxiques n'est pas seulement un moyen de protection de l'outil capitaliste

15. Vladimir Klyuev, Phil de Imus, and Krishna Srinivasan, *Unconventional Choices for Unconventional Times : Credit and Quantitative Easing in Advanced Economies*, Prepared by the Research and Monetary and Capital Markets Departments.

contre le pillage, elle est aussi la meilleure assurance vie des décideurs qui sont à la tête des Banques Centrales. Tout comme leurs prédécesseurs de 1787 en France, eux aussi ne peuvent concevoir que cela arrive. En 2008, on n'en était pas loin. En 2016, on s'en approche.

Cependant le risque de propagation, lié à la faillite des banques commerciales, force les Banques Centrales à intervenir. Plutôt que de refinancer ces banques, il serait plus judicieux que celles-ci soient mises provisoirement sous tutelle de la Banque Centrale. La banque sous tutelle serait déclarée en faillite et en recapitalisation. Sous ce statut, tous les engagements financiers pris par la banque seraient garantis et assurés par la Banque Centrale, sauf les engagements auprès des actionnaires propriétaires de la banque[16]. Ces derniers seraient expropriés sans indemnités puisque leur banque n'aurait plus de valeur si ce n'est négative à cause des dettes. Les actions de la banque seraient déclarées de valeur nulle et de nouvelles actions seraient émises pour revendre la banque recapitalisée sur le marché. Il est à noter que dans le cas des méga-banques comme Goldman-Sachs, J.P.Morgan ou la Deutsche Bank, si celles-ci venaient à faire faillite, c'est l'ensemble des Banques Centrales et des ensembles monétaires qui seraient en danger, c'est donc collectivement que les Banques Centrales devraient agir pour financer la mise sous tutelle et la recapitalisation. Ce serait aussi l'occasion pour séparer ces banques en banques plus petites, comme cela a été fait dans un autre contexte quand AT&T a été démantelée par l'antitrust pour créer les Baby Bell.

Une loi antitrust bancaire ne serait pas moins utile au bon fonctionnement du capitalisme que la loi antitrust ne l'a été pour l'industrie. Une telle loi conduirait au démantèlement des méga-banques qui seraient remplacées par des banque importantes, mais suffisamment petites pour que, le cas échéant, la mise sous tutelle puisse être gérée par une seule Banque Centrale.

Si cela avait été fait pour Lehman Brothers, la destruction de richesse aurait été bien moindre.

Si, dans le cadre du QE la Banque Centrale crée de la monnaie pour fournir du crédit à un taux commercial usuel directement aux entreprises ou aux fonds qui les financent, alors elle se substitue aux banques commerciales déficientes, sauve les entreprises et permet à la machine capitaliste de fonctionner provisoirement. En effet, la confusion des rôles

16. ainsi que ses gestionnaires ! Les stock-options et autres primes seraient évalués à 0 puisque la valeur totale des actifs est négative. Et encore, c'est un cadeau : il serait plus juste de faire contribuer financièrement sur leurs fonds propres les gestionnaires qui ont pillé la banque.

est à long terme source de corruption, de favoritisme et d'inefficacité dans la sélection des projets à financer. C'est donc une action très positive à court terme et qui doit permettre, pendant ce temps court, la mise en place de régulations des CDS, des CDO, des LBO et de tous les produits qui peuvent être mis au service du pillage, c'est-à-dire du transfert de risque sans transfert des bénéfices lié au risque.

Sous cette forme, le Quantitative Easing a permis d'éviter la déflation et, de concert avec la réduction des déficits en Europe, elle a permis une reprise économique en 2015-2016. Aux USA, l'absence de réduction substantielle des déficits publics, la thésaurisation excessive des plus riches, le rejet de toute régulation sérieuse des marchés et la surmultiplication du pillage par les CDS, conduisent à envisager le scénario de type 1789 évoqué plus haut. En espérant que cela n'entraîne pas le reste du monde dans la chute.

On constate ici que les effets des diverses formes que prend le Quantitative Easing sont parfois positifs et parfois négatifs, mais que les effets positifs ne peuvent l'emporter qu'à court terme. Ce temps doit être mis à profit pour mettre en place une régulation des marchés financiers qui assure à chaque acteur les bénéfices liés aux risques qu'il prend et qui l'oblige à assurer le financement de ses risques.

Le problème, pour mettre en place une régulation des marchés financiers, est que les Banques Centrales sont parfois la propriété des États et parfois la propriété des banques commerciales, mais que leur indépendance est rarement assurée :

- Banca d'Italia en 2015 = 42.4% Intesa Sanpaolo, 22.1% Unicredit, 6.3% Generali, 6.2% Carisbo, 5.0% Inps, 4.0% Banca Carige, 14.0% autres,
- Banque Nationale Suisse = au 31 décembre 2014, 40.02% des actionnaires sont des personnes privées, 59.98% sont des actionnaires publics (Cantons, Banques Cantonales, collectivités publiques),
- Banque de France = capital détenu par l'État, mais statut d'indépendance, pas de financement de l'État par l'émission de crédit à 0% depuis la loi de 1973,
- Bank of Japan = capital détenu par l'État, statut d'indépendance limité par le Bank of Japan Act de 1997, partiellement soumise au gouvernement qui a imposé un Quantitative Easy agressif pour accompagner les abenomics (l'amalgame du pire des deux mondes Friedman-Keynes),
- Bank of England = capital détenu par l'État, statut d'indépendance partiel, le gouvernement peut ordonner une politique qui

doit être confirmée par le Parlement,
- BundesBank = capital détenu par l'État, statut d'indépendance complète.

Le cas de la BCE en Europe est original. Celle-ci n'est pas détenue directement par des banques commerciales, mais indirectement, car elle est détenue par les Banques Centrales des pays membres, qui elles sont détenues par des banques commerciales. Les Banques Centrales de la zone euro détiennent 69.975 des actions, le reste, 30.03%, est détenu par les Banque Centrales des pays de l'UE qui ne participent pas à l'euro. Le statut de la BCE est une indépendance complète.

Le cas de la FED aux USA est ambigu. Les principaux actionnaires sont :

- Goldman Sachs Group
- Morgan Stanley
- JP Morgan Chase & Co
- Citigroup Inc
- Bank of America Corp
- Wells Fargo Co.

Le ou la président(e) de la FED est nommé(e) par le ou la président(e) des USA.

C'est dire que les principaux acteurs de la transformation des banques commerciales, qui passent de sélecteurs de projets à inventeurs d'outils de pillage financier, sont les principaux actionnaires de la FED. Ces banques commerciales ont été les principaux acteurs de la révolution thatcherienne et du passage d'une économie de production à une économie de pillage. C'est cette situation d'actionnaires qui leur a permis, avec l'aide de Ronald Reagan, de mettre à la tête de la FED un idéologue de la révolution thatcherienne : Alan Greenspan. La FED a alors encouragé la dérégulation des marchés financiers et la mise en circulation des outils de pillage qui ont conduit au crash de 2008. Sous la direction d'Alan Greenspan la FED s'est mêlée de politique au sujet de la privatisation de la Sécurité Sociale et de la fiscalité, sortant complètement du rôle d'une Banque Centrale. Ce rôle est d'être un arbitre et de prêter aux banques commerciales avec un taux d'intérêt qui corresponde aux risques pris par celles-ci. L'absence d'indépendance de la FED vis-à-vis des courants idéologiques a empêché une approche pragmatique qui, après avoir constaté les effets déstabilisant de la dérégulation, y aurait mis fin, non pour des raisons idéologiques, mais de façon empirique, comme tout bon gestionnaire l'aurait fait.

Enfin, la Banque des Règlements Internationaux (BRI) est basée à Bâle et est chargée des accords internationaux de réglementation entre Banques Centrales. Les actionnaires sont les Banques Centrales, et le dernier accord dit Bâle III, du 16 décembre 2010, institut une réserve obligatoire de 7% du total des crédits émis par les banques commerciales qui empruntent aux Banques Centrales.

La BRI a une histoire très particulière qui montre comment l'analyse des finances de Banques Centrales donne accès à la connaissance de conflits potentiels avant que ceux-ci n'éclatent. Elle montre aussi qu'avec l'absence de régulation transparente des marchés financiers et des finances publiques, l'issue est souvent une guerre.

La BRI a été créée pour assurer que l'Allemagne continue de payer les dommages de guerre, suite à la 1re guerre mondiale. La somme totale de ces dommages était absurde et aucune économie n'aurait pu la payer. Dès 1923, l'Allemagne sombra dans une crise d'hyperinflation. L'aveuglement de la France et de la Belgique qui occupèrent la Ruhr ne fit qu'empirer les choses. Aussi, une première intervention fut nécessaire : le plan Dawes en 1924. Par ce plan, les banques américaines prêtaient 800 millions de dollars à investir, pour relancer l'industrie allemande, laquelle générait des revenus fiscaux pour l'État, qui pouvait à nouveau payer ses réparations de guerre allégées (du moins au début) aux Anglais et aux Français, lesquels in fine, payaient leurs dettes aux banques américaines.

Pour faire ce prêt, les banques américaines demandaient que la Reichsbank soit mise sous la direction de Hjalmar Schacht. Le plan était bon même si une forte réduction nécessaire des réparations de guerre n'y figurait pas. Par ailleurs, les banquiers américains se sont trompés en choisissant Hjalmar Schacht. En effet, celui-ci détourna une grande partie des 800 millions pour les investir dans des grands groupes industriels sans appel d'offre concurrentiel. Au lieu de diversifier la production, mettre sur pied une industrie d'exportation comme cela a été fait après la 2e guerre mondiale, Schacht a concentré les risques et la production. Malgré tout, le plan permit dans un premier temps à l'économie allemande de repartir. Mais l'absence de diminution des réparations et le choix malheureux de Schacht furent la cause d'un nouveau défaut de payement et un second plan fut nécessaire, le plan Young. C'est à cette occasion que la BRI fut créée en 1930. Malheureusement, c'était déjà trop tard : le crash d'octobre 1929 avait eu lieu. À partir de ce moment, la BRI va être détournée par Schacht pour la mettre au service des nazis dont il fut un promoteur et un fidèle serviteur [17]. En 1934, il créa une société dont le but était de piller l'épargne des Allemands et de diriger toute cette richesse vers la production d'armement : la Metal Forschungsinstitut Gmbh, ou encore MEFO. Ensuite, il a suffi aux nazis d'imposer aux caisses d'épargne, aux banques et aux compagnies d'assurance d'acheter des bons garantis par la MEFO, pour drainer toute la richesse. Celle-ci fut investie presque exclusivement dans l'industrie d'armement. En parallèle, Schacht fut l'un des créateurs de la BRI et l'utilisa durant toute la guerre pour transférer l'or pillé par les nazis, de façon à financer les importations nécessaires à l'effort de guerre.

C'est là que l'analyse des finances des Banques Centrales donne accès à la connaissance de conflits potentiels. En 1939, les membres de la BRI savaient que 12 milliards de reichsmarks avaient été créés en bons MEFO, non comptabilisés dans la masse monétaire, et ces 12 milliards n'avaient pas été convertis en outil de production de richesse, mais en armement. Ces 12 milliards, s'ils avaient été comptabilisés, ce qui arriverait tôt ou tard, représentaient une inflation gigantesque et un nouvel écroulement de l'Allemagne. La seule solution pour celle-ci était une guerre d'agression pour s'emparer des réserves d'or des pays envahis, et les seules questions étaient de savoir « quand » et « quelles » Banques Centrales seraient visées.

En ce qui concerne « quand », la réponse fut connue dès le premier semestre 1939. N'ayant pas transformé les 12 milliards en outils de création de richesse et ayant drainé toute l'épargne des Allemands, la Reichbank avait encore quelques mois devant elle, avant d'être en défaut de payement par rapport à ses partenaires de la BRI. Face a cette situation, les nazis n'avaient que deux options, utiliser les armes produites et se lancer dans la guerre, ou abandonner le pouvoir. Tous les représentants des principales Banques Centrales étaient au courant, mais aucun ne jugea bon d'alerter son gouvernement.

Quant à la question des pays cibles en dehors de la France, la réponse est, elle aussi, très simple. Il y avait trois « candidats » : la Suisse, la Suède et les Pays-Bas. Envahir le plateau suisse n'aurait pas été difficile, mais combattre l'armée suisse retranchée dans la forteresse des Alpes était beaucoup plus aléatoire, et les Suisses n'allaient pas laisser leur or sans surveillance à Berne. Par ailleurs, les nazis avaient besoin d'une place financière pour écouler les richesses pillées et payer leurs achats de matières premières : fin de l'option suisse. La Suède est aussi

17. H. Schacht a reçu la plus haute distinction politique du parti nazi, le NSDAP, la Swastika d'or en janvier 1937.

en partie montagneuse, ce qui militairement n'est pas une bonne affaire, mais son armée n'était pas de taille à opposer une grande résistance. Par contre, un courant de sympathie nazie existait : la division SS Viking qui a été créée par la suite, était composée de volontaires. Et puis, la bonne disposition d'une partie de la population suédoise à l'égard de l'Allemagne nazie en faisait un atelier d'extraction et de fabrication d'acier et de charbon qu'il valait mieux mettre à l'abri des combats : fin de l'option suédoise. Restait l'option des Pays-Bas : pays plat, une petite armée vaillante mais petite, car le pays avait été neutre durant la 1re guerre mondiale et pensait pouvoir faire de même, et surtout une Banque Centrale accessible avec une importante réserve d'or. Bref, un charmant petit pays à envahir, si possible l'été et au soleil, car le sol a tendance à être boueux. Évidemment, ce n'est pas la route directe pour Paris, comme passer par la Belgique, ça fait faire un petit détour, mais ça vaut la peine ! Militairement, avoir des Pays-Bas neutres comme lors de la 1re guerre mondiale ne posait pas de problème à l'Allemagne nazie. La seule raison d'envahir ce pays était sa Banque Centrale. Si les dirigeants de la Banque Centrale des Pays-Bas avaient été un peu plus prudents, ils auraient prévenu leur gouvernement, dès le premier trimestre 1939, du problème de défaut imminent de l'Allemagne à la BRI. Et ils auraient organisé le transfert de la réserve d'or aux USA, hors de portée d'une invasion. Ce faisant, il est probable que les Pays-Bas auraient à nouveau pu rester neutres. Lors de l'attaque allemande sur le pays, l'objectif prioritaire qui fut le plus vite atteint, était le coffre de la Banque Centrale. Même sans armée, avec un peu de bon sens de la part de leurs banquiers, les Pays-Bas auraient peut-être pu éviter la catastrophe qu'ils ont subie.

Chaque pays a joué le rôle qui lui était assigné par les nazis. La Suède a fourni le fer en abondance pour les chars, l'Espagne et le Portugal le tungstène pour les blindages et les munitions, la Turquie le chrome pour doper ces alliages, et enfin la Suisse a recyclé l'or pillé pour permettre aux nazis de payer leurs achats en francs suisses : la neutralité est une bien belle invention, quand ça marche. Parce que pour les Pays-Bas et la courageuse petite Belgique qui ne s'est pas cachée derrière une neutralité souvent plus complice que neutre, les choses ont mal tourné. Sur les 345 tonnes d'or que la Banque Nationale Suisse a recyclé pour les nazis jusqu'en avril 1945, 132 tonnes venaient de la Banque Nationale des Pays-Bas et 194 tonnes venaient de la Banque Nationale Belge. Non seulement ces pays ont été pillés, mais à la fin de la guerre pendant que la Banque Nationale Suisse faisait ses derniers transferts d'or de la Reichsbank, la famine faisait de nombreuses victimes aux Pays-Bas.

À Paris, les Allemands avaient le même objectif, mais les dirigeants de la Banque de France étaient plus prévoyants, plus républicains, et plus courageux que les dirigeants politiques du pays. Dès les premiers signes de défaite, ils prirent l'initiative de mettre l'or de la Banque de France à l'abri dans le désert lointain de l'empire colonial et aux USA. Quand les Allemands arrivèrent à Paris et se firent ouvrir les coffres de la Banque Centrale, ce fut une « Kolossale » déception...

Revenons à la situation actuelle.

Dans le cas de la Banca d'Italia une nouvelle règle interdit à une banque commerciale de posséder plus de 3% des actions avant fin 2016, et un marché pour la vente des actions en excédent a été mis en place en 2015. Officiellement, et par loi, les actionnaires n'ont pas la gouvernance de la Banque Centrale. Mais de fait, en faisant partie de l'actionnariat, une banque commerciale a une certaine influence ne serait-ce que parce que les dirigeants de la Banque Centrale sont choisis dans le petit milieu des banquiers ou ex banquiers actionnaires et de leur entourage.

La réforme de la FED sous sa forme moderne après 1929, puis la création de la Bundesbank et finalement de la BCE, ont permis nombre de progrès, mais une dernière étape reste à franchir. À la tête d'une Banque Centrale doit se trouver un économiste qui n'est pas issu du monde bancaire. Ses adjoints, eux, doivent être issus de ce milieu, mais pas le directeur. En effet, son rôle est celui d'un arbitre et, comme au football, les arbitres des grands matchs ne sont pas pris parmi les anciens joueurs internationaux les plus connus, car sinon, *volens nolens*, le jeu serait biaisé. Un ancien joueur peut devenir un grand entraîneur, mais pas un grand arbitre. Tout comme au football où l'arbitrage est financé par les clubs, il n'est pas malsain que les banques commerciales soient actionnaires des Banques Centrales, mais leur indépendance doit être garantie par la loi et aussi par le choix de son directeur. Ce dernier, en tant qu'arbitre de la compétition entre les sélecteurs de projets que sont les banques commerciales, ne doit pas avoir de biaisé dans ses opinions. Il ne s'agit pas d'une question d'honnêteté, mais de biais statistique. Il ne faut jamais oublier que c'est la distribution statistique des risques, c'est-à-dire des choix contraires et diversifiés des banques, qui assure la stabilité de fonctionnement de la machine. Et face aux nouveaux produits financiers, la politique de la Banque Centrale doit être de faire financer les risques par le bénéficiaire du gain éventuel. L'estimation du risque lié à un produit financier particulier doit être neutre, de façon à ce que la régulation de ce produit soit, elle aussi, neutre. Un ancien banquier qui a développé une famille de produits financiers, avant de travailler pour la

Banque Centrale, est forcément biaisé dans l'estimation du risque lié aux produits. On verra dans la section « Économie Politique pour un monde Multipolaire Stable » quels sont les nouveaux moyens d'action pratiques qu'il conviendrait de donner à la Banque Centrale.

Parce que la dérégulation thatcherienne de la finance casse le cycle de base de fonctionnement de la machine à optimiser l'allocation des ressources, elle est anti-capitaliste.

Au niveau du circuit financier de l'assurance, les compagnies de réassurance sont soumises à des lois et régulations, et elles sont par nature très prudentes dans leurs choix pour éviter la corrélation des risques.

C'est un système sain, mais dont la mise en œuvre est lourde. Un contrat standard qui permettrait de transférer une partie d'un contrat d'assurance à une compagnie de réassurance, contrat lui-même négociable entre compagnies de réassurance agréées, permettrait une plus grande flexibilité et des coûts moins élevés. De tels contrats remplaceraient les CDS, mais contrairement aux CDS, ils ne serviraient pas quasi-exclusivement au pillage. De toutes façons, pour sauver la machine capitaliste, il faut supprimer les CDS, car ceux-ci sont contagieux, comme le montre les CAT-bonds ou encore Catastrophe Bonds.

Non seulement en 2016 il n'a pas été mis fin aux CDS, mais un nouvel outil de pillage se développe, les CAT-Bonds. Ceux-ci sont justifiés par un argument statistique fallacieux dans le rapport :

« The Role of Risk-Linked Securities and Factors Affecting Their Use » [18].

Dans ce rapport, il n'y a pas mention des distributions statistiques de l'amplitude des catastrophes qu'il mentionne : attaque du World Trade Center en 2001, tremblement de terre de Kobe (Japon) en 1995, tremblement de terre de Northridge California en 1994, de l'hurricane Andrew en 1992. Ces distributions sont Lévy-stables non Gaussiennes. Leurs amplitudes ont des fluctuations infinies, mais ces fluctuations peuvent être assurées par l'utilisation d'une franchise et une absence de spéculation sur le capital stocké. De plus, on peut décider que le montant remboursé total est le capital stocké et pas plus. Ainsi, plus il y a de temps entre deux événements et plus le remboursement est élevé. Par ailleurs, en mettant des primes d'assurance plus élevées dans les lieux soumis aux risques assurés plus grands et des déductions pour les biens qui tiennent

18. United States General Accounting Office GAO September 2002 Report to the Chairman, Committee on Financial Services, House of Representatives CATASTROPHE INSURANCE RISKS *The Role of Risk-Linked Securities and Factors Affecting Their Use.*

compte de ce risque, par exemple une construction anti-sismique, on peut induire par le marché un comportement qui réduit le coût économique de ces catastrophes. La limitation du remboursement total au capital stocké permet, dès le lendemain des remboursements, d'offrir des contrats d'assurance au même prix qu'avant la catastrophe, limitant ainsi la quantité de biens non assurés. Or, l'utilisation des CAT-Bond (« catastrophe bond ») ne répond pas au problème, car le vendeur de la garantie n'est pas tenu au capital de réserve des assurances, ni à la forme de stockage de ce capital. C'est à nouveau une fausse assurance, une extension des CDS qui montre que tant que ceux-ci n'auront pas été qualifiés pour ce qu'ils sont, une escroquerie à l'assurance, ils continueront à se développer.

Chapitre No. 6

Couplage entre les deux circuits financiers : la modification de l'équation de Fisher

Appelons *désinflation* le contraire de *l'inflation* : la *désinflation* est la baisse générale des prix en période de *croissance.*

La désinflation n'est jamais observée en pratique, ou seulement pendant des courtes périodes. C'est un concept théorique plus que pratique. Mais ce concept permet d'éviter la confusion entre baisse des prix et *déflation.* Alors que *l'inflation* et la *désinflation* supposent une période de croissance, la *déflation*, elle, correspond à une période de récession, c'est-à-dire de destruction des richesses existantes.

La confusion entre *désinflation* et *déflation* a conduit les néo-libéraux dans l'erreur. Ces derniers ont appliqué l'équation de Fisher, dite « equation of exchange », valable en première approximation en période de forte croissance, à la situation d'une faible croissance ou de récession. Comme on va le voir, dans cette situation cette équation n'est plus valable.

Reprenons l'argument en partant de l'équation de Fisher [1] dite « equation of exchange » :

$$M.V = P.Q \tag{6.1}$$

- M est la masse monétaire,
- P le niveau des prix,
- Q la production vendue,
- V la vitesse de circulation.

L'argent peut être réutilisé plusieurs fois, pour plusieurs transaction successives, et (V) est le nombre de réutilisations de la masse monétaire pendant la durée où la production (Q) est vendue au prix (P).

1. Irving Fisher, *Purchasing power of money*, 1911.

En 1911, dans l'équation d'Irving Fisher, il n'y a pas de distinction claire entre la monnaie réelle et le monnaie scripturale. Cette confusion est levée ici, et pour distinguer les deux définitions, on notera (V) la vitesse de circulation de la monnaie de l'équation originale d'Irving Fisher, et (V_r) la vitesse de circulation de la monnaie réelle.

Dans les équations qui précèdent, toutes les entreprises son synchronisées et font un cycle simultanément. De plus, elles ne se font pas crédit entre elles et elles empruntent exclusivement à la banque commerciale. Pour tenir compte des durées de cycle différentes pour chaque entreprise et pour tenir compte des crédits entre entreprises, définissons la vitesse de circulation de la monnaie réelle, (V_r), le levier effectif (u_{eff}) et le levier officiel (u).

Le levier officiel (u) est le levier défini par la Banque Centrale, et auquel sont soumises toutes les banques commerciales.

Le levier effectif (u_{eff}) est le levier qui intervient dans les équations précédentes du cycle financier de l'entreprise : c'est le levier qui correspond à 1 cycle complet avec émission de crédit, suivie d'une richesse créée qui est monétisée.

Quand toutes les entreprises payent leurs achats à la livraison, sans retard ni avance, il n'y a pas de crédit entre les entreprises : celles-ci échangent de la richesse existante contre de la monnaie réelle. Si de plus il n'y a pas d'échec, $(q = 0)$, alors la monnaie réelle est utilisée exactement 1 fois. Dans ce cas, les leviers officiel et effectif sont égaux :

$$u = u_{eff} \tag{6.2}$$

À côté du crédit réel qui donne lieu au payement d'un intérêt, il y a un crédit implicite entre entreprises quand celles-ci se payent les unes et les autres par avance ou avec un délai. Un tel jeu d'écritures n'est pas forcément illégal. Une entreprise A emprunte pour un projet qui nécessite un composant d'une entreprise B. L'entreprise B peut « emprunter » à l'entreprise A par un payement à la commande avec un virement, c'est-à-dire de l'argent scriptural. L'entreprise A fait crédit à l'entreprise B. L'entreprise A peut se permettre d'être provisoirement en déficit, car une fois livrés, les composants permettront à l'entreprise de faire des bénéfices et de retrouver des gains. Dans ce processus, l'entreprise A s'emprunte et se rembourse à elle-même. Mais du coup, la même monnaie réelle qui a servi à couvrir l'emprunt de l'entreprise A à la banque commerciale, est utilisée deux fois. Une autre opération d'emprunt entre entreprises consiste à payer 90 jours après réception du composant : dans ce cas, c'est l'entreprise B qui fait crédit à l'entreprise A.

Le point important est que ces payements différés ne s'accompagnent pas de payement de taux d'intérêt.

Dans tous les cas où le payement n'a pas lieu à la livraison, mais est soit anticipé soit retardé, les entreprises se font crédit et couvrent ce crédit avec l'emprunt qu'elles ont fait à la banque. Du coup, comme la même monnaie réelle sert plusieurs fois, le levier à chaque instant est différent du levier défini entre la banque commerciale et la Banque Centrale. Ces crédits implicites entre entreprises participent au *levier effectif*.

Le levier officiel est le levier entre la Banque Centrale et la banque commerciale, alors que le levier effectif est le levier entre la Banque Centrale et l'Entreprise, via la banque commerciale.

La durée de fabrication d'un produit variant beaucoup suivant le produit, le cycle financier complet, depuis le prêt de la Banque Centrale à la banque commerciale jusqu'à la monétisation de la richesse créée, correspond à des durées très variables pour chaque contrat. Mais cette distribution de durées n'a pas de fluctuations infinies, car aucun client n'est près à attendre une durée infinie pour être livré. On peut donc définir une durée de cycle moyen, et à partir de cette durée, on peut définir la vitesse de circulation de la monnaie (V_r).

La vitesse de circulation, (V_r), est la moyenne du nombre de fois où la monnaie réelle est utilisée pour émettre un crédit pendant la durée moyenne d'un cycle.

Seuls les crédits à des entreprises et les crédits entre entreprises sont à prendre en compte dans la définition de (V_r). Les crédits pour financer des produits financiers sont exclus de la mesure de (V_r). En effet, c'est le nombre de fois que la monnaie *réelle* est utilisée pendant la durée moyenne d'un cycle complet de création de richesse qui entre en jeu. À l'inverse, les crédits pour financer des produits financiers font intervenir la réutilisation de la monnaie *scripturale*, laquelle ne joue aucun rôle dans la définition de (V_r). Les crédits qui financent les produits financiers dérivés, sont à comptabiliser dans la thésaurisation. L'équation de couplage concerne exclusivement la monnaie *réelle*.

Les entreprises qui ne payent pas exactement à la livraison et qui n'ont pas d'échec contribuent à une vitesse de circulation (V_r) supérieure à 1. Inversement, les stocks invendus des entreprises qui font faillite, conduisent à ce qu'une partie de la monnaie réelle corresponde à un cycle qui ne se termine pas : cette monnaie réelle fait 0 cycle et sa contribution à la moyenne est 0. Dans ce cas, la moyenne du nombre de fois où la monnaie réelle fait un cycle décroît et peut devenir inférieure à 1. En résumé, la vitesse de circulation est toujours positive, mais elle peut être inférieure à 1.

Dans une économie en croissance, la vitesse de circulation (V_r) est supérieure à 1. En période de crise, la vitesse de circulation (V_r) décroît et peut devenir inférieure à 1. Dans un crash boursier, la vitesse chute brutalement en dessous de 1.

Avec ces définitions on a la relation :

$$u_{eff} = V_r.u \tag{6.3}$$

Comme Irving Fisher ne distingue pas la monnaie réelle de la monnaie scripturale dans son équation d'échange, la vitesse de circulation qui intervient est la vitesse qui correspond à la monnaie disponible, c'est-à-dire à la monnaie réelle multipliée par le levier. Donc la variable (V) de l'équation de Fisher doit être remplacée par ($V_r.u$), c'est-à-dire le levier efficace.

Revenons à l'équation d'Irving Fisher. Si on ajoute l'hypothèse que le rapport (Q/V) est constant, en réécrivant l'équation de Fisher sous la forme :

$$M = P.Q/V \tag{6.4}$$

on obtient l'équation qui justifie l'approche monétariste de Milton Friedman :

$$dM/M = dP/P \tag{6.5}$$

L'étude des données statistiques par Milton Freidman et Anna J. Scwartz en 1963[2] a consisté à montrer que dans les faits le rapport (Q/V) était bien constant. La conclusion économique de cette étude est que la meilleure politique monétaire est d'accroître la masse monétaire proportionnellement à la croissance économique. Sur ce point, le modèle présenté ici arrive à la même conclusion, mais uniquement en période de croissance. Une autre conséquence commune au présent modèle et à l'approche monétariste de Milton Friedman, est que la surinjection de monnaie crée de l'inflation sans bénéfice à long terme.

Par contre, l'autre conclusion de Milton Friedman, à savoir que la sous-émission de monnaie réelle a été la cause de la crise de 1929 est

2. Milton Friedman and Anna J.Schwartz, *A Monetary History of the United States 1867-1960*, 1963.

invalidée non seulement par la crise de 2008, mais aussi par l'équation (3.15) du présent modèle. Plus précisément :

1. La sous-évaluation de la richesse existante par la Banque Centrale et la sous-émission de monnaie qui en découle rendent la machine capitaliste moins productive, car tous les projets productifs possibles ne sont pas financés, mais elles ne provoquent pas de crash boursier et de crise. Elles provoquent un ralentissement de l'économie.
2. Pour créer une crise, il faut que l'équation (3.15) ne soit plus respectée, et c'est ce qui s'est passé dans la décennie qui a précédé le crash de 1929. À travers les « broker's loans », les banques commerciales ont cessé de jouer leur rôle de sélecteur de projets.
3. Quand la dérégulation permet aux banques commerciales d'émettre de la monnaie scripturale sans limite et/ou de contourner le levier, alors la sous-émission de monnaie réelle est compensée par une surémission de monnaie scripturale qui conduit au crash boursier.

Le fait que la Banque Centrale ait réagi à contretemps, comme discuté précédemment, a empiré les choses, mais elle n'est pas la cause première. La cause première est le pillage organisé par les banques commerciales et la thésaurisation provoquée par ce pillage. Ce pillage a été possible par le contournement du levier et l'émission sans limites de monnaie scripturale.

Le point 1 signifie simplement que la déflation n'est pas le contraire de l'inflation.

Dans la Théorie Quantitative de la Monnaie, Irving Fisher suppose que la richesse n'est pas thésaurisée, mais réinjectée dans le circuit financier de la machine capitaliste. Or, même en l'absence de pillage, il y a une thésaurisation au moins partielle. De plus, la dérégulation provoque la mutation d'une économie de production en économie de pillage, laquelle produit une thésaurisation massive. La thésaurisation n'est pas exclusivement le résultat du pillage, mais celui-ci produit toujours la thésaurisation.

L'autre effet de la thésaurisation est, dans un premier temps, une vitesse de circulation de la richesse plus petite qui provoque des effets retard sur les prix. Ce phénomène a été observé par les keynésiens qui ont remis en cause la Théorie Quantitative de la Monnaie et introduit la notion de « prices stickiness », c'est-à-dire de tendance des prix à être « collants ». Cette observation empirique ainsi que celle de ses causes ont conduit les économistes du New Deal à prendre des mesures de dévaluation et d'augmentation du stock d'or. La dévaluation a effacé la valeur de la richesse thésaurisée et l'augmentation du stock d'or a permis la monétisation de la richesse. Cette double action a rendu sa liquidité à la monnaie réelle qui, circulant à nouveau dans le circuit financier, a redémarré la machine capitaliste. La dévaluation et la loi de 1934, qui oblige les particuliers (y compris les riches) à remettre leur or à la Banque Centrale, agissent ici comme une super taxe ponctuelle sur les riches et une re-monétisation de la richesse thésaurisée. Cette méthode de rééquilibrage des richesses est beaucoup plus efficace qu'une prise de contrôle marxiste des moyens de production. Elle était possible en 1934 parce que la monnaie était convertible en or, ce qui conduisait les pilleurs à thésauriser leur butin en or.

Mais plutôt que d'en arriver aux mesures prises en 1934, une politique fiscale redistributive, qui garantit la circulation fluide de la richesse dans le circuit financier, est moins pénible et économiquement plus efficace : c'est la politique suivie durant les « trente glorieuses » de 1945 à 1975. Ici, l'argument en faveur de l'impôt redistributif n'est pas moral, il est technique. Il ne s'agit pas ici de l'enveloppe globale de l'impôt, mais de sa répartition entre les classes sociales. En diminuant l'impôt des classes moyennes et en augmentant l'impôt sur l'argent thésaurisé par les plus riches, on maintient une vitesse de circulation (V_r) grande.

1

L'équation de couplage

L'équation qui relie $(M, P, Q, V_r.u)$ est semblable à l'équation des gaz parfaits en physique. Mais, de même qu'en dehors de situations particulières les gaz ne se comportent pas comme des gaz parfaits, l'équation réinterprétée par Milton Friedman n'est valable que dans le cas où $(V_r.u)$ est très grand, c'est-à-dire dans le cas où $(1/(V_r.u))$ est presque nul. L'intérêt de l'analogie avec la physique est que l'on connaît la forme des termes qu'il faut ajouter pour décrire la situation réelle[3]. Dans cette situation, les prix « collent » les uns aux autres : ils ont tendance à interagir. Tout comme pour les gaz réels, pour décrire le lien entre masse monétaire et inflation il faut continuer la série et ajouter des termes manquants, en particulier les termes non linéaires :

$$M = a_0 + a_1/(V_r.u) + a_2/(V_r.u)^2 + a_3/(V_r.u)^3 + a_4/(V_r.u)^4 + ... \tag{6.6}$$

En identifiant :

$$a_1 \approx P.Q \tag{6.7}$$

et dans l'hypothèse où a_0 est négligeable devant la masse monétaire (M), alors pour $(V_r.u)$ grand, on retrouve l'équation de Fisher :

$$M \approx P.Q/(V_r.u) \tag{6.8}$$

Le terme a_0 correspond à la fraction de la masse monétaire qui est transférée du circuit financier de l'entreprise à celui de l'assurance. Si on considère que toutes les richesses sont assurées d'une façon ou d'une autre, alors a_0 est proportionnel à la masse monétaire et on a :

$$a_0 = \alpha.M \tag{6.9}$$

En période de croissance, tous les biens sont assurés par la classe moyenne et les primes d'assurance sont petites, on consacre au plus quelques 1/1000 de la valeur d'un bien pour l'assurer, donc α est du même ordre, et a_0 est négligeable par rapport à M. Ceci justifie, en période de croissance, que l'équation de Fisher, qui donne une proportionnalité entre masse monétaire et niveau des prix, soit une bonne approximation de la réalité. Il y a la stabilité de l'emploi et le sentiment d'anticipation

3. L'équation de Van der Waals sous forme réduite est un polynôme de degré 3. *en.wikipedia.org/wiki/Van_der_Waals_equation*

du futur, ce qui permet des projets à long terme. Donc en période de croissance, de projets à long terme, d'absence de chômage, l'équation de Fisher fonctionne. Mais ceci n'est plus vrai en période de croissance nulle ou de récession !

Le total des échanges ($M.V_r.u$) vaut :

$$M.V_r.u = a_0.V_r.u + a_1 + a_2/(V_r.u) + a_3/(V_r.u)^2 + a_4/(V_r.u)^3 + ... \tag{6.10}$$

L'équation (6.10) sera appelée *équation de couplage.* On peut écrire cette équation sous la forme :

$$M.V_r.u.(1-\alpha) = a_1 + a_2/(V_r.u) + a_3/(V_r.u)^2 + a_4/(V_r.u)^3 + ... \tag{6.11}$$

Le total des richesses échangées, ($M.V_r.u$) est égal à la richesse totale produite ($a.rb$), et en utilisant l'équation (3.5) on a :

$$\begin{aligned} M.V_r.u &= a.rb \\ &= (x_{n+1} - x_n) - ve.re \end{aligned} \tag{6.12}$$

Si la croissance est suffisante, ($V_r.u$) est grand et le terme dominant de l'équation de couplage est le terme constant :

$$a_1 \approx P.Q \tag{6.13}$$

Dans une période de ralentissement économique avant d'atteindre la récession, la précarité de l'emploi augmente, la consommation baisse et la capacité productive est sous-utilisée : les prix n'augmentent plus. La surcapacité productive qui n'est pas rentabilisée, production invendue, mais qui a été financée, est inversement proportionnelle au nombre de contrats d'échange par unité de temps et son coût est :

$$a_2/(V_r.u) \tag{6.14}$$

Le chômage a un coût à la fois proportionnel à la production manquante, c'est-à-dire au salaire non-payable par des richesses crées, et aux aides à la survie des salariés au chômage, c'est-à-dire proportionnel au nombre de chômeurs. Cette double proportionnalité à ($1/(V_r.u)$) donne le terme :

$$a_3/(V_r.u)^2 \tag{6.15}$$

Si rien n'est fait, la machine capitaliste entre en récession : elle détruit la richesse existante. Le contrat social n'est alors plus respecté et les révoltes, voire une révolution peuvent survenir : les coûts du maintien de l'ordre, ou de l'instabilité économique et des destructions durant une révolution, constituent les termes d'ordres supérieurs :

$$a_4/(V_r.u)^3 + a_5/(V_r.u)^4 + ... \qquad (6.16)$$

À partir de a_2 les coefficients sont négatifs : le total des échanges de richesse diminue, car la richesse totale diminue. En conséquence, les termes

$$[a_2/(V_r.u) + a_3/(V_r.u)^2 + a_4/(V_r.u)^3 + a_5/(V_r.u)^4 + ...]$$

correspondent à la déflation.

Par ailleurs, dans une période de ralentissement économique ou de récession, les chômeurs et les salariés précaires n'ont plus assez de surplus de capital pour assurer tous leurs biens et le petit terme (a_0) devient encore plus petit et tend vers 0.

Quand ($V_r.u$) est suffisamment petit, les termes négatifs deviennent très grands et dominent l'équation qui devient une équation de destruction des richesses : le total des échanges ($M.V_r.u$) est négatif. Le système survit tant que les réserves de richesses accumulées dans la société permettent de faire face aux besoins élémentaires, mais quand ces réserves s'épuisent, la destruction s'accélère.

On a alors une explosion violente, une jacqucric ou une révolution qui conduisent à la destruction de la machine capitaliste : la non-linéarité très forte est la cause du caractère explosif de ces situations.

En l'absence des termes $[a_2/(V_r.u) + a_3/(V_r.u)^2 + a_4/(V_r.u)^3 + ...]$, l'équation de Fisher (« equation of exchange ») ne rend pas compte du phénomène de déflation dont l'origine est le caractère non-efficient du marché.

De plus, n'ayant pas de terme ($a_0.V_r.u$), l'équation de Fisher ne tient pas compte de l'existence d'un autre circuit financier, complémentaire au circuit financier de la banque commerciale et qui fonctionne en parallèle : le circuit financier de l'assurance. Ce terme transforme l'équation d'échange complète (eq 6.10) en équation de couplage entre les équations de croissance des deux circuits financiers : cette équation relie ainsi le rôle de la monnaie pour produire des richesses futures et le rôle de la monnaie pour garantir la permanence des richesses existantes.

Dans une économie capitaliste, la récession, si elle se prolonge, crée un chômage endémique important, et comme les chômeurs n'ont pas de surplus de capital, ils ne consomment pas ou très peu : le réservoir tampon diminue. Cette diminution entraîne à son tour un ralentissement de la machine productive par l'ajustement de l'offre à la demande. Ce ralentissement crée de nouveaux chômeurs, ce qui diminue encore le réservoir tampon et ainsi de suite. La spirale de destruction du réservoir tampon n'a pas de mécanisme naturel d'arrêt et, si on n'intervient pas, la destruction du réservoir tampon entraîne la destruction de la machine capitaliste elle-même. Cette spirale *est* la déflation. On voit clairement ici que ce phénomène est structurellement différent de l'inflation ou de la baisse des prix en période de croissance, due à la sous-évaluation des richesses par la Banque Centrale chargée d'émettre de la monnaie.

Dans l'équation de couplage, le seul terme qui contient le niveau des prix est (a_1), c'est la raison pour laquelle quand le 1er terme de déflation (a_2) intervient, le marché ne peut plus fixer les prix. Parler de niveau des prix quand les termes non-linéaires d'ordre supérieur, qui correspondent au crash, interviennent, n'a aucun sens : il n'y a plus ni marché, ni prix au sens économique. Ne subsiste que le souvenir des prix passés, sur lesquels il faut se baser pour fixer un objectif de dévaluation.

Durant la décennie 1919-1929 la Banque Centrale n'a pas accompagné la croissance des richesses par un accroissement proportionnel de la monnaie réelle et une limitation du levier. Ce défaut d'émission est possible parce que l'augmentation du levier cache le manque de monnaie réelle. Cette augmentation du levier a un autre effet : elle fait croire que la vitesse de circulation est plus grande qu'elle n'est en réalité. Dans l'équation de Fisher qui est utilisée par les Banques Centrales, la vitesse de circulation (V) est le produit de la vitesse de circulation de la monnaie « réelle » et du levier, $(V_r.u)$.

Il y a ici un effet trompeur pour le pilotage d'une Banque Centrale. En effet, il faut distinguer le levier effectif du levier officiel. Ces deux leviers conduisent à deux estimations différentes de la monnaie scripturale :

- la monnaie scripturale sous forme de crédit bancaire vaut : $(u.rb)$,
- la monnaie scripturale totale, sous forme de crédit bancaire et de crédit entre entreprises, vaut : $u_{eff}.rb = V_r.u.rb$

Donc, le capital investi en monnaie réelle *disponible*, est le capital en monnaie réelle multipliée par la vitesse de circulation.

Or, les Banques Centrales s'appuient sur le levier officiel pour déterminer leur politique monétaire au lieu d'utiliser le levier effectif. Cette erreur d'estimation de la monnaie réelle *disponible* conduit aux crashs en cas de contournement du levier. En effet, tant que le levier effectif correspond exclusivement à la somme du crédit bancaire et des crédits entre entreprises, la monnaie réelle sert à créer des richesses. L'erreur d'estimation due à la différence entre levier officiel et levier effectif amplifie les fluctuations économiques, mais ne provoque pas de blocage de la machine capitaliste. Par contre, quand le levier est contourné, il produit du risque qui ne correspond pas à de la création de richesses, mais à de la thésaurisation qui, elle, conduit au crash.

Comment s'effectue le contournement du levier depuis la dérégulation thatcherienne ? Le levier de l'assurance est virtuel, car en l'absence d'accident à indemniser, la monnaie scripturale émise dans le circuit financier de l'assurance est annulée à l'expiration du contrat : c'est une monnaie scripturale virtuelle. Mais avec les produits toxiques qui sont des fausses assurances, comme les CDS et les CDO, ce levier devient réel et provoque un contournement du levier officiel de la Banque Centrale. C'est la valse des leviers.

Cette valse permet la thésaurisation. La thésaurisation provoque une baisse de la croissance (équation 3.19) et donc de la vitesse de circulation, mais cette baisse est masquée par une augmentation du levier : la diminution de (V_r) est compensée par l'augmentation de (u) dans le produit ($V_r.u = V$). Comme la variable de référence de la Banque Centrale est (V), cette dernière ne voit rien. Or, l'augmentation du levier se fait par contournement à l'aide de produits financiers toxiques, c'est-à-dire par une pseudo-couverture du risque de plus en plus grande. Quand le risque se matérialise, il n'y a plus assez de richesse pour payer la couverture et le levier chute brutalement, en passant du levier contourné non financé au levier réel financé par les réserves de la Banque Centrale et des assurances. Cette chute du levier fait apparaître la baisse de la vitesse de circulation, c'est-à-dire la très faible activité économique réelle. Avant le crash, on a donc une activité de production de richesse réelle qui diminue et simultanément une croissance fictive importante avec un levier officiel qui cache un levier réel beaucoup plus important. Le pillage a remplacé l'économie réelle qui produit des richesses grâce à une allocation optimisée des ressources, par un casino aux mains des méga-banques et des oligopoles. C'était la situation avant le crash de 2008, et c'est la situation en 2016.

Une grande vitesse de circulation est nécessaire pour assurer le plein-emploi et le bon fonctionnement de la machine capitaliste, mais la vitesse de l'équation de Fisher n'est pas la vitesse de circulation de la monnaie réelle. Une faible vitesse de circulation de la monnaie réelle cachée par un levier effectif trop grand peut se confondre avec une grande vitesse de circulation et un levier officiel raisonnable. Quand on fait cette erreur, l'équation de Fisher est une bonne approximation et cache l'erreur d'estimation qui conduit la Banque Centrale à se tromper de politique. Quand un ralentissement ponctuel survient, la faible valeur de (V_r) devient soudainement visible : tous les acteurs prennent conscience simultanément du fait que leurs investissements ne sont pas couverts par de la monnaie réelle, mais par du papier qui peut devenir sans valeur du jour au lendemain, et c'est la panique. Cette mésaventure, qui était arrivée à John Law en 1719 avec la Compagnie du Mississippi et l'émission de monnaie scripturale sans limite par la Banque Générale, s'est reproduite en octobre 1929, en 2008 et recommence en 2016.

Certains suggèrent un retour à la convertibilité en or de la monnaie réelle[4]. C'est une solution illusoire. Une des raisons qui ont poussé la Banque Centrale à ne pas émettre assez de monnaie réelle entre 1919 et 1929 est le manque d'or disponible. Donc, l'étalon-or peut conduire à un manque de monnaie réelle, éventuellement suivi de dérégulation et de pillage. À l'inverse, l'introduction brutale d'un excès d'or peut détruire une économie, comme ce fut le cas avec le pèlerinage à la Mecque du roi du Mali Kanga Moussa en 1324. L'économie du monde arabe, qui ne pouvait absorber cet afflux d'or par son système financier où le crédit avec intérêts était interdit, entra dans une crise économique dont elle n'est toujours pas sortie sept siècles plus tard ! En 2015, cette économie ne produit toujours pas de biens de consommation ni de technologie.

Par ailleurs, en tant que réservoir tampon, le consommateur-salarié choisit parmi plusieurs produits et établit ainsi statistiquement le prix de marché, qui en retour agit sur la sélection des projets de production. Ce choix repose à la fois sur l'information, sur les organisations de consommateurs, sur les choix philosophiques (bio, végétariens, avec ou sans produits toxiques. etc.), c'est-à-dire sur l'existence d'un espace de vie privée où le citoyen et ses proches évoluent à leur guise et suivent leurs convictions.

En l'absence de réservoir tampon, la Banque Centrale devrait monétiser une richesse réelle dont la valeur de marché serait inconnue, et toute erreur d'évaluation conduirait à une mauvaise sélection de projets de production. C'est précisément ce qui s'est passé dans les économies communistes du bloc soviétique : ces sociétés illustrent ce qui se passe en l'absence de société de consommation.

4. Par exemple Aldo Shorno, *Les dessous de l'Empire du Mal*, cité.

Par société de consommation il ne faut pas entendre une société de gaspillage ou de pillage sans limite des ressources naturelles, mais une société de classes moyennes, où celles-ci, à travers un débat démocratique, encadrent ce qui peut être produit et consommé, mais laissent ensuite à chaque consommateur le libre choix de ses achats. En tant que citoyens, le salarié et l'entrepreneur gèrent globalement les ressources naturelles, la santé publique, les conflits liés au travail, en mettant en place une régulation. En tant que consommateurs, ils participent à la sélection des producteurs et des projets financés par les banques commerciales. Les sociétés communistes ne toléraient pas d'espace de vie privée et les choix de production étaient centralisés par le parti unique : en l'absence de marché, le prix était artificiel et la sélection de projets financés très inefficace.

On voit qu'en l'absence de surplus de capital des salariés, les consommateurs ne peuvent jouer leur rôle de réservoir tampon et la machine ne crée pas de richesse : la machine capitaliste devient une économie dirigée et il n'y a pas ou peu de croissance. La société communiste n'est pas la seule à conduire à une d'économie dirigée, la dérégulation conduit au même résultat par la création de monopoles et d'oligopoles. Le fonctionnement économique des oligopoles est le pillage : le risque est transféré aux salariés par la précarité, et les investissements créatifs sont des menaces de concurrence que les oligopoles empêchent.

2

Thésaurisation des salariés et thésaurisation des banques

Il y a deux types de thésaurisation. La première, décrite par John Maynard Keynes, transforme le rôle du salarié de *consommateur épargnant* à celui de *précaire* gérant la pénurie. En cas de ralentissement brutal de l'économie, la peur du chômage et la précarité d'accès aux moyens de subsistance élémentaires poussent les salariés à ne plus dépenser, mais au contraire à économiser le petit surplus dont ils disposent. La consommation intérieure chute, les entreprises réduisent leur main d'œuvre et le chômage augmente. Mais si l'État est doté d'un système de protection sociale et si la chute est due à une bulle boursière limitée à un seul domaine comme la bulle internet en 2000, l'État peut rétablir la confiance et, après une période de « relaxation » de la tension économique, les salariés redeviennent des consommateurs épargnants.

Soit (t_N) la thésaurisation normalisée à la richesse à la fin d'un cycle définie par l'équation (6.17).

$$t_N = \frac{t}{x_{n+1}} \tag{6.17}$$

Si toute la richesse est immobilisée et si plus personne ne consomme, on a :

$$\begin{aligned} t_N &= 1.0 \\ V_r &= 0 \end{aligned} \tag{6.18}$$

Par ailleurs, la thésaurisation normalisée (t_N) est comprise dans l'intervalle $[0, 1]$. Sa variation instantanée est proportionnelle et de sens opposé, à la vitesse de circulation : plus le salarié voit l'activité économique baisser et plus il thésaurise, et inversement. La variation instantanée est aussi proportionnelle à la thésaurisation instantanée (t_N), c'est-à-dire à la précarité existante : plus le chômage est important et plus le salarié thésaurise. De plus, la probabilité de variation de la thésaurisation est uniforme dans l'avenir et ne dépend que de la durée de l'intervalle d'avenir considéré. Dans ces conditions, la thésaurisation (t_N) et la vitesse (V_r) vérifient :

$$dt_N/dt = -t_N.V_r/\tau \tag{6.19}$$

En combinant les équations (6.18) et (6.19), on obtient :

$$t_N = exp(-V_r/\tau) \tag{6.20}$$

L'équation (6.20) donne la contribution des salariés à la thésaurisation. La constante (τ) représente la durée, estimée par le salarié, pendant laquelle l'économie produira une vitesse de circulation de la monnaie (V_r). Cette constante dépend du système de protection sociale et de la confiance dans la capacité de la politique économique à produire de la croissance. Mais dans tous les cas, l'évolution est la même : plus il y a de croissance et plus la thésaurisation des salariés est faible. À l'inverse, juste après un crash, la vitesse de circulation ralentit brutalement et les salariés thésaurisent massivement, ce qui amplifie le crash. On retrouve ici le mécanisme d'amplification du crash décrit par John Maynard Keynes.

Mais il y a une autre source de thésaurisation à laquelle John Maynard Keynes n'a pas prêté assez attention : la thésaurisation des plus riches, en particulier en cas de dérégulation financière qui permet le pillage.

En l'absence de pillage, les plus riches thésaurisent une petite partie de leur capital en cash à la banque, mais comme la seule façon d'augmenter cette richesse est de l'investir, ce capital « dort » et cette thésaurisation est très petite. On peut faire l'hypothèse que cette thésaurisation est proportionnelle à la vitesse de circulation moins un : ($V_r - 1$). En effet, quand la vitesse de circulation vaut un, ($V_r = 1$), il n'y a ni croissance, ni décroissance : les seuls crédits sont les crédits bancaires, car sinon ($V_r > 1$), et il n'y a pas de faillite, car sinon ($V_r < 1$). On pourrait avoir simultanément beaucoup de faillites et beaucoup de crédits entre entreprises, ce qui conduirait aussi à ($V_r = 1$), mais cette hypothèse n'est pas réaliste : quand il y a beaucoup de faillites, personne ne veut prendre le risque de faire crédit. À la suite d'un crash limité et après une période de latence où chacun veut s'assurer que les effets du crash sont contenus, il y a de nombreuses entreprises saines qui ont besoin de capital et dont le prix d'achat est faible : c'est un investissement sans risque dans la mesure où le crash a effacé la surévaluation des entreprises et où le redémarrage assure une croissance économique. Dans ces conditions, la richesse thésaurisée peut redevenir de la richesse active et être investie. Dans ce cas, la thésaurisation ($t < 0$) devient un investissement, et on peut supposer que même dans ce cas elle reste proportionnelle à ($V_r - 1$). Mais comme ($V_r < 1$) durant la réorganisation du capital qui suit le crash, le paramètre (t) devient négatif : ce qui était de la thésaurisation résiduelle devient une source de richesse investie. Donc, pour une économie régulée sans pillage on a :

$$t_N = \gamma.(V_r - 1) \tag{6.21}$$

Au total, en tenant compte des salariés et des banques, en l'absence de pillage la thésaurisation vaut :

$$t_N = exp(-V_r/\tau) + \gamma.(V_r - 1) \tag{6.22}$$

En présence de pillage, dans une économie dérégulée, la richesse extraite du circuit financier et thésaurisée peut être valorisée par le pillage, c'est-à-dire servir à alimenter le marché des produits financiers toxiques. Ces derniers opèrent parallèlement au circuit financier de l'entreprise et fonctionnent comme un casino : des paris sont faits sur le cours des actions ou de groupes d'actions, mais ces paris sont faits à crédits et leur risque est transféré aux actionnaires des entreprises et aux salariés. La richesse thésaurisée sert de couverture pendant un temps très court, le temps de créer le pari et de transférer le risque, tout en gardant les bénéfices des paris gagnants. L'exemple le plus simple est celui des contrats SHORT où une banque loue des actions dont elle a la garde, et dont elle n'est pas propriétaire, à un investisseur qui parie sur la baisse du cours, pari qui fait baisser le cours de l'action, c'est-à-dire perdre de l'argent au légitime propriétaire. Celui-ci assume le risque sans jamais être mis au courant, et sa propre banque joue contre lui. Le seul qui risque de perdre de l'argent et qui ne peut pas avoir de gain dans ce contrat est l'actionnaire.

Le faible risque et le grand rendement du pillage le rendent très attractif, mais dans le même temps augmente le risque de crash de la bourse, car il crée des corrélations sur les cours des actions concernées par les paris. Il y a donc un faible risque pour chaque pari et un risque très grands quand il y a beaucoup de paris. En conséquence, l'optimisation du pillage consiste d'une part, à thésauriser proportionnellement à la vitesse de circulation moins 1, quand celle-ci est supérieure à un, ($V_r > 1$), pour investir dans des produits de pillage, et d'autre part, à thésauriser proportionnellement à la vitesse de circulation moins 1, en retirant les fonds investis dans les produits de pillage pour les stocker en cash quand ($V_r < 1$). Dans les deux cas la thésaurisation est positive et augmente proportionnellement à $\mid (V_r - 1) \mid$. C'est seulement quand la vitesse vaut 1, que ces acteurs n'ont pas intérêt à piller. De plus, la thésaurisation est importante, beaucoup plus grande que la thésaurisation résiduelle. Donc en présence pillage, on a :

$$\begin{aligned} & t_N = \phi . \mid (V_r - 1) \mid \\ & \phi >> \gamma \end{aligned} \tag{6.23}$$

Au total, en tenant compte des salariés et des banques, en présence de pillage la thésaurisation vaut :

$$t_N = exp(-V_r/\tau) + \gamma.(V_r - 1) + \phi . \mid (V_r - 1) \mid \tag{6.24}$$

Les équations (6.22) et (6.24) forment la boucle de rétroaction entre la micro-économie du réseau d'entreprises et la macro-économie. En effet, l'équation (6.12) relie le résultat macro-économique global à l'équation de couplage (6.11) qui contient les variables micro-économiques, et en particulier la plus importante d'entre elles, la vitesse de circulation (V_r). Avec les équations (6.22) et (6.24) on relie la vitesse de circulation au paramètre macro-économique (t). Au total, le résultat macro-économique d'un cycle agit sur les paramètres micro-économiques par l'équation de couplage, et la vitesse de circulation agit sur le résultat macro-économique à travers l'équation qui relie thésaurisation et vitesse de circulation. L'équation macro-économique d'un cycle, (3.5), est une équation d'itération qui caractérise des systèmes dits « chaotiques », c'est-à-dire des systèmes non-linéaires avec des bassins d'attraction qui correspondent à une grande stabilité et des bassins de répulsion qui correspondent à de très grandes instabilités. De plus, le passage d'un type de bassin à l'autre est très brutal. Ce type d'évolution chaotique est transféré à la micro-économie par la vitesse de circulation. Cette situation sera illustrée dans les appendices C et D où un réseau de crédits entre entreprises sera couplé à la simulation macro-économique.

La séquence d'un crash image par image

Le pillage, outre le fait qu'il rend la croissance plus difficile, voire impossible à atteindre (équation 3.24), a aussi un effet destructeur sur la machine capitaliste elle-même : il détruit la monétisation et par là, il rend l'action de la Banque Centrale inefficace. On a vu plus haut que la surévaluation de la richesse existante correspond à de l'inflation. Ce point de vue est celui de la théorie monétaire classique « Quantity Théory of Money » [5], mais cette vision n'est valable qu'en l'absence de pillage, c'est-à-dire quand la richesse n'est pas thésaurisée et est réinjectée dans le circuit financier de la machine capitaliste. En présence de pillage, il faut modifier cette analyse à cause du lien entre thésaurisation et vitesse de circulation.

La séquence est la suivante. La richesse thésaurisée provoque un manque de crédit pour les entreprises et la vitesse de circulation diminue. Mais rapidement les entreprises compensent la diminution de crédit bancaire en se faisant crédit entre elles : on observe alors que la vitesse de circulation de la monnaie est accélérée, puis elle ralentit brutalement.

Les délais de payement correspondent à des crédits sans intérêts et sans couverture. La raison sous-jacente de ces crédits « gratuits » entre entreprises est le manque de richesse disponible pour couvrir ce crédit : la monnaie correspondante a été captée par la thésaurisation. Sans thésaurisation, les banques auraient plus de monnaie réelle et pourraient émettre plus de crédits aux entreprises avec un faible taux d'intérêt et les entreprises ne se feraient pas crédit entre elles. Plus la thésaurisation est importante et plus la monnaie réelle manque pour alimenter la chaîne qui relie les fournisseurs avant d'aboutir à un produit final. C'est au moment où le produit final est vendu, que la monétisation de cette richesse créée est possible. Et c'est cette monnaie créée qui remonte la chaîne de production pour payer tour à tour tous les fournisseurs.

Avant la thésaurisation, les entreprises ne se font pas crédit, elles empruntent à la banque commerciale. Quand la thésaurisation commence, ce crédit bancaire devient plus difficile à obtenir. La vitesse de circulation diminue et provoque des effets retards sur les prix. Puis, les chaînes de crédit entre entreprises s'installent.

5. En français Théorie Quantitative de la Monnaie.

Au début de la thésaurisation, les chaînes de crédits entre entreprises sont courtes, il manque peu de monnaie réelle, mais celle-ci est utilisée plusieurs fois puisqu'elle couvre n'ont seulement le crédit émis par la banque à la première entreprise de la chaîne, mais aussi tous les crédits entre entreprises. Comme la même monnaie est utilisée plusieurs fois, la vitesse de circulation augmente avec le nombre d'entreprises dans la chaîne.

Il y a ici deux types de situations qui conduisent chacune à un crash :

- un crash en un temps sans contournement du levier,
- un crash en deux-temps avec contournement du levier.

Dans le premier cas, la séquence ci-dessous produit un crash au moment où la vitesse de circulation chute. Dans le deuxième cas, la chute de la vitesse de circulation est compensée par une augmentation du levier par des produits financiers toxiques. Le premier cas correspond à une finance régulée sans fiscalité redistributive et le deuxième cas à une finance dérégulée.

On part d'une situation de thésaurisation qui étouffe l'économie par manque de crédit et qui provoque une augmentation de la vitesse de circulation. La Banque Centrale ne peut pas créer de la monnaie réelle pour empêcher ce crédit entre entreprises, car la richesse n'est pas encore créée. Au fur et à mesure que la thésaurisation augmente, la longueur des chaînes de crédit entre entreprises augmente, et la vitesse de circulation aussi. Mais ces chaînes de crédit sont des chaînes de corrélation du risque : si une entreprise fait défaut, elle risque d'entraîner avec elle les entreprises en amont de la chaîne. Au-delà d'un certain seuil, le risque de défaut devient trop grand et les entreprises cessent de se faire crédit entre elles : la vitesse de circulation ralentit et avec elle la création de richesse, ce qui entraîne un manque encore plus grand de monnaie réelle. L'effet de la thésaurisation sur la croissance se fait sentir conformément à l'équation(3.19). En effet, il n'y a plus de richesse réelle à monétiser. Et ce manque ralentit encore la vitesse de circulation, car cette fois, les chaînes de crédit entre entreprises ont déjà atteint leur longueur maximale en tant que chaîne de corrélation du risque de défaut. Mais la Banque Centrale est bloquée : si elle crée de la monnaie réelle, elle engendre de l'inflation sans résoudre le problème, car plus elle crée de monnaie et plus la thésaurisation augmente. On est ici dans un cas de pillage pur lié à la fiscalité : la thésaurisation pousse les entreprises à émettre du crédit sans couverture, donc avec un grand risque. Si le risque ne se réalise pas, la richesse créée est thésaurisée par le pillage, alors que si le risque se réalise, c'est l'entreprise qui assume les conséquences.

La thésaurisation liée à l'absence de fiscalité redistributive engendre un pillage structurel par la création de chaînes de crédit entre entreprises. Une « flat tax » est anti-capitaliste.

Si en plus, ou à côté de cette absence de fiscalité redistributive, on a une finance dérégulée qui permet le contournement du levier quand la vitesse de circulation commence à chuter, le transfert de la richesse thésaurisée vers les produits toxiques à hauts rendements augmente le crédit total en transformant le levier virtuel d'une pseudo-assurance en levier réel d'un outil de pillage. L'augmentation du levier masque la baisse de la vitesse de circulation (V_r) et le produit ($V_r.u = V$) reste assez élevé pour faire croire aux Banques Centrales que la politique monétaire est juste. C'est le deuxième temps. Quand le levier effectif devient trop grand, au moindre défaut d'une institution financière, même de taille moyenne, la pyramide de Ponzi s'effondre, tout le monde retire son capital des produits toxiques, la faible valeur de la vitesse de circulation apparaît au grand jour. C'est le crash.

Des personnes raisonnables remettraient vite en place une régulation financière et une fiscalité redistributive. C'est ce qu'a fait le Président Franklin Delano Roosevelt, mais ce n'est pas ce qu'on observe en 2016, au contraire. Tout comme les dirigeants de l'Union Soviétique se sont entêtés face à leurs échecs économiques répétés jusqu'à ne plus pouvoir nourrir leur population, leurs alter ego néo-libéraux de l'Ouest poussent la dérégulation et la défiscalisation de la thésaurisation toujours plus loin.

Quand la vitesse de circulation est lente, le résultat est une économie capitaliste dont la richesse totale est plus petite à chaque cycle dans la machine et un ajustement vers la pauvreté doit être arbitré entre les classes sociales. Les néo-libéraux ont imposé un ajustement qui concentre l'appauvrissement sur les classes moyennes par une politique fiscale qui s'appuie sur le « trickle-down » : l'argent des riches est supposé irriguer l'économie de façon efficace par ruissellement. Cette approche est basée, encore une fois, sur une fraude intellectuelle. En effet, elle suppose que les riches ne thésaurisent pas : or, c'est justement parce qu'ils thésaurisent [6] que la richesse totale est plus petite et qu'un ajustement est nécessaire !

Un autre aspect que met en valeur l'équation (6.10) est que le néo-libéralisme conduit inéluctablement à la destruction de la machine capitaliste. En effet, l'équation de Fisher est une approximation valable tant que la vitesse de circulation est grande. Dans un premier temps, le

6. Karen E. Dynan, Jonathan Skinner, Stephen P. Zeldes, *Do the Rich Save More ?*, Journal of Political Economy, 2004, Vol 112, No 2, p397-444.

néo-libéralisme produit grâce à la thésaurisation une accélération puis un ralentissement brutal de la vitesse de circulation (V_r). Dans le même temps, la dérégulation lance une émission de monnaie scripturale massive par contournement du levier qui masque la chute de la vitesse de circulation. À partir de ce moment, plus les politiques de dérégulation du marché sont appliquées et plus (V_r) diminue, mais tout à l'air normal, jusqu'au moment où l'écroulement de la pyramide de Ponzi des produits toxiques ramène brutalement le levier efficace au niveau du levier officiel. Le produit $V = (V_r.u)$ devient alors brutalement très petit et l'équation de Fisher devient une mauvaise approximation. Les termes non-linéaires en $(V_r.u)$ interviennent : l'économie entre dans une spirale de récession qui la détruit et détruit l'État avec elle. La seule façon de mettre fin à cette spirale destructrice est de recréer un marché capitaliste libre, c'est-à-dire un marché régulé. Bref, *l'émergence* par dérégulation ne marche pas. Un championnat de foot ne fonctionne pas sans règles et sans arbitre, il n'émerge pas naturellement comme signe de « la fin et l'aboutissement ultime de l'histoire du sport » (pour paraphraser et contredire Francis Fukuyama).

L'absence des termes non-linéaires dans son équation a conduit Irving Fisher à ne pas voir ce qui était en train de se produire et à déclarer 14 jours avant le crash du 29 octobre 1929 : « In few months, I expect to see the stock market much higher than today » [7].

Cependant, la vitesse de circulation ne permet pas à elle seule de prévoir un crash. En effet, la même valeur de vitesse de circulation peut s'obtenir de deux façons différentes. Soit il y a peu de faillites et les chaînes de crédit entre entreprises sont courtes, soit il y a simultanément beaucoup de faillites avec des chaînes longues. Les chaînes longues contribuent à une grande vitesse de circulation, alors que les faillites font baisser celle-ci : une compensation peut donner la même valeur qu'une situation saine avec peu de crédits entre entreprises et peu de faillites. La relation entre crash et vitesse de circulation est une implication, mais pas une équivalence : un crash implique une chute de la vitesse de circulation vers des petites valeurs, mais l'inverse n'est pas vrai. Ce point est illustré par une simulation numérique dans l'appendice C. De la même façon dans un cycle avec une forte croissance la vitesse de circulation est élevée, mais cette fois la raison est le faible nombre de faillites.

Globalement, peu avant un crash, l'augmentation de la vitesse de circulation, puis celle du levier quand la vitesse chute, cachent la thésau-

7. « dans quelques mois je m'attends à voir le marché des actions à un niveau bien plus haut qu'aujourd'hui »...

risation, car en apparence il ne manque pas de monnaie. Mais quand la vitesse atteint son maximum et commence à décroître, la monnaie réelle thésaurisée, c'est-à-dire manquante à la machine capitaliste, apparaît. Pourquoi cette monnaie est-elle manquante ? Après tout, elle correspond à de la richesse réelle et même si elle est thésaurisée, elle existe. Certes, mais elle est concentrée entre les mains de très peu d'acteurs, les hyper-riches, qui décident de son allocation. On a alors la même situation que dans une économie soviétique où un petit comité, le Gosplan, décidait de la production. La seule différence est qu'il faut soixante-dix ans pour détruire complètement les richesses d'un pays avec une économie soviétique et il en faut moitié moins avec le néo-libéralisme. Contrairement aux fonctionnaires économistes du Gosplan, les hyper-riches ne cherchent pas à optimiser l'économie, mais uniquement à augmenter leur thésaurisation par les outils financiers de pillage à court terme. La destruction est beaucoup plus efficace.

Le modèle présenté ici est monétariste, mais contre le néo-libéralisme. Il n'est pas pour autant keynésien.

Ce modèle arrive à des conclusions opposées à celles des néo-libéraux : le marché doit être régulé et la Banque Centrale a un rôle important à jouer, mais par d'autres moyens d'action que l'injection de monnaie : son rôle ne se limite pas à lutter contre l'inflation. Ces moyens seront présentés dans la section « Économie Politique pour un monde multipolaire stable ».

Si les Banques Centrales déduisaient de l'estimation de la richesse existante la richesse thésaurisée, le lien entre masse monétaire et inflation serait restauré. Mais cela mettrait au grand jour le fait que la thésaurisation empêche la croissance économique. Et les actions à prendre contre la thésaurisation sont de nature fiscale et politique : ces questions très sensibles devront tôt ou tard être abordées avec courage.

Pour résumer, suivant l'équation (6.10) l'interprétation monétariste de Milton Friedman est valable en situation de non-thésaurisation, c'est-à-dire dans une situation d'imposition redistributive contraire au néo-libéralisme. L'interprétation de Milton Friedman est fausse quand on applique la politique fiscale proposée par le même Milton Friedman. On peut réconcilier les deux points de vue en défiscalisant la richesse non thésaurisée et en taxant la richesse thésaurisée.

L'école de pensée britannique menée par Alfred Marshall, Arthur Cecil Pigou et John Maynard Keynes, est arrivée à des conclusions pratiques semblables sans faire appel à l'équation (6.10) : l'impôt est utile pour éviter la thésaurisation, laquelle bloque la machine capitaliste. Mais la thésaurisation dont parle cette école de pensée n'est pas celle des hyper-riches, c'est la thésaurisation des salariés quand ceux-ci ont peur du chômage. L'objet des mesures proposées par cette école de pensée est d'assurer un revenu suffisant et régulier aux salariés pour qu'ils restent des consommateurs et ne thésaurisent pas. Ici, l'approche est différente : ce n'est pas par l'impression de monnaie sans limite que l'on va assurer la sécurité des salariés pour qu'ils restent des consommateurs, mais c'est par la lutte contre la thésaurisation liée au pillage. La marque du pillage est la distribution des richesses : si celle-ci est Gaussienne ou proche d'une Gaussienne, le nombre d'hyper-riches est faible et correspond aux fluctuations statistiques. Il n'y a pas de pillage. Si au contraire, la classe moyenne est appauvrie et fait face à une classe assez nombreuse d'hyper-riches, alors la machine capitaliste est soumise au pillage.

Il est à noter que cette école de pensée a proposé des modifications de l'équation d'échange qui ne suivent pas l'analogie avec les équations de la physique, mais qui consistent à rajouter des termes ad hoc[8]. Par ailleurs, la thésaurisation dont il est question ici est différente de ce que John Maynard Keynes a introduit sous le concept de « liquidity trap ». Le concept de « liquidity trap » résulte de l'observation qu'une situation de taux d'intérêt très faibles, voire nuls, peut être associée à une absence de croissance. La vision keynésienne met l'accent sur la demande et celle-ci doit être stimulée par l'émission et l'injection de monnaie : cette approche est invalidée part l'exemple japonais, en particulier après le Quantitative Easing agressif de la Banque du Japon et la politique expansive dite « abenomics » du nom du 1er ministre Shinzo Abe.

L'explication proposée ici est différente. Le problème ne vient pas de la dépense qu'il faudrait stimuler par l'injection massive de monnaie, mais d'une fuite dans le circuit financier, due au pillage. Dans cette situation, comme dans le cas d'une fuite d'eau, on beau ajouter de la pression à l'entrée, celle-ci n'arrive pas au bout du circuit. Ce qu'il faut, c'est remettre l'argent thésaurisé par pillage dans le circuit, comme l'a fait le New Deal par la dévaluation et le Gold Reserve Act de janvier 1934. La situation assainie a perduré jusqu'à la révolution thatcherienne grâce à la fiscalité redistributive qui a limité la thésaurisation et grâce à la séparation entre banque d'investissement et banque de crédit, qui a garanti un marché libre de compétition pour l'accès au crédit. C'est cette compétition qui a empêché la mise en place d'oligopoles centrées

8. Voir par exemple A. C. Pigou, *The Value of Money*, « The Quarterely Journal of Economics », Vol 32, No 1, 1917, pp.38-65, équation page 43.

sur le pillage. La remise en circulation de l'argent thésaurisé est équivalente à une injection massive de monnaie, mais contrairement aux thèses keynésiennes, cet argent correspond à une richesse existante. Si la politique keynésienne a fonctionné avec le New Deal, c'est parce que celui-ci a utilisé l'argent thésaurisé pour alimenter la politique keynésienne de la dépense : en interdisant la possession d'or et en dévaluant le dollar, la Banque Centrale a récupéré un stock d'or, c'est-à-dire de la richesse réelle, qu'elle a pu monétiser.

Il y a deux outils pour assurer la liquidité, c'est-à-dire une vitesse de circulation (V_r) grande :

- l'impôt redistributif, et
- l'introduction de taux d'intérêt différenciés payés par les banques commerciales à la Banque Centrale en fonction de leur propension à favoriser le pillage qui conduit à thésauriser.

Mais aucun de ces outils ne fonctionne s'il n'y a pas de loi de séparation stricte entre banque d'investissement et banque de crédit.

La politique économique du Japon, « abenomics », est une autre victime de l'aveuglement néo-libéral : d'un côté, elle mène une politique monétaire expansive, et de l'autre, elle casse le caractère redistributif de l'impôt en augmentant la TVA qui est une « flat tax », c'est-à-dire une taxe identique pour tous les revenus. En d'autre termes, elle accentue la thésaurisation des revenus les plus élevés et fait porter le poids de cette thésaurisation sur les acteurs économiques qu'elle cherche à stimuler.

Par ailleurs, elle se trompe de cible en voulant réduire ses dépenses allouées aux personnes plus âgées au lieu de réorganiser le rôle économique de celles-ci : les populations des pays développés vont de toute façon vieillir, et en bonne santé. En dehors des années de maladie avant leur décès, il convient de reconsidérer les personnes âgées comme des acteurs économiques. Plutôt que de les pousser hors du marché du travail, il serait préférable de considérer la retraite comme *un droit à cesser le travail* et, dans le même temps, favoriser le travail de ces personnes à temps partiel. On aurait ainsi à la fois des personnes plus heureuses car moins isolées, des salariés qui percevant déjà une retraite seraient à l'abri de la précarité et donc auraient une plus grande propension à dépenser leur argent et enfin, une population qui pourrait jouer le rôle d'amortisseur social pour leurs enfants en garantissant à ces derniers une sécurité complémentaire de l'assurance-chômage. En diminuant la précarité, en augmentant de façon continue et répartie la dépense, on diminuerait la thésaurisation et la mise en réserve de richesse utilisée pour contre-balancer la précarité. Idéalement, le travail à temps complet avec des emplois stables devrait être réservé aux personnes qui n'ont pas atteint l'âge de la retraite, et la flexibilité ainsi que le temps partiel devrait être encouragé pour les retraités protégés par leur pension. L'effet de la précarité sur le pillage de l'économie sera discuté plus loin, mais le cas du Japon montre que considérer les personnes âgées comme un poids et non comme un outil de redistribution et d'efficacité au service de l'économie, est une erreur. Mélange bizarre de politique keynésienne de la dépense et de thésaurisation néo-libérale, les abenomics concentrent le pire des deux approches.

L'approche des taux d'intérêt différenciés commence à trouver une acceptation dans les milieux financiers avec l'introduction de taux d'intérêt négatifs par la Banque Nationale Suisse (BNS) en 2015 pour la garde des capitaux des banques commerciales. Ces taux négatifs poussent les banques commerciales à ne pas thésauriser leur capital. Mais un moyen plus efficace et plus général sera envisagé dans la section « Économie Politique pour un monde multipolaire stable ».

Les taux d'intérêt négatifs sont une indication claire que les banques commerciales ne trouvent plus sur le marché des placements sûrs pour y stocker leur fonds de réserve. Cette situation correspond à la transition entre la phase où la richesse thésaurisée par le pillage est petite par rapport à la richesse existante en circulation et la phase où cette richesse thésaurisée domine les cours et remplace le marché des capitaux : les prix du marché boursier ne résultent plus de la compétition entre investisseurs, mais sont pilotés par les mouvements de capitaux de quelques multinationales ou méga-banques. La qualité des projets d'entreprises proposés aux investisseurs devient secondaire. On entre alors dans un monde financier féodal où « l'or du Roi » domine l'économie. On sort d'une économie de marché libre. On verra dans la section « La révolution thatcherienne contre la démocratie : deus ex machina » que cette féodalisation de la monnaie accompagne une féodalisation de l'organisation sociale.

Le « Quantiative Easing », ou injection volontariste de monnaie réelle, peut être une action utile d'accompagnement temporaire d'actions structurelles de lutte contre la thésaurisation, mais ne peut ni les remplacer, ni être positive dans la durée.

Par ailleurs, un autre problème menace la monétisation : le remplacement de toutes les transactions en monnaie réelle par de la monnaie scripturale. Depuis 2010, le réservoir tampon est remis en cause par la volonté des banques commerciales de créer une société où tous les échanges se font par carte de crédit ou de payement, c'est-à-dire par voie scripturale. Les banques appellent ce système la « cash-free society ». La Suède où 80% des payements se font par cette voie est la plus avancée dans ce domaine. Au contraire, l'Italie résiste à l'argent plastique et seul 20% des échanges sont fait par cette voie en 2015. En réalité, il s'agit de la mise en place d'un contrôle du consommateur par l'espionnage et le téléguidage de ses achats au service d'oligopoles : le consommateur est guidé par sa banque vers un producteur particulier en échange d'avantages fictifs, de prix soi-disant réduits. On obtient ainsi une économie dirigée semblable à l'économie soviétique et, à terme, aussi inefficace que cette dernière. Cet aspect sera discuté dans la section « La révolution thatcherienne contre la démocratie : deus ex machina ».

Le payement exclusif par carte bancaire ne poserait pas de problème si l'information concernant l'acheteur et ses achats n'était pas enregistrable et utilisable par les oligopoles. Cette question est liée à la vie privée et sera reprise dans la section intitulée Projection de la souveraineté démocratique sur le net : les « Liberty-Clic ». Une solution alternative sera proposée dans la section « Monnaie virtuelle émise par les Banques Centrales : un très bon outil de payement. ».

Un autre problème, déjà mentionné dans la description de la modélisation, est la distinction entre monnaie réelle et monnaie scripturale qui risque de disparaître avec la « cash-free society ». Or le système monétaire ne fonctionne que si cette distinction est maintenue : la monnaie réelle sert de garantie à la monnaie scripturale et contraint, en retour, l'émission de celle-ci à des projets rentables. La confusion des fonctions conduit à des probabilités d'échec (q) élevées, un multiplicateur (s) faible et un amortissement (v) élevé : au total, la faillite.

La destruction du réservoir tampon, constitué de citoyens salariés qui accumulent un excès de capital, prend tout son sens dans de le cadre de la transition entre une société démocratique de classes moyennes vers une société de servage. Cette transition se fait par la mise en place d'une économie de pillage.

4

La fenêtre de fonctionnement de la machine capitaliste

On constate dans l'équation (5.5) du circuit financier de l'assurance que, contrairement à l'équation de croissance économique (3.15), cette fois la richesse totale produite, $(a.rb)$, doit être *inférieure* à un seuil. Donc, en tenant compte des deux équations la richesse existante est encadrée par deux seuils qui définissent la fenêtre de fonctionnement positif de la machine capitaliste. Quand on est dans cette fenêtre, la machine crée plus de richesse que de richesse détruite par la production elle-même par vieillissement des biens (l'amortissement) et par destruction accidentelle des biens (compensée par l'assurance). On peut être en dehors de cette fenêtre en étant en dessous du seuil de croissance ou au-dessus du seuil d'assurance. Dans le premier cas, on crée moins de richesse que de richesse détruite par la production elle-même et par vieillissement, dans le deuxième cas, on est à la merci d'un accident qui peut tout emporter.

En reprenant les équations (3.15),(5.5),(6.10)(6.11), on peut mettre en lumière l'arbitrage, par l'équation de couplage, entre la richesse mise au service de la création de richesse nouvelle et la richesse utilisée pour garantir la permanence de la richesse existante.

La richesse monétisée est égale à la richesse réelle uniquement si la vitesse de circulation est égale à 1. En pratique, ce n'est pas le cas, et comme la richesse monétisée est représentée par la *monnaie disponible*, la monnaie réelle est inférieure à la richesse existante.

On a alors le système d'équations :

$$
\begin{aligned}
&x_{n+1} = x_n + a.rb - ve.re - t - c\\
&a = [(1-q).k.s - q - v].u\\
&a.rb > ve.re\\
&Gb > 0 \quad \Rightarrow \quad (ir-1) + (1-q).(ib-1).u > q.u + (iB-1)\\
&Ge > 0 \quad \Rightarrow \quad (1-q).s > (1-q).(ib-1) + v\\
&M.V_r.u.\alpha < \frac{ra}{(w.p - ua)}\\
&M.V_r.u = a.rb\\
&M.V_r.u.(1-\alpha) = a_1 + a_2/(V_r.u) + a_3/(V_r.u)^2 + a_4/(V_r.u)^3 + a_5/(V_r.u)^4 + ..\\
&a_1 = P.Q \quad \text{où } P \text{ est le niveau des prix , et } Q \text{ est la quantité de biens échang}\\
&u_{eff} = V_r.u\\
&t_N = \frac{t}{x_{n+1}}\\
&t_N = exp(-V_r/\tau) + \gamma.(V_r - 1) \quad \text{sans pillage}\\
&t_N = exp(-V_r/\tau) + \gamma.(V_r - 1) + \phi. \mid (V_r - 1) \mid \quad \text{avec pillage}\\
&\phi >> \gamma
\end{aligned} \tag{6.25}
$$

Si ces équations sont respectées simultanément sauf la dernière, ($\phi = 0$), statistiquement la machine capitaliste produit plus de richesses qu'elle n'en consomme et garantit la permanence de celles-ci face aux catastrophes naturelles (pas les crashs boursiers). Ou du moins, la survie de la machine à fabriquer des richesses est garantie : après une catastrophe naturelle, la machine se remet à fonctionner pour réparer les dégâts.

La Banque Centrale a comme leviers de commande les variables (M, iB, u, ua, rB, ra) et doit chercher à maintenir une vitesse de circulation (V_r) élevée mais stable. En particulier, quand la vitesse de circulation augmente très vite, cela signifie qu'une bulle s'est formée et qu'un crash se prépare. De même qu'en montagne on déclenche artificiellement des avalanches pour purger des accumulations de neige, la Banque Centrale ne doit pas hésiter à purger une bulle sans attendre que celle-ci explose par elle-même. Les variables (q, s, v) sont le résultat de la politique économique du gouvernement, et le contenu des biens vendus en quantité (Q) à un prix (P) sont de nature culturelle. Contrairement à ce qu'affirme Francis Fukuyama, le néo-libéralisme n'est pas l'avenir inéluctable des sociétés humaines. Cette vision du caractère inéluctable du néo-libéralisme est une vision totalitaire. Le capitalisme est la machine à créer des richesses qui dérive de la démocratie occidentale basée sur l'individu, tandis que le néo-libéralisme est incompatible avec la démocratie et conduit au féodalisme. Par ailleurs, d'autres sociétés choisissent des formes d'organisation différentes de l'Occident et n'utilisent que partiellement la machine capitaliste. Il n'y a rien d'inéluctable : la démocratie résulte d'un choix et requiert une participation active des citoyens.

D'ailleurs, pour que la machine soit utile, il faut non seulement que la fenêtre de fonctionnement soit respectée, mais aussi qu'elle remplisse d'autres fonctions qui sont de nature culturelle. Si la société valorise la consommation, alors il faut un volume d'échange (Q) très élevé. Si la culture valorise des productions très coûteuses en matières premières, alors (P) est très élevé. Si la société est très solidaire et valorise l'éducation et la formation de façon à fonctionner sur le compromis comme en Suisse, alors (v) est très petit et la productivité intrinsèque du pays est très grande. À l'inverse, une société où le contrat social s'appuie sur la violence et l'oppression, aura une valeur de (v) très élevée et une productivité intrinsèque très faible. Par contre, une société qui recycle tout pourrait même avoir (v) négatif.

La notion de risque est différente dans chaque société et la valeur de α, à elle seule, ne donne pas l'efficacité de la couverture du risque face à une catastrophe naturelle. Pour illustrer cette situation considérons la situation des USA face à une épidémie, ainsi que celle de l'Allemagne et de la France.

La propagation d'une épidémie est décrite par un phénomène statistique : la percolation. La percolation forme un ensemble théorique qu'il n'est pas question d'exposer ici, mais dont la compréhension dans le cas le plus simple suffit à expliquer les conséquences de la corrélation des risques assurés.

Considérons une grippe hivernale « théorique » qui s'attrape chaque fois qu'un individu passe, en moyenne, plus de dix minutes en compagnie de trois personnes infectées. Supposons de plus que chaque personne infectée guérisse en cinq jours. Enfin, une personne guérie est immunisée et ne peut plus être réinfectée.

Au départ de l'épidémie, les quelques personnes malades sont entourées de gens qui n'ont jamais été infectées, et si les malades se trouvent dans un environnement urbain où ils rencontrent suffisamment de gens pendant plus de dix minutes chaque jour, l'épidémie se propage. Mais après cinq jours, le nombre de personnes qui guérissent et ne peuvent plus être infectées augmente. Ainsi, plus l'épidémie se propage et plus la probabilité d'infection diminue. En conséquence, le nombre de gens infectés au cours du temps augmente jusqu'à atteindre un pic au-delà duquel la probabilité d'infection est suffisamment faible pour que le nombre de gens qui guérissent soit supérieur à celui des gens qui sont infectés : le nombre de gens infectés au cours du temps diminue. L'épidémie s'éteint. Quel est le nombre maximum de gens malades simultanément au moment du pic ? Considérons les deux cas extrêmes.

Dans le premier cas, la densité de population est très faible et le nombre moyen de personnes qui passent ensemble plus de dix minutes par jour est inférieur à trois. L'épidémie se propage très lentement, affecte très peu de gens simultanément et au pic la fraction de gens malades dans la société est négligeable. La corrélation statistique entre gens malades au cours du temps est proche de 0%.

Dans le deuxième cas, la densité de population est très élevée et le nombre moyen de personnes qui passent ensemble plus de dix minutes par jour est très supérieur à trois. L'épidémie se propage quasi-instantanément, en moins de cinq jours, et presque toute la population est atteinte. La corrélation statistique entre gens malades au cours du temps est presque 100%.

Ces deux cas extrêmes correspondent à deux situations statistiques opposées et on dit que ces situations définissent deux *phases distinctes.* Entre les deux, il y a une transition, c'est-à-dire que l'on passe de l'une à l'autre quand la densité de population augmente. Ce que dit la percolation, est que cette transition est brutale : au-dessous d'un certain seuil, on aura une augmentation puis une diminution du nombre de gens malades, au-delà de ce seuil presque tout le monde sera malade simultanément. Ce seuil est le seuil de *percolation.*

Quel est l'impact économique d'une épidémie ? Cet impact n'est pas proportionnel au nombre de gens malades. Si peu de gens sont malades, ils peuvent être remplacés, ou leurs collègues peuvent provisoirement prendre en charge leur travail. Au-delà d'environ 5% de la population malade, certaines activités économiques doivent ralentir et la croissance baisse. Mais au-delà d'environ 20% de la population, la situation est équivalente à une situation de guerre et l'économie accumule des dettes. Au-delà encore, c'est l'écroulement du système. Or il existe un seuil de transition, le seuil de percolation, au-delà duquel *toute* la population est atteinte simultanément. Atteindre ce seuil conduit à la destruction du système économique. Si l'épidémie est mortelle, les survivants devront réorganiser complètement la machine économique, car aucun des paramètres de la machine, richesse des ménages, capacité de consommation et de production, taille des infrastructures, population formée etc, ne seront plus ajustés au fonctionnement de la machine capitaliste.

Un cas concret est celui de la grippe. Celle-ci recouvre une famille de virus où un nombre fini de combinaisons génétiques déterminent les capacités à tuer du virus et sa capacité à se propager. Pour qu'un virus soit très dangereux, il faut qu'il possède simultanément deux propriétés : il doit se propager à partir de très peu de contacts avec les personnes infectées, et la probabilité de survie d'un malade doit être faible. Bref, il doit être « tueur » et « courir vite » pour pouvoir se propager avant la mort du porteur.

En effet, si le virus se propage lentement ou tue trop vite, il suffit d'isoler les personnes atteintes et les morts pour que l'épidémie s'arrête. C'est la stratégie mise en place par les pays d'Afrique de l'Ouest avec succès en 2015 pour lutter contre le virus Ebola. Ce n'est pas par la force que les malades ont été isolés, mais au contraire en mettant à leur disposition des dispensaires où par les soins ils avaient plus de chance de survivre. Ces mesures exceptionnelles ne sont pas toujours nécessaires. Si la probabilité de survie est grande, même un virus qui « court vite » tue peu, même si les malades ne sont pas isolés et traités.

Selon les combinaisons, les virus de la grippe peuvent se propager facilement ou pas, être tueurs ou pas. On peut développer un vaccin, mais cela prend du temps et pendant ce temps, un grand nombre de gens peuvent mourir.

Il existe des souches qui font de la grippe une des pires épidémies potentielles que l'homme doit affronter : la grippe espagnole de 1918 a fait plus de morts que la 1re guerre mondiale.

En Europe de l'Ouest continentale, il existe depuis plus de cinquante ans un système de couverture des risques de maladie pour tous. Tous les citoyens ont, en principe, accès à un médecin de famille qui le suit pendant des années. Une relation de confiance lie le citoyen et son médecin, et ce dernier connaît les faiblesses physiologiques éventuelles, donc les risques de maladie et les allergies de chaque patient.

Quand la souche de grippe H1N1 est apparue en 2009, on a constaté qu'elle se propageait à une vitesse vertigineuse, le Hussein Bolt ou le Carl Lewis de la catégorie, mais on ne savait pas si elle était mortelle. Par ailleurs, il y avait la crainte que cette souche se recombine avec une souche capable de tuer, produisant ainsi un virus redoutable. L'alerte mondiale a été donnée.

En Allemagne, à partir de 18h00 et sans rendez-vous, chaque citoyen pouvait se rendre chez son médecin pour se faire vacciner. S'il y avait la queue, il ne perdait pas de temps et revenait un autre jour. De son côté, le médecin connaissant les allergies de ses patients pouvait les vacciner dans les meilleures conditions et, pour ceux allergiques aux œufs qui servent de substrat au vaccin grippal, il pouvait proposer un vaccin alternatif contres les infections des poumons. Les risques d'effets secondaires étaient ainsi limités. Par ailleurs, les vaccins conditionnés en flacons pour dix personnes étaient utilisés sans pertes. En très peu de temps tout le monde fut vacciné, sans risque, avec un coût minimal, sans queue et sans panique. On voit ici l'efficacité de la médecine générale pour la santé publique, et l'abaissement des coûts économiques qu'elle produit.

En France, les technocrates ont suivi l'approche néo-libérale selon laquelle l'organisation de la santé publique émerge toute seule du marché et depuis de nombreuses années, par divers moyens, ils démantèlent le réseau de santé et dévalorisent le métier de médecin généraliste. Face à l'épidémie H1N1 cette politique a montré ce qu'elle produisait : un chaos au coût astronomique particulièrement inefficace en terme de santé publique. Au lieu de s'appuyer sur le réseau de médecins de famille comme en Allemagne, les installations sportives ont été réquisitionnées et des centres de vaccination ressemblant comme deux gouttes d'eau aux centres d'enrôlement de l'armée des années '70' (« les trois jours »), ont été mis en place. Là, des médecins volontaires en blouse blanche attendaient au bout d'une rangée de tables d'écoliers, où le « candidat à la vaccination » devait passer pour remplir les questionnaires administratifs. Le tout était martial, sombre et ramenait l'imaginaire collectif à la mobilisation générale de la dernière guerre[9]. Face à ce déploiement grotesque, sensible aux rumeurs de dangers de la vaccination, la population se teint scrupuleusement à l'écart et, pour la plus grande part, ne fut pas vaccinée. En dehors du désastre de santé publique évité non par la vaccination, mais par la forme bénigne de la maladie, en dehors de la privation de sport des élèves durant l'hiver, le coût des vaccins non utilisés et des flacons partiellement utilisés, fut à la charge des « non-vaccinés ». Il est à noter que statistiquement une souche de virus continue d'apparaître dans les combinaisons jusqu'à cinquante ans après avoir frappé. Donc, le caractère de propagation très virulent de cette souche peut encore se combiner avec une souche tueuse. Heureusement, les quelques personnes vaccinées et celles qui ont eu la grippe H1N1 resteront partiellement protégées contre une telle souche.

Aux USA, avant l'Obama-care que certains veulent démanteler, cha-

9. L'échec de la vaccination est notamment imputable au refus catégorique de la ministre Roselyne Bachelot de faire faire la vaccination par le réseau de médecins généralistes.

cun avait son assurance médicale séparée et 40 millions de pauvres n'avaient rien. Ces 40 millions, une fois malades, propagent très bien la maladie et les heureux assurés en profitent pleinement. Face à une épidémie de type grippe tueuse très contagieuse, c'est le désastre. En effet, pas de réaction rapide possible, les assurances doivent toutes payer simultanément, d'où défaut de payement, cessation des soins, écroulement du système. Il serait beaucoup moins cher d'avoir un réseau de dispensaires pour tous pour assurer le minimum médical, le reste pouvant, pour des raisons idéologiques, soit être à la charge de chacun, soit être intégré dans un système à l'européenne. Le coût du réseau est moins cher sur le long terme, car il permet d'atteindre toute la population en très peu de temps, de façon économique, comme l'a montré l'exemple allemand. Si le H1N1 en 2009-2010 avait été de type tueur, les USA auraient eu des pertes humaines et financières semblables à une guerre mondiale et des défauts de payement, suivis de procès, qui auraient bloqué toute l'économie. En France, la peur aurait amené les gens aux centres de vaccination, ça aurait coûté très cher, mais ça aurait marché. En Allemagne, l'impact aurait été minimal. En attente de production de vaccin, le réseau permet de convaincre la population de prendre des mesures de prévention, car en échange chacun est sûr d'un suivi médical par un dispensaire qu'il connaît. Aux USA, c'est chacun pour soit. Face à une panique médicale, la garde nationale a peu de chances de contenir la situation. La somme des gains maximaux à court terme (pas de financement de réseau national de santé) ne conduit pas à un gain maximal, mais au risque de tout perdre pour une simple grippe plus virulente et plus tueuse que les autres.

H1N1 est une répétition générale. Face à une nouvelle grippe espagnole ou plus tueuse encore, le paysage géopolitique mondial serait radicalement changé. La population des USA, de la Russie, de la Chine et de d'autres pays ayant rejoint la taille du Luxembourg et du Lichtenstein réunis, il se pourrait que l'Allemagne domine le monde, non par la folie criminelle d'un caporal autrichien, mais par la sagesse d'une pacifique démocratie social-libérale et social-démocrate.

Le paramètre (α) n'est pas très différents dans les pays occidentaux, mais on voit dans l'exemple précédent que la couverture des risques correspondants, elle, est très différente. Un État est nécessaire pour réguler le marché de façon à garantir son accès libre aux producteurs et aux consommateurs, sans tricheries, et promouvoir ainsi une saine compétition. De même, un médecin généraliste n'est pas un médecin qui doit être moins formé ou moins payé que ses collègues spécialistes, car ce que « généraliste » signifie, c'est qu'il doit pouvoir synthétiser tous les symptômes connus pour gérer au mieux la santé publique, à la fois dans l'intérêt du patient et de l'abaissement des coûts. La France qui avait un excellent réseau de santé décentralisé de médecins généralistes, détruit ce réseau depuis des années au profit d'une concentration au service de spécialités, lesquelles reçoivent des patients de moins en moins filtrés et adaptés. Le résultat est une population de moins en moins bien soignée, qui engorge les services d'urgence des hôpitaux, et une économie de la santé dont le coût total explose. Et ce déséquilibre ne fera que croître. En effet, avec une population plus âgée, ce sont les maladies chroniques qui sont la source principale des coûts. Or, ce sont la détection précoce et l'anticipation basée sur le suivi au long terme, qui assurent à la fois un meilleur traitement et un coût plus faible : c'est la force d'un réseau de médecine générale. L'investissement dans un tel réseau est plus que compensé par les économies qu'il permet. Paradoxalement, on retrouve ici dans un autre contexte les économies d'échelle qui sont courantes dans l'industrie. Mais alors que ces économies d'échelle peuvent être mises en place par la direction d'une entreprise, pour la santé publique elles ne peuvent être mises en place que par l'État : le désengagement de celui-ci, à l'instigation des néo-libéraux, augmente les coûts. Un exemple concret, en France, est l'ancien réseau de gynécologues qui permettait une détection et un soin précoce des cancers du sein. Le démantèlement partiel de ce réseau a provoqué l'augmentation des coûts ainsi que des soins tardifs et pénibles.

Chapitre No. 7

Économie ou Économie Politique ?

Le fondateur de la science économique moderne Adam Smith considérait les flux économiques comme indissociables de la philosophie politique. La philosophie d'Adam Smith tend à la modération des passions, qui s'obtient par la bienveillance réciproque des individus bien que ceux-ci soient égoïstes. Et le rôle de l'économie libérale, qui met en avant le mérite et la satisfaction des besoins réciproques par le marché, est de contribuer à cette bienveillance. En effet, Adam Smith montre que le libéralisme transforme les choix égoïstes des individus en actions bienveillantes au niveau de la société. Pour lui, cette philosophie politique était une *loi naturelle*, comme une loi de la nature, par opposition aux lois divines dont se prévalait l'ordre social aristocratique. Les lois divines justifiaient les droits et privilèges de produire et de vendre, réservés à l'ordre social aristocratique. Ces droits se traduisaient sous forme de taxes diverses et de limitations du commerce.

Pour démontrer que la philosophie politique qui repose sur la bienveillance était une loi naturelle, Adam Smith se proposait d'étudier les lois économiques comme on étudie la physique et la médecine afin de montrer qu'un système politique, *construit* en accord avec ces lois, menaient naturellement vers cet ordre social naturel.

Ici, ce qui est *naturel*, ce sont d'une part, l'égoïsme des individus et la société de bienveillance réciproque, et d'autre part, les lois statistiques qui gouvernent les flux économiques.

En traduisant ces dernières par une *construction* politique, on obtiendrait la société gouvernée par des lois naturelles. Cette construction politique intermédiaire entre des lois naturelles est le libéralisme économique : pour Adam Smith, c'est un système *construit* par opposition à un système *naturel.* Cette construction n'est pas une loi de la nature et elle n'émerge pas naturellement, elle résulte d'un choix politique, qui à son époque, s'oppose à l'ordre féodal.

Ce système *construit* s'inscrit dans un but de philosophie morale, il en est un « outil », quelque chose *d'inventé* et de *choisi* par l'homme et non quelque chose d'inscrit dans la nature. Mais ce système *construit* repose sur une loi naturelle, que l'on qualifierait aujourd'hui de loi « statistique » et qui caractérise le libre marché des biens et des services : la fameuse « main invisible » qui optimise les échanges. Celle-ci conduit les individus à servir les intérêts de la société sans même le vouloir :

« But the annual revenue of every society is always precisely equal to the exchangeable value of the whole annual produce of its industry, or rather is precisely the same thing with that exchangeable value. As every individual, therefore, endeavours as much as he can both to employ his capital in the support of domestic industry, and so to direct that industry that its produce may be of the greatest value; every individual necessarily labours to render the annual revenue of the society as great as he can. He generally, indeed, neither intends to promote the public interest, nor knows how much he is promoting it. By preferring the support of domestic to that of foreign industry, he intends only his own security; and by directing that industry in such a manner as its produce may be of the greatest value, he intends only his own gain, and he is in this, as in many other cases, led by an invisible hand to promote an end which was no part of his intention. Nor is it always the worse for the society that it was no part of it. By pursuing his own interest he frequently promotes that of the society more effectually than when he really intends to promote it. »

En conséquence, ce système *construit*, basé sur une loi statistique *naturelle*, conduit à un système social *naturel*. Dans la citation précédente [1], Adam Smith traite de la question des limitations à l'importation des biens, limitations qu'il juge néfastes. Mais le point nouveau et original est qu'il utilise un argument, la « main invisible », qui dans un langage moderne est un argument statistique.

Par ailleurs, si Adam Smith considère que le libéralisme est un système *construit*, il affirme que l'échange de valeur et le marché sont *naturels* et ont toujours existé. Il se trompe, l'anthropologie a montré qu'il n'en est rien [2]. Il existe des sociétés qui ne fonctionnent pas par le mar-

1. Adam Smith, *An Inquiry into the Nature and Causes of the Wealth of Nations* IV,2,9.

2. En fait, le système observé dans les tribus « primitives » (au sens technique) est la « Réciprocité », le gibier et les ressources sont partagés entre tous, sans troc ou décompte.

ché, mais par la mise en commun des ressources. De façon générale, le capitalisme est un système de création de richesse qui fonctionne, mais l'imagination humaine peut en inventer d'autres.

Adam Smith s'inscrit dans la ligne des Physiocrates, en particulier François Quesnay, pour lesquels il existe des flux naturels des échanges, semblables aux flux sanguins. Ces flux, s'ils sont laissés libres de se propager, permettent à l'homme de tirer de la terre les richesses nécessaires à la société. Pour permettre un flux maximal, il convient d'organiser les échanges en définissant au mieux qui produit quoi et pour qui. Les Physiocrates en concluent qu'il existe trois classes, chacune avec un rôle précis : les paysans qui sont la source des richesses, les commerçants qui sont une classe stérile, et les propriétaires qui sont l'expression du droit naturel à la propriété et assurent la stabilité de la société. Le rôle du Roi est de faire appliquer cette répartition comprise comme une loi naturelle. Physiocratie peut être compris comme « gouvernement par la nature ». C'est un changement de paradigme par rapport au gouvernement par Dieu représenté sur terre par l'Église.

Adam Smith n'adopte pas les conclusions des physiocrates concernant l'organisation sociale en trois classes et à ce titre ne peut être classé dans ce mouvement de pensée qui, pour lui n'est qu'un point de départ. Adam Smith se situe du côté des physiocrates dans le changement de paradigme vis-à-vis du gouvernement par Dieu représenté sur terre par l'Église.

Notons qu'une organisation ou un objet construit sur une loi naturelle n'hérite pas lui-même de ce caractère naturel : une voiture construite à partir des lois de la physique n'est pas un objet naturel, c'est un objet construit. Le détournement néo-libéral consiste à étendre le caractère naturel des lois statistiques au système économique que ces lois servent à décrire.

1

Le détournement des idées d'Adam Smith par Freidrich Hayek et Milton Friedman

Le caractère mathématique et donc « naturel » des lois statistiques va servir à dévoyer la pensée d'Adam Smith et à transformer le libéralisme en néo-libéralisme.

L'évolution des sciences et des techniques aux 19e et 20e siècles entraîne l'établissement de la statistique comme science mathématique qui fournit un outil de mesure des flux économiques. Petit à petit, l'outil statistique prend le dessus sur toute autre considération et des deux livres d'Adam Smith, seul celui qui traite de la comptabilité économique, « An Inquiry into the Nature and Causes of the Wealth of Nations », va subsister, l'autre versant de sa pensée, celui traité dans « The Theory of Moral Sentiments », va être amputé de son œuvre.

Par la suite le caractère de loi naturelle scientifique des statistiques sera étendu à l'économie libérale elle-même. L'économie libérale n'est plus un *outil construit* au service d'une philosophie morale, mais une loi naturelle qui *émerge* toute seule quand la « liberté » des individus est assurée.

Il n'est pas anodin que dans cette vision, cette « liberté » ne soit jamais définie, mais elle est « naturelle ». Quelles sont ses limites ? La peine de mort en fait elle partie ? Le divorce ? La monogamie ? Le pillage ? La consommation de drogues diverses et variées ?

Cette vision va être portée au paroxysme par la guerre froide en assimilant le bloc soviétique comme l'ennemi de la loi économique « naturelle ». Cette assimilation a été facilitée par le fait que le bloc soviétique était une dictature féroce et inefficace. La loi économique *naturelle émergente* devient, dans le discours de la révolution thatcherienne, indissociable de la liberté démocratique.

Le caractère émergent, et donc non guidé par un État, jouera un rôle primordial dans l'échec des plans de développement proposés-imposés aux pays pauvres, en particulier quand le GATT sera remplacé par l'OMC[3].

Les travaux de Friedrich Hayek et son livre « The Road to Serfdom » vont servir de base théorique à ce lien entre l'économie naturelle et la

3. GATT = General Agreement on Trade and Tariffication ; OMC = Organisation mondiale du Commerce.

liberté démocratique dans le cadre de l'affrontement de deux blocs idéologiques.

Suivant le néo-libéralisme, l'évolution « naturelle » de cette loi économique, elle aussi « naturelle » et associée à la liberté, implique que le citoyen est avant tout un *acteur économique* de la société avant d'être un *acteur moral* : c'est un *consommateur* et non un *constructeur* de sociétés dans un cadre culturel. On a ainsi inversé l'approche d'Adam Smith qui publie d'abord « The Theory of Moral Sentiments », dont la mise en pratique est l'objet de son deuxième livre, « An Inquiry into the Nature and Causes of the Wealth of Nations ».

Par ailleurs, ce tour de passe-passe enferme le débat politique dans une situation binaire : on est « pour la liberté » et donc favorable au néo-libéralisme, ou partisan de la dictature, c'est-à-dire de l'État sous toutes ses formes. Dans cette vision, l'État est par essence contraire à la liberté. Comme il entrave celle-ci, il est aussi par essence inefficace, en particulier quand cet État repose sur la solidarité sociale. La dictature communiste est plus facile à combattre pour les néo-libéraux que la social-démocratie ou le libéralisme social des chrétiens-démocrates allemand. Les alliés objectifs des néo-libéraux sont les partis d'extrême gauche et de la gauche alternative qui eux aussi veulent enfermer le débat politique dans un choix binaire, le *bien*, « nous », ou *le mal* « eux ».

Une idéologie qui a pour objet l'expression d'une loi naturelle considère la société humaine non pas comme une construction issue du libre-arbitre, mais comme une extension de la nature. Le système politique qui applique cette idéologie affirme qu'il résulte de l'évolution inéluctable de l'histoire humaine. Cette forme d'organisation *émerge* alors naturellement si elle n'est pas contrariée par des groupes humains malfaisants. Ces groupes sont alors désignés comme les ennemis du « bien » et la politique devient un combat binaire contre ces groupes. On retrouve cette structure dans le fascisme avec l'ordre social hiérarchique « naturel » et à sa tête le Duce, le nazisme avec l'inégalité « naturelle » des races, le communisme avec l'évolution « naturelle » vers deux classes sociales et leur affrontement final, et aussi dans le néo-libéralisme et l'écologie politique.

La caractéristique commune de ces idéologies est le rejet de la démocratie représentative. Celle-ci affirme que la société est basée sur le libre-arbitre, qu'elle est une construction humaine guidée par la culture et que cette construction fonctionne de façon empirique : il n'y a pas de chemin unique vers le futur, mais une suite d'essais, de corrections, de changements de cap. Ces choix sont issus du débat collectif éclairé par la raison, par opposition aux sentiments.

La *fin de l'histoire* n'existe pas. Ce concept est lié à l'idée d'un système naturel vers lequel les sociétés humaines évolueraient pour finalement se stabiliser. Cette conception conduit au totalitarisme y compris quand elle prétend que le système politique naturel est la démocratie représentative. Car si c'était le cas, une fois installée, il ne serait pas nécessaire de la défendre, car elle ne pourrait pas être renversée. Depuis Aristote, on sait qu'il n'en est rien.

Dans sa forme fondamentaliste telle qu'elle se présente en France, l'écologie politique a pour objet la construction d'une société basée sur un rapport direct à la nature : on oppose les lois de la nature aux lois humaines. Celles-ci sont par essence destructrices, et la société humaine doit être au service de la nature. L'être humain est par essence coupable : c'est une écologie punitive. En particuliers, les progrès techniques, nés par et dans le capitalisme, sont considérés comme nocifs. L'idée d'un progrès qui ne serait ni bon ni mauvais par essence, est rejetée. Suivant cette idéologie, la fin de l'humanité est inscrite à la fois dans le capitalisme et dans la démocratie représentative, dans la mesure où le chemin empirique que cette dernière propose n'est pas guidé par le respect de la nature. C'est une idéologie millénariste, basée sur le concept de « fin du monde » tel que l'a connu l'Europe chrétienne vers l'an mille. Tout comme à l'époque, pour échapper à ce destin tragique, l'écologie politique désigne ses détracteurs comme des ennemis des lois naturelles.

Au cœur de l'écologie politique il y a le rejet de la « main invisible » d'Adam Smith, c'est-à-dire d'un système dynamique où les lois statistiques peuvent conduire au bien collectif, pourvu que la société soit basée sur la bienveillance. Dans « The Theory of Moral Sentiments », Adam Smith montre que ce type de société permet la contradiction et l'évolution sans violence par la confrontation de points de vu opposés. C'est précisément l'objet de la démocratie représentative. Le rejet de cet empirisme conduit à une écologie politique qui est anti-étatique, et à des actions violentes comme les occupations violentes de terrains et la création de « Zones A Défendre » (ZAD). Pour l'écologie politique, la démocratie représentative doit être remplacée par une démocratie « participative » où le citoyen ne fait pas un choix de compromis en élisant un représentant, mais confronte ses idées directement à une assemblée : malheur aux timides, aux gens impressionnables, aux moins éduqués, aux hésitants. Le pouvoir passe aux communicants et aux tribuns avec leurs idées simples et tranchées.

La croyance dans la fin de l'histoire et l'idéologie anti-État, où celui-ci doit être réduit à sa plus simple expression, rassemblent l'écologie politique et le néo-libéralisme. Leur ennemi commun est la forme d'État incarnée par la démocratie représentative.

Enfin, pour les néo-libéraux la justification de la nécessité d'un État est donnée par le fait qu'avant que la loi économique « naturelle » s'établisse partout et conduise à une culture « naturelle universelle », un état de guerre avec le monde « non-libre » oblige les sociétés libres à avoir une armée et à faire la guerre. D'ailleurs, la guerre est le seul rôle dévolu à l'État, car même la police et la justice peuvent être privatisées. Par cette vision qui se veut « loi naturelle » et qui est supposée conduire à une culture « universelle », le néo-libéralisme a toutes les caractéristiques que l'on trouve comme éléments des idéologies totalitaires.

C'est une trahison des idées d'Adam Smith. Contrairement aux affirmations des tenants de la révolution thatcherienne, le libéralisme économique d'Adam Smith ne conduit pas à un rejet de l'État, même dans le domaine économique :

« According to the system of natural liberty, the sovereign has only three duties to attend to; three duties of great importance, indeed, but plain and intelligible to common understandings : first, the duty of protecting the society from violence and invasion of other independent societies; secondly, the duty of protecting, as far as possible, every member of the society from the injustice or oppression of every other member of it, or the duty of establishing an exact administration of justice; and, thirdly, the duty of erecting and maintaining certain public works and certain public institutions which it can never be for the interest of any individual, or small number of individuals, to erect and maintain; because the profit could never repay the expence to any individual or small number of individuals, though it may frequently do much more than repay it to a great society. »

Dans le libéralisme économique, la notion de service public, « certain public work », est présente dès l'origine : contrairement au néo-libéralisme, le libéralisme n'est pas anti-étatique, mais il s'oppose à l'État féodal et aristocratique.

L'expression qui a eu le plus de succès dans « An Inquiry into the Nature and Causes of the Wealth of Nations » est la « main invisible ». En expliquant que cette « main invisible » est bien plus efficace que le contrôle des échanges par des taxes et des contraintes réglementaires, Adam Smith s'attaque à l'État féodal et non à « l'État » en tant que tel. À l'époque, les deux forces idéologiques qui s'affrontent sont les tenants de l'État féodal dont la justification est à trouver auprès de Dieu et l'Église, et l'État libéral basé sur la science. L'aristocratie tient sa richesse des taxes et droits d'usage qu'elle prélève sur les biens et les échanges, taxes dont veulent se libérer leurs ennemis, les nouveaux industriels. Ce n'est pas un débat sur l'État en soi, en tant qu'entité politique qui est remis en cause par l'argument de la « main invisible », c'est l'État féodal et sa version modernisée, le mercantilisme. L'usage qui est fait de la « main invisible » par les idéologues néo-libéraux pour délégitimer tout rôle de l'État en dehors de l'armée et de la justice, est un anachronisme et aussi, à nouveau, une fraude intellectuelle.

Il est rarement fait état du fait que l'expression la « main invisible » a d'abord été utilisée dans « The Theory of Moral Sentiments » au sujet des riches qui, selon Adam Smith, sont guidés par cette « main invisible » dans la distribution des richesses créées sous leur patronage :

« They are led by an invisible hand to make nearly the same distribution of the necessaries of life, which would have been made, had the earth been divided into equal portions among all its inhabitants, and thus without intending it, without knowing it, advance the interest of the society, and afford means to the multiplication of the species. »

Dans les deux ouvrages, Adam Smith utilise cette expression pour décrire un phénomène, qui dans un langage moderne serait classé dans l'étude des systèmes dynamiques reposant sur des lois statistiques. À nouveau, cette intuition qu'il existe des lois statistiques « naturelles » qui guident les comportements humains est au cœur du libéralisme défendu par Adam Smith. Adam Smith a vécu avant Darwin et, contrairement au néo-libéralisme, qui applique les théories de Darwin sur l'évolution des espèces à l'évolution des sociétés, ses théories ne justifient pas la simple loi du plus fort comme moteur du bien social. Le libéralisme d'Adam Smith n'est pas le néo-libéralisme de Milton Friedman.

Là où Adam Smith prêchait la modération, l'empathie et le compromis, le néo-libéralisme prêche l'intransigeance. Pour les néo-libéraux, la soif de richesses, si elle ne subit aucune entrave par aucun État, conduit à l'économie naturelle, à la société naturelle et à la liberté. On est loin du libéralisme économique comme outil *construit* au service de la bienveillance *naturelle*. La doctrine morale néo-libérale est parfaitement résumée par Miton Friedman dans son émission de télévision :

« Well first of all, tell me : Is there some society you know that doesn't run on greed ? »

Là où pour Adam Smith le sentiment moral naturel était la bienveillance, Milton Friedman affirme que le sentiment moral naturel est la rapacité.

Dans la mesure où le citoyen finance l'État qu'il se choisit par les impôts, le remplacement du citoyen par le consommateur est aussi explicité par Milton Friedmann :

« I am in favor of cutting taxes under any circumstances and for any excuse, for any reason, whenever it's possible. »

C'est dans ce cadre qu'est née l'idée que *l'économie* peut être une science naturelle et qu'il faut, suivant la révolution thatcherienne, abandonner la notion *l'économie politique* introduite par Adam Smith.

Au niveau moral, le passage du libéralisme d'Adam Smith au néo-libéralisme de Friedrich Hayek et Milton Friedman est le remplacement d'un ordre social qui vise à la paix en subvenant aux besoins de tous, par un darwinisme social où règne la loi du plus fort. Le libéralisme d'Adam Smith est beaucoup plus proche des sociétés social-libérales ou social-démocrates incarnées par la CDU et le SPD en Allemagne, que du néo-libéralisme thatcherien.

Si on ne tombe pas dans la fascination pour le langage cabalistique des équations et que l'on considère la science statistique comme un outil de mesure qui permet des constructions économiques diverses, sans transférer à ces dernières le caractère de lois de la nature, il faut revenir à *l'économie politique* comme science humaine. Cette science comporte deux points de vue complémentaires :

- une *comptabilité économique* décrite par les mathématiques et qui enregistre et quantifie le flux des biens et des services produits et échangés,
- et une philosophie politique dont l'objet est de traduire la culture d'une société en organisation sociale et économique. Cette philosophie peut éventuellement, comme dans le cas d'Adam Smith, prétendre être une loi naturelle.

2

L'Économie Politique comme Science Humaine appliquée à l'État

La culture n'est pas une caractéristique figée d'une société, mais l'expression constamment renouvelée de la *narration du monde* tel qu'il est conçu par une société à un moment de son histoire. Une économie inadaptée à cette narration du monde ne fonctionne pas et engendre une organisation parallèle des liens sociaux, la *corruption*, ainsi qu'une violence sous forme politique et/ou criminelle. Alors qu'une économie adaptée à la narration du monde accompagne et facilite l'évolution de celle-ci vers des compromis sociaux qui stabilisent la société, une économie inadaptée provoque des blocages politiques. Adapter l'organisation de la création des richesses à la narration du monde est l'objet d'une *Économie Politique.*

Pour illustrer le rôle de l'adaptation des règles du capitalisme à la culture, il est intéressant de comparer deux pays semblables et de cultures proches mais différentes, la Suisse et le Danemark.

En 2014, le PIB par habitant de la Suisse est le 4e mondial alors que celui du Danemark est le 6e. Ce sont deux démocraties représentatives riches, européennes, et dont la richesse ne provient pas de richesses naturelles, mais de la production de biens et de services. Au Danemark, l'impôt sur le revenu varie de 37% à 59%, et en Suisse de 24.4% à 42.3%. Tous les deux sont des pays capitalistes dotés d'une couverture sociale obligatoire qui couvre les mêmes risques : retraite, maladie, chômage, nourriture et éducation.

Mais les impôts et les régimes sociaux sont très différents dans leur organisation financière. Au Danemark, le système est un système par répartition très centralisé et basé sur l'impôt. En Suisse, le système de financement des pensions est très décentralisé et basé sur trois piliers. Les deux premiers piliers sont obligatoires et le troisième facultatif. Le premier pilier est financé par répartition et régi par l'État. Le deuxième pilier est un système par capitalisation géré au niveau des entreprises. Le troisième pilier est un système par capitalisation privée. Le système d'assurance maladie-accident, « Lamal », est aussi décentralisé. Pour le reste Danemark et Suisse sont des économies d'entreprise et de marché, très semblables.

On a donc deux machines capitalistes d'efficacité proche, avec des systèmes d'imposition très différents et des rôles de l'État très différents voire opposés. Cela marche, car chacun des systèmes est une pièce de théâtre qui convient aux acteurs. Il n'existe pas de machine capitaliste optimale unique pour tous. Le capitalisme est un jeu social qui est basé sur la confiance. Cette dernière fait intervenir les codes sociaux qui expriment la culture de la société.

Au Danemark, dès l'époque viking, la société est une société clanique dont la base est la solidarité collective. L'arrivée du christianisme n'a pas changé cette caractéristique, et le système centralisé de solidarité avec une forte contribution égalitaire par l'impôt est la version moderne de ce système de solidarité collective.

En Suisse, la confédération est née d'une révolte de paysans et de notables locaux contre l'administration et contre la restriction de leurs droits par les Hasbourgs d'Autriche. C'est une révolte contre le pouvoir centralisé. Cette révolte n'est possible que par une forte solidarité locale. À l'inverse d'autres endroits en Europe, cette solidarité couvrait à la fois les villes et leur campagne alentour. C'est une structure essentiellement locale qui marque la naissance et le développement de la Suisse. Celle-ci est confédérale et possède trois niveaux aux compétences distinctes et jalousement préservées par des votes populaires. Ces derniers existent aussi bien au niveau communal, cantonal que fédéral. C'est à nouveau l'expression de la force des liens locaux. Le système mixte, fédéral pour le premier pilier et local pour le second, représente cette tradition. Par ailleurs, les cantons ont souvent leur propre Banque Cantonale et celle-ci joue souvent un rôle dans le 3e pilier.

Les systèmes de financement de la couverture sociale de ces deux machines capitalistes sont de structure différente, mais fonctionnent, car ils correspondent à la narration du monde de chacune des traditions culturelles. Ainsi, si on échangeait les règles du capitalisme, y compris des impôts et de la couverture sociale, entre Danemark et Suisse, on obtiendrait probablement deux pays en faillite.

Il s'en suit que ce n'est pas en imposant un modèle unique issu d'une société particulière (anglo-américaine) que l'on obtient dans toutes les cultures les meilleurs résultats économiques, ni les évolutions vers la modernisation les plus rapides. En particulier, la notion « d'utilité » qui est mise en avant dans les approches néo-libérales est une extrapolation abusive qui ne tient pas compte de la diversité culturelle des sociétés.

La définition d'un investissement économique efficace est étroitement liée au contexte culturel et politique. Entre 1986 et 1993, le Roi du Maroc Hassan II fait construire à Casablanca la cinquième plus grande mosquée du monde. Dépense à caractère cultuel, c'est aussi un très bon investissement économique à court, moyen et long terme, un investissement dans les catégories A B et C simultanément.

Entre 1986 et 1993, le Maroc sort d'une période troublée, marquée par la guerre contre le front Polisario (cessez-le-feu depuis 1991) et la tentative de coup d'état militaire déjouée. Parallèlement, le décollage économique est d'autant plus nécessaire que la population augmente. Le Maroc est un pays musulman tolérant. Par ailleurs, le Roi du Maroc est un descendant du Prophète et porte le titre de « Commandeur des croyants ». Or, à partir de la défaite soviétique en Afghanistan, les régimes wahhabites du Golfe se sont lancés dans une révolution mondiale par des moyens à la fois militaires et financiers pour imposer leur version culturelle et politique de l'islam au monde, en commençant par les pays musulmans. Le Maroc, en l'absence de ressources naturelles comparables, ne pouvait contrer ce projet politique conquérant.

La construction de la Mosquée va allier résistance culturelle marocaine, projet collectif de renouveau culturel par l'artisanat, projection culturelle dans le futur par la haute technologie, lancement d'une nouvelle phase historique et investissement touristique.

La mosquée reprend les tuiles traditionnelles, mais les réalise en fonte d'aluminium « high tech » plus légères, elle possède un toit ouvrant, son architecture est moderne tout en faisant appel à l'artisanat traditionnel. La construction donnera du travail à 10 000 ouvriers et fournira 80 millions d'heures de travail. Cette construction à la fois symbolique et unificatrice stabilisera la société pour permettre un nouveau départ.

À la mort du Roi Hassan II en 1999, le nouveau Roi Mohammed VI va lancer une politique de réconciliation nationale et d'amnistie, de modernisation du droit de la famille, d'investissement dans l'éducation et les infrastructures. Quand les révolutions arabes emporteront les régimes de la région, ou quand les pays seront engloutis dans des guerres civiles avec l'appui armé et financier des pays du Golfe, le Maroc, lui, restera stable sans guerre civile et sans perte de repères nationaux : la conquête idéologique et politique wahhabite a échoué au Maroc, et l'islam traditionnel marocain accompagne l'évolution vers une économie moderne. Par ailleurs, en tant que grande Mosquée sous le patronage d'un descendant du Prophète, la mosquée attire un tourisme religieux aux retombées économiques, mais aussi politiques sous forme d'influence. À long terme, comme tous les édifices religieux de prestige qui s'inscrivent dans une tradition artistique historique, la Mosquée attirera un tourisme non-religieux mais culturel. Son coût sera probablement compensé et ce projet rapportera des devises.

En tant qu'objet économique, la mosquée a été l'instrument d'un renouveau du contrat social par lequel une modernisation économique a pu commencer dans un environnement hostile. On peut la considérer à la fois comme un bien matériel par le tourisme et comme un service économique au même titre que le « consulting » ou l'étude de marché. Pour faire face à la menace venue du Golfe, la mosquée a coûté beaucoup moins cher en devises qu'une course aux armements ou une répression instaurant une politique de terreur.

En 2013, le PIB [4] par habitant de l'Algérie est 7500 $ et celui du Cap-Vert de 4400 $. En 2014, le PIB par habitant de la Tunisie est de 11400 $. La Tunisie et le Cap-Vert ont des histoires et des cultures très différentes, mais tous les deux ont une absence totale de ressources naturelles. Par contre, l'Algérie regorge de toutes les richesses : eau, terre cultivable, espace, gaz naturel, pétrole. De plus, le Cap-Vert est isolé au milieu de l'océan Atlantique et constitué d'îles éloignées les unes des autres.

Si l'économie était une science naturelle restreinte à un modèle uniquement basé sur la comptabilité, l'Algérie devrait être beaucoup plus riche que la Tunisie et le Cap-Vert beaucoup plus pauvre que les deux autres, mais il n'en est rien.

Ce qu'on appelle « corruption » est en fait une économie parallèle qui crée un contrat social parallèle. Elle est le résultat d'une économie qui fonctionne sans contrat social ou avec un contrat social dysfonctionnel. L'Algérie est la somme de la Californie et du Texas : au nord avec son climat, ses montagnes et ses plaines bien irriguées, c'est la Californie, au sud, avec le gaz et le pétrole, c'est le Texas. Mais les règles du capitalisme algérien ne tiennent pas compte de la réalité pluriculturelle et régionale d'un pays peuplé d'Arabes, de Kabyles et de Touaregs. Avec toutes les richesses du monde, l'Algérie restera pauvre si elle ne parvient pas à construire un contrat social, et aucun outil capitaliste ne pourra y fonctionner sans corruption massive et pillage. Il est possible de créer un État de droit même avec une société clanique, mais non pas en absence de contrat social. En ce sens, l'économie est toujours une économie politique.

La Tunisie et le Cap-Vert sont au contraire deux États construits sur un contrat social très fort qui permet la confiance nécessaire à des projets collectifs sur le long terme. Ces derniers, en retour, créent la richesse de ces deux pays. Par ailleurs, le succès appelle le succès et

4. http ://www.statistiques-mondiales.com

la richesse créée ainsi que sa répartition pacifique renforcent le contrat social et la cohésion du pays.

Quelles que soient les ressources naturelles, le paradis se construit, l'enfer aussi.

Dans un pays où les règles capitalistes sont en accord avec la culture sociale, les changements induits par le capitalisme accompagnent l'évolution culturelle et la culture continue de dicter les règles. L'évolution se fait avec une violence sociale minimale. On retrouve ici une idée présente dans « The Theory of Moral Sentiments » :

« in the great chess-board of human society, every single piece has a principle of motion of its own, altogether different from that which the legislature might chose to impress upon it. If those two principles coincide and act in the same direction, the game of human society will go on easily and harmoniously, and is very likely to be happy and successful. If they are opposite or different, the game will go on miserably, and the society must be at all times in the highest degree of disorder. »

3

Contre exemple : une nation anti-État, la Grèce

Un cas extrême où une culture anti-étatique se superpose à une idéologie anti-État et où, ensemble, elles empêchent la création d'un contrat social fonctionnel, est la guerre larvée qui divise la Grèce depuis la fin de la 2e guerre mondiale.

Avant la guerre d'indépendance de 1821-1829, la Grèce est sous le joug ottoman. Contrairement à d'autres régions de l'empire, la Grèce ne s'est jamais intégrée. Elle a résisté culturellement en remettant son identité aux mains de l'Église orthodoxe et économiquement en cherchant par tous les moyens à échapper à l'impôt. Pendant des siècles, « l'État » représentait l'oppression. Cette perception de l'État persiste jusqu'à aujourd'hui : se vanter d'échapper à l'impôt est un acte « positif » lié à la résistance, même si l'État dont il est question est l'État grec. La culture anti-étatique est très forte.

Suite à la 2e guerre mondiale, une guerre civile armée a ravagé le pays de 1946 à 1949 faisant ente 100 000 et 200 000 morts dans un petit pays de quelques millions d'habitants.

À la suite de ce conflit, aucune politique de réconciliation n'est mise en place par les vainqueurs, bien au contraire, c'est une répression politique implacable qui est mise en place par Alexandros Papagos, puis par Konstantinos Karamanlis. C'est dans ce contexte que la politique de modernisation de l'économie par l'aide extérieure est menée. Il ne s'agit pas d'une politique économique planifiée par un débat entre Grecs, permettant un développement diversifié et une politique d'aménagement du territoire, mais d'une politique importée, aux mains de quelques oligarques, concentrée sur le transport maritime et basée sur la permanence de bas salaires.

Pour le reste, la fonction dévolue à la Grèce est de ne pas faire partie du bloc soviétique et de servir de région de repos pour la flotte de l'OTAN. Cette économie, confisquée par une oligarchie et basée sur des bas salaires, détourne le rôle historique de l'Église orthodoxe comme support de l'identité collective en période d'occupation pour en faire un instrument politique de répression qui aggrave la division du pays.

Cette situation n'apaise pas les tensions, et quand en 1964 Georgios Papandréou arrive au pouvoir, il ne met pas en place une politique de réconciliation, mais va lancer les réformes sociales nécessaires dans le cadre d'une revanche politique. Ainsi, que ce soit à droite par la répression politique ou à gauche par la revanche politique, aucune des deux parties ne met en place un processus de réconciliation nationale préalable à la construction d'un contrat social. L'autre est toujours le « traître au service de l'étranger », les USA pour les uns, l'URSS pour les autres.

Les deux blocs remplacent dans l'imaginaire collectif l'occupation Ottomane et l'État est toujours un instrument partisan où il faut placer les siens. Quant aux impôts, ils sont un geste de soumission. Les conditions de fonctionnement d'un État réel reposant sur un contrat social n'existent pas.

Suivra la dictature des colonels, aussi violente et sinistre qu'en Amérique Latine, et un retour à la démocratie formelle après l'échec de la tentative de coup d'état à Chypre et le débarquement des troupes turques sur l'île. Cette démocratie est essentiellement formelle, car bien que le Premier ministre Konstantinos Karamanlis légalise le Parti Communiste et fasse adopter une constitution républicaine, il ne met pas en place de politique de réconciliation. La guerre civile ouverte va muer en guerre civile larvée. Sans contrat social, et bien qu'il ait des institutions légales démocratiques, l'État est un pseudo-État. Chacun cherche à le contrôler en y plaçant les siens et la triche à l'impôt reste un acte positif de « résistance », mais résistance à qui ?

Cette guerre civile larvée engendre clientélisme, corporatisme et rejet de l'État. De fait, les gouvernements successifs, d'Andreas Papandréou et Antonis Samaras, vont pousser ce système jusqu'à l'appliquer à l'Europe Communautaire, puis à l'Union européenne (UE). Ils essayeront de placer les leurs dans les postes de l'UE, d'échapper aux obligations de l'UE, de se faire financer sans limites par l'UE, et de présenter celle-ci au peuple comme étant le nouvel empire ottoman qui opprime les grecs. Et pendant ce temps, toujours pas de réconciliation nationale et de contrat social.

À aucun moment les deux grands partis PASOK et Nouvelle Démocratie n'engagent un débat national sur les divisions du pays pour construire une narration commune. Au contraire, tous les deux font appel à un message nationaliste paranoïaque pour cacher leurs échecs économiques. Alors qu'en Espagne, après une guerre civile qui a fait plus d'un million de morts et après quarante ans de dictature extrêmement cruelle, le Roi Juan Carlos rétablit la démocratie en mettant en place une réconciliation nationale basée sur un récit commun des événements et un débat ouvert, la Grèce connaît une glaciation du récit historique en deux versions opposées et idéalisées. Le rôle des intellectuels grecs dans cette glaciation, ou plutôt leur absence de rôle pour établir un tel débat, est une irresponsabilité intellectuelle rarement égalée au 20e siècle : toutes les élites participent à cette guerre larvée [5].

Comme pour tous les pays européens démocratiques sortis de la dictature ou de l'occupation russe, l'UE a offert une aide économique à la transition et la possibilité d'entrer dans l'Union. À la sortie de la dictature des colonels, la Grèce a bénéficié de la même offre.

L'Union européenne est un projet dont l'objet est politique et dont les moyens sont économiques. Ce projet politique s'interdit le nationalisme et oblige chaque membre à affronter son histoire. De plus, dès le départ, les ressources économiques les plus stratégiques, charbon, fer et recherche nucléaire civile sont mises en commun [6]. Les pays les plus riches aident les plus pauvres qui, une fois enrichis, participent à cette aide.

À l'inverse de la relation franco-allemande, de la dictature en l'Espagne et au Portugal, et plus récemment de la relation germano-polonaise, les élites grecques vont non seulement ne pas faire face à leur histoire, mais encore faire jouer à l'UE le rôle de l'empire ottoman. Et ce, tout en profitant des aides financières et sans jamais appliquer les réformes,

5. En Espagne, le récit commun des événements concerne la guerre civile mais pas les crimes du franquisme durant les 40 années suivantes. Ces crimes hanteront l'Espagne et ressortiront pour amplifier les crises, tant que leur histoire détaillée et complète n'aura pas été écrite.

6. Communauté européenne du Charbon et de l'Acier, Euratom, le Cern.

bonnes ou mauvaises qui ont été négociées. Il ne s'agit pas ici d'affirmer que toutes les réformes communautaires sont bonnes et utiles. L'Union, comme le reste du monde, a été très influencée par la révolution thatcherienne, mais elle a mieux résisté que le reste du monde, et la volonté de toujours trouver des compromis l'a mise à l'abri des pires dérives. C'est la raison pour laquelle la Grande-Bretagne est un membre a minima qui reste en dehors chaque fois que c'est possible, et le plus souvent par dérogation. Cependant, pour éviter le nationalisme, une fois négociées, les réformes doivent être appliquées par tous, quitte à revenir collectivement en arrière plus tard. Cette règle a été systématiquement violée par les gouvernements grecs successifs.

En 2010, à la suite de la découverte de comptes publics truqués et d'un rythme de déficit annuel intenable, un plan d'aide a été négocié avec deux volets : des réformes pour construire un État et des réductions budgétaires drastiques ainsi que des privatisations. Dans ce plan, seules les réductions budgétaires drastiques et les privatisations (qui n'étaient pas toujours la meilleure valorisation) ont été appliquées avec des conséquences sociales très dures, mais aussi un retour du déficit budgétaire dans des eaux navigables. Par contre, toutes les réformes visant à remplacer le pseudo-État clientéliste par un État démocratique au service de tous ont été soigneusement évitées : toujours la guerre civile larvée.

Depuis, il y a eu un deuxième plan d'aide avec les mêmes effets et l'arrivée au pouvoir d'une nouvelle coalition politique, Syriza.

Syriza est une coalition de partis d'extrême gauche et d'écologie altermondialiste. Parmi ces partis, nombreux sont ceux qui sont issus de la guerre civile de 1946-1949 et de la résistance à la dictature des colonels : pour eux, l'État est par essence répressif.

Il y a là une convergence idéologique entre la perception de l'État par l'extrême gauche et l'idéologie de la révolution thatcherienne. Pour cette dernière, le seul rôle de l'État est de maintenir l'armée, pour le reste, même la Police, la Justice et le système carcéral peuvent être privatisés dans une large mesure. Donc, le vécu historique hérité par Syriza correspond à l'idéal de la révolution thatcherienne. Dans ce cadre, le débat sur l'État est binaire.

Tout comme dans la révolution thatcherienne, l'idée qu'un État puisse être avant tout un outil neutre avec des services publics ou semi-publics par délégation au service des citoyens, est absente de l'idéologie et du projet politique de Syriza car l'État est seulement un terrain à conquérir pour imposer sa propre vision politique. En Grèce, la droite et la gauche ont fondamentalement la même vision restreinte de l'État, et c'est un « anti-État » comparé aux structures en place dans les grandes démocraties européennes.

Le programme officiel de Syriza, appelé « Le programme de Thessalonique »[7], est structuré en quatre piliers. Les trois premiers sont un plan de relance keynésienne « classique » par l'investissement de l'État qui n'existe pas, plan basé sur une industrie qui elle aussi est embryonnaire. Une estimation des coûts et une description détaillée de certaines mesures sont présentées. Le quatrième et dernier pilier est la réforme de l'État. Celle-ci ne concerne que l'introduction de sous-structures locales d'expression des citoyens.

En ce qui concerne les moyens de création de richesse, aucun plan d'industrialisation du pays ni de remise sur pied de l'agriculture et de son évolution vers une agriculture d'exportation ne font partie de ce plan : ces outils de création de richesse sont supposés « émerger naturellement » par la simple injection de monnaie, financée par l'Europe. Tout comme la révolution thatcherienne, Syriza croît à la *génération spontanée* d'un outil de production. Il va encore plus loin que les tenants du néo-libéralisme.

En ce qui concerne les composantes d'un État de type européen, sont absents de ce programme : la mise en place d'un cadastre pour toutes les propriétés foncières, l'indépendance de l'institut statistique national, l'institution d'une Cour des comptes indépendante, l'institution d'une Cour de Justice Financière indépendante, l'institution d'un Conseil Économique et Social où les corps intermédiaires (syndicat et patronat) négocient le cadre général de la protection sociale, la mise en place d'une institution indépendante de planification des grands équipements (autoroutes, trains, gestion de l'eau dans un pays semi-aride, etc.) chargée, non de construire et gérer les équipements, mais d'alimenter le Parlement et le gouvernement en informations sur les besoins et les coûts des différentes options. Bref, sont absents les outils qui permettent à un État de choisir et gérer son avenir.

Et surtout, est totalement absente de ce projet l'instauration d'un débat national sur l'histoire commune en vue d'une réconciliation nationale par la construction d'un récit commun. Pourtant, le modèle espagnol existe, on sait comment faire, il suffirait de reprendre le modèle et de suivre les pointillés.

En juillet 2015, après avoir promis l'annulation des accords avec l'Eu-

7. www.syriza.gr/article/id/59907/SYRIZA—THE-THESSALONIKI-PROGRAMME.html

rope et le rejet des engagements pris et après avoir fait approuver par référendum un chantage à l'Europe, lequel a échoué, le Premier ministre Alexis Tsipras a accepté un plan de réformes plus lourd que celui rejeté et qu'il s'est engagé à mettre en œuvre tout en affirmant que ce plan conduira à l'échec, et jamais lui et son parti n'ont été aussi populaires. Pourquoi ?

Parce que le régime politique grec n'est pas la démocratie, mais une version pathologique de la démocratie décrite et analysée par Aristote : la Démagogie[8].

Dans un documentaire[9] présenté sur la chaîne ARTE, Alexis Tsipras explique qu'il y a deux Europe, une Europe protestante où on applique les lois et les règles même quand elles sont mauvaises et une autre Europe où on « prend ses responsabilités » en ne respectant pas les lois et les règles pour sauver la situation. Bref, pour le futur Premier ministre, la loi n'est pas un compromis voté que l'on peut changer par le vote, compromis empirique qui laisse place à l'erreur et la correction de celle-ci. Quant à la situation de son pays, qui, fort heureusement, ne connaît pas la misère des pays du Sahel, pour Alexis Tsipras elle est telle qu'il s'agit d'une question de vie ou de mort, et non de la création d'un État démocratique fonctionnel qui mettrait fin à la guerre civile larvée qui divise la Grèce depuis 1945.

Ce que représente Alexis Tsipras, c'est le rejet de la démocratie représentative et son remplacement par un rapport direct du leader au peuple, basé sur les sentiments et non sur la raison : « humiliation », « nation opprimée », « résistance » sont agités devant les foules au lieu d'appeler à mettre sur la table toutes les contradictions de la société grecque pour les surmonter collectivement et construire un projet d'État respecté et apprécié de l'ensemble de la population.

Dans le même documentaire sur ARTE, Alexis Tsipras : « [...] le peuple attend le bon moment pour en finir avec ses tortionnaires dans

8. La démocratie est appelée République par Aristote. Cf. *Politique*, livre 2, chap. 9 « Ainsi, le peuple, orgueilleux d'avoir remporté la victoire navale dans la guerre Médique, écarta des fonctions publiques les hommes honnêtes, pour remettre les affaires à des démagogues corrompus. »- Livre 3 , chap. 5 « Les déviations de ces gouvernements sont : la tyrannie, pour la royauté ; l'oligarchie, pour l'aristocratie ; la démagogie, pour la république. La tyrannie est une monarchie qui n'a pour objet que l'intérêt personnel du monarque ; l'oligarchie n'a pour objet que l'intérêt particulier des riches ; la démagogie, celui des pauvres. Aucun de ces gouvernements ne songe à l'intérêt général. »

9. Alexandre Papanicolaou, Emilie Yannoukou, *L'espoir selon Alexis Tsipras*, France, 2013.

l'isoloir » et aussi « [...] celui qui ne comprend pas ça fait partie du passé »

Sur cette base, les arguments employés pour manipuler les foules sont anti-européens, anti-allemands et aussi les plus contraires aux principes qui sont la base de la construction européenne. Dans l'hypothèse la moins mauvaise, le discours d'Alexis Tsipras ouvre la voie pour un régime péroniste et dans le pire des cas un régime nationaliste de type fasciste ou nazi.

Tous ces régimes ont en commun le rejet du respect des règles et des lois issues d'un compromis produit par la démocratie représentative. Le discours démagogique essentialise le « peuple ». Ce dernier n'est plus considéré comme une multitude d'individus, acteurs d'un compromis social, mais devient un acteur abstrait, organique, dans lequel chacun doit se fondre. Ne pas être d'accord avec cet acteur, le « peuple », c'est être au service d'un agresseur étranger, ici la Troika, l'Eurogroup, l'Allemagne, etc.

Durant l'été 2015, la démagogie donne le spectacle du ministre de l'Économie Varoufakis gonflé d'orgueil, prenant la pose devant les caméras, paradant dans les rues d'Athènes sur sa moto, exhibant ses appartements et sa femme comme autant de trophées dans un magazine people français [10], pendant que les personnes âgées, parfois de plus de quatre-vingt ans, s'évanouissent accablées de chaleur et de désespoir devant la queue à l'entrée des banques. Pendant ce temps, le Premier ministre Tsipras dans son rôle de gendre idéal, se prenant pour un joueur de poker menteur et jouant avec décontraction et les mains vides l'économie grecque sur un coup de tête, entre en collision avec la réalité de vrais démocrates, soucieux de leurs États et de l'Europe, gérant avec attention les deniers publics.

Pour ces acteurs de la gauche alternative, les « concessions » qu'ils seraient disposés à faire sont les suivantes :

- rendre indépendant du pouvoir politique l'institut de statistiques économiques,
- faire un cadastre dans un avenir indéfini,
- mettre fin aux retraites à 52 ans en 2022 au lieu de 2036.

Il est à noter que ces mesures, qui sont considérées comme des « concessions » et non comme des nécessités démocratiques, ont deux caractéristiques.

10. « Paris Match ».

Les deux premières mesures correspondent à la mise en place d'un État où les richesses sont connues et donnent lieu à un débat démocratique quant à leur allocation, taxation et utilisation. Elles permettent aux citoyens, même les plus démunis, de faire entendre leurs intérêts et de construire un compromis social. La troisième remet au centre du compromis social la solidarité entre générations, c'est-à-dire la nécessité de penser au futur et non pas uniquement au présent.

Durant ses six premiers mois au pouvoir, ce gouvernement a refusé de voter une loi très stricte de lutte contre la corruption malgré l'appui pour une telle loi du parti centriste To Potami.

Face à l'impossibilité pour les classes moyennes appauvries de payer l'arriéré d'impôt, ce gouvernement a fait voter une loi qui permet d'étaler ces payements sur de nombreuses années sans pénalité : mesure juste et économiquement saine pour les plus pauvres et les classes moyennes, mais étendue à tous les contribuables quels que soient leurs revenus. Bref, les plus riches, c'est-à-dire la classe qui concentre en Grèce les fraudeurs les plus importants, peuvent maintenant le faire sans risque.

Non seulement le gouvernement Tsipras n'a pas voté une loi de lutte contre la corruption, mais il a même été jusqu'à donner une protection légale effective aux fraudeurs.

Le chantage manqué du duo Tsipras-Varoufakis a conduit à l'arrêt des subventions européennes à ce régime démagogique, provoqué une pénurie de cash et la fermeture des banques le 29 juin 2015. En fait, l'argent a été retiré des banques et se trouve « sous le matelas » des classes moyennes supérieures et des plus riches. Cette situation aurait pu être évitée en protégeant les plus pauvres et les classes moyennes qui seules peuvent faire redémarrer l'économie. Il fallait garantir les dépôts en dessous de 20 000 euros et permettre un libre accès aux comptes avec un dépôt inférieur à cette somme. Les seuls qui ont besoin de retraits réguliers sont les plus pauvres qui consomment, pour survivre, leur salaire au fur et à mesure. À nouveau, ce sont les pauvres que ce gouvernement à pris en otage pour sa politique de chantage à l'Europe.

Que ce soit au sujet de la loi sur la corruption, sur la mesure de l'état de la Grèce par son institut de statistique, sur l'annulation de la pénalité de retard de payement des impôts, sur la solidarité entre générations, sur l'accès aux liquidités. Dans tous les cas, le gouvernement Tsipras, comme ses prédécesseurs, a sacrifié les plus pauvres et les classes moyennes tout en tenant un discours qui rejette la faute sur d'autres, le tout dans un discours nationaliste qui identifie l'Europe démocratique à l'occupant ottoman.

La référence à l'annulation de la dette allemande en 1953 est particulièrement malhonnête et représente un exemple caricatural d'un discours nationaliste simpliste. En 1918, la France en particulier et les alliés ont imposé à l'Allemagne vaincue un dédommagement gigantesque alors que l'Allemagne n'était pas plus ni moins responsable de la guerre que les autres participants. Ce dédommagement, dont l'ampleur était injuste, a été un facteur important dans l'arrivée du nazisme au pouvoir et dans le déclenchement de la 2e guerre mondiale. L'annulation de la dette en 1953 est à la fois une reconnaissance de cette injustice et surtout le refus de rééditer la même erreur. Par ailleurs, c'est à un État démocratique que cette annulation a été concédée, non pas à un empereur ni à une dictature, et encore moins à un régime démagogique. Et cet État était sous contrôle militaire et politique strict : c'était un État occupé, tête baissée, en train de faire amende honorable. Pour ce qui est de « l'humiliation », fort heureusement pour la Grèce aujourd'hui, elle n'est pas occupée militairement et son expression politique n'est pas sous contrôle. Comparer les deux situations est une fraude intellectuelle au service d'un discours nationaliste démagogique. Parfois, le courage et l'honneur, c'est de baisser la tête et de demander pardon. Les élites grecques, politiciens, intellectuels et millionnaires, n'ont toujours pas eu ce courage vis-à-vis du peuple grec et de l'Europe. Le Roi d'Espagne et l'État espagnol, eux, l'ont fait pour les victimes de la guerre civile, redonnant ainsi un futur à leur nation.

Du point de vue financier, la démagogie conduit à la situation suivante.

Entre 1981 et 1999, le déficit moyen est $\sim$ 8.7%. Entre 2000 et 2009 le salaire des fonctionnaires augmente de 126%. En 2009 le déficit atteint 15.3%. La Grèce a abandonné son agriculture et importe tout, même sa nourriture.

En 2015, les retraites sont la principale source de revenus de 52% des Grecs, 45% reçoivent moins de 665 euros par mois et seulement 14% reçoivent plus de 1000 euros par mois certes, mais certains commencent à percevoir ces retraites très jeunes. Par ailleurs, 10% des retraités touchent 40% du total des retraites : une parfaite injustice sociale. En diminuant le nombre de retraités par la portée de l' âge de la retraite à $\sim$ 65 ans, on pourrait augmenter les retraites, c'est-à-dire remplacer la prise en otage des personnes âgées par la solidarité entre générations. En faisant porter l'effort sur les 10% qui touchent 40% du total, on pourrait faire baisser le poids des retraites qui représente 16% du Produit Intérieur Brut, et ré-allouer ces ressources vers l'investissement productif. Les 665 euros par mois pour un citoyen de 55-65 ans, sont une allocation sans raison valable si ce n'est le clientélisme.

En temps de paix, presque toutes les sociétés mettent en place une solidarité entre générations et n'abandonnent pas les personnes âgées à leur sort. L'abandon de celles-ci au profit de préretraités de 55-65 ans est le résultat de la guerre civile larvée. En situation de guerre, il n'y a pas de place pour les compromis et même les compromis sociaux les plus élémentaires ne sont plus possibles.

Par ailleurs, les personnes âgées sont prises en otage et exhibées par cette « gauche alternative » dans le cadre du chantage à l'Europe.

Il y a deux situations qu'il faut distinguer. Dans la première, un État européen a un système de solidarité réel entre les générations et supprime si nécessaire les avantages des plus jeunes pour aider en priorité les plus âgés démunis, lesquels sont les membres les plus faibles de la société. Dans la deuxième situation, ceux-ci sont abandonnés à leur sort par absence de contrat social. On a alors affaire à un pseudo-État.

Dans le premier cas, l'Europe communautaire a le devoir de venir en aide au système de solidarité mis en place par l'État européen en difficulté. Dans le second cas, pour remplir sa mission première de solidarité européenne, elle doit refuser de financer un régime démagogique et, à la place, venir en aide spécifiquement aux personnes âgées en contournant ce pseudo-État.

Ce qui est vrai pour les citoyens l'est aussi pour les entreprises. Les petites sont écrasées d'impôts tandis que les grandes, ainsi que les multinationales, bénéficient de dérogations diverses et variées et ne payent presque pas d'impôts, par contre les dessous-de-table ne sont pas exclus.

Yanis Varoufakis, dans un enregistrement audio rendu public par le journal italien « La Repubblica » le 27 juillet 2015, participe à une discussion présidée par James Galbraith [11]. Dans cet enregistrement, on apprend que Yanis Varoufakis a essayé de mettre sur pied en secret avec un ami d'enfance professeur d'informatique un système bancaire parallèle où les numéros fiscaux des citoyens leur permettraient d'effectuer des payements. Bref, Yanis Varoufakis voulait émettre de la monnaie réelle qu'il ne possède pas, en d'autres termes de la fausse monnaie. Car il n'y a pas de miracle, soit une Banque Centrale produit de la monnaie réelle

11. À ne pas confondre avec son père John Kenneth Galbraith, qui était un brillant économiste.

qui représente la richesse réelle de l'économie et ses réserves propres, soit la monnaie qui est émise ne peut couvrir aucune émission de monnaie scripturale crédible (même sous forme informatique) et représente donc de la fausse monnaie. Les payements faits par cette monnaie, créée en secret contre la BCE, mais devant être couverts par des euros que la Banque Centrale grecque n'a pas, auraient créé une anarchie générale en Grèce et la fin de la démocratie, même sous sa forme pathologique actuelle, la démagogie. Et ce, avec l'encouragement de James Galbraith : la « gauche alternative » n'est plus dans le cadre démocratique.

L'alternative au Grexit style Varoufakis est un Grexit provisoire, proposé par Wolfgang Schaüble, qui lui, aurait été négocié. Par cette négociation, sérieuse et professionnelle, un taux de dévaluation aurait été fixé et la nouvelle monnaie provisoire, sous forme informatique ou de papier-monnaie aurait été garantie par une couverture en euros au niveau fixé par la dévaluation. Des mesures auraient pu être négociées pour protéger les classes moyennes et les entreprises locales. Avant de réouvrir les banques, pour protéger les classes moyennes aucun prélèvement n'aurait été fait sur les comptes bancaires en euros des particuliers au-dessous d'un certaine somme, 50 000 euros (valeur donnée à titre d'exemple), de même pour les entreprises avec un seuil de 100 000 euros. Au-dessus de ces seuils et en dessous d'un nouveau palier de seuil, 50% des euros auraient été prélevés et convertis au cours dévalué, et ainsi de suite avec un 3e seuil et 4e seuil au-delà desquels 75% puis 100% des euros auraient été prélevés et convertis au cours dévalué. L'économie grecque ayant retrouvé une compétitivité, l'Europe aurait restructuré la dette, avec une annulation partielle, et recapitalisé les banques, une fois celles-ci réformées.

De même que F.D.Roosevelt a dévalué brutalement le dollar dès le début du New Deal et éliminé les banques pourries par « l'Emergency Banking Act » de 1934, une telle mesure aurait permis d'avoir une monnaie parallèle stable, qui représente l'économie réelle, appuyée sur l'euro, et un gain de compétitivité pour la Grèce. Cette situation aurait permis à l'Europe de financer des grands travaux en Grèce et faire repartir l'économie. De plus, une dévaluation avec conversion des avoirs par paliers, aurait protégé les retraités, les pauvres, les classes moyennes, les petites et moyennes entreprises et aurait fait participer au sauvetage les classes qui ont le plus participé au pillage de la Grèce par l'évasion fiscale. Un partage équitable des efforts aurait été la base pour une remise à plat des problèmes historiques qui divisent les Grecs.

Cependant, le choix européen de ne pas faire de Grexit permet aussi de sortir la Grèce de sa situation, car une fois que les réformes qui créent un véritable État sont mises en place, un allègement de la dette ainsi qu'un plan d'investissement et d'industrialisation peuvent être conduits sans que les fonds disparaissent dans les arrengements des politiciens grecs qui ont précédé le gouvernement Tsipras, ou dans les enfantillages de Yanis Varoufakis et de son ami informaticien. La différence est que cette fois les réformes sont faites sous contrôle européen pour éviter tout nouveau détournement de la part d'une équipe qui, par son référendum surprise, a montré sa « fiabilité ». L'espoir est qu'ayant essayé un État au sens fort du terme, les Grecs y prennent goût, bien que cet État ait été imposé. Après tout la démocratie a été imposée à l'Allemagne de l'Ouest, à l'Italie et à l'Autriche avec succès. Mais sans la participation active d'une partie des élites intellectuelles grecques, cela risque d'échouer comme cela a échoué au moyen orient.

Auteur de ces lignes, en tant que citoyen européen et pro-européen, je suis favorable à l'annulation d'une partie importante de la dette grecque, sous réserve qu'elle ne soit pas au profit d'un régime démagogique ni destinée à refinancer provisoirement un pseudo-État. Soit les Grecs choisissent de continuer la guerre civile larvée qui les oppose et dans ce cas l'annulation doit être accompagnée d'une sortie de la Grèce du projet politique européen. Soit les Grecs s'engagent dans un processus semblable à celui suivi par l'Espagne, pour mettre fin à la guerre civile larvée, pour construire un État réel marqué par une cassure culturelle vis-à-vis de l'impôt, pour la construction d'un compromis social et, dans ce contexte, l'annulation de la dette doit s'accompagner d'un projet d'industrialisation soutenu par des investissements mixtes privés-publics européens.

On apprend aussi dans cet enregistrement que l'introduction de fausse monnaie n'a pas été possible, car le software de la banque centrale grecque est contrôlé par les institutions européennes. Yanis Varoufakis, très soutenu par James Galbraith dans l'enregistrement, estime qu'il s'agit d'une ingérence choquante. Bref, les deux sont étonnés qu'une monnaie commune ne puisse pas être détournée pour créer de la fausse monnaie. Ils estiment que c'est une ingérence dans les affaires de la Grèce. C'est tout le contraire. C'est parce que ces mesures sont en place que les Grecs peuvent avoir une monnaie fiable comme l'euro et non une monnaie de singe. Le contrôle des Banques Centrales de tous les États de la zone euro par la Banque Centrale Européenne (BCE) est la garantie donnée à tous les citoyens de la zone euro contre toutes les entreprises de détournement. Dans le cas présent, le contrôle de la BCE a protégé les citoyens grecs contre l'émission de fausse monnaie dont ils auraient été victimes.

Schmit-Giscard, Kohl-Mittérand, gauche-droite, droite-gauche : dans le contrat fondateur de l'Europe communautaire, les positions politiques de droite et de gauche ne sont pas prioritaires et l'appel au nationalisme est proscrit. Mais dans les idéologies anti-État, les seules références qui restent sont religieuses ou ethniques et culturelles. Dans ce contexte Thatcher et Varoufakis ont la même approche : la construction commune est remplacée par un combat idéologique droite-gauche qui s'appuie sur une pseudo-référence culturelle pour faire appel aux sentiments les plus simplistes et nationalistes des citoyens. La démagogie remplace la démocratie représentative européenne et l'« Europe » est décrite comme une machine technocratique sans légitimité.

Avec ou sans annulation de tout ou partie de la dette, il n'y a pas d'avenir ni de solution économique pour la Grèce, ni dans l'Europe, ni en dehors, sans la fin de la guerre civile larvée et la construction d'un compromis social représenté par un État réel. Et cela, seuls les Grecs peuvent le faire, s'il le souhaitent.

On voit que l'idée d'une science économique détachée d'une philosophie politique telle que l'*émergence naturelle* de l'*économie naturelle* prônée par le néo-libéralisme n'existe pas. De plus, alors que la révolution thatcherienne est anti-étatique, c'est bien d'un État et non d'un pseudo-État dont la Grèce a besoin.

L'Économie comme science naturelle au sens de Milton Friedman n'a pas de sens, c'est l'*Économie Politique* telle qu'elle a été introduite par Adam Smith, qui est une science. Le seul aspect de science « dure » est la *Comptabilité Économique*, mais la partie la plus complexe et intéressante est l'aspect de science humaine.

Résumons les deux versions modernes et incompatibles de la science économique, « l'économie » et « l'économie politique ».

L'économie dans le sens de la révolution thatcherienne est une science naturelle. Dans cette version néo-libérale, en l'absence d'entrave étatique, il y a l'émergence naturelle d'une économie capitaliste qui, seule, garantit la liberté et qui est assimilée à une loi de la nature. De l'œuvre d'Adam Smith, seule la comptabilité économique et le concept de contribution au bien collectif automatique par le simple jeu du marché, la main « invisible », subsistent mais ici sans besoin d'une philosophie politique. Le phénomène statistique de l'équilibre de l'offre et de la demande est transformé en loi naturelle d'organisation sociale et politique des sociétés.

C'est une idéologie anti-État :

- l'émergence est un phénomène naturel,
- le rôle de l'État est réduit à l'armée et à la justice,
- le rôle de la justice est de garantir l'investissement contre toute ingérence de l'État,
- c'est une idéologie anti-impôts, dont la seule fonction est le financement de l'armée et de la justice,
- l'entreprise est considérée comme élément de base exclusif du contrat social (et non la famille !), le seul acteur social légitime, pas de projet collectif, pas de planification, pas de corps intermédiaires,
- suivant les idées de Friedrich Hayek la vision politique est binaire, c'est ou bien le communisme ou bien le néo-libéralisme et aucune autre possibilité,
- suivant les idées de Milton Friedmann la vision de la société est darwiniste, basée sur un darwinisme économique.

Cette vision n'est pas celle d'Adam Smith, mais on peut retracer ses premiers pas dans les travaux de David Ricardo (1772-1823). David Ricardo a été le premier à extraire la comptabilité économique de l'économie politique pour en faire une science à part, *l'économie.* Cependant, il s'agit encore d'une science humaine au service de la société, même si elle cherche appui sur l'affirmation de lois générales. C'est après la mathématisation du 19e siècle et des débuts du 20e siècle, que Milton Friedman affirme en faire une *Science Naturelle.*

La version moderne de *l'économie politique* est incarnée par les sociétés sociales démocrates et sociales libérales. Dans l'économie politique moderne héritière du point de vue d'Adam Smith, la société a besoin d'un contrat social dont la forme particulière trouve sa source dans sa culture. Ce contrat social permet la mise en place d'un marché libre mais régulé, où la loi de l'offre et de la demande optimise l'utilisation du capital pour le bien collectif, ce qui en retour, suivant Adam Smith, atténue les passions humaines. Les principales contraintes à respecter pour que le marché libre fonctionne sont :

- la garantie du libre accès à tout producteur, quelle que soit sa taille, de façon équitable,
- la garantie du libre choix du consommateur.

L'Économie Politique repose sur deux piliers :

- une philosophie politique,
- une comptabilité économique.

L'argent est alors un moyen facilitateur des échanges dont les flux sont optimisés et étudiés dans le cadre de la comptabilité économique.

Dans la mesure où les objets considérés comme des richesses économiques sont étroitement liés à la culture et où les codes sociaux définissent des préférences et des interdits (l'alcool par exemple), le rôle de l'État est d'établir la régulation du marché par le compromis. De la même façon, c'est à l'État de définir ce qui constitue un abus de position dominante par des lois anti-trust, et de définir le niveau d'information minimum du consommateur pour garantir son libre choix (par exemple par l'étiquetage des OGM).

Ces règles de régulation produisent une gamme de sociétés et d'organisations économiques très variées et qui évoluent au cours du temps. L'adéquation de ces règles à la culture constitue la philosophie politique et favorise l'évolution des règles et la culture de compromis. Cette dernière conduit à la mise en place de corps intermédiaires (syndicats, associations, économie à but non-lucratif, etc.) qui renforcent le lien social et permettent à l'État de fonctionner avec un minimum de violence. C'est une idéologie étatique, mais pas dictatoriale.

Les deux questions qui se posent alors concernent le passage d'un type de société à l'autre :

- peut-on faire émerger une société de type social-démocrate ou social-libérale naturellement en mettant en place une société néo-libérale dans un pays en sous-développement économique ?
- Le néo-libéralisme est-il l'avenir inéluctable d'une société de type social-démocrate ou social libéral, lesquelles ne seraient qu'une étape intermédiaire de l'évolution ?

La révolution thatcherienne a répondu positivement à ces deux questions bien que cela constitue une contradiction logique. Elle a répondu positivement à la première question par le remplacement de l'organisation du commerce GATT [12] par l'OMC. Elle a répondu positivement à la deuxième question en mettant en place une dérégulation complète des marchés dans les pays développés.

12. GATT = General Agreement on Trade and Tariffication ; OMC = Organisation mondiale du Commerce.

Chapitre No. 8

La révolution thatcherienne et le néo-esclavagisme

Au départ, l'organisation du commerce GATT couvre un ensemble de traités essentiellement entre pays développés et démocratiques. Ces pays ont des marchés libres régulés, et ces traités facilitent les échanges tout en préservant le contrat social à l'intérieur de chaque pays. À cette époque, on peut classer tous les pays développés occidentaux, y compris les USA et la Grande-Bretagne, comme des sociétés social-démocrates ou social-libérales. Suite à l'arrivée au pouvoir de Margaret Thatcher et de Ronald Reagan, la bipolarisation entre blocs soviétique et occidental va permettre la mise en place de la révolution thatcherienne. Présenté comme une simple modernisation, le remplacement du GATT par l'OMC est en fait, un virage idéologique destiné à étendre la révolution thatcherienne aux autres pays, au fur et à mesure qu'ils se développent et participent au commerce mondial.

Dans le même temps, la révolution thatcherienne va détourner le FMI et La Banque Mondiale de leur objet.

L'objet du FMI, créé au sortir de la 2e guerre mondiale, était d'éviter le renouvellement du scénario de 1929 où la crise financière localisée au départ aux USA, s'est propagée en Allemagne puis au reste de l'Europe conduisant ainsi à une guerre mondiale. Le principe est simple. Quand une maison prend feu, les équipes de pompiers financées par toutes les maisons de la ville interviennent et empêchent la propagation de l'incendie. C'est au départ un système au service des pays développés dont les systèmes financiers sont interdépendants, il ne s'agit pas d'un système au service de pays en développement. Le FMI a pour objet de venir en aide ponctuellement à des systèmes bancaires de pays dont l'économie est déjà de type capitalise, c'est-à-dire avec des salariés qui accumulent un excès de capital par leur travail, une Banque Centrale si ce n'est indépendante du moins faisant partie du système de coordination de Bretton

Woods, un marché libre régulé avec des lois commerciales, etc.,

La révolution thatcherienne va utiliser cet outil pour proposer des « aides » aux pays en développement déstabilisés par une crise en échange de l'application du « libre-échange » dans la version OMC, c'est-à-dire la dérégulation complète des échanges.

Le FMI devient le bras armé de l'OMC.

Là où un plan de développement coordonné pour la création des structures d'un État moderne et d'un marché libre, basé au départ sur les productions locales et une ouverture progressive des échanges, aurait permis une transition vers le statut de pays développé, le FMI va faire miroiter un passage rapide et sans douleur vers ce statut par des prêts que l'économie locale ne peut pas transformer en projets productifs. En échange de ces prêts, le pays doit accepter la dérégulation complète des échanges prônée par l'OMC. Ces prêts créent une dette qui permet d'imposer la dérégulation totale. On est très loin du FMI créé pour éviter qu'une crise comme celle de 1929 se propage entre pays industrialisés et conduise à un guerre mondiale.

La Banque Mondiale est issue d'une banque de reconstruction pour l'Europe et le Japon c'est-à-dire des pays industrialisés avec l'expérience d'un État moderne. À partir du milieu des années '50' et pendant les années '60' d'autres institutions ont vu le jour pour financer le développement des pays pauvres, nouvellement indépendants. Depuis 2007, la Banque Mondiale supervise l'ensemble de ces institutions dans le cadre du « Groupe de la Banque Mondiale ». Cet ensemble disparate a mis en place tant bien que mal une politique de financements sans direction bien définie : les projets financés vont des grands travaux d'infrastructure à la création de petites entreprises et au financement spécialisé pour les pays les plus pauvres. Cette situation a fait de la Banque Mondiale une proie facile pour la révolution thatcherienne. Au nom de la bonne gouvernance, il a été exigé des bénéficiaires de prêts qu'ils adoptent l'application du « libre-échange » dans la version OMC , à nouveau la dérégulation complète des échanges.

On constate que dans les deux cas, FMI et Banque Mondiale, la prise de contrôle idéologique se fait par l'OMC. Voyons maintenant le contenu de cette idéologie.

1

Le détournement de la théorie de l'avantage comparatif de David Ricardo

D'après le diagramme de la figure 3.2, pour que l'outil capitaliste produise des richesses, il faut que la richesse créée serve à garantir l'émission de monnaie scripturale, donc que la richesse créée soit disponible. Quand la richesse est vendue et achetée sur le marché où elle est créée, elle génère des salaires, et ce sont les salariés, par leurs dépôts en banque et leurs assurances, qui mettent la richesse réelle créée à disposition. Ils absorbent ainsi la monétisation de la richesse nouvelle créée et réinjectent cette monnaie dans la machine. Cela suppose que les gens qui travaillent accumulent du capital sous forme de dépôt bancaire.

Mais il existe un système économique basé sur le pillage, qui peut fonctionner sans accumulation de capital par les gens qui fournissent le travail. Ce système existe sous deux variantes, le servage et l'esclavage. C'est un système de pillage standard, décrit par le diagramme de la figure 2 bis. Dans ce système, les ressources laissées aux travailleurs qui produisent les richesses sont le minimum nécessaire à leur maintien en état de travailler. La différence entre le servage et l'esclavage est que l'esclave est considéré comme un objet et nom comme un être humain.

L'OMC va mettre en place un pillage en empêchant l'accumulation du surplus de capital de la part des salariés tout en maintenant un outil de production. C'est la caractéristique du servage et, sous sa forme d'objectivation de l'être humain, de l'esclavage.

Si le serf fuit le domaine où il travaille, il perd sa source de nourriture, et c'est ainsi qu'il est maintenu en servitude par la précarité alimentaire.

Quand, au 18e siècle en Grande-Bretagne, les emplois dans les filatures permettent une alternative et que simultanément les « enclosure » privent les paysans indépendants des ressources minimales requises pour leur survie, les serfs et les paysans indépendants rejoignent les villes et de là commencent leur long combat pour devenir des citoyens à part entière et entrer dans les classes moyennes. Par contre, pour sortir de l'esclavage, il n'y a que la guerre et/ou la révolution.

La révolution thatcherienne va reproduire ce système de servage/esclavage en utilisant le commerce international. Ce système est illustré par l'industrie textile au Bengladesh. Dans ce pays très pauvre, la croissance démographique et l'absence de terres conduit les populations à travailler dans des usines textiles dans des conditions semblables à celles subies par les esclaves dans les plantations de coton. Ces « salariés » sont trop peu payés pour accumuler un surplus de capital, ils gagnent juste assez pour survivre, tout comme les serfs en Europe et les esclaves noirs aux USA. Comme il n'y a pas ou très peu d'alternatives, ils sont condamnés à rester attachés à leur usine comme les serfs étaient attachés au domaine qu'ils cultivaient pour un aristocrate. Par ailleurs, leur absence de représentation politique réelle leur retire tout droits, y compris celui à l'intégrité physique, puisqu'ils n'ont pas les moyens de se défendre en justice. Ils sont réduits au statut d'objet, c'est-à-dire d'esclave. En cas de mauvais traitements ou d'accident du travail, l'employeur ne risque rien.

Le surplus de capital est thésaurisé par les grandes compagnies multinationales dont le siège est loin du Bengladesh. De sorte que quand l'usine s'écroule et tue les employés, les compagnies multinationales ne sont pas responsables. C'est éventuellement le sous-traitant local qui pourrait être tenu pour responsable. Ce dernier se dégage de cette responsabilité grâce à la corruption. Tout le risque est transféré aux « salariés », mais les gains sont thésaurisés par les multinationales. On est exactement dans le cas décrit dans le diagramme 2 bis : il s'agit de pillage.

Le Bengladesh est un pays indépendant et, en principe, il pourrait se défendre contre ce pillage. C'est là qu'intervient l'OMC.

L'OMC va justifier ce système et convaincre la Bengladesh qu'il n'y a pas d'autre voie vers le développement, en détournant la théorie économique du libre-échange de David Ricardo (1772-1823).

Selon cette théorie du libre-échange, chacun se spécialise dans ce qu'il fait de mieux et l'échange devient gagnant-gagnant. Les barrières douanières sont un obstacle à cette situation de bénéfice réciproque.

Mais dans la théorie de David Ricardo les capitaux ne se déplacent pas, ce sont les produits qui sont échangés et qui se déplacent. Le fabricant de draps britannique n'amène pas ses capitaux et/ou ses machines dans un pays pauvre, pour y exploiter la main d'œuvre à bas coût, pour ensuite ramener les draps en Grande-Bretagne et les vendre. Ce fabricant investit ses capitaux localement, le producteur de vin fait de même au Portugal et ensuite les deux pays échangent leurs produits. Bref, la théorie de David Ricardo repose sur l'absence de taxes à l'importation de produits agricoles ou manufacturés, mais pas sur la libre circulation des capitaux entre les pays.

TABLE 8.1 – illustration de l'avantage comparatif : draps et vin produits en Grande-Bretagne et au Portugal

Pays	1 unité de draps	1 unité de vin
Grande-Bretagne	100 heures	120 heures
Portugal	90 heures	80 heures

Reprenons l'argument de David Ricardo, en ajoutant la libre circulation sans taxes, des capitaux et des travailleurs.

Le Portugal et la Grande-Bretagne ont des efficacités de production de draps et de vins résumées dans la table 8.1.

En l'absence de libre-échange des marchandises, le Portugal a besoin de 170 heures de travail pour produire 1 unité de draps et 1 unité de vins. La Grande-Bretagne aura besoin de 220 heures de travail pour le même résultat. Au total, les deux pays auront produit 2 unités de vin et 2 unités de draps.

Avec le libre-échange de marchandises, si la Grande-Bretagne utilise les 220 heures pour produire des draps et le Portugal utilise ses 170 heures de travail pour produire du vin, au total les deux pays auront produit 2.2 unités de draps et 2.125 unités de vin. Il suffit alors à la Grande-Bretagne de vendre 1 unité de draps au Portugal à un cours draps/vin compris entre 5/6 et 9/8 pour que les deux parties fassent un bénéfice. C'est ce que David Ricardo appelle *l'avantage comparatif*.

Mais si on ajoute la libre circulation des travailleurs et des capitaux, alors rien n'empêche la Grande-Bretagne d'amener au Portugal son capital et des travailleurs depuis les pays les plus pauvres. Dans ce cas, les 220 heures de travail seront effectuées au Portugal : les 100 heures de travail produiront 1.11 unité de draps et les 120 heures de travail de la vigne produiront 1.5 unité de vin. Comme le Portugal produira 1 unité de draps et 1 unité de vin, au total les deux pays produiront 2.6 unités de draps et 2.5 unités de vins.

Par contre, la Grande-Bretagne connaîtra le chômage et la baisse de pouvoir d'achat. On produira plus, mais il y aura moins d'acheteurs : les prix s'effondreront et les salaires devront être baissés dans le pays producteur, le Portugal, ce qui conduira à avoir encore moins d'acheteurs. On devra diminuer la production : l'économie des deux pays sera en récession et par la suite entrera dans le cycle de la déflation.

On constate que l'avantage comparatif découvert par David Ricardo fonctionne s'il y a libre-échange des marchandises, mais pas libre circulation des capitaux et des travailleurs. Or, c'est la libre circulation des capitaux et des travailleurs que met en place l'OMC, tout en se réclamant de la théorie de l'avantage comparatif. C'est une tromperie.

Si on applique la libre circulation des travailleurs et des capitaux, on produit plus au début, mais on engendre en parallèle du chômage massif qui entraîne les deux pays dans la récession.

La libre circulation des capitaux prônée par l'OMC et imposée par des accords du fort au faible font, par exemple, que la multinationale du textile H&M utilise des sous-traitants écrans pour faire fabriquer ses vêtements dans des conditions de servage qui constituent un néo-esclavagisme en Éthiopie et au Bengladesh, comme il est montré dans le documentaire « Le monde selon H&M » [1]. Mais, en plus, l'argument de développement économique, qui devrait résulter de la libre circulation des capitaux, est un mensonge, car d'après son « Administrateur Fiscal Monde », Erik Knijnenburg, H&M ne paye aucun impôt dans aucun des pays où il se fournit. Servage-esclavagisme en Éthiopie et au Bengladesh auxquels prêtent leur nom, contre rémunération, les tops modèles Gisèle Bündschen et David Beckam qui vendent leur image à cette marque : peut-être n'ont ils pas assez d'argent ? Et par nécessité ont-ils besoin de supporter une entreprise qui tire ses bénéfices de l'esclavagisme en version OMC ? Il est à noter que l'entreprise H&M qui ne paye aucun impôt dans les pays pauvres est basée en Suède, où elle se comporte en contribuable vertueuse. H&M communique beaucoup sur son respect des pays pauvres où elle intervient et sur ses responsabilités sociales. Si elle mettait ses actes en accord avec ses paroles, elle payerait des impôts dans les pays où elle se fournit, tout comme elle le fait dans un pays riche, la Suède.

Il y a un détournement de la théorie de David Ricardo dans la révolution thatcherienne par la transformation du GATT en OMC. L'OMC applique l'idée de libre-échange aux capitaux et aux travailleurs, ce qui est une fraude intellectuelle car elle n'est pas dans son œuvre.

Dans la version OMC, les capitaux peuvent de désinvestir d'un pays pour se déplacer vers un autre d'un simple clic sans taxes ni régulation. Les premières à s'en servir ont été les grandes organisations criminelles internationales.

Autre exemple. Les travailleurs sans droit ni protection sont exportés du sous-continent indien et du Népal, vers les pays du Golfe pour y être

1. Marie Maurice, *Le monde selon H&M*, 2015, Premières Lignes Télévision.

corvéables à merci. En 2015, la construction des stades de la Coupe du Monde de Football au Qatar a déjà fait plusieurs milliers de morts. Cette coupe du monde, obtenue par la corruption de la FIFA, sera jouée sur du gazon gorgé de sang, un grand succès du néo-libéralisme.

Pour mettre en place une machine capitaliste à produire des richesses et une société de classes moyennes, il faut créer un réservoir tampon entre la monnaie scripturale pas encore transformée en monnaie réelle par la Banque Centrale et la monnaie réelle en circulation. Ce réservoir est la masse salariale, et les projets de production sélectionnés sont financés par le surplus de salaire, une fois les besoins élémentaires satisfaits. En privant les pays en développement de masse salariale au-delà de la survie, la version OMC de la théorie de David Ricardo retourne cette théorie contre elle-même : l'échange commercial libéralisé n'est plus gagnant-gagnant. Dans ces conditions, au-delà de trahir les idées de David Ricardo, l'OMC empêche la mise en marche d'une machine capitaliste dans les pays du tiers-monde. Pour illustrer comment les accords OMC s'opposent à la création de cette masse salariale, on peut prendre l'exemple de l'IPhone 7 de la multinationale Apple. D'après un étude de HIS Markit [2] les coûts de fabrication se répartissent comme suit : $219,80$ dollars en matériaux et 5.0 dollars en main d'œuvre. Le produit est vendu aux USA à 649 dollars (en 2016). Même en comptant 100 dollars pour le transport et le circuit de distribution, cela fait une marge de 324 dollars, soit 65 fois la masse salariale. En ne gardant que 50 fois la masse salariale comme marge et en multipliant la masse salariale par 15, la multinationale Apple contribuerait au développement d'une classe moyenne, qui serait un ensemble de nouveaux clients pour ses produits. Quant à la marge globale pour les actionnaires, elle passerait de $(324/649 = 0.5 = 50\%)$ à $(249/649 = 0.38 = 38\%)$. Est-ce que 38% de marge est insuffisant ? Il ne s'agit plus de marge, mais de rapacité destructrice. On voit ici que le néo-libéralisme prôné par l'OMC et le court terme systématique de la révolution thatcherienne, conduisent à une situation perdant-perdant : le gain d'opportunité non réalisé par cette classe moyenne tuée dans l'œuf et le maintien dans une situation de serf-esclave de ces populations remplacent la main invisible d'Adam Smith et le contrat gagnant-gagnant du libéralisme. Pour instaurer celui-ci, il faut un État qui impose un salaire minimal et des droits sociaux, bref, une régulation et non pas une dérégulation.

L'avantage comparatif de David Ricardo peut fonctionner avec la

2. press.ihs.com/press-release/technology/iphone-7-materials-costs-higher-previous-versions-ihs-markit-teardown-revea

libre circulation des capitaux et des travailleurs entre pays à rang technologique égal, sinon la « spécialisation » devient la main d'œuvre bon marché, il n'y a plus de compétition si ce n'est destructive. Le marché étant trop inégal, la main d'œuvre bon marché ne devient pas classe moyenne, la technologie ne se développe pas et on a un néo-esclavage, un esclavage par procuration. Certes, le pays qui ne peut vendre que de la main d'œuvre est formellement indépendant, mais en fait, il n'y a pas d'échange économique, seulement le pillage d'un faible par un fort. On retrouve ici, entre pays, une situation identique à celle d'un monopole au sein des pays riches : l'absence de marché réel n'est pas du capitalisme.

On peut d'ailleurs caractériser la différence entre GATT et OMC en disant que le GATT s'appuyait sur la théorie de David Ricardo et l'OMC sur un détournement abusif de celle-ci. Le GATT a pour objet de faire bénéficier l'économie mondiale de « l'avantage comparatif » introduit par David Ricardo, tandis que l'OMC a pour objet le néo-esclavagisme.

2

La réintroduction des méthodes traditionnelles de pillage : le servage et l'esclavage

La mise en place du néo-esclavagisme nécessite au préalable la destruction des structures sociales, souvent agricoles, et le remplacement d'un réseau économique qui produit de la solidarité entre les acteurs, par un ensemble d'acteurs économiques isolés : des travailleurs sans capital ni savoir-faire qui leur donnerait un avantage comparatif semblable à celui des viticulteurs portugais dans la théorie de David Ricardo. Ce résultat est obtenu par la mise en concurrence des paysans locaux avec la production agricole moderne basée sur les engrais et les machines. L'OMC obtient ce résultat en dérégulant le commerce des produits agricoles dans un mode tout ou rien. Un exemple concret est la situation d'Haïti. Dans cette partie de l'île, qui comprend Haïti et San Domingo, la déforestation a enlevé toute productivité aux montagnes et engendre des catastrophes à la saison des pluies. L'activité agricole était concentrée dans la plaine et produisait en particulier du riz. Après la fin de la dictature Duvalier, la « libéralisation » était la condition d'obtention d'un prêt du FMI en 1986. La « libéralisation » dont il s'agit est la dérégulation complète des échanges. En conséquence, les petits agriculteurs n'ont pas pu faire face au faible prix du riz importé. Ils n'avaient ni les techniques (machines, engrais, etc.), ni les capitaux nécessaires pour moderniser leur production. Ils ont dû abandonner leurs champs pour rejoindre les bidonvilles et devenir corvéables à merci pour un salaire de misère. Aucun programme d'ouverture par étape et de financement de la modernisation de l'agriculture n'a été proposé par l'OMC, la nouvelle agriculture devait émerger naturellement par la magie du libre-échange. Par ailleurs, le faible prix du riz importé devait améliorer le pouvoir d'achat des Haïtiens. En réalité, devenus main d'œuvre sans ressource et sans savoir-faire, le faible prix du riz permet de les maintenir dans cet état avec un salaire encore plus faible. Quant à Haïti, elle a perdu son auto-suffisance agricole et vit à la limite de la famine[3].

Il est un domaine où l'OMC reprend les idées de David Ricardo, le droit ou plutôt l'absence de droit du travail.

À l'époque de David Ricardo, les travailleurs ne sont pas libres d'aller proposer leur travail de ville en ville, beaucoup sont d'anciens serfs qui ont fui le domaine agricole de leur maître et qui après un an, s'ils ne sont pas repris, deviennent libres de quitter le servage. Mais la liberté de mouvement des travailleurs n'est pas encore en place. Par ailleurs, la paroisse ou le village d'origine peuvent venir en aide au travailleur en détresse. David Ricardo s'oppose à toute aide, car cette aide aux pauvres dérègle le libre marché, c'est-à-dire l'équilibre entre offre et demande. De façon plus générale, David Ricardo s'oppose à toute intervention de l'État dans les contrats de travail. En 1734, la loi sur la pauvreté est votée en Grande-Bretagne sous l'influence de David Ricardo et Donald Malthus. C'est une loi très dure qui met fin à l'aide dont pouvaient bénéficier les pauvres. Elle crée à la place des « hospices » aux conditions très dures où les pauvres doivent travailler et vivent dans des conditions de « servage industriel ». Cependant, le travailleur vit dans le même pays que le donneur de travail, et la stabilité de la société implique des limites dans les abus. Des voix s'élèvent contre ces traitements comme dans le roman « Oliver Twist » de Charles Dickens. De fait, vivant dans la même société, une lutte sociale peut se mettre en place pour obtenir une situation plus équilibrée, qui à son tour conduira à la société de consommation, à la transformation des pauvres en citoyens, et les sortira de cette situation.

Ce n'est plus le cas si le donneur de travail et le travailleur sont dans deux sociétés différentes. C'est pourquoi appliquer ce concept hors de ce cadre historique pour justifier la pseudo-liberté d'un travailleur

3. Le seul responsable politique mondial qui a admis que cette politique était erronée et qui a assumé sa responsabilité personnelle dans le drame alimentaire de Haïti a été l'ancien président Bill Clinton devant le Congrès.

soumis au néo-esclavagisme, est un détournement du lien qui unit le développement historique du capitalisme et le développement du droit des individus. Dans le néo-esclavagisme de l'OMC, il n'y a pas de possibilité d'évolution vers un système plus équilibré. Le paradoxe, ou plutôt la confirmation du détournement des idées de David Ricardo, est que celui-ci était favorable à l'abolition de l'esclavage[4], alors que l'OMC instaure le néo-esclavagisme. La théorie de David Ricardo prend comme hypothèse que chaque pays gère ses travailleurs et ses pauvres. La loi très dure sur la mise en hospice des pauvres est à comprendre dans ce cadre. À nouveau, ce ne sont ni les travailleurs ni les capitaux qui sont échangés dans la théorie de David Ricardo, ce sont les biens produits. Suivant cette théorie, la libre circulation des travailleurs est cantonnée à l'intérieur du pays. L'OMC, au contraire, prône la libre circulation de tout : capitaux, travailleurs et produits finis.

L'application du libre-échange version originale David Ricardo maintient les acteurs dans le même pays et les conduits à une suite d'affrontements et de compromis qui font évoluer la société jusqu'à transformer les travailleurs en consommateurs et en possesseur du capital au travers des caisses de pension. À l'inverse, l'application du libre-échange version OMC conduit à l'installation de régimes autocratiques, qui se maintiennent par la violence et qui vendent à bas prix la main d'œuvre locale et les ressources du pays, tout en détruisant les réseaux de solidarité traditionnels sans lesquels un État moderne ne peut se construire : on a alors une situation stable de néo-esclavagisme, de régime autocratique basé sur la violence et de désagrégation totale de la société.

Il semble que de tout temps, la mise en esclavage d'une population nécessite de la part de l'esclavagiste une forme de justification morale qui prend la forme d'un cadre juridique. Peut-être est-ce l'effet d'une caractéristique humaine que certains jugent encombrante, la conscience.

En tout cas, de tout temps l'esclavagisme a eu une justification morale et/ou religieuse et a été encadrée par la loi. La controverse de Valladolid devait décider si les Indiens du nouveau monde devaient être christianisés et respectés, ou bien mis en esclavage avec un statut de sous-homme. C'est ce dernier choix qui a été fait. En France, dans des conditions semblables, le même choix a été fait vis-à-vis du commerce triangulaire et de la traite des noirs. Un cadre légal ad hoc a été créé, le Code Noir.

Pour l'OMC, la justification morale est le développement économique

4. *https : //en.wikipedia.org/wiki/David_Ricardo*

mondial qui, in fine, « bénéficiera à tous », la dérégulation de tous les échanges ayant pour but déclaré la transformation des pays sous-développés en pays riches et bien portants. Cette transformation est censée résulter de *l'émergence naturelle* d'une économie en l'absence de toute entrave réglementaire ou étatique. Cette émergence résulte de l'existence d'une *économie naturelle* suivant les théories néo-libérales de Milton Friedman. L'émergence naturelle de cette économie conduit, selon l'OMC, à l'émergence naturelle d'un État moderne et enfin, à l'émergence de bonne gouvernance. Les moyens employés sont les accords internationaux de libre-échange qui limitent les droits des États face aux multinationales. Il est à noter que les premières multinationales de l'histoire étaient les sociétés qui faisaient le commerce triangulaire, la traite des noirs. L'OMC est l'héritière de la controverse de Valladolid, et la doxa de l'OMC est le nouveau Code Noir.

L'idéologie de l'émergence naturelle conduit à des choix presque exclusivement de court terme. Dans les pays riches, l'effet est la disparition d'une économie de marché réelle et, dans les pays pauvres, l'effet est d'empêcher l'apparition d'une économie de marché réelle.

Il n'est pas besoin d'être expert pour constater que ce modèle de développement a échoué. Cependant, l'OMC persiste et signe : ces échecs seraient provisoires.

L'argument en faveur de la politique de l'OMC donné par Pascal Lamy[5] , alors à la tête de l'OMC, est la comparaison entre les deux Corées : celle du sud se serait développée grâce à l'ouverture à la concurrence et par le jeu du libre marché.

C'est un mensonge.

La Corée du Sud, sous le contrôle d'une dictature militaire, a planifié la mise en place d'une industrie lourde autour de quelques grands groupes dont le capital était fermement tenu sous contrôle Coréen. En pratique, tous les chefs des grands groupes naissants étaient des militaires et ils ont mis en place la politique de la « protection de l'industrie naissante ». Ensuite, cette base et ce contrôle étant établis, la Corée du Sud a appliqué, non pas la version OMC du libre-échange, mais celle de David Ricardo. Ce ne sont pas les capitaux étrangers qui ont librement racheté les industries Coréennes, mais c'est le libre-échange des biens et des services qui ont permis à la Corée du Sud de vendre les produits de son industrie planifiée et de laisser progressivement celle-ci se développer par elle-même. Une fois cette économie construite et le capital des

5. Ilan Ziv, *CAPITALISME*, ARTE 2014, ZADIG PRODUCTION, 3e partie.

principaux groupes sous ferme contrôle Coréen, la Corée du Sud s'est ouverte au libre-échange de type OMC.

La Chine sous Deng Tsiao Ping a mené une politique semblable à l'échelle du quart de la population mondiale. Pendant que sous la direction de Pascal Lamy l'OMC a créé un néo-esclavagisme généralisé, l'application des idées de David Ricardo avec une ouverture progressive des échanges a sorti le quart de l'humanité du sous-développement. Ce sont des modèles Coréens et Chinois qu'il faut tirer des leçons pour sortir les pays du sous-développement, et non pas du néo-libéralisme prôné par l'OMC. Par ailleurs, il faut rappeler ici que le GATT ainsi que le FMI, créés juste après la 2e guerre mondiale, n'étaient pas des organismes au service du pillage économique et du néo-esclavagisme, c'est la révolution thatcherienne qui a remplacé le GATT par l'OMC et détourné le FMI de sa fonction stabilisatrice initiale.

Dans le cas de la Chine comme dans celui de la Corée du Sud, c'est parce que ces pays se sont ouverts progressivement, tout en gardant le contrôle des capitaux des principaux groupes, qu'ils ont rejoint le groupe des pays développés. Ils se sont ouverts progressivement au libre-échange des marchandises, suivant en cela la théorie de David Ricardo sur l'avantage comparatif et ont refusé la version détournée par l'OMC du concept de libre-échange. Quand la Chine a rejoint l'OMC, elle était déjà une grande puissance économique.

Face à ses échecs répétés, l'OMC a mis en place une politique de communication pour montrer qu'elle tenait compte de l'expérience. C'est un leurre. Ce leurre prend la forme de programmes spéciaux à destination des pays sous-développés. Mais pour « bénéficier » de ces plans, il faut adhérer au libre-échange version OMC, la dérégulation. Dans ces programmes spéciaux, il n'y a aucune planification du développement comme en Corée et en Chine, aucun renforcement du tissu social traditionnel sur lequel s'appuyer pour construire un État fonctionnel, aucune protection partielle des productions locales pour permettre l'accumulation du capital de départ, etc. Par contre, il y a des « incitations à la bonne gouvernance » qui reposent sur la bonne volonté des multinationales. On retrouve ici le cœur de l'idéologie OMC, les seuls entités légitimes sont les multinationales.

Après les néo-libéraux et la gauche altermondialiste, l'OMC est le troisème acteur anti-étatique.

Sans construction d'un contrat social, il n'y a pas de construction d'un État possible, donc pas d'obstacle aux multinationales. Pour éviter ce triste état, le pays de main d'œuvre doit se protéger par des barrières qu'il abaisse au fur et à mesure de ses progrès. C'est ce qu'a fait la Chine avec succès.

Plutôt que d'imposer un passage direct au libre-échange, l'OMC devrait proposer des programmes de transition par étapes, avec à chaque étape une estimation des progrès accomplis. Cette protection du faible accompagnée d'une incitation au progrès serait bénéfique au commerce mondial, car elle permettrait l'apparition de nouveaux acteurs compétitifs.

La protection signifie ici un déséquilibre provisoire volontaire : le pays faible pourrait appliquer un certain niveau de protectionnisme tout en ayant libre accès au marché des pays développés. Ce déséquilibre serait négocié et provisoire. Il agirait comme incitation à une bonne gouvernance et serait comblé petit à petit au fur et à mesure que le pays faible sortirait du sous-développement. Par ce mécanisme, on créerait de nouveaux acteurs économiques forts, dans l'intérêt de l'économie mondiale.

Mais cette approche favorise le moyen et long terme, alors que la politique menée par l'OMC s'appuie sur la fable thatcherienne de la maximisation des progrès à court terme qui est censée garantir le progrès à long terme.

Le détournement des théories de David Ricardo par l'OMC ne conduit pas au libre-échange, mais à l'esclavage. Un esclavage où les formes sont respectées, un esclavage par procuration certes, mais une forme d'esclavage quand même. Le paradoxe est que l'histoire a montré que les pays qui pratiquent l'esclavage et le colonialisme n'en profitent pas sur le moyen et long terme : les énergies sont gaspillées au lieu d'être au service du progrès social et économique interne de ces sociétés. Des pays sortis du sous-développement seraient des partenaires économiques, bien plus rentables et bénéfiques économiquement et culturellement, que les gains obtenus par la politique qui favorise le court terme.

Chapitre No. 9

Comptabilité économique

On peut maintenant expliciter certains aspects du modèle en enlevant par étapes certaines approximations pour le rendre plus réaliste et discuter ses limites.

L'approximation la plus importante consistait à remplacer les distributions statistiques des paramètres par des constantes. Cette approximation éclaire le rôle de chaque paramètre, mais atténue les fluctuations. Le remplacement des constantes par des distributions statistiques est présenté dans la première section.

La deuxième approximation importante concernait le coût d'un bien ou d'un service qui était supposé produit de façon optimale par le marché. Depuis les travaux d'Alfred Marshall et Arthur Cecil Pigou, les économistes ont introduit la notion « d'externalité » pour rendre compte du fait que le prix du marché ne couvre qu'une partie du coût économique d'un bien ou d'un service. Mais les outils mathématiques pour décrire ces externalités et leur lien avec l'imperfection du marché pour produire seul le coût optimal à assigner à un bien, manquaient à l'époque de ces travaux. Cette question des externalités et de la non-validité de l'hypothèse du marché parfaitement efficient est discutée dans le cadre de ce modèle grâce aux distributions Lévy-stables.

Le troisième point abordé est la réinitialisation des paramètres quand on passe d'un cycle au suivant. Jusqu'à présent, on a seulement étudié un cycle et constaté que la somme des gains bruts de la Banque Centrale, de la banque commerciale et de l'entreprise, devait au moins compenser l'usure naturelle. Dans cette section, la répartition de cet effort entre les trois acteurs sera discutée dans le but de piloter la machine capitaliste sur un chemin de croissance.

On aura alors les éléments pour reconsidérer la machine capitaliste de deux autres points de vue : la théorie des jeux et la théorie de l'évolution dynamique des systèmes pilotés par l'échange statistique d'information.

Les conséquences des choix de réinitialisation conduisent à définir deux stades très distincts d'avancement de la machine capitaliste. Ces stades qui découlent des sections précédentes sont présentés dans ce chapître.

Internet et la dérégulation ont amené une possibilité de faire circuler les capitaux de façon quasi-instantanée, créant des instabilités dans le fonctionnement de la machine capitaliste. Une solution à ce problème sera présentée.

Un des aspects les plus néfastes de la dérégulation des marchés financiers est la fin de la séparation entre comptes de dépôts et comptes d'investissement. Le modèle sera utilisé pour montrer la nécessité de revenir à cette séparation pour que la machine capitaliste fonctionne.

Dans la version simplifiée du modèle, il y a une seule zone monétaire et une seule Banque Centrale. Le modèle est généralisé au cas de plusieurs Banques Centrales.

La dérégulation financière concerne aussi la circulation des capitaux entre plusieurs zones monétaires de poids semblables. La question du système monétaire après l'abandon du système de Bretton Woods sera présentée. Dès 1960, l'économiste Robert Triffin a observé que ce système qui fonctionne bien quand il y a une seule économie dominante, celle des USA, ne fonctionne plus quand plusieurs économies sont de tailles semblables. Cette observation est appelée le dilemme de Triffin. Une solution à ce dilemme sera discutée.

Récemment, des monnaies virtuelles, en particulier les « bitcoins », ont été introduites. Le modèle permet d'analyser leurs effets selon que cette monnaie est exclusivement émise par la Banque Centrale ou au contraire émise par tout en chacun.

Autre domaine de dérégulation, l'agriculture où la dérégulation a conduit à un pillage généralisé des pays les plus pauvres, qui, en retour, a engendré des migrations massives. Ces questions seront abordées dans le cadre de ce modèle.

Ensuite, une discussion plus générale sur la liberté de circulation des travailleurs et des capitaux, ainsi que leurs effets sur la machine capitaliste, seront introduits dans le cadre du modèle.

Enfin, la question du lien entre la description micro-économique de la machine capitaliste et la description macro-économique de ce modèle mettra en lumière ses limites.

1

L'introduction des distributions statistiques dans le modèle

Dans le modèle à constantes, pour le circuit financier et le circuit de l'assurance l'ensemble des entreprises ont été regroupées en une entreprise équivalente au travers de la somme pondérée (par la taille de l'entreprise) de toutes les entreprises. La même procédure a été appliquée aux banques commerciales et aux compagnies d'assurance.

Si on a une loi de probabilité q(s) d'échec pour une entreprise donnée, la somme pondérée Q(s) converge vers une distribution statistique Lévy-stable. De même, le levier (u) d'une banque conduit, pour la somme pondérée, à une distribution statistique Lévy-stable (U). Les distributions évaluent avec le temps. Pour les mêmes raisons, toutes les constantes deviennent des distributions Lévy-stables.

Dans le diagramme illustré figure 3.2 , les constantes étaient :
(u, s, v, q, iB, ib, ir).

Dans un modèle plus proche de la réalité, il faut remplacer les constantes par des variables qui suivent chacune une loi statistique Lévy-stable qui varie avec le temps. Ainsi, dans les formules précédentes, il faut remplacer ces constantes par des distributions qui varient dans le temps :

- (u) devient $U(u, t)$
- (v) devient $V(u, t)$
- (ve) devient $Ve(u, t)$
- (s) devient $S(s, t)$
- (q) devient $Q(q, s, t)$
- (ib) devient $I_2(ib, t)$
- (iB) devient $I_1(iB, t)$
- (ir) devient $I_0(ir, t)$

Dans le diagramme du circuit financier de l'assurance illustré figure 5.2 , les constantes étaient (x_n, ra, w, p, N, u) :

- (x_n) est la monnaie réelle de la compagnie d'assurances au moment de la signature des contrats d'assurances, c'est le capital de la compagnie moins la réserve.
- (ra) est la réserve en monnaie réelle de la compagnie d'assurances.
- (w) est le multiplicateur. C'est le coefficient qui multiplie la prime payée pour produire le dédommagement en monnaie réelle.

- (p) est la probabilité d'accident qui donne lieu à dédommagement.
- (N) est le nombre de contrats d'assurance pour la période en cours.
- (u) est la prime, en % de la richesse assurée, que paye l'entité assurée à la compagnie d'assurances.

Dans un modèle plus proche de la réalité, il faut remplacer les constantes par des variables qui suivent chacune une loi statistique Lévy-stable qui varie avec le temps. Ainsi, dans les formules précédentes concernant le circuit financier de l'assurance, il faut remplacer ces constantes par des distributions qui varient dans le temps :

- (u) devient $U(t)$
- (ra) devient $Ra(t)$
- (w) devient $W(t)$
- (p) devient $P(t)$
- (N) devient $N(t)$

Remplacer les constantes par des distributions revient à remplacer le produit $(\times)$ par un produit de convolution $(\otimes)$. Comme la transformée de Fourier (TF) remplace une convolution par un produit simple, et comme c'est une opération linéaire, toutes les manipulations algébriques pour regrouper les termes et obtenir les équations (3.5)(3.6) peuvent être faites dans l'espace de Fourier et ensuite par transformée inverse (TF^{-1}), être ramenées dans l'espace des distributions statistiques.

En conséquence, comme les équations (3.5)(3.6) ne font intervenir que les opérations $(+, -, \times)$, ces équations restent identiques quand on remplace les constantes par des distributions, et le produit par une convolution. La richesse au cycle $(n+1)$ est remplacée par la probabilité d'obtenir la richesse (x_{n+1}).

Les mêmes observations s'appliquent aux équations (5.2)(5.3) du circuit financier de l'assurance.

En pratique, le calcul est plus simple qu'il n'y paraît. Dans les cas concrets, on connaît les distributions qui interviennent et une simple simulation Monte-Carlo permet d'obtenir l'évolution statistique de l'économie considérée. On peut aussi choisir des distributions pour tester des hypothèses, ce qu'on appelle en physique des « toy-models ».

Dans les appendices, des simulations Monte-Carlo de ce type sont présentées. Les simulations en appendice montrent de façon concrète comment utiliser simplement les distributions sans faire appel aux transformées de Fourier, ni à des connaissances mathématiques poussées.

Une fois les paramètres des distributions Lévy-stables obtenus à partir de données économiques, le seul outil dont on a besoin est un programme qui permet de générer des échantillons statistiques à partir de ces distributions et d'un outil de calcul et d'analyse. Pour la simulation présentée dans les appendices, l'outil utilisé est Root. Cet outil, développé au CERN pour la physique des particules est gratuit, bien documenté, facile à utiliser et beaucoup plus puissant que tout ce qui existe pour traiter des grands flux de données. Les plus grands flux de données sont générés par les expériences de physique des particules et Root a été développé pour cela. Le lecteur peut alors tester des scénarios économiques en fonction des paramètres.

L'objet de la comptabilité économique est de déterminer ces distributions statistiques à partir des données issues de la comptabilité des entreprises, des banques centrales et commerciales, de la comptabilité de l'État et des citoyens.

Ces distributions représentent le phénomène statistique qu'Adam Smith a introduit sous le concept de « main invisible ».

Ces distributions dépendent fortement de l'organisation du marché :

- libre circulation des biens avec ou sans libre circulation des capitaux,
- libre circulation des travailleurs, ou circulation encadrée et/ou limitée,
- taxes locales à la vente des produits, taxes sur le travail, sur la propriété thésaurisée (stockée et non utilisée), sur les bénéfices,
- répartition des domaines économiques entre privés, publics et semipublics (mixtes ou gérés en privé par délégation).

Et cette organisation, dépend à son tour de la valeur attribuée à un bien ou un service. Pour définir la valeur qui intervient dans les distributions statistiques précédentes, il faut introduire les notions de *coût ponctuel* et de *coût* intégré.

2

La non-validité de l'hypothèse du marché efficient : coût ponctuel et coût intégré.

Le *coût ponctuel* est le coût apparent d'un bien ou d'un service, celui qu'on paye en bout de chaîne après la production et la distribution. Le coût intégré est le coût total réel qui doit être comptabilisé pour représenter la richesse réelle par la Banque Centrale.

Prenons l'exemple de la découverte de gisements importants de gaz naturel en Israël en 2009. Depuis la crise pétrolière de 1973, les efforts de R&D pour produire de l'énergie solaire, éolienne et marine ont produit des technologies nouvelles qui permettent en 2015 à l'énergie éolienne d'être rentable en Europe quand le prix du pétrole est supérieur à environ 60 dollars le baril. Pour un bon ensoleillement comme en Israël, l'énergie solaire est compétitive dans les mêmes proportions. Le gaz naturel, extrait de plates-formes en mer à 1800 mètres sous la surface, et à 90 km des côtes est un peu moins cher à produire. Donc, pour le consommateur israélien le *coût ponctuel* de cette énergie est la moins chère. Le choix de l'énergie solaire impliquerait une subvention de quelques centimes par Kilo Watt heure. Mais dans la situation géopolitique du pays, les plates-formes d'extraction de gaz doivent être défendues, ce qui implique l'extension de la marine de guerre, l'installation d'un système anti-missile ainsi que la construction d'un réseau énergétique d'urgence en cas de guerre et de destruction du système gazier. À l'inverse, l'énergie solaire est en grande partie délocalisée, facile à défendre avec les systèmes anti-missiles qui couvrent les villes et leurs alentours, ainsi que la base aérienne du Negev au voisinage de laquelle se trouvent les grandes centrales solaires. De plus, son réseau peut être inversé par software pour permettre aux habitations privées de servir de source d'énergie de réserve en cas de guerre et de destruction des installations centralisées. Si le citoyen choisit le gaz, il paye plusieurs fois son énergie :

- il paye le prix ponctuel, c'est-à-dire le prix du marché,
- il paye le prix de la protection militaire ainsi que le système de secours en cas de destruction,
- il paye à l'échelle mondiale le prix du changement climatique qui localement réduira les côtes du pays.

L'ensemble constitue le *coût intégré*, c'est-à-dire le coût réel pour l'économie israélienne. En terme de compétitivité, c'est le coût intégré qu'il faut prendre en compte, car c'est ce coût qui sera à la charge des entreprises et des citoyens pour leur énergie.

Si on prend en considération le *coût intégré*, le gaz devrait être exporté et le pays devrait se tourner vers le solaire pour sa consommation propre. Le risque de destruction provisoire des plates-formes n'aurait pas besoin d'être empêché par des surcoûts militaires importants, mais simplement par une baisse des exportations en période de guerre.

La même question se pose pour les USA où le coût total des deux guerres du Golfe et de leurs conséquences ont amené des dépenses militaires probablement supérieures au coût d'une transition vers des énergies renouvelables. De plus, cet argent investi dans l'équipement et la recherche militaire au lieu de l'être dans la production d'énergies renouvelables, a privé les USA d'une industrie compétitive dans ce domaine, ainsi que d'emplois bien rémunérés qui auraient soutenu la demande interne de l'économie. En terme de liberté et d'indépendance, les USA sont tenus par un réseau d'intérêts et d'alliances avec des pays producteurs de pétrole, dont les populations ne leur sont pas favorables et dont la culture politique est opposée aux valeurs américaines. Ils ne sont plus complètement libres de leurs choix. Le *coût intégré* du choix pétrolier, considéré sur les vingt-cinq ans qui vont de la première guerre du Golfe à 2015, est probablement plus élevé que le *coût intégré* d'un basculement vers des énergies renouvelables. Le choix du passage rapide à une énergie très polluante et destructrice de territoire, comme le gaz de schiste, a été nécessaire pour retrouver un minimum d'indépendance politique. C'est un choix à court terme, sans avenir, qui ne peut cacher le mauvais choix initial.

Adam Smith distingue la valeur d'échange d'un bien de sa valeur d'usage : l'or est une valeur d'échange à prix élevé et le pain est une valeur d'usage à prix très faible. Selon Adam Smith, c'est la valeur d'usage qui permet de définir la valeur d'une marchandise : celle-ci mesure la quantité de travail nécessaire à sa production.

David Ricardo distingue les marchandises reproductibles et les marchandises rares ou uniques (tableaux de Maîtres, vins de grand crus, etc.) Dans le premier cas, c'est la quantité de travail qui mesure la valeur, et dans le second la rareté.

Léon Walras et les néo-classiques, vers 1870, distinguent la rareté et l'utilité d'un bien, qui selon eux mesurent la valeur d'un bien. Plus récemment, au 20e siècle, la théorie des jeux et la psychologie ont été introduites pour décrire le comportement du consommateur dans la fabrication des prix, des biens et services.

Toutes ces approches sont valables. Elles représentent différents aspects du coût intégré.

Le coût intégré est le prix total que le citoyen-consommateur est prêt à payer pour un bien ou un service, prix total incluant les taxes et le prix des infrastructures globales du pays, nécessaires à la production de ce bien ou de ce service. Par ailleurs, le coût intégré inclut le coût actuel, mais aussi les coûts futurs induits. Les automobiles diesels ont un coût intégré qui inclut non seulement le prix de fabrication du véhicule, mais aussi la prise en charge future des maladies des poumons dues au diesel.

Le coût intégré inclus toutes les approches précédentes mais restreintes au cadre d'une société donnée. De plus, ce coût englobe les dépenses passées pour les infrastructures et les dépenses futures liées à cette production. Ce coût ne peut pas être connu à un moment donné, ce qui rend la marché non-efficient. Mais intéressons-nous d'abord à l'aspect culturel du coût intégré.

On a vu que la Grande Mosquée Hassan II au Maroc était un bon investissement économique, parce qu'il offrait des « services » politiques et géostratégiques efficaces. Mais ce même investissement serait un gaspillage en France : en France la valeur de ce bien est faible alors qu'au Maroc elle est très grande.

La valeur d'un bien ou d'un service dépend du contexte culturel. C'est ce qu'exprime la restriction du coût intégré à une société donnée.

L'hypothèse de l'agent rationnel, *homo œconomicus*, introduite par les néo-classiques, ne fonctionne pas en général, car la notion de rationalité des comportements n'est pas la même dans des sociétés différentes. La rationalité indépendante de la culture n'existe pas dans les comportements sociaux. Pour distinguer d'une part, *homo œconomicus* introduit par les néo-classiques comme un agent économique absolument rationnel, défini indépendamment de toute culture particulière et possédant toujours l'information adéquate pour faire un choix, et d'autre part, l'individu d'une société donnée, avec ses codes culturels, dont la rationalité est définie par rapport à ces codes et qui agit au mieux en fonction de l'information dont il dispose, nous appellerons ce dernier *homo œconomicus culturae*.

Il existe aussi la notion de *homo sociologicus*, mais ce dernier est un être plus irrationnel que rationnel, qui favorise avant tout sa position dans la société et qui ne se soucie que marginalement d'économie en général. Introduit par les approches sociologiques de l'économie, cette représentation ne correspond pas à l'acteur économique décrit ici. *Homo œconomicus culturae* est avant tout un acteur économique, qui tend à la rationalité de ses choix et dont le critère principal est un arbitrage constant entre un coût ponctuel et un coût intégré. La différence avec *homo œconomicus* classique est, d'une part, cet arbitrage entre les deux types de coûts, et d'autre part, la notion d'évaluation culturelle des prix. L'évaluation entre deux types de coûts, un coût ponctuel qui met en avant l'intérêt strictement personnel, et le coût intégré qui met en avant l'intérêt collectif, le distingue sans ambiguïté d'*homo œconomicus* des néo-classiques. Quant à sa capacité limitée à faire des choix exactement rationnels, elle correspond à une distribution statistique de bruit de fond qui affecte ses choix. Que les raisons de ce bruit soient la recherche d'un statut social ou pas, ne joue aucun rôle ici.

Par ailleurs, il est bon de rappeler que le capitalisme comme outil économique d'organisation sociale n'est pas le seul système qui existe, qui a existé ou qui existera. C'est un système qui résulte d'une construction sociale particulière apparue en Occident. Que cette construction soit adaptée ou réutilisée partiellement ailleurs, n'en fait pas un système universel. Mais c'est de ce système particulier que traite cet essai.

Si les cultures sont proches ou très proches comme en Europe de l'Ouest continentale, la notion de rationalité d'un comportement peut être définie au moins de façon approximative, mais ce n'est pas le cas autrement. Un consommateur de ces pays considérera comme rationnel de ne pas acheter de viande aux hormones, alors qu'un consommateur américain considèrera que le prix plus bas d'une telle viande conduit rationnellement à la choisir quand il fait ses achats. La valeur d'une viande aux hormones est nulle dans le premier cas et suffisante pour produire et vendre celle-ci dans le second. La rationalité de l'agent économique, consommateur, producteur, investisseur, État, est représenté par le coût intégré. Le coût ponctuel au contraire est le coût pris en compte dans les échanges internationaux en l'absence de régulation. Pour obtenir un système stable et pacifique des échanges, des accords commerciaux de régulation doivent être mis en place pour rapprocher le coût ponctuel du coût intégré pour toutes les parties dans un échange commercial. La politique de l'OMC est exactement opposée : elle vise à imposer le coût ponctuel comme seule référence, créant ainsi des conflits y compris militaires et des interventions entre pays, des forts sur les faibles.

Un projet politique unificateur qui va plus loin que l'alliance militaire ou des accords bilatéraux d'accès aux marchés, implique une philosophie politique commune, c'est-à-dire une rationalité d'*homo œconomicus culturae* commune et donc un coût intégré des biens et des services identiques. Un tel coût intégré commun n'existe pas entre les USA et l'Europe de l'Ouest continentale et il n'est pas sûr qu'il existe entre la Grande-Bretagne et l'Europe de l'Ouest continentale. Le même problème se pose avec d'autres pays de l'Union européenne. À l'inverse, *homo œconomicus culturae* est identique dans les pays fondateurs de la Communauté européenne et les pays ibériques. Ainsi, la construction d'un État confédéral sur le modèle Suisse entre ces pays est à la fois possible et souhaitable, mais à l'échelle de l'ensemble des pays de l'Union européenne elle est impossible. Ce point sera discuté plus loin.

Par ailleurs, l'autre invention des néo-classiques, à savoir l'approche micro-économique, selon laquelle l'étude des comportements économiques individuels permet de déterminer l'évolution globale de l'économie, est en partie invalidée par l'approche mathématique qu'ils ont eux-mêmes introduite.

En effet, vers 1870 l'hypothèse qui est faite est que la somme des gains maximaux de chacun des acteurs conduit au gain maximal de l'économie dans son ensemble. Mais, depuis les années 1920 on sait qu'il n'est est rien. Tout ce qu'on peut dire, c'est que cette somme converge vers une distribution Lévy-stable, mais pas forcément Gaussienne. On ne peut pas blâmer les néo-classiques pour cette erreur. La découverte du problème est due à Louis Bachelier en 1900, la résolution à Paul Lévy en 1925. Enfin, la théorie des distributions est due à Laurent Schwartz en 1946. Par contre, assurer que la maximisation des probabilités des gains élémentaires conduit toujours à un gain maximal global, c'est-à-dire à une distribution Gaussienne, à la fin du 20e siècle comme le font les néo-libéraux, c'est affirmer que la terre est plate.

Le lien entre micro-économie et macro-économie, introduit par les néo-classiques, a été accentué et modernisé par l'hypothèse du marché efficient [1]. Selon cette hypothèse, le prix des actions en bourse représente la valeur réelle intrinsèque des coûts associés à une ressource et/ou une activité économique. On a vu dans cette section que le prix intrinsèque, et donc son coût, n'existe que pour un même *homo œconomicus culturae*, c'est-à-dire dans le cadre d'une société donnée. On pourrait croire que l'hypothèse du marché efficient est fausse en général mais vrai dans le cadre d'un marché commun avec un *homo œconomicus culturae* unique, mais ce serait une erreur : même dans ce cas l'hypothèse du marché efficient est fausse.

Le problème vient de la différence entre le coût ponctuel et le coût

1. Eugène Fama, *Efficient Capital Markets : a Review of Theoretical and Empirical Works*, « The Journal of Finance », 1970.

intégré que l'on notera ΔC. Pour que ΔC soit nul, il faudrait que tous les coûts passés et futurs d'un produit ou d'un service soient pris en compte dans le coût ponctuel. Par exemple, un moteur diesel provoque des maladies respiratoires liées aux particules fines qu'il émet. Ces maladies apparaissent dix ou vingt ans après la fabrication et la vente du moteur. Au moment de la vente, le prix du marché ne tient compte que des coûts nécessaires à la production du moteur, mais pas du coût des maladies à venir : le coût intégré pour l'acheteur est la somme du coût de production (passé) et du coût pour se soigner (futur).

Le coût ponctuel est le coût passé, et le coût intégré est la somme du coût passé et du coût futur.

La dissociation de ces coûts, comme si les deux activités économiques passée et future, liées à une transaction, étaient indépendantes, c'est-à-dire comme si on pouvait choisir de ne pratiquer que l'une d'entre elle, est statistiquement fausse : ces deux activités sont corrélées. Dans le cas du moteur diesel, l'activité de soin des maladies respiratoires est corrélée statistiquement à la production et la vente de moteurs diesels. Cette corrélation induit ce que Benoît Mandelbrot appelle une mémoire statistique, et il montre que cette mémoire est la cause du caractère Lévy-stable non Gaussien des prix des marchés boursiers : le marché ne reproduit pas le coût réel, c'est-à-dire le coût intégré, il n'est pas efficient. Un marché efficient serait un marché où $\Delta C = 0$.

Cette inefficacité du marché apparaît sous la forme d'une dette cachée mais réelle. Les activités futures non comptabilisées par le coût ponctuel représentent une dette qui, bien que non écrite, s'accumule et se retrouve à la charge de la société. Dans le cas du moteur diesel, les maladies sont prises en charge par la société des années après que les voitures qui en sont la cause aient été vendues. Cependant, même non comptabilisé au moment de la vente des voitures, ce coût est payé.

De façon générale, si la machine capitaliste à produire des richesses futures en faisant levier sur les richesses existantes ne mettait en marche que des activités dont les conséquences futures n'avaient pas de coût, le modèle à constantes décrit par l'équation (3.5) serait quasi-exact. En effet, dans ce cas, les constantes devraient être remplacées par des distributions statistiques Gaussiennes qui ont une moyenne et des fluctuations finies, et le résultat serait très proche du calcul avec des constantes. L'économie serait alors une science exacte, qui donnerait raison aux néo-classiques et à l'hypothèse du marché efficient. Mais la réalité est différente, en « fabricant du futur » la machine capitaliste fabrique aussi des corrélations futures qui conduisent à des distributions de coûts, et de prix, Lévy-stables non Gaussiennes.

La bonne gouvernance économique consiste à gérer, c'est-à-dire à guider ces corrélations futures par la régulation et l'impôt. En limitant par la régulation le maximum de particules émises par les moteurs diesel, un gouvernement abaisse le coût futur des soins des maladies respiratoires. En instituant une taxe sur la pollution des moteurs diesel, c'est-à-dire en augmentant le prix du moteur diesel, il rapproche le coût intégré du coût ponctuel : il rend ainsi le marché plus efficient. C'est par la régulation et l'impôt que l'on assure la compétition du marché libre en évitant le transfert de risque qui caractérise l'économie de pillage.

La différence entre coût ponctuel et coût intégré présentée ici, dans le contexte de la répartition entre coûts passés et coûts futurs d'une part, et entre distributions Gaussiennes et Lévy-stables non-Gaussiennes d'autre part, n'est pas nouveau. Alfred Marshall montre que le coût ponctuel ne représente pas tous les effets économiques liés à une transaction, et il en conclue que le marché seul ne peut pas être la boussole des choix économiques. À la suite d'Alfred Marshall, l'économiste anglais Arthur Cecil Pigou a introduit le concept de coûts imposés à un tiers par une activité économique, avec le concept « d'externalité » dans son livre *The Economics of Walfare* en 1920. Il avait aussi proposé une taxe qui compense ce coût imposé à la collectivité, un type de taxe appelée « Pigovian tax ».

Il y a une différence importante entre ces approches classiques et le modèle proposé ici. Du point de vue de Alfred Marshall et de Arthur Cecil Pigou, la différence entre prix ponctuel et intégré est en grande partie imprévisible et ne peut être modélisée. En conséquence, c'est par l'impôt, la « Pigovian tax », que les défauts du marché doivent être compensés de façon empirique. Mais le marché lui-même ne peut pas être amélioré.

On montrera plus loin que dans une économie qui tend vers l'utilisation exclusive de matières premières recyclables et recyclées, la différence entre coût ponctuel et coût intégré tend à disparaître et que cette différence doit être interprétée comme une dette cachée. L'impôt de type « Pigovian tax » doit alors correspondre à un intérêt payé pour cette dette de façon à éliminer les matières premières non-recyclables de l'économie. De plus, comme l'origine principale de la différence est identifiée, on peut améliorer l'efficacité du marché par une régulation appropriée. Par ailleurs, il ne s'agit pas ici d'économie circulaire, car celle-ci suppose que l'on utilise uniquement le recyclage. À l'inverse, dans ce modèle, il est possible d'ajouter aux matières premières qui sont déjà dans le cycle d'économie circulaire, une production supplémentaire de matières premières du moment qu'elles sont, elles aussi, recyclables et destinées rejoindre l'économie circulaire.

Une autre différence est que depuis 1970 l'économie de pillage, mise en place par les néo-libéraux, maximise l'écart entre coûts ponctuels et intégrés, et supprime les taxes qui compensent cet écart. Ce qui était un effet accidentel au début du 20e siècle est devenu un moyen au service d'une idéologie destructrice. Cependant, dans le domaine de la lutte contre les changements climatiques, la taxe carbone est défendue par une association d'économistes, de scientifiques, de politiques et de journalistes, qui s'appelle le « Pigou Club ». L'autre différence est qu'à l'époque d'Arhur Cecil Pigou, les distributions Lévy-stables et la théorie des distributions elle-même n'existaient pas (distributions Lévy-stables 1925, théorie des distributions 1946).

Le phénomène par lequel une matière première non-recyclable conduit soit à la désindustrialisation, soit au blocage du développement, est intimement lié à la différence entre coût ponctuel et coût intégré. Ce phénomène est connu sous le nom de « Dutch Desease » [2] et fait référence à la découverte de gaz aux Pays-Bas en 1959. Une des caractéristiques du « Dutch Desease » est le déséquilibre des investissements au profit des services et au détriment de l'industrie de biens manufacturés dans le pays exportateur. C'est exactement ce qui a été observé en Espagne au 16e siècle, en Grande-Bretagne sous la direction de Margaret Thatcher, et dans les pays du Golfe depuis 1973.

D'une certaine façon, le dérèglement de la monnaie comme représentation de la richesse existante agit de la même façon sur le pays qui croie en bénéficier, pour les matières premières non-recyclables et pour l'or. Dans les deux cas, il conduit à un retard de développement. Et dans les deux cas, le bon usage serait une utilisation très diluée, qui ne prendrait pas le rôle principal dans l'économie.

Par ailleurs, on voit ici une différence fondamentale entre le coût ponctuel et le coût intégré : l'avantage comparatif de David Ricardo ne fonctionne pas avec le coût ponctuel, il fonctionne exclusivement avec le coût intégré. En effet, si l'avantage comparatif fonctionnait avec le coût ponctuel, il n'y aurait pas de « Dutch Desease » [3] , l'Espagne n'aurait pas pris de retard à la suite de la découverte de l'argent et de l'or des Amériques, la Grande-Bretagne ne se serait pas désindustrialisée à la

2. *https : //en.wikipedia.org/wiki/Dutch_disease*

3. W. Max Corden and J. Peter Neary, *Booming Sector and De-Industrialisation in a Small Open Economy*, The Economic Journal, Vol. 92, No. 368 (Dec., 1982), pp. 825-848.

suite de la découverte de pétrole en mer du Nord[4] et les pays du Golfe seraient des pays industriels exportateurs de biens manufacturés et des leaders technologiques.

L'escroquerie que constitue le capitalisme au sens de Milton Friedman, est de faire croire que le libre-échange des biens manufacturés, justifié par l'avantage comparatif, fonctionne avec le coût ponctuel. Il n'en est rien. La machine capitaliste fonctionne exclusivement avec le coût intégré et la différence ΔC est une dette cachée qui s'accumule. Le néo-libéralisme détruit l'économie mondiale et engendre des crises à répétition à cause de cette confusion : il encourage le coût ponctuel par la délocalisation et par le marché dérégulé qui cache le coût intégré et il maximise le libre-échange, amplifiant ainsi la dette cachée accumulée. Quand celle-ci devient trop importante, c'est le crash. En attendant, le procédé détruit les structures sociales qui assurent la cohérence nécessaire au développement économique.

3

Création des monopoles : la soviétisation de l'économie

En 2016, les grands fonds d'investissement possèdent 80% du capital des 500 plus grand groupes côtés au S&P 500. Parmi ces fonds, Black Rock,Vanguard, Fidelity et State Street possèdent 18% d'Apple et 17% de Microsoft[5]. Ces mêmes fonds possèdent 19% de JP Morgan Chase, 17% de Bank of America et 22% de Citigroup. Et la liste pourrait continuer avec tous les domaines de l'économie américaine.

En terme de distribution statistique des choix économiques, à partir de quel niveau de concentration des choix peut-on parler d'une économie centralisée de type soviétique ? Le critère est double ; d'une part, il y a le nombre de décideurs qui définissent la politique économique globale, d'autre part, il y a l'uniformité de pensée et de cursus de formation de ces décideurs.

À la tête de l'URSS, les décisions économiques étaient entre les mains de quelques dizaines de personnes qui rédigeaient le plan quinquennal, le Gosplan. Celles-ci avaient toutes été formatées par le Parti Communiste,

---

4. *The narrow moving band, the Dutch desease, and the competitive consequence of Mrs Thatcher*, Notes on Trade in the Presence of Dynamic Scale Economies Paul KRUGMAN Massachussets Institute of Technology, Cambridge, MA, « Journal of Development Economics » 27 (1987), pp. 41-55.

5. « Le Temps », 11 octobre 2016.

et aucune n'avait d'expérience personnelle originale.

Si on remplace le Parti Communiste par les départements d'économie des universités anglo-saxonnes et que l'on s'intéresse au cursus des membres des conseils d'administration des grands fonds d'investissement, on retrouve une copie conforme de la situation soviétique.

La révolution thatcherienne a commencé dans les universités et son idéologie totalitaire a éliminé toute forme de pensée dissidente et toute critique. De plus, à l'inverse d'une recherche académique qui questionne la réalité sans a priori une idéologie cherche dans la réalité la confirmation de ses hypothèses, et dans la « recherche » une légitimité académique. Le pilier de cette idéologie est le marché parfaitement efficient, c'est-à-dire seul capable de sélectionner les meilleurs choix. Le but est de remplacer tous les processus de choix, dans toutes les activités humaines, par un marché. Cela implique une théorie de formation des prix sur tous les sujets : police, guerre, justice, art, urbanisme, agriculture, ADN des êtres vivants, gestion de l'espace et de la nature, etc. Suivant cette idéologie, tout est susceptible de devenir un produit commercial dont le prix est fixé par un marché. Comme avec toutes les idéologies totalitaires, ses fondations reposent sur « la fin de l'histoire », ici en version néo-libérale.

Cependant, les tenants de cette idéologie affirment qu'à l'inverse de l'économie soviétique, la concentration du pouvoir économique dans quelques méga-groupes résulte d'un choix optimal et est la source de la croissance. Mais, si ces idéologues étudiaient l'installation de l'économie soviétique en Allemagne de l'Est, la RDA, ils découvriraient avec effroi que dans une première phase, de 1949 à 1955, celle-ci était plus productive et efficace que celle libérale de l'Allemagne de l'Ouest. L'économie soviétique utilise très bien la richesse et les infrastructures préexistantes, son problème est son incapacité à les maintenir et à en produire de nouvelles.

On retrouve cette situation avec les oligopoles de la révolution thatcherienne. Ces derniers ne créent pas de richesses ni de renouvellement de l'appareil productif. Par contre, ils utilisent très bien les inventions et les infrastructures des années '60'. Comme la période 1950-1970 a été une période très créative, la simple utilisation de ces innovations sans aucune création nouvelle donne l'impression d'une grande efficacité. Mais tout comme la RDA s'est essoufflée trente ans après sa création, on constate depuis les années 2000-2010 une stagnation de la productivité des pays riches. On retrouve aussi une similitude dans l'état des infrastructures où, après quarante ans, l'usure naturelle a fini de détruire celles de la RDA. En 2016 aux USA, selon la Société américaine des ingénieurs civils ASCE, il manque 900 milliards de dollars pour remettre à niveau les infrastructures qui se sont dégradées par manque d'investissement... Cette dégradation des infrastructures risque de conduire les USA sur la pente de l'ex-RDA.

Ayant sclérosé la machine capitaliste, l'économie néo-libérale se trouve dans la même impasse que la RDA pour une raison simple : ce sont des sœurs jumelles.

Pourtant, il y a en apparence une différence avec l'économie communiste : il n'y a pas eu de prise du pouvoir par la force. Alors comment en est-on arrivé là ?

Pour comprendre le mécanisme, il faut revenir au circuit financier de l'entreprise. Reprenons l'exemple de base, une économie dont les paramètres sont les suivants :

- réserve de la Banque Centrale $rB = 0.05$
- réserve de la banque commerciale $rb = 0.10$
- richesse existante, hors capital des banques $re = 1.05$
- amortissement de la richesse non bancaire $ve = 0.20$
- taux d'intérêt payé par la Banque Centrale $ir = 1.01$ soit 1.0%
- taux d'intérêt payé à la Banque Centrale $iB = 1.01$ soit 1.0%
- taux d'intérêt payé à la banque commerciale $ib = 1.05$ soit 5.0%
- levier $u = 10$
- probabilité d'échec d'un investissement $q = 0.03$ soit 3.0%
- multiplicateur de richesse par l'entreprise $s = 1.2$
- coûts de production et amortissement $v = 0.9$

On a alors :

- une croissance de 2.0%
- on passe d'une richesse de 1.2 euros à 1.224 euros
- les gains bruts sont : $GB = 0.09$, $Gb = 0.095$, $Ge = 0.2155$
- les gains bruts relatifs aux avoirs initiaux sont $GB = 18.0\%$, $Gb = 9.5\%$, $Ge = 20.5\%$
- le coût de l'usure naturelle est $re.ve = 0.21$

On constate que le gain brut relatif de la banque commerciale est 2 fois moins important que celui de la Banque Centrale ou celui de l'entreprise. Mais ces trois entités doivent se partager les coûts de maintenance de la machine capitaliste durant le cycle, l'usure naturelle. Or, les coûts de remplacement de la richesse existante sont très déséquilibrés au profit de la banque commerciale : remplacer des bureaux coûte beaucoup moins cher que remplacer des routes, des machines, des moyens de transport.

Le terme $(re.ve = 0.21)$ comprend à la fois de la richesse qui ne sera pas remplacée parce que devenue obsolète, et de la richesse qui doit être remplacée, car elle est encore utilisée. Les téléphones à fils sont devenus obsolètes avec l'arrivée des téléphones sans fil et des portables. Mais la monnaie correspondant à la fabrication de ces anciens téléphones est toujours en circulation et représente un coût : ce coût est à la charge de la Banque Centrale quand elle retire la monnaie correspondante. La richesse qui doit être remplacée, elle, est à la charge des entreprises, c'est-à-dire des salariés, des actionnaires et des consommateurs. La part à la charge de la banque commerciale est quasi-nulle : ce déséquilibre favorise structurellement la banque commerciale à chaque cycle. En effet, si on retire $(re.ve = 0.21)$ de la somme des gains de la Banque Centrale et de l'Entreprise, on obtient :

$$\begin{aligned} &GB + Ge - re.ve = 0.09 + 0.2155 - 0.21 = 0.0955 \\ &\frac{GB + Ge - re.ve}{GB + Ge} = 0.086 = 8.6\% \end{aligned} \tag{9.1}$$

Ces 8.6% sont à comparer aux 9.5% de la banque commerciale. Avec 0.9% de gain relatif plus grand pour la banque commerciale à chaque cycle, un déséquilibre de richesse s'accumule au profit de la banque commerciale et au détriment des autres activités. En conséquence, si on remplace l'impôt redistributif par un impôt uniforme, une « flat tax », et si on enlève les régulations contre les monopoles et les abus de position dominante, alors la banque commerciale capte rapidement la plus grande partie de la monnaie créée.

Mais que faire de celle-ci ? D'abord, consolider la position dominante en rachetant les banques concurrentes, on obtient ainsi les méga-banques et les méga-fonds d'investissement. Ensuite, faire de même avec les entreprises : les entreprises qui devraient être en compétition dans un domaine, sont regroupées dans des holdings et la compétition cesse. On obtient ainsi une économie soviétisée. Les entreprises regroupées peuvent garder leur nom pour faire croire à une compétition capitaliste, mais c'est un leurre.

Si une économie est dérégulée et si elle n'a plus d'impôt redistributif au profit des salariés et des entreprises productives pour transférer une part des gains bancaires vers les gains liés à la production, alors cette économie transforme une machine capitaliste en machine soviétique.

Et encore, c'est dans une hypothèse optimiste où il n'y a pas de pillage. Dans cette hypothèse, l'économie dérégulée décline lentement comme l'économie soviétique et tout comme la RDA, l'industrie des USA décline au rythme d'usure naturelle de ses infrastructures. Mais dans la réalité, l'originalité du néo-libéralisme par rapport au communisme est la légitimation du pillage. Ainsi, en pouvant transférer le risque sur la classe moyenne tout en gardant les bénéfices, les méga-banques engendrent des crashs boursiers toujours plus dévastateurs. On a la situation paradoxale où les méga-banques ont des marges beaucoup trop grandes par rapport au reste de l'économie et où ces mêmes banques risquent la faillite à cause des crashs dont elles sont la source, et c'est aux classes moyennes d'éponger les dettes. À ce rythme, la destruction de l'économie dérégulée est beaucoup plus rapide que celle de sa sœur jumelle, l'économie soviétique.

Facebook et Twitter sont des exemples concrets de soviétisation. Pendant des années, ces entreprises ont travaillé à perte et ont pourtant réussi à croître jusqu'à devenir des monopoles dans leur domaine. Ainsi, bien que générant des pertes, les fonds d'investissement, et leur bras armé les méga-banques, ont financé ces entreprises et en particulier le rachat de toutes les start-ups dont la technologie pouvait remettre en cause le monopole en construction, sur une partie du domaine visé. En Union Soviétique, c'est l'État qui a créé ces monopoles par la nationalisation et le regroupement forcé, ici, ce sont les fonds d'investissement et les méga-banques. Dans ces exemples, le rôle des banques commerciales dans la machine capitaliste est complètement retourné. Il est anti-capitaliste. Au lieu de jouer le rôle de sélecteur de projets pour stimuler la concurrence en finançant de petites et moyennes entreprises dynamiques, elles ont mené une guerre financière contre celles-ci pour créer des monopoles. Une fois le monopole installé, le consommateur n'a plus le choix et la vente de produits et services, basée sur la compétition, est remplacée par une collecte forcée de payements : une forme moderne de racket.

En 1986, j'étais étudiant d'été au CERN à Genève. Tout le monde travaillait par l'intermédiaire d'un ordinateur central IBM et il existait une commande, « TELL », qui permettait d'envoyer instantanément un message d'une ligne et demi à n'importe qui sur le réseau, par exemple TELL toto on va prendre un café ? Twitter n'a rien inventé ! C'est une ancienne technologie des années '70' qu'elle a recyclée et présentée comme une nouveauté. Le soi-disant boum technologique de la nouvelle économie est en fait, l'amélioration naturelle de technologies préexistantes et non pas l'introduction de nouvelles idées. Le néo-libéralisme n'est pas plus créatif que l'ancienne Allemagne de l'Est communiste.

En l'absence de méga-banques et avec des États qui appliqueraient les lois anti-trust contre les abus de position dominante, le scénario aurait été différent. Une multitude de petites et moyennes entreprises offriraient les mêmes services que Facebook ou Twitter et le moteur de recherche des navigateurs réuniraient ces services en une seule interface. Ainsi, bien que servis par un grand nombre d'entreprises, l'utilisateur aurait le même confort qu'avec un seul fournisseur de service. Mais la compétition entre fournisseurs donnerait au consommateur des meilleurs services et lui permettrait d'imposer ses conditions, en particulier sur l'usage de ses données privées. On voit dans cet exemple comment le monopole n'est pas seulement un frein au développement technologique, mais aussi un danger pour la démocratie.

La compétition capitaliste ne fonctionne qu'avec un marché libre, et la guerre financière des fonds d'investissement et des méga-banques contre les petites et moyennes entreprises rend cette compétition illusoire, au sens littéral : en apparence, il y a libre marché et compétition, mais seulement en apparence. Contrairement aux idées reçues, le progrès technologique stagne alors que le progrès technique dans les laboratoires n'a jamais été aussi dynamique. La révolution thatcherienne a fait perdre trente ans dans les domaines de l'énergie renouvelable et de l'informatique distribuée. Des transferts des laboratoires vers les entreprises se font, mais au ralenti.

Les grandes entreprises internet sont des conglomérats de type soviétique. D'ailleurs, Amazon est en train de devenir un vendeur universel, y compris dans le domaine de l'alimentation : ses fonctions économiques sont celles de l'État soviétique et ses méthodes aussi. Dans ses centres de distribution, les salariés ne sont pas mieux traités que ne l'étaient les ouvriers soviétiques. Leurs salaires leur permettent tout juste de survivre dans un urbanisme plus proche des baraquements de caserne que de l'habitat de classes moyennes dans une société de consommation. Dans les centres d'Amazon, la vidéo-surveillance et le timing constant de toutes leurs actions les ramènent à la condition ouvrière du début du 19e siècle. Or ces salariés votent, ils peuvent sortir de cet état d'asservissement en mettant fin à la soviétisation. Cela implique qu'ils retrouvent confiance dans la démocratie représentative. Mais celle-ci est constamment dénigrée par des démagogues de la gauche rouge brun et par les média au service de la révolution néo-libérale : deux faces d'une même pièce.

Résumons la séquence de soviétisation de l'économie. On part d'une économie libérale saine, dominée par la classe moyenne dans un contexte de marché libre régulé. Les étapes successives sont les suivantes :

1. L'État est délégitimé et les transferts de gains bruts obtenus par

la fiscalité pour équilibrer les gains relatifs de la Banque Centrale, de la banque commerciale et de l'entreprise, sont interrompus.

2. La régulation du marché est délégitimée et les lois anti-trusts, ainsi que la régulation financière, issues du crash de 1929 sont abolies.
3. Le déséquilibre des gains relatifs et la dérégulation permettent la concentration des banques commerciales et l'apparition des méga-banques. La fin de la séparation des banques de dépôts et de crédit d'un côté, et des banques d'investissement de l'autre, conduit à utiliser les dépôts des salariés et les crédits d'investissement des entreprises à des fins de spéculation de court terme : les projets économiques de long terme disparaissent et les distributions statistiques des gains et des pertes deviennent des distributions Lévy-stables non Gaussiennes, avec des fluctuations infinies et sans moyenne. Les bulles financières et les crashs boursiers sont de plus en plus fréquents.
4. La spéculation de court terme, qui entraîne l'assèchement des ressources financières des entreprises d'une part, et le déséquilibre des gains au profit de la banque commerciale d'autre part, conduit à la prise de contrôle des entreprises par les méga-banques. Pour empêcher la concurrence entre des entreprises qui lui appartiennent, les méga-banques réorganisent ces entreprises au sein de groupes monopolistiques.
5. Les méga-banques servent d'intermédiaire pour organiser des oligopoles entre ces groupes.
6. La taille des oligopoles et des méga-banques devient supérieure au PNB des pays riches, et ces oligopoles se lancent dans le chantage au chômage pour imposer aux États des tax ruling qui légalisent l'évasion fiscale.
7. La précarité des salariés se généralise et permet au nom de la « compétitivité » (dans une économie d'oligopoles sans compétition) de démanteler la législation sociale.
8. L'appauvrissement des classes moyennes ruine les États qui n'ont plus de ressources financières par l'impôt, car les salariés sont appauvris et les multinationales pratiquent l'évasion fiscale massive. La ruine de l'État sert à justifier son absence de légitimité et son remplacement par un marché parfaitement efficient mythique.
9. Puisque tout est marché et que seul le marché est légitime, la vie privée est supprimée et le citoyen est remplacé par le consommateur. Les droits démocratiques sont dévalués et de moins en moins

de citoyens participent aux votes et à la vie politique. Les politiciens ne sont plus des citoyens de toutes origines sociales et professionnelles, mais des communicants professionnels au service des oligopoles. Les choix des citoyens sont décidés par les oligopoles et les produits disponibles sont standardisés. Leur vie est guidée par des communicants-journalistes et par les stimuli publicitaires 24 heures sur 24.

À ce stade, l'économie est entièrement soviétisée.

Pour éviter la soviétisation, il faut une régulation et une redistribution des gains : c'est le rôle de l'État. Contrairement aux théories marxistes, le rôle de l'État n'est pas de concentrer entre ses mains l'appareil productif par la nationalisation, mais au contraire de lutter contre toute forme de concentration des moyens de production, de façon à garantir une compétition par le marché. Dans ce cadre, le rôle de l'État est de définir les normes sanitaires et sociales de production et les normes de recyclabilité des produits.

Dans la modélisation, la banque commerciale représente exclusivement les activités de crédit par l'émission de monnaie scripturale. Elle ne couvre pas les activités d'émission de tout autre forme de crédit. Quand une entreprise émet des actions, elle émet un crédit, mais celui-ci n'est pas sous la forme de monnaie scripturale : il donne droit à une part de la propriété. L'action en elle-même ne permet pas de payer un café au bar du coin avec une carte de crédit-payement. À l'inverse, un crédit émis par une banque commerciale est payé par un intérêt en argent liquide dès l'émission du crédit et l'argent prêté permet d'effectuer n'importe quel payement. La monnaie scripturale est un moyen de payement universel.

Tant que les activités de la banque commerciale sont restreintes à des activités d'émission de monnaie scripturale et tant qu'il y a compétition entre les banques commerciales, la machine capitaliste fonctionne. Mais comme le cycle favorise une répartition déséquilibrée des gains au profit des banques commerciales, en l'absence de politique économique, bref en l'absence d'État, les banques commerciales absorbent toute la monnaie et les entreprises s'endettent sans limite : elles entrent dans un cycle sans issue si ce n'est le rachat par la banque commerciale qui étend alors ses activités et se transforme en holding destructeur.

Une politique économique de l'État est nécessaire. Elle ne consiste pas à augmenter ou réduire les impôts comme l'affirment les néo-libéraux, elle consiste à rééquilibrer le flux de monnaie réelle créé à chaque cycle, de façon à ce que la part de chaque acteur, Banque Centrale, Banque commerciale et entreprise, soit à peu près constante.

Si toute la richesse se concentre sur les entreprises (appareil productif + salariés + actionnaires), il n'y a plus de monnaie scripturale émise par la banque commerciale et la machine s'arrête.

Si toute la richesse se concentre sur la banque commerciale, les entreprises font faillite et sont rachetées pour former des holdings semblables aux conglomérats soviétiques.

Si toute la richesse est concentrée dans la Banque Centrale, elle est inutilisée et l'usure naturelle la détruit.

Une répartition équilibrée est nécessaire, et comme le cycle crée un déséquilibre, celui-ci doit être compensé : c'est l'objet d'une bonne politique économique. Les moyens d'une bonne politique économique sont réglementaires et fiscaux.

Au niveau réglementaire, les lois anti-trusts doivent être votées et appliquées pour limiter la taille des banques commerciales et empêcher le contrôle d'un secteur du marché par un petit groupe d'entreprises qui forment un oligopole.

La loi doit séparer les activités d'émission de monnaie scripturale des banques commerciales, des autres formes de crédit comme l'émission d'actions ou d'obligations. En dehors de l'émission d'actions représentant son propre capital et d'obligations dont elle paye la prime, la banque commerciale doit se voir interdire toute émission de crédit autre que par la voix d'émission de monnaie scripturale. En particulier, les activités d'émission de monnaie scripturale d'une banque commerciale et les activités d'investissement d'un holding financier doivent être strictement séparées. Cette condition est la seule qui empêche la soviétisation.

Un holding ne doit pas pouvoir posséder d'actions d'une banque commerciale et une banque commerciale ne doit pas posséder d'actions d'un holding ou d'une entreprise.

Le privilège d'émission de monnaie scripturale doit être strictement réservé aux banques commerciales. Cette émission doit être interdite pour un holding ou un fonds d'investissement.

Les activités d'investissement dans les entreprises, c'est-à-dire l'achat et la vente d'actions pour son propre compte, doivent être interdits pour une banque commerciale. Celle-ci peut être l'acteur de marché pour le compte d'une entreprise et faire payer ce service, mais elle doit rester neutre dans ce marché et ne pas acheter ou vendre pour elle-même ces actions. Par contre, une banque commerciale peut acheter des obligations qui ne donnent pas de droits de vote.

Une banque commerciale doit faire ses bénéfices en prêtant de l'argent aux entreprises, pas en spéculant sur leur capital.

Un holding doit faire des bénéfices en devenant co-propriétaire d'une entreprise et en collectant les dividendes, pas en utilisant une banque sous son contrôle pour former un conglomérat soviétique.

Le contournement du levier par une banque commerciale, ou l'émission de monnaie scripturale par un holding ou un fonds d'investissement, est une émission de fausse monnaie. La peine prévue par la loi pour punir l'émission et la propagation de fausse monnaie, en particulier la peine de prison à perpétuité, doit être appliquée de façon systématique dans ces cas. Un système monétaire court à sa perte en cas de fabrication de fausse monnaie et les victimes de cette action criminelle sont bien plus nombreuses que celles d'un tueur en série.

Au niveau fiscal, pour maintenir l'équilibre entre la richesse des banques commerciales et celle des entreprises et de la Banque Centrale, l'État doit imposer plus lourdement les bénéfices des banques commerciales et au contraire, alléger l'imposition des bénéfices des entreprises, des salariés et des actionnaires. L'impôt total doit assurer la maintenance des infrastructures de la machine capitaliste (routes, ports, réseaux de communication, etc.). Dans le cas contraire, cette maintenance est, de facto, aux frais des contribuables et des entreprises. Elle correspond alors à une imposition implicite qui déséquilibre la répartition des richesses entre la banque commerciale et les autres acteurs économiques.

Par ailleurs, le gain plus élevé de la banque commerciale n'est pas dû à une plus grande productivité intrinsèque de cette activité, mais à un privilège, le droit de faire levier. C'est le levier qui rend le gain de la banque commerciale plus grand que celui de l'entreprise ou de la Banque Centrale. Le droit de multiplier sa capacité de prêt par le levier à un coût qui doit être assumé par son bénéficiaire, la banque commerciale. Donc, le rééquilibrage des gains par l'impôt n'est pas seulement nécessaire pour éviter la soviétisation, il est aussi moral.

La situation de chômage chronique, de crise de la dette et de baisse du pouvoir d'achat des classes moyennes dans les pays avancés, n'est pas le résultat inéluctable de la fin positive de l'histoire dans une économie néo-libérale. Elle est le résultat de la soviétisation.

Ces pays peuvent retrouver le plein-emploi et une classe moyenne florissante en rejetant le néo-libéralisme de Milton Friedman et en réinstaurant une économie capitaliste de compétition équitable par un marché régulé, économie capitaliste au sens d'Adam Smith. Il ne s'agit pas de contrôle des moyens de production marxiste, mais au contraire d'une lutte contre les concentrations qui créent des monopoles. Cette lutte passe par l'État démocratique. Ce n'est pas un hasard si les oligopoles pratiquent l'évasion fiscale systématique, souvent à l'aide de chantage à l'emploi pour obtenir des « tax ruling » qui les exemptent d'impôt, et si les média à leur service dénigrent toute forme d'imposition. Sans impôt, l'État n'a pas les moyens de lutter contre les monopoles et les méga-banques.

La soviétisation permet d'expliquer l'incapacité des Banques Centrales à générer de l'inflation en 2015-2016 malgré une politique de Quantitative Easing (QE) agressive et des taux d'intérêt négatifs pour les banques commerciales et proches de zéro pour les particuliers. Elle résulte du déséquilibre de la répartition des gains bruts, amplifié par la dérégulation. Ce déséquilibre concentre la monnaie réelle entre les mains de quelques grands groupes monopolistiques, Apple, Google et leurs semblables. Tous adossés à des méga-banques, ils possèdent des réserves de liquidités énormes, souvent plus grandes que celles des États industrialisés. Dans le même temps, le même déséquilibre assèche les réserves financières des entreprises indépendantes qui baissent les salaires et licencient leurs salariés. Ces entreprises pourraient s'en tirer si les salaires étaient assez élevés pour générer un surplus susceptible de se transformer en pouvoir d'achat. Mais parallèlement à l'assèchement des ressources financières des entreprises indépendantes, la dérégulation et l'évasion fiscale massive des multinationales transfèrent le travail salarié dans des usines au fonctionnement proche de l'esclavage dans le tiers-monde et privent les États des ressources pour venir en aide aux salariés : ceux-ci sont précarisés et ne consomment pas, ou alors ils consomment des produits bons marché de basse qualité en provenance des usines-esclavagistes.

Résultat, avec toute la monnaie stockée dans les multinationales et des finances asséchées à la fois pour les entreprises indépendantes et pour les salariés, il n'y a pas de consommation. La machine étouffe petit à petit sous le poids de la thésaurisation. Dans cette situation, même sans créer de monnaie nouvelle, la destruction par l'usure naturelle de la richesse existante conduit à un trop-plein de monnaie, c'est-à-dire à une situation d'inflation, mais d'inflation cachée. L'augmentation des prix n'est pas l'inflation, elle est le symptôme de l'inflation et ce, uniquement en période de croissance. En période de stagnation du pouvoir d'achat, le symptôme de l'inflation prend une autre forme : l'absence de réponse aux stimuli de la baisse des taux d'intérêt. La Banque Centrale a beau baisser les taux, la hausse des prix ne repart pas, pourtant il y a bien inflation.

En 2015, dans l'Union européenne il y a une stagnation et dans certains États membres une légère récession : on constate que la politique de crédit agressive de la Banque Centrale n'a aucun effet. En Italie par exemple, les prix baissent en septembre 2015, (−0.1%). En 2016, l'Union européenne retrouve une légère croissance et en septembre 2016 les prix augmentent en Italie(+0.4%). Dans les deux cas, 2015 et 2016, il y a inflation, c'est-à-dire surplus de monnaie réelle par rapport à la richesse existante, mais en 2015 elle se traduit par une absence de réponse aux stimuli de la Banque Centrale, et en 2016 par une augmentation des prix.

L'inflation en période de stagnation provoque un autre symptôme : le rachat indirect des dettes des salariés et des entreprises indépendantes par la Banque Centrale. Indirect, car la Banque Centrale rachète la dette des États, qui eux, essayent de maintenir le pouvoir d'achat des salariés et d'éviter la récession par des aides multiples. C'est la situation de 2015-2016. Ce rachat peut permettre de gagner du temps, mais pas de résoudre le problème qui est lié à la thésaurisation par les monopoles. Par contre, ce rachat correspond à une dévaluation. On retrouve ici une caractéristique commune de l'inflation en période de croissance comme en période de stagnation prolongée ou de récession.

La soviétisation permet aussi de comprendre le phénomène de « secular stagnation ». Ce concept a été introduit par l'économiste keynésien Alvin Hansen en 1938 [6] et repris par l'économiste néo-libéral Larry Summers en 2016 [7]. Les symptômes de cette stagnation séculaire sont une absence de croissance alors que les taux d'intérêt sont nuls ou même négatifs, et une absence d'augmentation des prix. Alvin Hansen attribue cette situation à l'absence de croissance de la population active qui n'engendre plus assez de demande et suggère une intervention de l'État, c'est-à-dire une politique keynésienne de grands travaux : puisque le marché ne produit plus de croissance, il a besoin d'être stimulé par l'État. De son côté, Larry Summers explique ce phénomène en faisant appel au concept de taux d'intérêt neutre introduit par l'économiste Knut Wicksell. Ce taux d'intérêt n'est pas celui défini par la Banque Centrale ou par les banques commerciales, c'est le taux d'intérêt qui équilibrerait la monnaie stockée par l'épargne et la monnaie investie, en situation de plein-emploi [8]. Or, ce taux est très bas en 2016. Comme ce taux corres-

6. *Full Recovery or Stagnation based in Keynes's General Theory*, 1938.

7. Alvin Hansen, *The Age of Secular Stagnation : What It Is and What to Do About It*, Larry Summers, Foreign Affairs, 2016.

8. Il n'est pas du tout sûr qu'il y ait une seule valeur de ce taux : il n'y a pas

pond au prix objectif de l'argent, d'après Larry Summers ce niveau très bas explique la stagnation : l'argent coûte peu parce que personne ne sait comment l'investir. En conséquence, la monnaie est réinvestie dans des richesses existantes au lieu de créer de nouvelles richesses. C'est une forme de thésaurisation rampante. Pour Larry Summers, la démographie joue bien un rôle comme l'avait écrit Alvin Hansen, et les vieux sont responsables... parce qu'ils sont vieux, mais ce n'est pas tout. Le taux d'intérêt neutre très bas est une situation naturelle qui ne peut être inversée, mais dont les effets néfastes peuvent être atténués. Par exemple, les « innocentes » banques commerciales sont amenées, contre leur gré bien sûr, à investir dans des projets trop risqués et à participer à des bulles financières. Le taux neutre très bas étant inéluctable, car produit par « l'économie naturelle » néo-libérale, la solution miracle de Larry Summers est d'accompagner cette situation et de s'y habituer. En accompagnement, il propose une politique fiscale d'abaissement des impôts qui, selon lui, seraient le frein à la consommation : chez les néolibéraux, l'impôt est toujours en dernier ressort la cause des problèmes. Par ailleurs, puisque cette situation est « naturelle », Larry Summers estime que la politique de Quantitative Easing ne doit pas être provisoire mais éternelle, car, après tout, les coûts du Quantitative Easing seront à la charge des générations futures et celles-ci n'auront qu'à imprimer de la monnaie :

« But those future generations will be better off owing lots of money in long-term bonds at low rates in a currency they can print than they would be inheriting a vast deferred maintenance liability. »

---

forcément un seul point d'équilibre entre monnaie stockée et investie qui donne le plein-emploi. C'est une hypothèse implicite de Knut Wicksell qui résulte de deux hypothèses liées à l'équation introduite par Irving Fisher en 1911, soit 13 ans après le livre de Knut Wicksell, « Interest and Prices » publié en 1898. D'une part, sans le savoir, son l'hypothèse implique que l'équation de Fisher est exacte, or il n'en est rien. Elle doit être remplacée par l'équation de couplage qui fait intervenir les termes non linéaires. D'autre part, il fait l'hypothèse que le plein-emploi correspond à une situation d'équilibre stationnaire, ce qui le conduit à une approximation linéaire avec une vitesse de circulation de la monnaie (telle que définie dans le présent essai) égale à 1. Si c'était le cas, il n'y aurait ni échec des projets avec destruction de capital, ni chaînes de crédit entre entreprises. Bref les hypothèses qui conduisent aux équations de la page 129, chapitre 9, de son livre « Interest and Prices », ne correspondent pas à la réalité. Mais le concept de taux neutre qu'il introduit est pertinent : la seule différence est qu'il n'y a peut-être pas une seule valeur de ce taux neutre, mais un ensemble de valeurs. Knut Wicksell a beaucoup d'avance sur son temps et entrevoit la différence de nature entre monnaie réelle et scripturale : dans sa définition de la vitesse de circulation, page 52, il exclut le crédit (« lending »). De plus, il introduit un concept intéressant de temps moyen de repos de la monnaie qui anticipe le blocage par thésaurisation.

Aussi bien le keynésien Alvin Hansen que le néo-libéral Larry Summers considèrent que la stagnation séculaire est la faute à *pas-de-chance.* Le milieu académique dans le domaine économique ressemble étrangement à une association d'alchimistes du moyen-âge, qui expliqueraient leur échec à transformer le plomb en or par la volonté de Dieu. Quand on a des contradictions théoriques, ou entre théorie et expérience en physique, on ne dit pas : c'est la faute à *pas-de-chance.* Et on ne cache pas cet échec de la théorie sous le tapis. Pourtant, des échecs de ce type, il y en a plusieurs, de l'existence ou pas de la matière noire à l'impossibilité apparente d'unification de la théorie de la Relativité Générale et de la Mécanique Quantique en une théorie quantique de la gravitation, et d'autres nombreuses questions en suspens. Sortons de l'alchimie.

Contrairement à ce que croît Larry Summers, il y a bien de l'inflation, mais celle-ci ne prend pas la forme d'augmentation des prix parce que l'économie n'est pas en période de croissance. Ce n'est pas l'absence d'augmentation des prix inéluctable qui provoque l'absence de croissance, mais bien l'absence de croissance qui provoque une inflation sans augmentation des prix. En d'autres termes, ce n'est pas un taux d'intérêt neutre très bas inéluctable qui est la cause, il est la conséquence : le faible prix objectif de l'argent résulte de la sclérose de l'économie provoquée par la soviétisation. Quant aux vieux, ils n'y sont pour rien, au contraire ! En 1938, à l'époque où Alvin Hansen introduit le concept de stagnation séculaire, l'espérance de vie, une fois à la retraite, est très faible et ces personnes sont malades et peu actives. En 2016, cette espérance de vie est très longue et elle concerne des personnes en bonne santé, sauf peut-être dans les derniers mois de la vie. Or, ces personnes sont très actives et consomment. De plus, elles aident les générations plus jeunes, victimes de la crise créée par les néo-libéraux, et elles constituent un coussin d'amortissement social qui stabilise la société.

Dans le même article sur la stagnation séculaire, Larry Summers explique que les monopoles de la nouvelle économie ont d'énormes réserves de liquidités, mais qu'elles ne les investissent pas parce que les progrès sont tellement rapides que les technologies seraient dépassées rapidement avec de tels investissements. Bref, l'argent ne coûte rien, les monopoles ont beaucoup de liquidités, ces monopoles produisent beaucoup de nouvelles technologies, mais la machine est bloquée à cause de *pas-de-chance* qui produit un taux neutre très faible et à cause des impôts qui bloquent la consommation. Tout comme les méga-banques commerciales, les pauvres monopoles très riches sont innocents et même victimes. Mais les salariés et les vieux, eux, sont responsables. Dit autrement, la terre est plate, elle est au centre du système solaire, et il ne faut surtout pas remettre en cause cette vision, il faut s'y adapter. Et le plus comique est la fin de l'article de Larry Summers. Celui-ci, acteur de la dérégulation anti-étatique, en appelle aux États pour faire des grands travaux en Chine ou ailleurs, grands travaux financés par les Banques Centrales et un Quantitative Easing sans fin. Il propose que ces grands travaux soient financés par les générations futures en imprimant de la monnaie. Bref, après avoir ruiné les classes moyennes américaines et européennes, Larry Summers s'attaque à leurs descendants et aux nouvelles classes moyennes asiatiques. Un petit rappel s'impose.

La période de stabilité des marchés financiers et de croissance qui a suivi la crise de 1929 reposait sur la législation qui réformait la réserve Fédérale, la FED, instituait un organe de contrôle, la SEC, et régulait les marchés financiers. Cette régulation constitue le Glass-Steagal Act de 1933. Le point principal de cette régulation est la séparation des banques de dépôts et de crédit d'un côté, et des banques (ou fonds) d'investissement de l'autre. En termes simples, l'écroulement d'un fonds d'investissement n'entraîne pas avec lui les économies des salariés ou les crédits d'investissement des entreprises. En tant que secrétaire d'État au Trésor du président Bill Clinton, Larry Summers a été l'artisan de l'abrogation de cette loi qui avait assuré la stabilité pendant soixante-cinq ans et a ouvert une période de crises successives qui continue en 2016. Suite à l'intervention de la Présidente du Commodity Future Trading Commission (CFTC) Brooksley Born, en 1997, mettant en garde contre le risque que faisaient porter au système financier les OTC Derivatives comme les Credit Default Swaps (CDS), Larry Summers est intervenu non seulement pour éjecter Brooksley Born, mais aussi pour enlever de la juridiction de la CFTC les produits toxiques qu'il a entièrement dérégulés : en 2000 il a fait passer le Commodities Futures Modernization Act. En politique économique, dans l'administration de Bill Clinton, Larry Summers était le principal opposant aux accords de Kyoto de réduction des émissions de gaz à effets de serre et de façon générale dans le domaine de l'énergie, il a toujours défendu les choix qui favorisent le prix ponctuel au détriment du prix intégré. La révolution thatcherienne a commencé dans les universités, dans ce domaine aussi on retrouve Larry Summers qui, en tant que président de Harvard, a conseillé la Russie après la chute de l'URSS et lui a fait échouer la transition vers une économie libérale et la démocratie représentative. Résultat : entre 1992 et le crash russe de 1998 le PIB russe baisse de 50%, soit plus que durant la 2e guerre mondiale, 40% de la population passe sous le seuil de pauvreté, et cette crise fait 3.2 millions de morts. À chaque étape de destruction par la révolution thatcherienne, on trouve les empruntes de Larry Summers, quand ce n'est pas sa signature en bonne et due forme. N'ayant plus rien à détruire pour cette génération-ci, avec le détournement du concept de stagnation séculière il s'attaque aux générations suivantes.

Mais si on sort de ces inepties, on peut comparer l'économie de l'URSS et celle néo-libérale en matière de valorisation technologique. Dans les deux cas, URSS des années '70' et USA des années 2000-2017, on a des pays dont les laboratoires produisent des nouvelles technologies à tour de bras et, simultanément, une stagnation économique : il n'y a pas ou peu de valorisation des progrès technologiques. La stagnation n'est pas « séculaire » et n'a rien à voir avec le capitalisme, mais elle est la conséquence d'une économie d'oligopoles, que ceux-ci soient privés ou étatiques. Ce sont les oligopoles nés des réformes catastrophiques de Larry Summers qui sont responsables de la stagnation, pas « les vieux » ni la « fin de siècle ». Ayant transformé les USA en économie soviétique, les néo-libéraux ont créé la stagnation.

La solution n'est pas dans l'idéologie néo-libérale, mais dans le démantèlement des monopoles, le démantèlement des méga-banques, la régulation des marchés et le retour à une compétition équitable, c'est-à-dire à un marché libre d'économie libérale au sens d'Adam Smith. Il faut mettre fin à la soviétisation et au monde gris qui l'accompagne pour retrouver le goût de la nouveauté.

Contrairement aux thèses néo-keynésiennes, imprimer plus de monnaie ne résoudra pas le problème. Et contrairement aux thèses néo-libérales, pousser plus loin la dérégulation et la précarisation n'augmentera pas la compétitivité et ne sortira pas l'économie de la crise. D'ailleurs, l'inefficacité de cette approche est confirmée par l'absence de croissance de productivité globale des économies avancées depuis que la dérégulation s'est généralisée. Enfin, contrairement aux propositions d'allocation universelle de base, proposée aussi bien par des néo-keynésiens et par des néo-libéraux, celle-ci ne redonnera pas un pouvoir d'achat aux salariés qui permette un retour du marché et la sortie de la stagnation. Par contre, elle enfermera l'économie dans la stagnation éternelle du féodalisme. La solution est la fin du néo-libéralisme et le retour au libéralisme par une régulation financière qui mette fin à la soviétisation de l'économie.

4

Facteurs d'efficacité de la machine capitaliste

La machine capitaliste est modélisée par un cycle où le travail, stimulé par la richesse existante, produit un excès de richesse qui a son tour est réinjecté dans le cycle suivant. L'efficacité de la machine peut être définie comme le rapport entre la richesse à la fin du cycle et la richesse injectée :

$$\Omega = \frac{x_{n+1}}{x_n} \tag{9.2}$$

$$x_{n+1} = x_n + a.rb - ve.re \qquad \Rightarrow \Omega = 1 + \frac{a.rb - ve.re}{x_n} \tag{9.3}$$

avec

$$a = [(1-q).s - q - v].u$$

L'efficacité en terme de machine statistique correspond à la croissance en termes économiques, mais on s'intéresse ici au point de vue statistique.

Pour que la machine produise des richesses, il faut que l'efficacité soit supérieure à 1 et donc que : $a.rb - ve.re > 0$. De plus, pour que cette efficacité soit grande, il faut que ce terme soit d'autant plus grand que la richesse existante (x_n) est grande. Pour compenser le terme négatif ($-ve.re < 0$) cela implique que le terme ($a.rb$) soit le plus grand possible et on peut faire croître ce terme de diverses façons.

La façons la plus simple est d'avoir un très grand capital investi (rb), cependant ce n'est pas suffisant. Si les investissements sont corrélés, le terme (a) sera petit et annulera l'avantage.

Mais si (rb) est la somme des dépôts de nombreuses banques en compétition, le risque sera non-corrélé et la productivité sera proche du maximum. Donc (q) sera petit et (s) sera grand. Dans cette configuration, la Banque Centrale peut prendre le risque d'augmenter le levier (u) de façon à ce que les bénéfices des banques commerciales leur permettent d'augmenter (rb) au cycle suivant. On a alors simultanément le terme (a) et le terme (rb) grands : on est dans un cercle vertueux et le terme (Ω) est maximal.

Si au contraire, (rb) est concentré entre les mains de quelques méga-banques, on a une corrélation des risques et, à la moindre erreur ou par l'introduction du pillage qui transfère le risque, (q) peut devenir grand au point que (a) soit inférieur à 1. Dans cette situation l'investissement cesse, car les entreprises ne font plus de bénéfices et après quelques cycles, une fois leurs réserves épuisées, elles font faillite. Face au spectre de la déflation, l'État et la Banque Centrale interviennent, le premier en s'endettant et la deuxième en rachetant les dettes par le Quantitative Easing (QE). En s'endettant, l'État consomme par avance la richesse non-bancaire existante (re), et par le QE la Banque Centrale consomme sa réserve (rB). Pendant ce temps, le reliquat de richesse existante non détruite s'accumule dans les méga-banques. C'est un cercle vicieux.

Ainsi, en parallèle à la soviétisation de l'économie qui fait baisser la productivité (s), la concentration de (rb) dans des méga-banques ruine à la fois l'État et la Banque Centrale, conduisant à la destruction de la machine capitaliste. C'est ce processus de sortie de la révolution économique commencée au 18e siècle que le néo-libéralisme a mis en marche et qui provoque un retour à l'économie féodale. Dans cette économie, en échange d'un lopin de terre qui lui permettait tout juste de survivre, l'individu acceptait le statut de serf et les impôts empêchaient toute redistribution des richesses qui aurait permis de sortir de ce statut. En 2016, le processus de retour à cette économie est bien enclenché, et certains proposent une allocation universelle de base, l'équivalent du lopin de terre, en échange d'une précarité économique à vie et une « flat tax », c'est-à-dire un impôt non-redistributif. En acceptant l'allocation universelle et la flat tax, les citoyens abandonnent leurs droits et redeviennent des serfs.

Une autre approche des facteurs d'efficacité de la machine capitaliste est la théorie des jeux[9]. Celle-ci montre que les jeux de compétition stricte, où chaque joueur joue contre tous les autres, sont des jeux à somme nulle. Par contre, les jeux coopératifs, basés sur des alliances ponctuelles ou durables ne sont pas à somme nulle, le gain global peut augmenter. Par ailleurs, le gain global est maximal quand tous les joueurs coopèrent.

Dans le libéralisme d'Adam Smith, le concept de « main invisible » est d'abord introduit dans « The Theory of Moral Sentiments » où il met en avant que l'intérêt collectif est obtenu par la coopération des acteurs même si celle-ci est involontaire et résulte du développement d'une société où la bienveillance des uns par rapport aux autres est valorisée au sens moral. Il montre ensuite dans « An Inquiry into the Nature and Causes of the Wealth of Nations » que cette bienveillance peut être obtenue par le capitalisme libéral (par opposition ici au féodalisme et au mercantilisme). En d'autres termes, le capitalisme au sens d'Adam Smith

9. Ce champ d'études a été lancé par la publication de : *Theory of Games and Economic Behavior*, John von Neuman et Oskar Morgenstern, (1944).

ne repose pas sur la compétition exclusive des uns contre les autres, mais au contraire fait naître des coopérations par la compétition des idées et des initiatives. C'est un capitalisme à but moral dont l'objet est un contrat social vivant et riche. Adam Smith a eu cette intuition deux siècles avant la théorie des jeux. Dans le capitalisme au sens d'Adam Smith, les lois sociales, la redistribution par l'impôt, les normes sanitaires ne sont pas anti-capitalistes. Ce sont des méthodes de coopération qui permettent d'augmenter le gain global de la machine capitaliste. Le seul défaut de cette approche, comprise de façon rigide, est l'idée qu'une fois mise en place, une loi, une norme ou un taux d'impôt doivent être figés : c'est tout le contraire, les négociations sociales et politiques doivent être constantes et constituent l'avantage comparatif des démocraties représentatives, avantage comparatif au sens de David Ricardo.

À l'inverse, la dérégulation systématique prônée par Milton Friedman conduit à une compétition de tous contre tous, c'est-à-dire àun jeu à somme nulle. S'il n'y avait pas d'amortissement de la richesse existante (vieillissement, destruction, etc.) et si toutes les lois, normes et impôts étaient supprimés, on serait dans un jeu de compétition stricte et la croissance d'une telle économie serait exactement zéro. Il n'y aurait pas de récession, mais pas de progrès non plus. Dans la réalité, la dérégulation n'a pas encore détruit toutes les lois, normes et impôts, ce qui permet une faible croissance qui compense à peine l'amortissement des richesses. En conséquence, la croissance est très faible, proche de zéro : cette croissance très faible est structurelle dans le néo-libéralisme. Elle résulte d'un jeu de compétition stricte qui est à somme nulle.

L'effet mesurable de ce jeu à somme nulle est la baisse de productivité. Au début de la révolution thatcherienne, les progrès technologiques, produits avant la dérégulation, ont été rentabilisés, donnant l'impression que le progrès continuait. En fait, le jeu à somme nulle conduit à une productivité stagnante, mais avec un décalage en temps. On voit l'effet de la révolution thatcherienne dans la quasi-absence de croissance de la productivité en 2016, après quarante ans de dérégulation qui ont amené l'économie à une compétition de tous contre tous.

Un exemple de conséquence du jeu à somme nulle est donné par le financement du transport par train en Grande-Bretagne. En 2016, alors qu'en France, en Italie, en Allemagne la portion du salaire allouée aux transports pour se rendre au travail est entre 2% et 4%, elle dépasse 14% en Grande-Bretagne où le coût des billets de train est beaucoup plus élevé. La raison est simple : la part du billet financé par les subventions est de 70% en France, en Italie, en Allemagne, et elle est de 50% en

Grande-Bretagne[10]. Ce choix de baisse des subventions semble correct, mais cette impression est fausse. En donnant moins de subventions aux passagers des trains, l'État se retire et fait payer plus les usagers des trains et moins les usagers de la route. Ces derniers ont alors l'impression de payer moins et d'être traités avec justice : pourquoi payeraient-ils pour un service qu'ils n'utilisent pas ? Parce qu'ils utilisent un service public beaucoup plus cher, la route, qui est financé par les impôts. Le train en circulant sur des rails d'acier consomme moins d'énergie et transporte plus de gens et de marchandises en une seule fois. Par contre, il est moins souple quant à la répartition du transport en temps. La route, elle, s'use beaucoup plus vite, coûte beaucoup plus cher à entretenir, est beaucoup plus polluante et très inefficace pour transporter beaucoup de gens aux heures de pointe : la non-coordination des conducteurs crée des embouteillages. Par contre, en dehors des heures de pointe et pour des transports de peu de gens, ou de marchandises, elle est le moyen idéal. En baissant la subvention aux billets de train, l'État transfère des passagers du train vers la route pour les trajets domicile-travail, c'est-à-dire aux heures de pointe. La route est utilisée quand elle est la moins efficace et la plus chère, et le train est sous-utilisé quand il est le plus efficace et le moins cher. Ce genre de situation absurde est digne d'une économie soviétique. Quant aux usagers de la route qui soutiennent une baisse des subventions aux billets de train, ils se retrouvent à payer une somme supérieure pour l'entretien des routes, ils consomment plus d'essence dans les embouteillages, ils souffrent de plus de pollution, ils arrivent en retard et fatigués au travail et leur entreprise est moins compétitive. En effet, les entreprises participent par leurs impôts au financement des routes et souffrent des retards de livraison dus aux embouteillages. Par ailleurs, comme l'usure des routes prend du temps, les élus repoussent au maximum les dépenses d'entretien pour présenter un meilleur bilan lors des élections. Or, pour minimiser le coût global d'entretien d'une route, il faut un entretien continu. En conséquence, la logique à court terme, qui consiste à séduire les électeurs en baissant les subventions aux billets de train, les conduit aussi à maximiser le coût global d'entretien, que ces mêmes électeurs devront payer pour continuer à utiliser la route. En ne faisant pas payer les subventions aux billets de train, on accumule une dette cachée. On retrouve ici une caractéristique du coût ponctuel, et du néo-libéralisme.

L'image miroir du néo-libéralisme est le communisme. Dans une économie communiste, il n'y a pas non plus de coopération, car celle-ci est

10. « La Reppublica », 5 janvier 2017, *Effetto Brexit sui treni in Uk : tariffe sei volte più alte che nel resto d'Europa.*

inutile puisque tous les acteurs sont figés dans un égalitarisme total. Le résultat est un jeu coopératif, sans coopération. Dans cette configuration, la théorie des jeux implique que le gain global baisse : l'économie communiste détruit la richesse. C'est bien ce qui a été observé. L'Allemagne de l'Est, la RDA, s'est écroulée quand la rouille a fini de ronger les structures construites avant la guerre, ou juste après, par le travail semi-forcé. Je me suis rendu à Berlin-Est en 1989, 1990, 1991 et la première chose marquante était que les lampadaires, les balcons, les rambardes des ponts, tout était rouillé jusqu'au point de rupture. Le communisme s'est effondré parce qu'il n'y avait plus de richesse disponible à détruire. Sa durée de vie est celle nécessaire à la rouille pour attaquer le fer.

Enfin, il y a une approche théorique qui synthétise ce résultat, l'entropie. Considérons une bibliothèque contenant 1000 livres, numérotés sur la tranche de 1 à 1000 et rangés dans l'ordre croissant sur les étagères. Si on connaît le numéro d'un livre, on le trouve dès le premier essai. Mais si les livres sont rangés au hasard, on a 1/1000 de chance de trouver le livre en une seule étape. L'entropie est une mesure statistique du nombre d'étapes pour trouver une information dans un système : si les livres sont rangés, l'entropie est nulle et la probabilité est 1. Plus les livres sont en désordre et plus l'entropie est grande. Au départ développée pour la physique, la notion d'entropie a été généralisée à tous les systèmes dynamiques où la transition entre états est statistique, à travers un transfert d'information, par Claude Shannon en 1948 [11]. L'économie est un système dynamique où un état est caractérisé par la richesse de chaque acteur à un instant donné. Les transitions entre états du système résultent de distributions statistiques des choix d'allocation de la richesse de chacun. Ces conditions en font un système soumis aux lois des systèmes d'information tel que définis par Claude Shannon. Si on reprend le diagramme de la figure 3.3 , les cases « banque commerciale » et « entreprise » sont les parties de la machine à créer des corrélations, des structures qui organisent l'allocation des richesses pour la production : c'est le lieu où l'entropie diminue. Comme en Thermodynamique, le travail extérieur injecté permet de faire baisser l'entropie. La case monétisation est la partie de la machine où la richesse est redistribuée, c'est-à-dire où l'entropie augmente. Pour créer plus de richesse à chaque cycle, il faut que la partie qui organise la richesse absorbe plus d'entropie que l'entropie crée par la partie qui diffuse la richesse. Or, l'organisation de l'allocation de la richesse est d'autant plus efficace que le jeu est coopératif. La grande découverte de la théorie des jeux est que *coopératif* n'est pas le contraire

11. C. E. Shannon, *A mathematical theory of communication.*, « Bell System Technical Journal », vol. 27, pp. 379-423 et 623-656, juillet et octobre 1948.

de *compétitif*. La compétition avec des règles engendre la coopération, la main invisible d'Adam Smith, qui en retour, absorbe l'entropie. La dérégulation néo-libérale conduit à une organisation de l'allocation de la richesse moins efficace et qui tend, avec les multinationales, à se rapprocher de l'économie centralisée soviétique. L'entropie n'est plus absorbée et l'augmentation d'entropie consomme les richesses existantes : la machine néo-libérale détruit la richesse. Ce n'est pas une question de goûts, c'est une question de dynamique des systèmes statistiques.

5

Circulation instantanée des capitaux et viscosité

Contrairement à la liberté des échanges de biens et de produits, la liberté de *circulation instantanée des capitaux* conduit à la sélection de projets dont l'évaluation des coûts est basée exclusivement sur les *coûts ponctuels* en lieux et place des *coûts intégrés*. Une fois encore la révolution thatcherienne favorise le court terme au détriment du moyen et long terme. Et une fois encore, la somme des gains à court terme ne maximise pas les gains à long terme. Tout au contraire, à titre d'exemple, le choix pétrolier et gazier à court terme empêche l'investissement dans les énergies renouvelables et conduit à des guerres chères et destructrices de richesse.

Le problème n'est pas la liberté de circulation des capitaux, mais le fait qu'elle soit instantanée et que le risque ne soit pas assumé par l'investisseur qui en reçoit les bénéfices. Cette liberté de circulation n'est pas dans la théorie de David Ricardo, voire s'oppose à celle-ci, car elle ne conduit pas à un bénéfice réciproque.

La circulation instantanée n'a rien à voir avec la vitesse de circulation de la richesse dans le circuit financier, car le capital qui sert au transfert instantané n'est pas investi et ne circule que très provisoirement dans ce circuit. Sa fonction est d'extraire des capitaux du circuit en amplifiant des fluctuations de cours pour capter une partie des capitaux sous-jacents et se retirer aussitôt. La vitesse de circulation, elle, correspond à une richesse qui fait un tour complet dans le circuit : l'émission de monnaie réelle, levier et prêt à une entreprise, production de richesse et monétisation de cette richesse. La circulation instantanée au contraire, s'accroche à un projet d'entreprise et amplifie le buzz, c'est-à-dire l'attente d'une grande richesse créée pour faire augmenter le cours de l'entreprise. À ce moment, le capital parasite se retire en un clic et emmène avec lui une

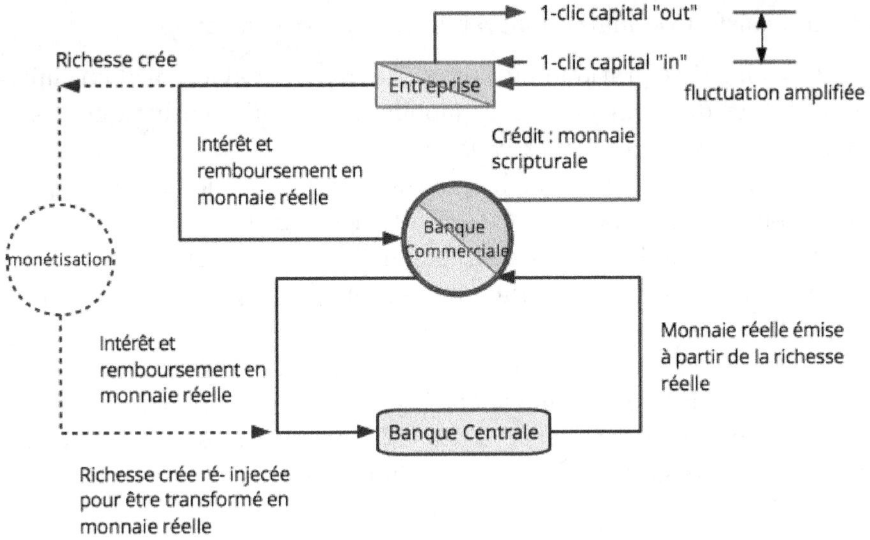

FIGURE 9.1 – Circuit Financier de l'Entreprise : 1-clic Capital

partie du capital qui devait servir à créer des richesses. Donc, la circulation instantanée est utilisée dans une boucle qui se branche entre l'entrée et la sortie de la case entreprise dans le diagramme du circuit financier. Cette branche qui utilise la circulation instantanée est illustrée dans la figure 1 bis, et la circulation instantanée est notée « 1-clic capital ».

Pour séparer la « circulation instantanée » des capitaux liée à la dérégulation de la circulation du « capital productif », ils faut introduire un concept qui vient de la physique, la *viscosité*. Par l'introduction de la viscosité, on pourra conserver une vitesse de circulation de la richesse importante tout en éliminant la circulation instantanée, qui agit comme un parasite du circuit et dont l'objet est de capter et, en fait, de voler le capital destiné à la production de richesse.

En physique, la viscosité représente une force qui s'oppose à un flux rapide, mais qui favorise un flux lent et régulier. Plus précisément, on parle de frottement visqueux quand la force qui s'oppose au flux est proportionnelle à la vitesse de ce flux. Ainsi, un flux qui s'écoule à faible vitesse ne subit presque pas de frottement. À l'inverse, quand la vitesse augmente, la force de frottement augmente en proportion. Dans des conditions de viscosité, on peut transférer une grande quantité de matière par le déplacement d'un volume important à vitesse faible alors qu'un transfert de matière à grande vitesse est défavorisé.

L'application pratique en horlogerie est l'introduction d'un huilage entre l'acier du pivot des pièces mobiles et le rubis synthétique des paliers qui maintiennent ces pivots. Sans huile, on aurait un frottement dynamique sec constant quelle que soit la vitesse, une usure des pivots et des à-coups. L'huile remplace ce frottement constant par un frottement visqueux plus faible, du fait de la faible vitesse de transport des couches d'huile successives entraînées de proche en proche par le mouvement du pivot. La vitesse de chaque couche est petite, mais la vitesse totale qui est la somme, est grande. Ainsi, la vitesse du pivot, elle, est importante et sans à-coups. En faisant une analogie entre huile et monnaie d'une part, pivot et richesse d'autre part, l'idée est d'appliquer ce phénomène pour éliminer les à-coups et le pillage du financement tout en assurant une circulation rapide de la richesse dans le circuit, une circulation rapide de la richesse mais sans circulation instantanée de la monnaie.

La dérégulation thatcherienne a créé une situation de viscosité quasi-nulle. Un modèle avec viscosité permet de reproduire dans une simulation à la fois la situation qui prévalait avant la révolution thatcherienne et la situation après la dérégulation. Elle permet aussi de simuler la situation qu'on pourrait obtenir par l'introduction de la viscosité dans les flux économiques.

L'introduction de la viscosité favoriserait les grands flux financiers, rapides ou lents, au détriment des flux financiers instantanés qui créent les instabilités des marchés. Associée à ces grands flux de la monnaie, il y a l'agrégation de nombreux flux rapides de biens produits, c'est-à-dire de richesse. La grande vitesse de circulation de la richesse, qui mesure les nombreux flux rapides, n'est pas incompatible avec la suppression des flux financiers instantanés : ceux-ci ne contribuent pas à la vitesse de circulation, mais perturbent cette dernière en amplifiant ses fluctuations.

L'effet de la viscosité peut être étudié par simulation Monte-Carlo à partir du modèle et des distributions statistiques. En particulier, on peut étudier le rôle de la circulation instantanée des capitaux en l'absence de viscosité dans la création de bulles financières par la possibilité donnée aux investisseurs d'amplifier des fluctuations.

L'introduction de viscosité dans les flux financiers n'implique pas de variation globale des prélèvements par la fiscalité : la viscosité peut être introduite à fiscalité globale constante.

Prenons un exemple. On peut remplacer la fiscalité actuelle sur les plus-values des activités boursières par un système de taxe-détaxe basé sur la durée qui sépare l'achat d'une action ou d'une obligation de sa revente.

- Si la durée est est supérieure à 1 an, la taxe sur les plus-values est iB, le taux d'intérêt que paye une banque commerciale à la Banque Centrale, car l'investisseur joue le même rôle que la banque commerciale.
- Si la durée est inférieure à 1 an et supérieure à 6 mois, la taxe est 2 fois iB.
- Si la durée est inférieure à 6 mois et supérieure à 3 mois, la taxe est 4 fois iB.
- Si la durée est inférieure à 3 mois et supérieure à 1 semaine, la taxe est $k1$ fois iB.
- Si la durée est inférieure à 1 semaine et supérieure à 1 jour, la taxe est $k2$ fois iB.
- Si la durée est inférieure à 1 jour et supérieure à 1 heure, la taxe est $k3$ fois iB.
- Si la durée est inférieure à 1 heure, la taxe est $k4$ fois iB.

On peut ajuster les constantes multiplicatives $(k1, k2, k3, k4)$ de façon à ce que l'on ait les deux conditions suivantes :

- $k1 << k2 << k3 << k4$
- la somme des taxes prélevées est égale au total des taxes prélevées avant l'introduction de la viscosité.

On a une situation où les investisseurs sont libres de spéculer à très court terme mais avec un coût beaucoup plus élevé, qui correspond au risque qu'ils font courir au marché par l'instabilité qu'ils provoquent : ils assument financièrement le risque qu'ils prennent de même qu'ils en reçoivent le bénéfice éventuel. Inversement, les investisseurs de type Buffet qui financent les projets d'entreprises à moyen et long terme, voient leur taxe baisser. Ce système favorisera les entreprises dirigées par des leaders industriels et défavorisera la prise de contrôle par des super-managers pratiquant le pillage.

La viscosité n'intervient pas dans les diagrammes des figures précédentes qui décrivent les flux financiers entre monnaie réelle et monnaie scripturale. En conséquence, elle n'intervient pas dans les équations qui décrivent le système. La viscosité intervient dans les distributions Lévy-stables qui remplacent les constantes dans ces équations. Son effet est de limiter les événements de grande amplitude, qui sont la source des bulles dues à l'accumulation d'investissement stériles, des crashs boursiers et des crises. C'est un moyen de pilotage de l'économie sans augmentation de la fiscalité. Techniquement, quand on a les distributions, on peut calculer par Monte-Carlo, cycle après cycle, l'évolution de la richesse. La viscosité limite aussi l'effet des produits toxiques, en les rendant plus chers.

6

Séparation entre banque d'investissement et banque de dépôts

La monnaie réelle alimente deux circuits financiers distincts, l'un pour créer de la richesse et l'autre pour assurer la permanence de la richesse existante. Les banques commerciales et les assurances sont des acteurs présents dans ces deux circuits. Pour faire fonctionner ces deux circuits financiers, il faut assurer trois services distincts :

- le dépôt,
- le crédit,
- l'investissement.

Le dépôt est constitué des comptes courants des salariés et des entreprises, où transitent les salaires et la trésorerie des entreprises. Le crédit est constitué par les prêts en monnaie scripturale et par les achats d'obligations mais d'aucun autre type de produit financier. L'investissement est constitué des achats d'actions, ou de produits dérivés des actions comme les options ou les fonds de placement.

Le problème, quand la fonction d'investissement n'est pas strictement séparée, est le double rôle de la monnaie scripturale : celui de monnaie qui représente à la fois la richesse non encore produite et la richesse à peine produite et non encore monétisée en monnaie réelle. Durant le processus de monétisation, la richesse qui vient juste d'être créée est sous forme de monnaie scripturale et se trouve stockée sous la forme de compte courant des salariés et de trésorerie des entreprises. Le dépôt joue simultanément le rôle de source de crédit et le rôle de réservoir tampon entre la monnaie scripturale et la monnaie réelle. C'est la raison pour laquelle les services de dépôt et de crédit doivent être assurés par la même institution financière, la banque de dépôts.

La banque de dépôts dispose d'un privilège qui lui est concédé par la Banque Centrale : le droit d'émettre de la monnaie scripturale dans la limite du levier. Ce privilège fait de la banque de dépôts le sélecteur des projets des entreprises et des particuliers. Ce sélecteur ne fonctionne que parce qu'il fait une compensation statistique des risques.

Pour comprendre le mécanisme, il faut distinguer d'une part, les investissements qui sont un crédit à la production, et d'autre part, les crédits à la consommation comme un prêt immobilier à un particulier ou un prêt pour l'achat d'une voiture. En effet, la nature de la contre-partie du prêt est différente dans les deux cas. Pour un crédit à la production, il s'agit d'un pari sur la capacité de l'entreprise à réaliser son projet : le risque est élevé et d'autant plus élevé s'il n'y a pas en face des salariés consommateurs en bonne santé financière, c'est-à-dire de la croissance. Pour un crédit à la consommation, la garantie est constituée d'un apport initial en monnaie réelle, de richesse existante dans le cas d'une hypothèque, de la garantie d'un tiers sur ses avoirs personnels, et éventuellement d'un contrat d'assurance qui couvre l'incapacité de remboursement accidentelle. Il s'agit ici d'un vrai contrat avec une compagnie d'assurances dont les activités et la couverture financière sont encadrées par la régulation, il ne s'agit pas d'une fausse assurance de type CDS. Donc le risque est beaucoup plus faible pour un crédit à la consommation. En combinant crédit à la production et crédit à la consommation, la banque de dépôts réalise le libre marché de compétition capitaliste par une compensation des risques financiers de ce marché.

La difficulté vient du fait que pour que cette compensation fonctionne, il est nécessaire qu'il n'y ait pas de corrélation statistique des choix, c'est la compétition qui assure la non-corrélation. En particulier, la banque de dépôts ne doit pas être à l'origine des projets, sinon son jugement dans l'estimation des risques est biaisé. C'est la raison pour laquelle il est nécessaire d'avoir des institutions financières séparées, les banques d'investissements qui, par l'achat d'actions de projets économiques, lancent les nouveaux projets. En tant que co-propriétaires de l'entreprise, les banques d'investissement et les particuliers investisseurs produisent leurs gains financiers à travers les dividendes et la revente des actions. Pour les banques d'investissement, le risque est contrôlé par le fait que c'est leur capital propre qui est investi. Si ce risque peut être transféré à autrui, alors il devient sans limites et les mauvais projets sont sélectionnés. C'est précisément ce qui arrive quand les banques d'investissement et les banques de dépôt ne sont pas strictement séparées par la régulation bancaire.

Une banque de dépôts et de crédit gagne de l'argent par les intérêts des prêts qu'elle concède. Son métier est la sélection des projets. Une banque d'investissement est l'initiatrice des projets. Elle amène à l'entrepreneur le capital initial et elle gagne de l'argent à travers les dividendes et la revente des actions. Son métier est le lancement de projets. La séparation bancaire crée un marché où la compétition capitaliste, pour l'accès au crédit, optimise le rapport entre gains potentiels et risques associés. Sans cette compétition, c'est-à-dire sans séparation bancaire, les banques fusionnent en méga-banques monopolistiques qui créent des monopoles industriels et commerciaux : c'est la soviétisation de l'économie.

Par ailleurs, la séparation des activités de banque de dépôts et de banque d'investissement assure la stabilité face aux risques boursiers et limite l'amplitude des crashs. En maintenant les deux types d'activités séparées, quand une corrélation des cours boursiers provoque une chute des cours, la vitesse de circulation de la monnaie (V_r) est réduite sur les marchés boursiers, mais continue à être élevée sur le circuit de la consommation. En effet, les propriétaires de comptes courants étant protégés par cette séparation, ils n'ont rien à craindre pour leurs économies et ont intérêt à continuer d'utiliser leur compte courant. En d'autres termes, l'approximation de Fisher reste valable et les termes non-linéaires en ($1/V_r$) restent petits : on évite la déflation.

À l'inverse, si la dérégulation conduit à supprimer la séparation entre banque de dépôts et banque d'investissement, une chute des cours boursiers peut mettre en péril les comptes courants et l'anticipation des dépositaires les conduit à retirer leur argent de ceux-ci et à thésauriser au lieu de continuer à consommer : l'effet est une chute brutale de (V_r) et l'entrée dans une spirale de déflation.

Mais une autre activité financière doit être séparée, l'assurance. Le profil en temps des flux financiers de l'assurance est très particulier : c'est un flux continu, très petit, d'accumulation de capital, suivi de temps en temps d'un flux très grand de sortie de capitaux sur une durée très courte. Il faut donc une forme de capital qui soit à l'abri des destructions corrélées, en partie liquide et qui ne soit pas une thésaurisation. Or, il existe un moyen de réaliser ces contraintes contradictoires. L'assurance doit capitaliser sous deux formes : de l'or et des projets de très long terme comme des grandes infrastructures (exemple le tunnel sous la manche) ou très stables, comme l'immobilier dans les grandes villes. L'or a l'avantage d'augmenter en cas de catastrophe et d'être convertible immédiatement en n'importe quelle monnaie. Il ne constitue pas une thésaurisation, car en étant stocké en partie dans les assurances, il sert de complément de couverture à la banque Centrale qui, en cas de crash important et d'absence de catastrophe naturelle simultanée, peut emprunter cet or pour couvrir provisoirement l'émission de monnaie réelle. C'est la raison pour laquelle les assurances régulées et agrées par la Banque Centrale doivent bénéficier de taux d'intérêt plus avantageux que celui des banques. Les grands projets d'infrastructure ont deux caractéristiques : ils sont une garantie de pertes à moyen et court terme, ce qui fait fuir les investisseurs, et ils sont une garantie de gains sans limite à long terme et à l'abri des fluctuations du marché et de l'économie. L'immobilier, à condition qu'il ne soit pas dans le cadre d'un projet spéculatif à court terme, est semblable aux infrastructures, mais à moyen terme. Ces caractéristiques imposent pour fonctionner une séparation stricte de l'assurance des autres activités bancaires et des accords d'agréments entre compagnies d'assurance et la Banque Centrale.

À côté des catastrophes, il y a les accidents de tous les jours qui ne donnent pas tous lieu à un contrat d'assurance : c'est l'auto-assurance. La monnaie réelle stockée sur le compte courant pour assurer la liquidité joue alors un rôle d'assurance puisqu'elle permet à tout instant de financer un imprévu (les accidents, mais aussi les achats non-essentiels qui sortent de la consommation courante de routine sont tous des imprévus).

C'est en mesurant ce dépôt que la Banque Centrale peut évaluer la richesse existante et la monétiser en monnaie réelle. C'est par les retraits aux distributeurs de billets ou à la banque, que la monnaie réelle est mise en circulation. À ce stade, l'argent n'a pas encore été affecté à l'un où à l'autre des deux circuits financiers, entreprise ou assurance. Mais son volume permet à la Banque Centrale de mesurer la confiance ou la crainte des consommateurs et ajuster sa politique de taux d'intérêt.

Avec la séparation des banques de dépôts, des banques d'investissement et des assurances, on a deux réservoirs tampons qui assurent la non-corrélation des risques et l'amortissement des fluctuations statistiques. À l'inverse, sans séparation on a une corrélation des risques qui amplifie les fluctuations et les transforme en crash boursier. Il n'y a pas d'intérêt économique à supprimer cette séparation des activités. La dérégulation a mis fin à cette séparation et a entraîné le basculement dans une économie de pillage. Le rétablissement de la séparation est une urgence.

Par ailleurs, un nouveau danger menace le système monétaire mondial : l'émission de monnaie scripturale par des multinationales non-bancaires. Les multinationales Apple ou Orange mettent en place en 2016-2017 des activités bancaires de crédit en dehors de toute limite de levier imposé par la Banque Centrale du pays où elles vendent ces services. En réalité, il s'agit d'un détournement du crédit entre entreprises pour créer un système bancaire parallèle avec un levier infini, système qui transfère tous les risques à la Banque Centrale : à plus ou moins long terme, l'écroulement général de toutes les monnaies simultanément est certain selon ce modèle, et il faut l'empêcher à tout prix. Les seules entités qui doivent être autorisées à émettre de la monnaie scripturale sont les banques de crédit-dépôt. Elles achètent ce droit à la Banque Centrale, dans la limite du levier imposé et sous le contrôle de celle-ci. Le crédit entre entreprises, ou entre entreprises et clients, doit être limité à l'achat d'un produit ou d'un service concret et être strictement interdit pour un achat non défini, car dans ce cas, il s'agit d'émission de monnaie en dehors du levier. La re-régulation bancaire est urgente. La dérégulation conduit à une crise monétaire mondiale qui conjuguerait en une seule crise l'écroulement monétaire de l'Allemagne en 1923-24 et le crash de 1929, mais avec une ampleur beaucoup plus grande.

En pratique, soit on interdit à une banque commerciale de remplir les deux rôles, soit on fait une loi qui oblige la banque commerciale à se scinder en deux branches de façon à garder deux comptabilités séparées pour chaque compte de leurs clients. De plus, on définit par la loi un statut qui permet la faillite de la branche « banque d'investissement » sans que la branche banque de dépôts ne puisse être mise à contribution pour la sauver. Une banque commerciale avec deux branches peut offrir à ses clients des produits d'investissements et si ceux-ci les achètent, ces sommes sont transférées d'un compte à l'autre. Mais l'argent restant sur le compte de dépôt est protégé. Quant aux assurances, leur statut d'activité séparée et régulée doit être précisé et renforcé.

La situation en 2015 et 2016 est très dangereuse. Les États affirment par leur gouvernement qu'ils garantissent les dépôts à un certain niveau, par exemple 20 000 euros, contre la faillite de la banque commerciale. Mais comme ils ne séparent pas par la loi les fonctions de banque de dépôts et de banque d'investissement, cette garantie est très faible. En cas de crise majeure, la propagation de la chute des cours et des faillites de la partie banque d'investissement aux comptes courants provoquera une panique générale. Les salariés retireront leur argent des comptes courants et cesseront de consommer. Aucun État ne pourra faire face. Il est urgent de séparer par la loi les branches banque de dépôts et banque d'investissement, de façon à ce que la branche banque d'investissement puisse faire faillite sans entraîner la faillite de la branche banque de dépôts.

Enfin, il y a un aspect idéologique qui explique l'acharnement néolibéral à empêcher toute loi de séparation bancaire, comme le Glass-

Steagall act de 1933 qui a malheureusement été aboli aux USA. La séparation bancaire signifie que les banques d'investissement sont les clientes des banques commerciales : elles sont en compétition pour obtenir les crédits. En conséquence, les banques d'investissement ne peuvent financer à crédit des entreprises qui perdent des milliards par an, comme Facebook ou Twitter, dans le seul but de créer des monopoles en rachetant tous les concurrents plus créatifs. Sans ces milliards de crédits pendant des années, ce sont les entreprises les plus créatives qui dominent, tandis qu'avec ces crédits, ce sont les monopoles dont le modèle économique est le racket.

7

Système économique avec plusieurs Banques Centrales

Dans la situation de 2015, la révolution thatcherienne a éliminé presque toutes les sources de viscosité. Et l'absence de viscosité joue un rôle important dans la libre circulation des capitaux entre zones monétaires distinctes et pilotées chacune par une Banque Centrale.

Durant la 2e guerre mondiale, les alliés ont transféré une part importante de leurs réserves d'or aux USA pour garantir et payer les achats d'armes. Après la guerre, la plus grande partie du stock d'or mondial se trouvait aux USA et l'or représentait de fait la monnaie réelle censée garantir la monnaie scripturale. Par ailleurs, l'économie américaine à elle seule était beaucoup plus importante que l'économie du reste du monde. On a alors organisé, par les accords de Bretton Woods, un système à deux étages basé sur une Banque Centrale effective unique avec une monnaie réelle unique, le dollar. Ce dernier était garanti par sa convertibilité en or, convertibilité elle-même garantie par la réserve d'or située aux USA. Les autres monnaies du système, en acceptant le dollar comme monnaie réelle de réserve, émettaient des monnaies secondaires définies par rapport au dollar. Ce système est équivalent à un système à Banque Centrale unique telle que décrite jusqu'ici.

Le développement des économies européennes et japonaise, qui sont devenues comparables à celle des USA, ont rendu structurellement ce système caduc, c'est-à-dire non-fonctionnel, car les politiques économiques entre régions de cultures différentes ne peuvent être coordonnées que jusqu'à un certain point. Par ailleurs, la guerre froide en général, et la guerre classique au Viêtnam en particulier, avaient été jusque-là financées par les USA, leurs alliés refusant d'en supporter le coût, tout en bénéficiant de la protection des USA. Pour sortir de cette double impasse, le Président Nixon a mis fin à la convertibilité en or du dollar et par là-même au système de Bretton Wood en laissant flotter les monnaies sur le marché interbancaire. L'Europe de son côté, a continué son unification économique et politique pour arriver à la création de l'euro. On a eu un système avec trois zones monétaires principales, le Japon, les USA et l'UE. La Chine est en 2015 en phase de transition pour créer sa propre zone monétaire. Donc, on a en 2015 un système qui doit fonctionner avec plusieurs Banques Centrales de référence.

Fort heureusement jusqu'à présent, la BCE, la FED et la BJ [12] ont coordonné leur politique de façon informelle mais efficace pour éviter une guerre des monnaies. Il est à noter que c'est l'indépendance de la BCE et de la FED par rapport aux pouvoirs politiques, qui leur a permis d'éviter cette guerre.

Pour décrire cette nouvelle situation, il faut assumer l'existence d'un circuit financier de la banque commerciale pour chacune des zones monétaires et introduire le fait que la monnaie réelle ou scripturale d'une zone peut servir à couvrir le risque d'un projet réalisé dans une autre zone monétaire.

La relative stabilité des changes et la libre circulation des biens entre ces économies ont permis de garantir par des biens, localisés dans une zone monétaire, un emprunt dans une autre zone. Cependant, de nouveaux problèmes sont liés à cette situation.

La libération de la circulation de capitaux permet d'utiliser la monnaie réelle d'une zone monétaire pour couvrir de l'argent scriptural dans une autre zone monétaire. Mais la richesse produite éventuelle n'est pas forcément réinjectée dans la monnaie réelle qui a servi à couvrir le risque : on peut avoir une récession artificiellement induite dans cette zone monétaire et une croissance artificielle dans l'autre. La récession peut à son tour se propager dans la zone en croissance par le transfert brutal de l'épargne et du « global saving glut » évoqué plus haut. Au lieu d'avoir un rééquilibrage entre les deux zones par la libre circulation des biens, on a une récession globale.

Par ailleurs, cette possibilité de transfert des risques entre deux zones monétaires ouvre la possibilité de créer de nouveaux outils de pillage, en utilisant un transfert de levier entre les deux zones monétaires à travers des pseudo-garanties sous forme de CDS ou de fonds composés d'un

12. BCE = Banque Centrale Européenne, FED = Banque Centrale des USA, BJ = Banque Centrale du Japon.

mixte de monnaies scripturales issues de plusieurs zones monétaires. On a alors un transfert du levier d'une zone vers une autre, ce qui permet de contourner la limite imposée par la Banque Centrale dont le levier est le plus petit : la banque commerciale impose le risque maximal.

Ce transfert de levier est illustré dans le diagramme de la figure (9.2). Les équations du circuit financier doivent être modifiées.

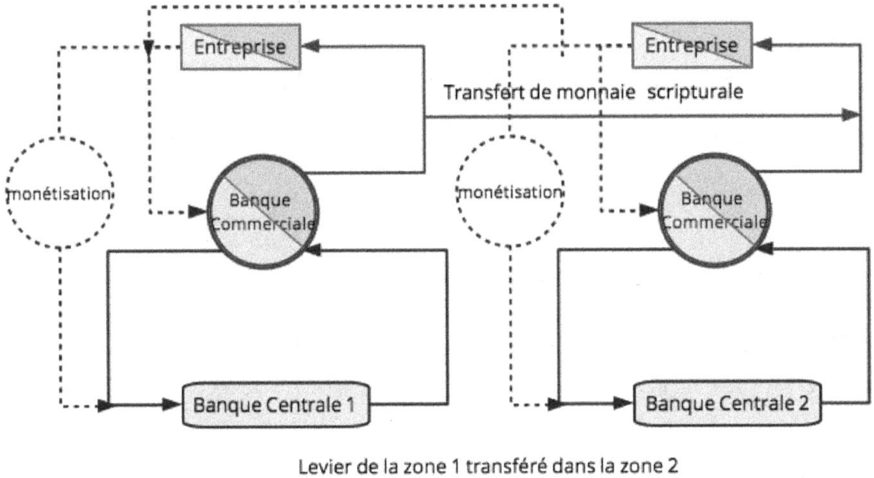

FIGURE 9.2 – Plusieurs Banques Centrales : contournement du levier

Notations :
- $(u_1, v_1, ve_1, q_1, s_1, rB_1, rb_1, re_1, iB_1, ib_1, ir_1, y_1, z_1)$ sont les paramètres liés à la Banque Centrale de la zone monétaire 1. Idem pour 2 en remplaçant les indices 1 par 2,
- (x_n^1, x_n^2) sont la monnaie réelle émise par la Banque Centrale dans les circuits 1 et 2 à l'étape (n) (y compris la monnaie transférée entre les deux zones),
- (x_n^{12}) est la monnaie réelle de la zone 1 qui est transférée à la zone 2 avec le levier de la zone 1, (u_1), à l'étape n ,
- (x_n^{21}) est la monnaie réelle de la zone 2 qui est transférée à la zone 1 avec le levier de la zone 2, (u_2), à l'étape n.

Les intérêts échangés entre les Banques Centrales et les banques commerciales sont :

$$\begin{aligned}
&\text{zone1 :}\quad (iB_1 - 1)\,.\,u_1\,.\,rb_1 \quad \text{et} \quad (ir_1 - 1)\,.\,rb_1 \\
&\text{zone2 :}\quad (iB_2 - 1)\,.\,u_2\,.\,rb_2 \quad \text{et} \quad (ir_2 - 1)\,.\,rb_2
\end{aligned} \tag{9.4}$$

Les intérêts reçus par les banques commerciales et payés par les entreprises sont :

$$\begin{aligned}
&\text{zone1 :}\quad (1-q_1)\,.\,(ib_1-1)\,.\,u_1\,.\,(rb_1 - x_n^{12}) + (1-q_2)\,.\,(ib_1-1)\,.\,u_1\,.\,x_n^{12} \\
&\text{zone2 :}\quad (1-q_2)\,.\,(ib_2-1)\,.\,u_2\,.\,(rb_2 - x_n^{21}) + (1-q_1)\,.\,(ib_2-1)\,.\,u_2\,.\,x_n^{21}
\end{aligned} \tag{9.5}$$

Le capital perdu par les banques commerciales vaut :

$$\begin{aligned}
&\text{zone1 :}\quad q_1\,.\,(u_1\,.\,rb_1 - u_1\,.\,x_n^{12} + u_2\,.\,x_n^{21}) \\
&\text{zone2 :}\quad q_2\,.\,(u_2\,.\,rb_2 - u_2\,.\,x_n^{21} + u_1\,.\,x_n^{12})
\end{aligned} \tag{9.6}$$

La nouvelle richesse produite vaut :

$$\begin{aligned}
&\text{zone1 :}\quad (1-q_1)\,.\,s_1\,.\,(u_1\,.\,rb_1 - u_1\,.\,x_n^{12} + u_2\,.\,x_n^{21}) \\
&\text{zone2 :}\quad (1-q_2)\,.\,s_2\,.\,(u_2\,.\,rb_2 - u_2\,.\,x_n^{21} + u_1\,.\,x_n^{12})
\end{aligned} \tag{9.7}$$

Et les coûts de cette production sont :

$$\begin{aligned}
&\text{zone1 :}\quad v_1\,.\,(u_1\,.\,rb_1 - u_1\,.\,x_n^{12} + u_2\,.\,x_n^{21}) \\
&\text{zone2 :}\quad v_2\,.\,(u_2\,.\,rb_2 - u_2\,.\,x_n^{21} + u_1\,.\,x_n^{12})
\end{aligned} \tag{9.8}$$

La richesse produite à la fin du cycle est dans chaque zone :

$$\begin{aligned}
&\text{zone1 :}\quad z_1 = [(1-q_1)\,.\,s_1 - q_1 - v_1]\,.\,(rb_1 + u_2\,.\,x_n^{21} - u_1\,.\,x_n^{12}) \\
&\text{zone2 :}\quad z_2 = [(1-q_2)\,.\,s_2 - q_2 - v_2]\,.\,(rb_2 + u_1\,.\,x_n^{12} - u_2\,.\,x_n^{21})
\end{aligned} \tag{9.9}$$

La richesse totale au début du cycle dans chaque zone est :

$$\begin{aligned}
&\text{zone1 :}\quad x_n^1 = rB_1 + rb_1 + re_1 \\
&\text{zone2 :}\quad x_n^2 = rB_2 + rb_2 + re_2
\end{aligned} \tag{9.10}$$

Donc à la fin du cycle (n) la monnaie réelle pour la zone 1 est donnée par :

$$\begin{aligned}
x_{n+1}^1 &= rB_1 + re_1 + z_1 - ve_1\,.\,re_1 + rb_1 \\
&= x_n^1 + a_1\,.\,rb_1 - ve_1\,.\,re_1 + a_1\,.\,(u_2\,.\,x_n^{21} - u_1\,.\,x_n^{12})
\end{aligned} \tag{9.11}$$

En échangeant les indices 1 et 2, on obtient la monnaie réelle pour la zone 2 à la fin du cycle (n) :

$$\begin{aligned} x_{n+1}^2 &= rB_2 + re_2 + z_2 - ve_2 \,.\, re_2 + rb_2 \\ &= x_n^2 + a_2 \,.\, rb_2 - ve_2 \,.\, re_2 + a_2 \,.\, (u_1 \,.\, x_n^{12} - u_2 \,.\, x_n^{21}) \end{aligned} \tag{9.12}$$

Avec :

$$\begin{aligned} a_1 &= [(1 - q_1) \,.\, s_1 - q_1 - v_1] \,.\, u_1 \\ a_2 &= [(1 - q_2) \,.\, s_2 - q_2 - v_2] \,.\, u_2 \end{aligned} \tag{9.13}$$

On retrouve l'équation 3.5 avec en plus les deux termes qui correspondent aux transferts entre les deux zones monétaires :

$$\begin{aligned} &\text{zone1 :} \quad a_1 \,.\, (u_2 \,.\, x_n^{21} - u_1 \,.\, x_n^{12}) \\ &\text{zone2 :} \quad a_2 \,.\, (u_1 \,.\, x_n^{12} - u_2 \,.\, x_n^{21}) \end{aligned} \tag{9.14}$$

Les leviers des deux zones sont présents dans chaque équation, on a alors un transfert de levier entre les zones monétaires. En fonction des intérêts et des amortissements, il est possible de choisir :

$$x_n^{12} = 0 \quad \text{ou} \quad x_n^{21} = 0 \tag{9.15}$$

et transférer ainsi le levier le plus bas d'une zone à l'autre.

Le commerce est équilibré si on a une compensation des richesses réelles échangées et non pas une compensation de la monnaie scripturale échangée, donc l'équilibre des échanges signifie :

$$x_n^{12} = x_n^{21} \qquad \text{et non pas} \qquad u_1 \,.\, x_n^{12} = u_2 \,.\, x_n^{21} \tag{9.16}$$

Une contre-mesure efficace qui ne limite pas les échanges, consiste à autoriser la libre circulation de la monnaie réelle, mais pas de la monnaie scripturale. On évite ainsi les transferts de levier. Cette situation est illustrée dans le diagramme de la figure 9.3.

On obtient ainsi un marché des monnaies réelles, lequel conduit à un taux de change qui traduit la balance des échanges. Celui-ci représente le risque relatif de la monnaie scripturale couverte par chacune des Banques Centrales. Si les Banques Centrales ont une politique coordonnée sans à-coup et annoncée à l'avance, le risque relatif évolue peu et le taux de

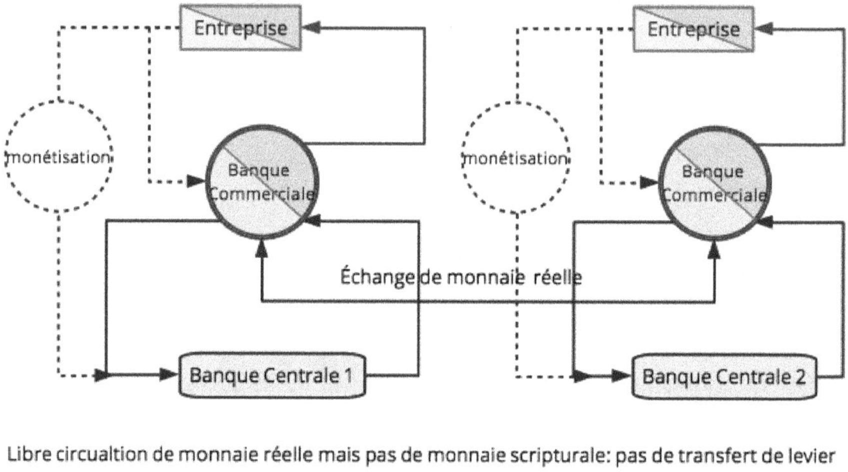

FIGURE 9.3 – Plusieurs Banques Centrales : investissement avec respect des leviers

change reste stable. Le libre marché des devises est encore une fois assuré par la régulation et non par la dérégulation qui favorise au contraire le contournement des leviers, c'est-à-dire le pillage.

Une banque commerciale d'une zone monétaire peut alors emprunter à sa Banque Centrale la monnaie réelle, changer cette monnaie réelle contre de la monnaie réelle de l'autre zone monétaire et utiliser la monnaie locale obtenue pour financer le projet tout en respectant les deux leviers : celui de la Banque Centrale de sa propre zone monétaire et celui de la Banque Centrale de la zone monétaire où est localisé le projet. Les bénéfices de l'entreprise sont alors répartis sous forme de monnaie réelle. Cette configuration produit une compensation par le taux de change, taux lié aux différences d'inflation et au risque relatif entre les deux zones monétaires.

Un autre problème est lié à la circulation instantanée de capital entre zones monétaires qui, tout comme dans le cas des entreprises, permet la captation et le pillage de la monnaie et crée de grandes instabilités. L'introduction de la *viscosité* entre zones monétaires peut aider à résoudre ce problème : si un capital, qui est transféré d'une zone monétaire à une autre y reste moins d'un an, il est taxé. Plus le temps de présence est court, plus la taxe est élevée, avec une variation non-linéaire : pas de taxe au-delà d'un an, faible taxe de 1 an à 6 mois, un peu plus importante de 6 mois à 1 moi, etc., jusqu'à une taxe prohibitive pour une durée d'une journée ou moins.

8

Résolution du dilemme de Triffin

Parmi les deux fonctionnalités de la monnaie, on s'intéresse ici à la fonction de représentation de la richesse existante. Le dilemme de Triffin [13] fait référence à une critique du système monétaire de Bretton Woods instauré après la 2e guerre mondiale. Dans ce système, le dollar est convertible en or et les autres monnaies principales sont convertibles en dollar avec un cours fixe.

Après la 2e guerre mondiale, l'économie américaine à elle seule représente la plus grosse partie de l'économie mondiale. Faire du dollar la monnaie de réserve pour tous les pays ne pose pas de problème, puisqu'en représentant la richesse des USA, elle représente presque toute la richesse du monde.

On a vu dans la modélisation qu'un manque de monnaie émise a pour effet une perte de croissance économique. À l'inverse, un excès d'émission provoque de l'inflation. Quand une monnaie devient la monnaie de référence d'autres régions économiques, le gouvernement du pays émetteur se trouve dans la contradiction de devoir limiter l'émission de monnaie pour éviter l'inflation à l'intérieur du pays et devoir au contraire augmenter l'émission très au-delà de sa propre richesse pour représenter aussi la richesse créée ailleurs. En d'autres termes, si le pays émetteur limite l'émission de monnaie à sa propre création de richesse, il n'y a pas assez de monnaie pour les autres pays dont l'économie ne peut se développer. À l'inverse, si le pays émet assez de monnaie pour permettre aux autres pays de se développer, il émet trop de monnaie par rapport à sa richesse propre, ce qui provoque de l'inflation. Pour se protéger contre cette perte de valeur, les autres pays font jouer la convertibilité de la monnaie en or. Le prix de l'or monte, il n'y a pas assez de monnaie en circulation, celle-ci est dévaluée, et la machine cesse de fonctionner. Par un moyen indirect, c'est une forme de thésaurisation en or qui bloque la machine.

13. Robert Triffin, *Gold and the Dollar Crisis : The future of convertibility*, 1960.

Par d'autres arguments et sans modélisation, Robert Triffin est arrivé à la même conclusion. C'est ce qui s'est passé. Avec la reconstruction en Europe et au Japon, puis le décollage économique dans les années '60', la part de richesse créée au-dehors des USA est devenue aussi importante que celle créée aux USA. La situation est devenue intenable et en 1971 le Président Nixon abandonne la convertibilité du dollar en or qui est la base du système, mettant fin au système monétaire de Bretton Woods.

Cependant, le problème persiste. Comment créer un système monétaire mondial qui favorise la stabilité des changes entre les monnaies ? Car si on ne fait rien, on a des crises monétaires à répétition liées à la spéculation, et surtout le risque d'une guerre des monnaies entre Banques Centrales si une course à la dévaluation a lieu. Or, les Banques Centrales des principales zones économiques doivent rester solidaires pour gérer en douceur le passage régulier des crashs boursiers « naturels », à savoir les crashs qui résultent de la différence entre le prix ponctuel et le prix intégré.

La solution proposée par Robert Triffin n'est ni réaliste ni fonctionnelle. Elle consiste à créer une monnaie de référence mondiale, éventuellement adossée à une réserve d'or [14]. C'est une simple généralisation de Bretton Woods où les USA sont remplacés par une organisation internationale comme le FMI. Cette solution ne fonctionne pas, car elle repose sur l'idée d'un prix scientifique et universel des biens et des services. Or, le prix est en grande partie culturel et nécessite des zones monétaires qui permettent à un marché d'établir ce prix culturel. Pour prendre un exemple simple, l'UE qui interdit les OGM et les USA qui les encouragent ne peuvent pas être sur le même marché monétaire agricole : le taux de change doit refléter le fait qu'un produit OGM vaut 0 euro et beaucoup de dollars. La solution Triffin conduit inexorablement aux conflits et à la guerre pour imposer son propre modèle culturel. Par contre, c'est une solution compatible avec le néo-libéralisme et sa face politique, le néo-conservatisme, qui a déjà mis en pratique par la guerre sa volonté d'un marché unique dérégulé.

Mais la création de grands ensembles économiques qui sont inspirés par l'Union européenne permet de résoudre le problème. Ces ensembles doivent correspondre à un *homo œconomicus culturae* semblable ou assez proche pour évoluer vers un *homo œconomicus culturae* semblable. On a alors des grands marchés où un prix des biens et des services peut s'établir sans engendrer de conflits. On retrouve la bienveillance résultant du marché décrite par Adam Smith. Ces marchés peuvent interagir

14. Comme le « bancor » proposé en son temps par John Maynard Keynes.

les uns avec les autres en autorisant la libre circulation de la monnaie réelle, mais en interdisant la libre circulation de la monnaie scripturale. On a une situation où le levier de chaque zone monétaire est respecté, et aucun pays n'a intérêt à utiliser la monnaie d'une autre zone monétaire comme monnaie de référence. Le taux de change qui s'établit reflète à la fois l'avantage comparatif des zones monétaires considérées globalement et la différence culturelle des prix associés aux biens et aux services. L'avantage comparatif au sens de David Ricardo stimule le développement économique des différentes zones, et le respect des spécificités culturelles ne conduit plus à des conflits puisqu'il est intégré naturellement dans le coût des échanges au moment du change entre monnaies réelles. Le taux de change est établi par le marché des monnaies réelles qui est libre (pas de marché des monnaies scripturales !). En particulier, les négociations de libre-échange sont facilitées : tout ce qui ne tombe pas dans le domaine commun se retrouve sur le taux de change et si ce taux convient à chaque partie, on a une relation commerciale productive et apaisée. De plus, comme le taux de change reflète la compétitivité globale des zones monétaires, il est stable et évolue lentement. Cette situation permet aussi aux Banque Centrales d'agir ensemble de façon coordonnée face aux crashs boursiers. Cet aspect sera discuté dans la section « Crises, Bulles financières, Dette, Fiscalité et Croissance ».

9

Monnaie virtuelle : évasion fiscale, outil de pillage et monnaie au service de la criminalité

Une monnaie, pour remplir sa fonction de représentation de la richesse, doit être équivalente à de l'or ou à la richesse existante dans la zone monétaire. De cette façon, si lors d'une transaction l'une des parties fait défaut, l'autre reçoit en compensation cette richesse. Cette procédure est valable aussi bien lors d'un simple achat payé à la livraison ou à la commande que dans un contrat de crédit entre deux acteurs économiques. En cas de livraison d'un matériel défectueux, la monnaie réelle permet de dédommager l'acheteur. Lors d'un défaut de remboursement de crédit, le créditeur peut faire saisir une part de la richesse de l'emprunteur par la justice.

En terme d'anonymat, la monnaie réelle a un don d'ubiquité. Si deux personnes échangent *simultanément* de la monnaie contre un bien, elles n'ont pas besoin de se connaître : la monnaie garantit l'anonymat vis-à-vis d'un tiers, mais oblige les deux personnes à être physiquement présentes, et donc cette transaction proscrit l'anonymat visuel entre elles. Si deux personnes échangent un bien avec un payement à la commande ou à la livraison sans se rencontrer, elles ont besoin d'un témoin. Ce témoin est la banque qui enregistre la transaction. En cas de non-payement ou de non-livraison, c'est elle qui permettra à la justice de déterminer la compensation. Dans ce cas, la monnaie garantit le non-anonymat des parties.

Que se passe-t-il si on a une monnaie qui permet un échange anonyme sans rencontre physique avec un payement à la commande ou à la livraison, et sans l'intervention d'un tiers, comme une banque ? Une telle monnaie est une monnaie virtuelle dont la plus connue est le bitcoin. Dans ce type de monnaie, l'une des parties à la transaction perd toute garantie. Du moment que la transaction est validée, c'est-à-dire que le transfert de monnaie est effectué, aucune des parties ne peut faire appel à un témoin pour contester l'autre partie. Ce type de payement peut se développer pour des petites sommes, en particulier pour des consommateurs de drogue, qui achètent des petites quantités à chaque fois.

Pour des payements importants, les deux parties peuvent se connaître et faire des transactions sans aucun témoin. Au contraire, la monnaie réelle laisse des traces quand elle est échangée en grande quantité. Les valises de billets sont détectées quand on veut les faire rentrer dans le circuit légal par le blanchiment d'argent : c'est l'étape risquée pour une organisation criminelle. Donc, la monnaie virtuelle est l'outil de payement idéal pour une économie parallèle criminelle.

En résumé, une monnaie virtuelle sur le modèle des bitcoins permet de faire une transaction anonyme, à payement différé (à la commande ou à la livraison).

La seule garantie entre les parties prenantes est à caractère criminel. Si l'une des parties est trompée dans la transaction par l'autre partie, elle peut se mettre à sa recherche et se venger en dehors de toute justice. Pour des petits payements répétés, cette monnaie permet la vente de drogue à l'abri de la police.

Mais la monnaie virtuelle anonyme a d'autres défauts. Elle permet l'évasion fiscale et elle peut conduire à un marché noir des produits financiers, marché noir adossé au marché officiel et conduisant à des crashs financés par les Banques Centrales.

Tout d'abord, voyons l'évasion fiscale. La méthode est simple : un acteur qui veut exporter des bénéfices sans les déclarer, utilise ces bénéfices pour acheter de la monnaie virtuelle dans son pays et revend cette monnaie virtuelle dans le paradis fiscal pour la retransformer en monnaie réelle sans origine traçable. Notons que cette technique peut aussi être utilisée par des organisations criminelles pour le blanchiment d'argent. C'est l'outil parfait pour toutes les fraudes. Si la banque du paradis fiscal est complice, elle peut se charger de vendre à distance la monnaie virtuelle, de rapatrier dans le paradis fiscal la monnaie réelle légalement et ensuite revendre à son propriétaire cette monnaie réelle en lui rachetant les bitcoins qu'elle lui avait vendu, le tout contre une commission.

Il y a pire. Les CDS permettent de fournir une « garantie » aux transactions anonymes par monnaie virtuelle. Cette garantie n'est pas une assurance, comme présentée dans la section sur les CDS. Reprenons l'exemple des deux acteurs d'une transaction qui veulent un payement anonyme et non-traçable sans se connaître l'un l'autre. Chacun peut acheter auprès d'une banque commerciale un CDS qui couvre sa partie de la transaction : un premier CDS rembourse le vendeur si celui-ci n'est pas payé, et un deuxième CDS dédommage l'acheteur si celui-ci n'est pas livré. Simple comme bonjour : la monnaie virtuelle est alors adossée au marché des CDS. Ainsi, tous les risques liés aux transactions en monnaies virtuelles sont maintenant assumés par de la monnaie réelle. Et comme on a vu précédemment, c'est la Banque Centrale, in fine, qui assume ces risques. Avec les CDS et la monnaie virtuelle, c'est la Banque Centrale qui assume les risques financiers des transactions entre organisations criminelles.

Pire encore. La monnaie virtuelle couplée aux CDS permet une émission de monnaie scripturale sans limite, un levier infini. En effet, avec la couverture par des CDS, rien n'empêche d'émettre des crédits en monnaie virtuelle. Comme ces crédits sont anonymes et non traçables, la Banque Centrale ne peut imposer aucune limite de risque, le levier est infini. En terme de probabilité, le résultat est joué d'avance : c'est l'écroulement du système bancaire dans son ensemble.

En 2016, cette activité n'a pas encore démarré et il serait opportun que la couverture par un produit financier, et en monnaie réelle, d'une transaction anonyme soit rendue criminelle dans la loi et considérée comme beaucoup plus grave que l'émission de fausse monnaie. En effet, les dommages créés par de la fausse monnaie sont limités à la quantité de monnaie imprimée et mise en circulation. Comme cette activité est risquée, cette quantité reste négligeable par rapport à la monnaie totale en circulation. La situation est inversée avec la monnaie virtuelle et les CDS car il y a peu de risque d'être pris et la quantité de monnaie émise peut être du même ordre que la monnaie en circulation. Pour être dissuasive, une condamnation doit être inversement proportionnelle au risque de se faire prendre et proportionnelle aux dommages créés. Dans ce cas, la seule peine possible est la peine de prison à vie incompressible et sans grâce possible. Plus le condamné vit vieux et reste en prison en attendant sa mort naturelle, et plus la peine sera dissuasive. La peine de mort est immorale et aussi inefficace, car dans le monde bancaire plus l'humiliation que constitue la prison est longue, et plus elle est dissuasive. De plus, il faut réserver cette peine au directeur de la banque qui a émis les CDS et aux plus gros actionnaires physiques de cette banque. Plus précisément, si la banque fait partie d'une chaîne d'actionnariat de personnes morales (holdings, banques, assurances) il faut remonter cette chaîne jusqu'aux plus gros actionnaires physiques, et ce sont ces personnes qui doivent être condamnées à vie, qu'elles soient au courant de l'activité incriminée ou pas. Faire partie de la chaîne d'actionnariat d'institutions financières implique que l'on s'assure que ce genre d'activité n'a pas lieu. Il faut garder à l'esprit que les actionnaires principaux des institutions financières sont des gens dont le transfert de risque sur autrui est la principale activité. Donc, la loi doit être à spectre large. Même s'il n'est pas au courant, si l'activité ci-dessus a lieu, l'actionnaire est coupable et son destin est la prison à vie. Les guerres qui découleraient de l'écroulement du système bancaire feraient beaucoup plus de morts que toutes les organisations criminelles réunies. C'est en ayant ces conséquences à l'esprit que la loi doit être rédigée.

Et il faut faire vite. En 2016, UBS, Deutsche Bank, Santander et Bny Mellon annoncent le lancement de leur monnaie virtuelle en 2018. Citigroup, JP. Morgan, Goldman Sachs se sont unis dans le même but. Enfin, 40 des plus grosses entreprises de crédit se sont regroupées dans le consortium R3 pour lancer leur monnaie virtuelle en 2017. Les plus grands pilleurs qui ont failli détruire la machine capitaliste en 2008 mettent au point la bombe thermonucléaire de l'économie et s'apprêtent à l'utiliser dès 2017-2018 [15].

L'exemple le plus connu de monnaie virtuelle est le bitcoin. Après des débuts erratiques, il se développe autour de start-ups installées à l'île de Man avec l'encouragement des autorités de ce territoire qui dépend directement de la Reine et ne fait pas partie de la Grande-Bretagne : c'est un paradis fiscal dont l'activité principale est l'évasion fiscale des multinationales. Les start-ups spécialisées dans ces transactions sont financées par des banques situées à Malte et dans les pays de l'Est de l'Europe, où le laxisme de la justice en matière de piratage informatique, en a

15. « La Repubblica », 25 août 2016.

fait la base géographique de ces activités. Ce n'est pas un hasard : d'un côté, un territoire spécialisé dans l'évasion fiscale et de l'autre côté, un financement de banques à l'abri des poursuites en matière de piratage informatique. Il n'est pas besoin d'être devin pour comprendre la suite.

10

Monnaie virtuelle émise par les Banques Centrales : un très bon outil de payement

Il existe cependant un très bon usage de la monnaie virtuelle si on lui confère la propriété d'ubiquité de la monnaie réelle : elle permet un type de « cash-free society » qui ne détruit pas le capitalisme au contraire de la « cash-free society » actuelle basée sur des cartes bancaires.

Le système technique qui sert de référence ici est le système des bitcoins[16] [17] basé sur les block chains et les miners. La seule différence concerne l'émission et la destruction de la monnaie virtuelle émise.

Pour empêcher un transfert de levier entre zones monétaires, les monnaies virtuelles doivent être attachées à des zones monétaires : des dollars virtuels, des euros virtuels, des yens virtuels, etc. De plus, le crédit en monnaie virtuelle doit être interdit. La monnaie virtuelle est alors émise par la Banque Centrale de chaque zone et maintenue par des miners qui sont rémunérés par un petit pourcentage sur les transactions comme dans le système bitcoins.

Pour utiliser de la monnaie virtuelle, un utilisateur achète cette monnaie auprès de la Banque Centrale par internet. La monnaie virtuelle peut alors être utilisée comme de la monnaie réelle par l'utilisateur avec la même méthode que les bitcoins, en payant le miner qui vérifie la transaction par un petit pourcentage. Ses transactions sont aussi anonymes que celles effectuées physiquement avec de la monnaie réelle.

Les problèmes liés à la cash-free society disparaissent. L'impossibilité pour une banque commerciale de connaître tous les achats de ses clients empêche cette information d'être accumulée dans une base de données. Sans cette base de données, la vie privée est préservée et aucune multinationale d'internet ne peut manipuler les consommateurs. Ceux-ci peuvent mettre à disposition d'une entreprise des informations les concernant,

16. Satoshi Nakamoto, *Bitcoin : A Peer-to-Peer Electronic Cash System*, www.bitcoin.org

17. Simon Barber, Xavier Boyen , Elaine Shi, Ersin Uzun, *Bitter to Better- How to Make Bitcoin a Better Currency.*

mais dans un cadre contractuel et pas à leur insu, et ce cadre peut être protégé par la loi : serveur physique dans la zone géographique choisie par le consommateur, par exemple l'Union européenne, droit à l'oubli, contrôle à la demande du consommateur des données le concernant par une institution publique de protection des données privées, etc.

Quand un autre utilisateur qui a reçu cette monnaie virtuelle veut la remplacer par de la monnaie réelle, par exemple auprès d'un distributeur de billets, il paye la Banque Centrale avec cette monnaie virtuelle et reçoit de la monnaie réelle en échange. À ce moment, la Banque Centrale détruit la monnaie virtuelle correspondante et devient le dernier utilisateur du block chain associé. Par cette méthode, la Banque Centrale garde le contrôle de la masse monétaire dans sa zone monétaire.

Les problèmes d'évasion fiscale disparaissent aussi, car pour transférer la monnaie dans une autre zone monétaire, il faut changer la monnaie réelle en monnaie virtuelle auprès de la Banque Centrale qui enregistre cette transaction, et la Banque Centrale peut fournir les informations aux autorités fiscales en cas de contrôle.

Pour transformer cette monnaie virtuelle an monnaie réelle dans une autre zone monétaire l'utilisateur doit avoir recours à un change, comme pour de la monnaie réelle. Et le changeur peut être contrôlé exactement dans les mêmes conditions que pour le change de la monnaie réelle.

L'utilisateur ne peut pas faire de transfert de levier. Pour l'empêcher, il suffit que la Banque Centrale d'une zone monétaire interdise l'émission de crédit dans sa zone avec de la monnaie d'une autre zone. Cette mesure oblige l'émetteur du crédit à passer par le change entre monnaies réelles et à couvrir le crédit émis dans la zone, par la monnaie réelle de cette même zone.

Ce système, s'il est mis en place, redonnera aux individus le contrôle de leur vie privée dans les transactions commerciales et financières, tout en assurant la fluidité des échanges sur internet, la lutte contre la criminalité et le contrôle de la masse monétaire par les Banques Centrales.

11

Le pillage des matières premières agricoles et les grandes migrations économiques

Les matières premières agricoles sont une situation où le marché régulé peut éliminer la différence entre prix ponctuel et prix intégré, $\Delta C = 0$, où alors exacerber cette différence par la dérégulation.

Prenons l'exemple du café. La production annuelle arrive en une seule fois, mais ni le paysan, ni le négociant ne peuvent gérer cette situation financière par un simple contrat d'achat-vente. En effet, comme la quantité annuelle produite varie, le prix fluctue d'année en année et l'achat en avance de la production comporte un risque qu'il faut financer. C'est l'objet d'un marché sain. Il garantit un revenu au producteur même si sa production est partiellement détruite ainsi qu'un prix minimal si elle est abondante, et il garantit au marchand une fenêtre de prix qui lui permet de gérer la vente des stocks aux torréfacteurs. Le fonctionnement traditionnel de ce marché est le suivant. Le négociant achète par avance au paysan tout ou partie de sa production à un prix fixé. Simultanément, il vend à terme cette production sur le marché, c'est-à-dire qu'il vend un contrat qui oblige l'investisseur à acheter le café dans trois mois (dans cet exemple). Cet investisseur peut être n'importe qui, un privé, une banque, etc. Au bout de trois mois, l'investisseur revend le contrat au négociant en café. Si le négociant a émis un contrat bon marché, il trouve des investisseurs et peut leur racheter le contrat à un prix pas trop élevé qui assure à l'investisseur un gain. Si la production est abondante, l'investisseur qui n'est pas un torréfacteur, doit, éventuellement, revendre son contrat à perte. Si la production est moyenne, il réalise un gain raisonnable, et si elle est faible, il réalise un gain important. Ce contrat permet au négociant de stocker le café et de le vendre au fur et à mesure de la consommation aux torréfacteurs, tout en mitigeant le risque. Le risque lié à la variation de la production est financé et réparti, permettant une stabilité des revenus et des prix agricoles par le stockage. On a ainsi un prix qui reflète le coût passé (la plantation), le coût présent (la récolte) et le coût futur (le stockage) : c'est le prix intégré.

Tant que c'est le négociant, c'est-à-dire celui qui achète physiquement la production et assure son stockage, et lui seul, qui émet les contrats à termes, le marché est sain. Son intérêt est une production stable ou en croissance régulière et un prix de rachat des contrats pas trop élevés, par conséquent des paysans financés pour que la production soit suffisante ainsi que l'émission de contrats pas trop chers pour trouver des investisseurs qui servent à diluer le risque. Le point important est que le négociant reste le propriétaire du stock de café, car le contrat est à terme : il donne à l'investisseur le droit d'acheter le café à un prix fixé à une date future, mais avant cette date le café reste la propriété de l'émetteur du contrat, et ce contrat est fait pour être racheté avant, ou à la date d'échéance.

Traditionnellement, c'est sous cette forme que fonctionnait le marché. Mais en l'absence de régulation, tout acteur peut émettre des contrats à terme. Or, si ce n'est pas un négociant qui a sur les bras un stock physique de café, il n'a aucun intérêt à la stabilité des cours, car il gagne plus d'argent par la spéculation à court terme en cas de larges fluctuations des cours. Cette spéculation appauvrit les deux extrêmes de la chaîne. Tout d'abord les paysans qui perdent toute visibilité sur les prix et doivent accepter un prix très bas en cas de surproduction ponctuelle, et qui de plus, sans garantie d'un revenu partiel, ne peuvent plus emprunter pour semer si ce n'est à des taux élevés. En deuxième lieu, le consommateur, car l'instabilité de la production se traduit par une augmentation des prix à moyen terme, au fur et à mesure que les paysans font faillite. La suite est connue : des multinationales rachètent les terres à bas prix et transforment les paysans, précarisés et ruinés, en serfs. Quant à la production agricole, elle est optimisée à court terme par l'emploi massif d'engrais et de pesticides qui appauvrissent et détruisent le sol agricole. Au début, le prix final du produit baisse, ainsi que la qualité. Mais rapidement au fur et à mesure que la terre s'appauvrit, les prix deviennent très élevés et la qualité très mauvaise. Quand le sol est devenu improductif, la multinationale s'en va piller ailleurs. Les consommateurs, eux, sont empoisonnés par les pesticides. On est dans une situation où le prix du marché est basé sur le coût ponctuel.

Un marché des matières premières agricoles efficient est un marché régulé où seuls les acheteurs de la matière première physique doivent être autorisés à émettre des contrats à termes sur ces matières. Dans ces conditions, les contrats à termes sont un outil efficace de stabilité des prix et des revenus agricoles, qui permettent au marché de fonctionner avec le coût intégré.

La dérégulation ruine les paysans des pays en développement et empêche le développement de ces pays, en particulier l'accumulation d'une richesse minimale pour mettre en place une machine capitaliste de production de richesses, et la création d'une classe moyenne. Les paysans ruinés finissent dans des bidonvilles avant de participer à de grandes vagues migratoires qui vont déstabiliser le marché du travail des pays développés. En votant pour des partis néo-libéraux qui dérégulent les marchés des matières premières agricoles, les classes moyennes des pays riches préparent leur propre déclassement.

12

Libre circulation, ou pas, des travailleurs et des capitaux

Historiquement, les besoins de main d'œuvre agricole ou industrielle ont conduit au commerce des esclaves, puis à partir du 19e siècle, à l'organisation massive de migrations économiques, en particulier vers les USA. D'ailleurs, c'est après la guerre de sécession et la fin de l'esclavage que l'immigration vers les USA connaît une croissance exponentielle.

Les déplacements de populations n'ont jamais été déconnectés du statut politique des déplacés.

Dans le cas de l'esclavage, c'est un déplacement forcé et les esclaves sont prélevés sur des populations vaincues par leurs voisins en Afrique. C'est donc l'organisation politique sous-jacente des nations africaines qui permet ce marché. En Inde, c'est le système des castes qui maintient des populations entières en état d'asservissement, et encore aujourd'hui les progrès sont très lents. Dans le monde arabo-musulman, l'esclavage et l'asservissement ont été endémiques (ils subsistent par endroits) et ont servi de pression culturelle contre les populations non-musulmanes pour les pousser à la conversion.

Dans le cas de migrations économiques dans les pays développés, le travail servait de machine à intégration. Les nouveaux arrivants prenaient les travaux les plus durs et les horaires épuisants, les rythmes soutenus et l'accumulation d'un capital de départ dans une nouvelle société accaparait tout le temps disponible. Dans les familles immigrées, la seule occupation des parents était de travailler et ceux-ci remettaient leurs enfants à l'école du pays d'accueil. Les enfants évoluaient alors dans un monde bien balisé où les lents progrès de leurs parents et leur propre intégration par l'école formaient un projet de vie familial. À la génération suivante, ils pouvaient espérer entrer dans la partie la moins aisée de la classe moyenne et ensuite continuer leur ascension sociale. De plus, durant les congés payés, leurs faibles revenus, une fois convertis dans la monnaie locale de leur pays d'origine, leur donnait un statut de succès aux yeux de leurs proches restés au pays. Ce succès ainsi que la réussite éventuelle de leurs enfants à l'école étaient leur succès. En échange de ce succès, toute velléité d'influencer culturellement la société d'accueil était mise de côté. C'est par le succès que leurs enfants influençaient naturellement et positivement la culture du pays d'accueil. La construction de leur personnalité de citoyen les conduisaient à créer un pont culturel naturel, qui enrichissait la culture du pays d'accueil. Les « Irlandais » de New York ne sont pas irlandais et les « Portugais » de Paris ne sont pas portugais, mais ils ont apporté leur contribution culturelle à l'identité de New York et de Paris. Ce n'est pas par l'enfermement du multiculturalisme, mais par l'assimilation que s'est fait ce transfert pacifique.

Le statut politique a induit une situation différente pour les descendants d'esclaves et les descendants d'immigrés économiques.

Les premiers ont été victimes d'une injustice et d'une absence de contrat social, les seconds font partie, dès leurs débuts modestes, d'un contrat social. De fait, même après une ascension sociale, le crime initial de l'esclavage pèse sur les épaules de leurs descendants quand ceux-ci construisent leur identité de citoyen. Et la difficulté de leur situation, plus d'un siècle après l'esclavage, est difficilement compréhensible pour leurs concitoyens.

Les seconds, venus échanger une vie de travail très dure contre un statut de nouveaux citoyens, n'avaient pas ce problème.

Ce qu'il faut retenir de cette différence, est que le contrat social entre un pays et ses travailleurs émigrés doit être clair et s'inscrire dans le cadre d'un projet de vie du travailleur émigré et de co-développement du pays d'origine.

Jusqu'à la crise de 1973, toute cette construction reposait sur le fait que la production économique avait besoin de main d'œuvre. En termes économiques, un pays pauvre comme l'Italie « exportait » de la main d'œuvre en France ou en Allemagne, et cette main d'œuvre, avant d'être complètement assimilée après deux ou trois générations, injectait dans le pays d'origine de l'argent, mais aussi des idées et des comportements liés à la modernité, et le tout contribuait à sortir le pays de la pauvreté. Malgré la dureté des conditions sociales, c'était un système qui permettait le progrès pour tout le monde. Par ailleurs, en produisant localement dans le pays riche, c'est-à-dire sur le marché de consommation, les salaires étaient poussés à la hausse, car ils devaient servir à acheter les biens produits. L'argent envoyé dans les pays d'origine des immigrés était un surplus et comme il était envoyé à la famille, il servait d'investissement très productif : avec l'argent venaient les méthodes de travail, les nouveaux codes sociaux. Il ne s'agissait ni de coopération étatique, ni de développement économique planifié de loin par des bureaucrates, aussi bien intentionnés qu'ignorants.

À cette époque, la question des réfugiés politiques était de nature différente. Il s'agissait d'activistes politiques, souvent des étudiants ou des professeurs, persécutés à titre personnel pour leurs opinions politiques. Même après les coups d'états successifs en Amérique Latine, cela représentait, au total, quelques dizaines de milliers de personnes au plus, le plus souvent avec un haut niveau d'éducation, et qui partageaient les valeurs démocratiques occidentales. Leur accueil et leur intégration étaient faciles.

Il existait déjà des cas où des populations entières étaient victimes de génocide ou de persécutions politiques en tant que groupe, comme les populations citadines du Cambodge, où les « Chinois d'Indochine » représentaient la classe des commerçants honnis par le nouveau régime après la chute de Saigon. La plupart trouvaient refuge dans des camps dans les pays voisins d'où une partie d'entre eux trouvaient un visa pour un pays occidental riche, où ils émigraient légalement et de façon encadrée. Ces populations n'avaient pas, pour la plupart, un haut niveau d'étude et n'avaient pas une conscience politique démocratique particulière, ils avaient été pris pour cible. Leur intégration ne se faisait pas comme celle des réfugiés politiques au sens propre, comme les étudiants d'Amérique Latine, mais par la voie d'intégration des immigrés économiques.

Bien qu'il y ait une différence de nature entre persécution personnelle et persécution de groupe qui conduisait à des chemins d'intégration différents, les États démocratiques et les militants des droits de l'homme, n'ont pas distingué ces deux situations et ont fait un amalgame qui s'avérera néfaste pour aider les nouvelles formes d'immigrations.

La situation a radicalement changé avec la crise du pétrole de 1973, l'arrivée des robots, les progrès de l'informatique, et le développement de la Chine.

Avec les chocs pétroliers, le marché de consommation s'est déplacé vers des pays producteurs de matières premières qui ne produisaient... rien d'autre. Ces pays étaient, et sont toujours dans le cas du pétrole, des purs marchés de consommation. Les consommateurs principaux n'étaient plus dans les pays des salariés et il n'était plus nécessaire de bien payer ces derniers. De plus, utilisant les prix des matières premières comme arme géopolitique et ayant une politique interne et externe très instable, les pays producteurs de pétrole ont engendré dans les pays industrialisés des crises à répétition et du chômage. Ce chômage a encore fait baisser les salaires. L'arrivé des robots et les progrès de l'informatique ont achevé de détruire la base d'intégration économique par le travail en faisant disparaître le travail non qualifié.

L'étape suivante a été l'arrivée de la Chine dans l'économie mondiale. Celle-ci a d'abord construit une base économique à l'abri de barrières douanières qu'elle a abaissées avec discernement au fur et à mesure que ses capacités productives augmentaient. Contrairement à la plupart des pays producteurs de matières premières, la Chine est à la fois un pays de production et de consommation : la production est en grande partie là où est le marché. La libéralisation des échanges a alors produit un avantage comparatif entre produire en Chine des produits avec de la main d'œuvre peu ou moyennement qualifiée, et produire dans les pays industrialisés depuis plus longtemps, avec de la main d'œuvre plus qualifiée. Le travail avec une main d'œuvre peu ou moyennement qualifié a alors considérablement diminué dans les pays industrialisés traditionnels, fermant complètement l'ascenseur social pour les immigrés dans ces pays.

Ce double changement, le déplacement du marché de consommation vers les pays producteurs de pétrole et l'ascension de la Chine, ont lieu en même temps que la révolution thatcherienne. Or pour celle-ci, ces migrations et ces violences sont provisoires et le marché seul, une fois dérégulé, est supposé régler les problèmes et conduire à la démocratie. De fait, aucune politique de restriction des échanges économiques avec les dictatures, ou de restriction de mouvement des dictateurs qui s'installent petit à petit dans les pays décolonisés, n'est mise en place. La seule contrainte sur ces pays est de les faire entrer dans un marché ouvert, sans droits de douane, et entièrement dérégulé : ces pays sont livrés par leur dictateur, et par l'idéologie néo-libérale, aux multinationales sans contre-pouvoir. Le résultat est un pillage des matières premières qui devait servir de capital initial de ces pays, la destruction des structures sociales par la destruction du marché agricole local (remplacement du manioc par du riz importé), la production minière sans contraintes sanitaires ou environnementales, etc. Le fragile équilibre de ces sociétés est détruit, l'absence de cadre social détruit l'auto-régulation des naissances et conduit à une explosion démographique de populations vouées à la misère et parfois à la famine. Cette situation met en marche un vaste mouvement de migration économique vers les pays riches qui n'ont plus de travail non qualifié à offrir comme moyen d'intégration. Il n'y a plus de contrat social d'intégration. On a alors les conditions de destruction des sociétés à la fois dans les pays pauvres et dans les pays riches.

Mais du point de vue de la révolution thatcherienne, c'est un succès. La mise en mouvement constant des populations de « travailleurs errants » et les délocalisations successives des usines d'abord en Chine, puis au Viêtnam, etc., est le moteur de l'histoire qui va abolir les ancienne sociétés et conduire à la fin de l'histoire annoncée par Francis Fukuyama et les néo-conservateurs américains. La révolution thatcherienne est de nature marxiste : elle vise à détruire les structures sociales existantes plutôt que de les faire évoluer et à créer un monde peuplé de consommateurs précaires aux services des multinationales. Le « marché » se chargeant de créer le monde idéal. La seule différence avec le marxisme est que l'aboutissement n'est pas l'affrontement final entre deux classes, mais le bonheur du consommateur qui a remplacé le citoyen. Dans les deux cas, le citoyen n'est plus nécessaire ; dans la vision communiste parce qu'une société uniforme et sans classes n'a pas de conflits, dans la vision néo-conservatrice parce qu'une société de consommateurs « vote » par le choix des produits achetés.

Ces utopies conduisent à la guerre et à la destruction. Aveuglés par leurs idéologies, les communistes affirment que leurs échecs sont dus à des conditions locales et à des mauvais leaders révolutionnaires. Les néo-libéraux affirment que les difficultés sont provisoires et qu'une fois le processus arrivé à son terme, le monde idéal émergera. À cette fin, il faut, selon eux, libéraliser complètement la circulation des travailleurs et des capitaux. La mise en compétition des salariés-citoyens avec des populations immigrées misérables doit détruire les structures sociales des société sociales-libérales et sociales-démocrates, tout comme elles ont détruit les structures sociales des pays d'origine des immigrants. Dans le communisme, la société idéale émerge de l'affrontement final entre deux classes et dans le néo-libéralisme la société idéale émerge par le marché, une fois les structures sociales des pays riches et des pays pauvres, toutes deux annihilées.

Ce délire politique, qui sort à flot continu des émissions de télévision, n'arrive pas à cacher le fonctionnement réel de cette forme d'économie.

Sans contrat d'intégration, il n'y a pas d'intégration du tout. On accumule sur un même territoire une population qui est inadaptée à *homo œconomicus culturae* local. Par ailleurs, la précarisation des classes moyennes et leur appauvrissement détruisent la monétisation et bloquent la machine. Celle-ci est en situation de déflation structurelle. Amplifiée par la révolution thatcherienne la libre circulation des travailleurs devient destructrice, elle transforme tout le monde en serf. Il n'y a plus de pays développés et de pays pauvres destinés au développement, mais un réservoir sans frontières de serfs, sans culture sociale, et des îlots d'ultra-riches qui vivent dans un monde de consommation de luxe standardisé.

Le résultat est une désagrégation des sociétés et un communautarisme accru : un « travailleurs errant » n'a comme seule société que sa communauté au sens restreint. La précarité, conjuguée à la libre circulation des travailleurs, conduit au renforcement du communautarisme et s'oppose à l'échange culturel et à l'universalisme.

La caricature de cette masse de travailleurs errants, déracinés et sans espoir d'intégration, est donnée pas la construction des stades pour la coupe du monde au Qatar en 2022, et par l'industrie du bâtiment dans les pays du Golfe en général. Dans l'histoire industrielle des pays riches, et plus récemment de la Chine, le bâtiment, et plus généralement le génie civil, a été l'industrie par laquelle une population sans formation et sans passé industriel a pu s'approprier une culture industrielle qui s'est ensuite étendue aux autres domaines. À l'inverse, dans la péninsule arabique, le génie civil a été confié à des travailleurs immigrés du sous-continent indiens, travaillant dans des conditions proches de l'esclavage et ensuite renvoyés chez eux. Les populations autochtones de la péninsule arabique sont restées, pour la plupart, à l'écart de la construction de leur propre pays. Une culture industrielle ne s'achète pas, elle ne s'acquiert que par l'expérience vécue. De fait, bien qu'ayant des moyens financiers, des ingénieurs formés dans les meilleures universités anglo-saxonnes, ces pays n'ont toujours pas d'industrie, ils importent tout. L'agriculture est dans la même situation, et c'est encore plus inquiétant pour l'avenir de ces pays. Louer des terres dans des pays lointains n'est pas une solution à long terme, car la population de ces pays croît aussi et, tôt ou tard, ces pays devront expulser les locataires arabes pour subvenir à leurs propres besoins. Pourtant, la péninsule arabique a de la place, un accès à la mer et par le dessalement et l'agriculture adaptée, comme celle pratiquée en Israël, on peut créer un sol agricole dans ces régions. Cela prend cinquante ans, mais le résultat permet la production agricole sur le long terme et, tôt ou tard, cette question sera vitale pour ces pays. La création d'une agriculture basée sur la gestion des sols par ses habitants et le développement d'une classe sociale aisée dans ce domaine, ont été mis de côté par la facilité à court terme de la main d'œuvre de travailleurs errants. Au total, ce modèle d'îlots de population riche, ici les arabes de la péninsule arabique, entourés de masses de travailleurs précaires, a fait manquer à cette région du monde son occasion historique de rattraper son retard économique et scientifique. L'évolution socioculturelle, dans le cadre de la culture locale, vers une société de production a échoué : les habitants de la péninsule arabique sont des spectateurs d'un monde dont l'histoire continue sans eux, et ils vivent provisoirement d'une rente qui s'éteint.

En Europe, le paradoxe est que l'amalgame entre les réfugiés politiques au sens propre, persécutés à titre personnel, et les réfugiés politiques persécutés comme membres d'un groupe, va conduire à une réponse désordonnée des démocraties européennes face aux migrants qui traversent la Méditerranée. Et ce désordre dessert les migrants, car il empêche un débat rationnel sur la politique économique et de refuge politique, qui doit proposer à ces gens un futur.

Ainsi, on voit par exemple l'acteur Jude Law visiter le camp de réfugiés de Calais le 21 février 2016 et leur lire une lettre de l'intellectuel juif allemand Lion Feuchtwanger qui a fui la persécution nazie. D'une part, l'intégration d'une personne très bien formée, issue de la bourgeoisie éclairée allemande, de culture européenne, avec une expérience démocratique, n'a rien à voir avec la situation d'un Afghan ou d'un Érythréen sans formation, issu pour l'un d'une société de tradition religieuse très oppressive, et pour l'autre d'une dictature post-coloniale. D'autre part, la mise à toutes les sauces du nazisme pour en faire un gimmick et se donner une aura de sérieux ne remplace pas une analyse approfondie des conditions spécifiques de l'immigration actuelle. Et puis, peut-être qu'après avoir été détruites et réduites au statut d'objets par leurs bourreaux, les victimes du nazisme pourraient être considérées comme des êtres humains et non comme un élément de langage au service des média. L'acteur Jude Law a certainement de très bonnes intentions et son engagement est louable, mais étant britannique, il a en tant que citoyen des moyens beaucoup plus efficaces pour s'engager dans le débat public en Angleterre et mettre fin à la révolution thatcherienne. Les amalgames, les gimmick, tout ce qui est transformable en débat superficiel qui concentre l'expression politique sur le terrain des sentiments permets aux néo-libéraux d'éviter un débat de fond.

Mais les néo-libéraux ne sont pas les seuls à bénéficier de ces approches superficielles.

Les événements du 31 décembre 2015 à Cologne en Allemagne ont réveillé les deux démons qui menacent les réfugiés politiques comme membres d'un groupe. Rappelons ce dont il s'agit. Devant la gare de Cologne, lieu où le public se rassemble pour fêter le passage dans la nouvelle année, de nombreuses femmes ont été agressées sexuellement par des hommes étrangers. L'enquête, difficile, et les témoignages indiquent qu'une partie importante des agresseurs était originaire du Maghreb. D'un côté, les phantasmes de l'extrême droite traditionnelle y ont vu la confirmation de leurs thèses et l'extrême droite a exploité cet événement. De l'autre, des intellectuels, dont le seul axe de pensée est de condamner tout ce qui peut de près ou de loin être occidental, ont condamné le fait de s'intéresser à l'origine culturelle des agresseurs. Pour ces intellectuels anti-occidentaux, réfugiés ou immigrés, ils sont de toutes façons victimes de l'Occident. En conséquence, aucun discours clair sur les valeurs occidentales, ou sur les droits de la femme et son statut légal d'égalité avec l'homme en Occident, ne doivent être tenus aux nouveaux arrivants. Comme si une fois en Occident, ils ne seraient pas soumis à la loi commune des pays d'accueil. C'est évidemment un mensonge dont sont victimes les nouveaux arrivants, car la loi ne les traitera pas différemment de n'importe quel agresseur s'ils agressent une femme. Mais ce mensonge est utile. Une fois les agressions avérées, le discours de l'extrême droite qui condamne en bloc tous les étrangers, agresseurs ou pas, transforment les étrangers en victimes de l'Occident, c'est-à-dire leur attribue le rôle qui leur est assigné par ces intellectuels.

Ne tolérant aucune contradiction, ces derniers se comportent comme les sbires d'un nouveau maccarthysme.

L'écrivain et journaliste algérien Kamel Daoud a osé écrire une tribune dans le journal, « La Repubblica »[18], reprise ensuite par « Le Monde »[19] et le « New York Times », dans lequel il analyse cette situation et met en garde contre le danger qui guettent les migrants du monde arabe, si on ne tient pas compte du contexte culturel de leur région d'origine. En particulier, Kamel Daoud, algérien vivant en Algérie, défend la thèse que la situation de la femme dans le monde arabe et la sexualité très répressive qui domine ces sociétés, rendent la compréhension de l'Occident et l'adaptation des migrants plus difficile, si l'Occident ne leur tient pas un discours clair sur ses propres valeurs et ses usages. Dix-neuf sbires se sont alors enflammés, signant une lettre accusatrice contre l'écrivain qui avait osé considérer les habitants de son monde culturel comme des humains semblables aux autres, sujets aux contradictions, aux blocages, aux évolutions, capables d'affronter un débat culturel. Quel crime ! Ces migrants n'ont droit qu'à un seul rôle et une seule fonction : leur rôle est d'être des victimes de l'Occident, et leur fonction est de confirmer le statut de justicier des nouveaux inquisiteurs. Que ces gens aient une vie à vivre, une intégration sociale à réussir, une compréhension de leur pays d'accueil à acquérir, tout cela ne compte pas : seul le statut des justiciers est important. À l'époque coloniale, comme

18. « La Repubblica » 10 janvier 2016, Italie.
19. « Le Monde » 31 octobre 2016, France.

le note Kamel Daoud, même assassinés, ils n'avaient pas de nom[20], ils n'étaient que des figurants. C'est exactement le rôle que leur assignent ces intellectuels anti-occidentaux.

Kamel Daoud est un écrivain d'autant plus courageux qu'il savait à quoi s'attendre en ce qui concerne l'intelligentsia rouge brun. L'association américaine d'écrivains PEN a décerné à Charlie Hebdo son prix pour la liberté d'expression, le « Freedom of Expression Courage Award », le 5 mai 2015. À cette occasion, 147 écrivains ont boycotté la cérémonie et rejeté ce choix. Les assassins voulaient imposer leur loi par la terreur, exécuter leurs victimes terrorisées implorant leur clémence. Il n'en a rien été. À l'appel de leur nom, ils se sont levés, chacun à leur tour et avant de mourir, ils ont regardé leurs assassins droit dans les yeux leur signifiant que dans cette guerre pour la liberté il y aura toujours quelqu'un pour se lever et faire face, et qu'eux, les assassins ne pouvant imposer leur terreur, avaient déjà perdu. Ce geste est insupportable pour les rouge brun : les victimes ne peuvent être occidentales, les victimes sont toujours des victimes de l'Occident et le « courage » ce n'est pas de faire face à ses assassins au nom de la liberté, mais d'assassiner des dessinateurs armés de leurs seuls crayons, pour donner le spectacle d'une pseudo-guérilla de libération qui confirme aux écrivains rouge brun leur rôle de justiciers. Si la liberté, autant que l'oppression, est du côté de l'Occident, alors le monde simpliste des justiciers s'écroule. En traitant les migrants d'Afrique du Nord en êtres humains avec une représentation du monde et non en simples pions au service d'un spectacle, Kamel Daoud travaille au succès de leur migration, c'est-à-dire le contraire du rôle de victime de l'Occident : de figurants, ils deviennent acteurs, de migrants, ils deviennent citoyens.

On peut utiliser la machine capitaliste pour le co-développement, pour peu qu'on quitte le domaine des sentiments et de l'instrumentalisation. Dans le passé, le besoin de main d'œuvre était lié à la première phase de l'industrialisation, celle qui concerne le bâtiment et les infrastructures. Aujourd'hui, c'est fini dans les pays développés, mais nécessaire dans les pays en développement : la migration est anti-économique.

Reprenons les éléments qui ont permis un co-développement entre pays riches et pays pauvres par le passé :

- les migrants économiques acceptent les codes sociaux et le contrat social du pays d'accueil,
- les droits sociaux s'appliquent aux migrants,

20. Kamel Daoud, *Meursault, contre enquête*, éditions Actes Sud.

- les migrants participent par leurs investissements au développement économique de leur pays d'origine en passant par le réseau familial ou local (village, quartier) de leur pays d'origine,
- l'emploi des migrants se fait dans le cadre d'un projet de vie, et le contrat social entre eux et le pays d'accueil est un contrat de long terme,
- étant à cheval entre deux cultures, par leur investissement dans leur pays d'origine et par leur réseau local, ce sont les migrants qui transfèrent les idées nouvelles, et ce sont les familles des migrants restées dans les pays d'origine, qui adaptent ces idées dans la culture locale.

On peut imaginer plusieurs systèmes économiques basés sur ces éléments. Le système proposé dans ce qui suit est donné à titre d'illustration.

Les pays sont classés en trois catégories : les pays de migration économique pure, les pays où la distinction entre persécutions politique ou migration économique doit être traitée au cas par cas, et les pays de répression politique.

Les pays de migration économique ne sont pas nécessairement des démocraties, mais des pays où la probabilité de persécution politique est faible, comme par exemple le Maroc, la Tunisie, le Sénégal, le Viêtnam, etc. Les pays où la distinction est au cas par cas, sont par exemple l'Égypte où une féministe qui avait mis en ligne un portrait d'elle-même nue pour affirmer que son corps lui appartient, était menacée de mort, et où le régime n'assurait pas sa sécurité. Les pays de répression politique massive sont par exemple en 2016 l'Érythrée, la Syrie, l'Irak.

La deuxième liste de pays comprend non seulement les pays où les questions de droits de l'homme sont à traiter au cas par cas, mais aussi les pays qui ont des ressources, une infrastructure étatique, mais qui ont une absence de contrat social et de grandes disparités sociales. On peut donner comme exemple l'Algérie qui est un pays riche, avec toutes les infrastructures nécessaires et dont les problèmes sont internes à la société algérienne. Les pays développés n'ont pas à financer ou à prendre en charge ces problèmes. Les quelques citoyens algériens qui par leur action politique cherchent à changer la situation sont parfois en danger et doivent pouvoir trouver refuge dans les démocraties, après étude au cas par cas. Par contre, les migrants économiques de ces pays devraient être renvoyés dans leur pays systématiquement. Ils ont la chance d'avoir un pays riche, ils sont indépendants, ils doivent assumer leur futur eux-mêmes. Toute ressource qui serait mise à disposition de migrants de pays riches qui exportent leurs problèmes internes sont des ressources qui sont retirées de l'aide aux pays pauvres, qui ont vraiment besoin d'aide. Pire encore, ils rendent illégitime l'aide aux pays pauvres, aux yeux des citoyens des pays qui aident.

Les migrants sont classés soit en migrants économiques soit en réfugiés politiques. Les migrants provenant des pays de la première liste sont automatiquement enregistrés comme migrants économiques et bénéficient du statut de co-développement décrit ci-dessous. Les migrants dont le pays d'origine est dans la troisième liste sont automatiquement enregistrés comme réfugiés politiques. Les migrants des pays de la deuxième liste sont traités au cas par cas.

Pour les pays de la première liste, la politique de coopération est remplacée par une politique de co-développement. Il s'agit de faire levier sur la migration pour catalyser le développement du pays d'origine. Un nouveau type de visa est mis en place, le visa par projet. Trois ou quatre personnes d'un même village ou quartier (pas plus, pas moins) présentent un projet économique local (irrigation, garage automobile, etc.) ce projet, une fois accepté, est financé sur les fonds de la coopération économique du pays riche où aura lieu la migration. Les trois ou quatre personnes obtiennent un visa par rotation. Ce visa leur permet à tour de rôle de se rendre dans le pays riche sans restriction pour une durée à chaque rotation de trois ou quatre mois. Le salaire gagné dans le pays riche et le financement par la coopération économique assurent le financement du projet local. La présence des deux ou trois autres associés assure le travail et le développement matériel du projet dans le pays d'origine. Ce visa supprime toute démarche administrative supplémentaire pour le bénéficiaire durant sa rotation : il est équivalent à un statut de résident. Ce visa est prévu sur une longue période, par exemple cinq ans, renouvelable chaque année tant que le projet local se développe. Il est supprimé dans le cas contraire. Au-delà de cinq ans si le projet est encore viable, le visa est reconduit. Cette reconduction conditionnelle est une forte incitation à éviter les projets factices. Côté pays riche, un contrat de coopération est mis en place. Un employeur signe un contrat non pas avec une personne, mais avec les personnes du visa par projet. Il a alors la stabilité de ses employés et peut les former. Cette stabilité sur plusieurs années favorise l'établissement de liens personnels qui sont le terreau d'un échange culturel positif. La stabilité du contrat et du visa permet aux participants de louer un logement stable dans le pays riche. Le tout forme un projet de vie, qui permet au migrant de fonder une famille dans son pays d'origine, de faire entrer cette famille dans une nouvelle classe moyenne, de transférer le savoir et les techniques concrètes des pays riches dans son pays d'origine. Il n'y a plus de regroupement familial. Le co-développement n'est pas une politique d'immigration de population, mais de développement économique du pays pauvre. Les absences limitées à trois ou quatre mois par an doivent favoriser la construction d'une famille au pays, et la transmission, par cette famille, des débats d'idées et des valeurs démocratiques du pays riche.

Pour les études supérieures, le système de coopération universitaire actuel fonctionne bien et la plupart des pays pauvres ne manquent pas de cadres supérieurs, mais ces derniers souffrent d'un manque d'opportunités en l'absence d'une classe moyenne.

Les voyages de rotation sont partiellement subventionnés par une aide du fonds de coopération. Il ne faut pas que tout le maigre salaire gagné dans le pays riche y soit consacré. Il vaut mieux subventionner ces déplacements plutôt que de donner cet argent au gouvernement du pays pauvre et à son administration. La coopération médicale et scolaire peut s'exercer lors de la rotation et être financée efficacement par le fonds de coopération dans le pays riche, au lieu de financer l'envoi sur place d'un coopérant dont le statut, « volens nolens » , est celui d'un petit roi. Durant sa rotation ou durant le mois (pas plus longtemps) qui suit sa rotation, le migrant peut bénéficier de stages de formations mis en place par le pays riche dans ses écoles professionnelles. En particulier, lors de la première rotation, chaque participant doit recevoir une formation de comptabilité de façon à pouvoir défendre l'état d'avancement du projet, à chaque renouvellement, annuel sous sa forme simplifiée, et en détail tous les cinq ans. Durant sa présence dans le pays riche, le migrant est inscrit dans un dispensaire qui assure ses soins, mais aussi une médecine préventive, comme la vaccination ou les soins dentaires, qui ne sont pas toujours accessibles dans le pays d'origine. Le but est de favoriser les projets sur le très long terme, des projets de vie où l'employeur et les employés développent des relations d'amitié. Le co-développement n'est pas une affaire administrative mais humaine. C'est aussi un projet économique qui se distingue de la coopération issue de la décolonisation, parce que ce projet rejette l'aumône ou un abaissement des standards de rigueur. Les pays en développement sont des partenaires et comme tels peuvent entendre des critiques parfois sévères et y répondre, comme avec n'importe quel partenaire du club des pays riches.

Pour financer ce système, les fonds alloués à l'envoi de coopérants est réduit et les fonds de coopération économique et d'aide aux pays pauvres sont réorientés au détriment des gouvernements locaux et au bénéfice des projets.

Les migrants des pays qui bénéficient de ce système peuvent voyager librement durant leur rotation dans le pays d'accueil et les pays adjacents qui font partie d'un accord de libre circulation. Dans tous les autres cas, ces migrants sont renvoyés dans leur pays d'origine dès leur arrestation, par une procédure de comparution et d'expulsion immédiate. Il s'agit d'encourager le co-développement et de décourager les « petits malins » qui sont, à l'échelle des pays pauvres, les acteurs néo-libéraux et qui pensent que leur intérêt personnel, sans projet collectif, assure le développement à long terme.

Le cas des bénéficiaires du statut de réfugié politique est différent.

S'il s'agit de quelques dizaines de milliers de personnes persécutés à titre personnel, comme après les coups d'État d'Amérique Latine, ou les militants des droits de l'homme fuyant le bloc soviétique, l'intégration économique et sociale ne pose aucune difficulté. Par ailleurs, une fois la démocratie revenue, même vingt ou trente ans plus tard, on constate que beaucoup d'entre eux rentrent au pays pour le relancer et deviennent un pont entre le pays où ils ont trouvé refuge et leur pays d'origine. Cette situation est particulièrement forte en ce qui concerne les anciens réfugiés politiques d'Amérique Latine qui contribuent aujourd'hui à des liens renforcés entre ces pays et l'Europe.

La difficulté concerne deux autres types de réfugiés.

D'une part, il y a les réfugiés dont l'idéologie est anti-démocratique et qui fuient une dictature parce que celle-ci n'est pas le type de dictature qu'ils souhaitent. Faut-il accueillir ces réfugiés ? Bref, faut-il protéger un tortionnaire contre un autre tortionnaire ?

D'autre part, il y a les réfugiés qui sont persécutés en tant que groupe ou en tant que victime de guerre civile à laquelle ils ne souhaitent pas prendre part. Dans ce cas, illustré par la guerre en Syrie et en Irak, les pays riches ne peuvent accueillir les millions de déplacés. Le mode d'action doit alors être différent. Les pays démocratiques devraient retrouver le chemin de la « realpolitik », en ayant pour but de sauver un maximum de personnes, et non pas d'optimiser l'image qu'ils ont d'eux même. Concrètement, une (ou plusieurs) faction(s) en conflit devrait être sélectionnée, faction avec laquelle une relation de confiance peut être établie et dont les objectifs politiques ne contiennent pas de persécutions. Dans le cas de la Syrie et de l'Irak, il s'agit des Kurdes au nord de la Syrie et de l'Irak, et des Druzes dans le djebel druze au sud de la Syrie, le long de la frontière avec la Jordanie et Israël. Après un accord avec les acteurs locaux, par exemple Kurdes et Druzes, ces régions devraient être déclarées zone de refuge et les démocraties devraient envoyer des moyens militaires et si nécessaire des soldats, pour sanctuariser et équiper ces régions. Les réfugiés doivent y trouver un toit, des écoles, et une organisation politique provisoire doit permettre leur expression pacifique. Pour que cette action soit légitime, les démocraties devraient garantir les frontières existantes, en attendant les négociations de paix entre les acteurs. Dans l'exemple de la Syrie, le rôle des démocraties qui créeraient une zone refuge à la frontière turque devrait garantir cette frontière pour éviter qu'elle ne serve à des actions contre la Turquie. La même observation s'applique au sud avec les frontières jordanienne et israélienne. De plus, ce n'est pas le rôle des démocraties d'intervenir pour faire pencher la balance politique dans un sens ou dans l'autre : il faudrait tirer les conséquences de l'intervention en Libye et être plus modeste quant aux objectifs. Les objectifs devraient se concentrer sur la protection, la formation et la création de richesses (agriculture, infrastructures, etc.) de la zone protégée. Le seul cas d'intervention sans restriction concerne les groupes dont l'idéologie prône le génocide ou la guerre contre les États démocratiques : daesh et al nosra en sont des exemples.

Les conditions de fuite amènent un certain nombre de réfugiés dans les pays riches eux-mêmes. Une politique d'annonce d'accueil sans organisation et sans préparation est à proscrire. Nombre de gens sont morts pour rien en essayant de rejoindre l'Europe. Le statut des réfugiés devrait être clairement défini, aussi bien pour les populations qui accueillent que pour les réfugiés eux-mêmes : c'est un contrat social, pas un coup médiatique. Le pays d'accueil sauve la vie du réfugié. Ce dernier doit provenir d'un pays de la troisième liste ou être déclaré réfugié après étude des son cas s'il vient d'un pays de la deuxième liste. Un réfugié est destiné à retourner dans son pays après la fin du danger. Certains resteront par mariage ou par tout autre procédure de naturalisation légale, mais par défaut, la plupart doivent être prêts à rentrer. Il est clair que plus les années passent et plus le nombre de naturalisations augmente, mais cela ne pose pas de problèmes si les autres conditions sont respectées. Ces conditions sont les suivantes. Les réfugiés devraient recevoir le plus rapidement possible une formation en langue, histoire locale, démocratie, droit des femmes, tolérance religieuse, tolérance philosophique et un apprentissage des codes sociaux. Ils devraient s'engager formellement, en signant une déclaration, à accepter toutes les lois en vigueur, en particulier quant aux droits des femmes, de leur(s) fille(s), au libre mariage de celles-ci, à l'interdiction de l'excision, etc. Cette déclaration serait un contrat avec le pays d'accueil. Pour leur assurer la stabilité, le statut de réfugié serait valable pour des périodes de trois ans renouvelables. Ce statut vaudrait pour permis de travail et de libre circulation dans le pays sans démarche administrative supplémentaire. Pour éviter l'enferment et l'endoctrinement par des groupes extrémistes et pour faire de cette difficile situation une expérience positive et utile pour le futur, les réfugiés sans diplôme se verraient proposer des formations professionnelles. Dans ce cadre, un réfugié qui après deux ans ne parle pas la langue ou refuse toute formation ou ne suit pas son accompagnement social pour s'intégrer perd son statut de réfugié : il a rompu son contrat. Il est expulsé et renvoyé par la force si nécessaire, soit dans une zone hors guerre du pays d'origine, soit dans une zone protégée. Un réfugié peut légitimement refuser les contraintes sociales et culturelles imposées par un pays d'accueil, mais il ne peut imposer son refus à ce pays qui lui sauve la vie. Dans ce cas, la zone protégée est la solution la plus digne. À la fin du conflit, les réfugiés ne seraient pas immédiatement renvoyés. Ils termineraient leur formation et il leur serait proposé de servir de support local pour les projets de reconstruction. Leur expérience dans le pays d'accueil serait alors mise à profit pour une reconstruction rapide et la création de liens durables avec les pays d'accueil.

Une question importante est le droit du sol pour les enfants des réfugiés. Pour préserver la démocratie, le droit du sol doit s'appliquer. Mais comment ? En effet, il est tentant pour des réfugiés de rendre permanent leur séjour en utilisant le droit du sol de leurs enfants. On sort alors du cadre du refuge, de la reconstruction du pays d'origine, de la construction de liens durables avec le pays étranger, pour retomber dans une logique néo-libérale de pillage. De plus, dans ce cas, la réaction de la population de la démocratie qui donne refuge, peut être de refuser celui-ci ou de sombrer dans l'autocratie plébiscitaire aux mains de partis extrémistes. La solution est peut-être d'exprimer le droit du sol en comptant les années de présence d'un enfant de réfugié comme l'équivalent des années de présence d'un travailleur émigré sous un statut légal. Si ce travailleur se voit proposer la naturalisation après x années, l'enfant de réfugié se voit proposer la même chose. Par ailleurs, pour renforcer le lien entre ce futur citoyen et le pays d'accueil, tout en encourageant la famille à retourner au pays pour le reconstruire, un enfant de réfugiés doit bénéficier automatiquement de visa d'études. De plus, dans le cadre de la reconstruction, le pays d'accueil peut construire des établissements scolaires sur le modèle des lycées français à l'étranger, qui allient le programme scolaire local au programme scolaire du pays où les parents ont trouvé refuge. L'enfant né en exil bénéficie ainsi de la continuité du cursus. Ensuite, il complète ses études dans le pays d'accueil après le bac et en ayant accumulé les années requises, il se voit proposer la naturalisation. Ses parents, eux, après avoir été sauvés, retournent au pays pour la reconstruction. À titre d'exemple, en Suisse, il faut quinze ans de présence pour demander la naturalisation. Avec ce critère, un enfant né en exil et grandissant en exil pendant six ans, entrerait dans un lycée au programme mixte dans le pays de ses parents, passerait le baccalauréat dans ce pays, viendrait dans le pays de naissance pour ses études supérieures et serait naturalisé vers la fin de ses études. Élevé par une expérience positive dans les deux pays, il contribuerait aux liens entre ces pays. Un enfant de réfugiés qui ne souhaite pas poursuivre des études supérieures et qui est rentré dans son pays avec ses parents, garde ses années de présence liées au droit du sol. Si le pays est classé dans le premier groupe, les durées de présence dans le pays d'accueil dans le cadre du co-développement s'accumulent et il se voit lui aussi offrir la naturalisation dans les mêmes conditions.

Ce schéma a des implications sur le droit de vote. Certains pays démocratiques imposent que ses citoyens soient résidents dans le pays pour pouvoir voter, d'autres pas. Si le schéma précédent produit plusieurs millions de bi-nationaux qui ne sont pas résidents, ceux-ci peuvent être l'objet de pressions du gouvernement de leur autre nationalité à l'occasion des votes dans les pays démocratiques. Pour préserver la démocratie et mettre les résidents à l'étranger à l'abri des menaces, le droit de vote doit être exclusivement réservé aux citoyens résidents sur le territoire ou, dans le cas de l'Europe, sur le territoire de l'Union européenne dans la mesure où celle-ci est un espace de partage de souveraineté. Mais pour éviter toute discrimination arbitraire, ce droit de vote ne doit pas s'appliquer à des résidents dans d'autres pays même démocratiques, car il n'y a pas de partage de souveraineté. Par exemple, un citoyen ayant la double nationalité américaine et française, résident aux USA, ne doit pas pouvoir voter en France. Dans le cas de partage de souveraineté, il y a la garantie de l'équité et de la liberté d'opinion. Si un citoyen subit une injustice quant à l'expression de ses opinions, il peut déposer plainte auprès de la Cour européenne de Justice, y compris contre un État membre ou un gouvernement. En d'autres termes, il existe une Justice européenne indépendante des gouvernements qui garantit les mêmes droits à tous les citoyens européens. Sans cette juridiction, le droit de vote ne devrait pas s'étendre aux Européens résidents à l'étranger au sein de l'Union européenne.

Donner refuge ne consiste pas à faire un discours et à donner des papiers, puis à laisser des ONG se débrouiller et pour certaines abuser de la situation. C'est avant tout un contrat social entre le réfugié et le pays d'accueil, qui s'accompagne d'une politique économique permettant à la fois la vie dans le pays d'accueil, la reconstruction à la fin du conflit et une expérience de vie dans une société qui impose la tolérance religieuse, philosophique et politique, ainsi que l'égalité entre hommes et femmes.

La libre circulation et la libre installation entre pays doivent être réservées aux pays qui font partie d'un projet politique commun, basé sur la réciprocité comme l'Union européenne. Les citoyens de ces États n'abandonnent pas leur souveraineté, ils en mettent en commun une partie. Mais cela ne s'applique pas aux citoyens des autres États, ce serait violer la souveraineté démocratique des États. C'est justement ce que souhaitent les néo-libéraux : les seules structures qu'ils jugent légitimes sont les multinationales, pas les États.

Dans le cas particulier des démocraties, les États sont basés sur la citoyenneté et celle-ci n'est pas un catalogue de droits économiques auxquels on accède en payant des impôts. La citoyenneté est un contrat social, moral et éthique, qui s'inscrit dans une histoire culturelle et par lequel on devient acteur de cette histoire. Le néo-libéralisme veut supprimer les citoyens pour les transformer en consommateurs, mettant ainsi fin aux États pour les remplacer par des multinationales. Il a trouvé dans une gauche aux idées confuses des alliés naïfs et facilement manipulables. Confondant sentiments et justice construite sur la raison, ces derniers proposent un droit de vote aux travailleurs immigrés installés depuis longtemps pour les élections locales, au prétexte que ceux-ci payent des impôts et des cotisations sociales. Ces impôts et ces cotisations donnent des droits matériels, pas des droits politiques de choix pour l'avenir du pays. Leur donner un droit de vote aux élections locales consiste à créer un groupe de sous-citoyens. En effet, cette proposition s'adresse à des travailleurs immigrés présents depuis au moins dix ou quinze ans, et après une telle période de vie et de travail dans le pays d'accueil, le plus souvent l'immigré a acquis le mode de vie, de pensée, la forme d'humour du pays. La dignité consiste non pas à lui offrir un statut de sous-homme, mais bien un statut de citoyen en lui proposant la naturalisation. Ce dernier peut, pour des raisons sentimentales ou personnelles, refuser et garder son statut de résident, mais cette offre est une forme de reconnaissance de la société à son égard. S'il accepte, alors la naturalisation ne devrait pas être un chemin d'embûches administratives, mais au contraire, une fête célébrée comme un mariage par le maire de sa commune.

Le vote aux élections locales n'est légitime qu'au sein d'un projet de partage partiel de souveraineté entre pays, comme dans le cas de l'Union européenne. Il n'y a alors pas de sous-citoyens, car c'est en tant que citoyen de l'Union européenne, et au nom de la souveraineté de celle-ci, que le résident étranger vote. Il n'est pas citoyen ou sous-citoyen du pays d'accueil, il est citoyen de l'Union européenne.

La libre circulation des capitaux, comme discutée dans le cadre de l'OMC, ne sert qu'à asservir les populations et à favoriser l'évasion fiscale. Les capitaux doivent circuler dans le cadre d'une régulation qui impose une viscosité, empêche l'évasion fiscale et le transfert de levier. Avec ces limites, la circulation des capitaux joue un rôle économique positif. Dans le cadre des migrations, la libre circulation dérégulée des capitaux a servi avant tout à réintroduire la traite des êtres humains à une échelle jamais vue depuis le commerce triangulaire des esclaves. Elle n'a eu aucun rôle économique positif dans la machine capitaliste.

Pour les démocraties, la question des migrations conduit à redéfinir les buts et l'objet des alliances et de la diplomatie. La question des guerres néo-libérales, de l'alliance avec des pays qui soutiennent les ennemis des démocraties, de la reconquête de l'indépendance politique par la fin de l'économie des matières premières non-recyclables, seront présentés plus loin. Mais on peut déjà dire que ces questions doivent être abordées de façon pragmatique. Il y a des situations où une démocratie n'a pas les moyens matériels pour intervenir, et d'autres où ces moyens existent mais où ce n'est pas son rôle. Il existe des cas rares mais importants, où un pays est allié à une démocratie et où un compromis pacifique est possible au sein du pays, et ce pays fait appel pour une intervention militaire. Si ces conditions sont réunies, ne pas intervenir affaiblit la démocratie qui renie son alliance et empêche l'extension des régions stables au niveau global. Rien n'est jamais parfait dans une intervention militaire et politique, mais bien menée, elle fait partie d'un usage positif de la Realpolitik[21].

21. Un exemple récent est l'intervention au Mali, pour permettre à celui-ci de retrouver son indépendance, pour sauver la tradition de l'islam éclairé des bibliothèques de Tombouctou, et pour instaurer un dialogue et une politique de réconciliation entre les populations du Mali. Dans ce cas précis, il est à noter que les ennemis du Mali et de la France étaient formés, endoctrinés, armés et financés par les « amis » wahhabites de la France. La question des relations de la France avec ces pays, qui font la guerre à ses amis et alliés de longue date, se posera tôt ou tard. Quand la France était en danger durant la 1re et la 2e guerre mondiale, les soldats maliens se sont sacrifiés pour venir à son secours, on n'a jamais vu des Qataris ou des Saoudiens faire de même...

13

Généralisation théorique et limitations micro-économiques

Dans la modélisation du circuit financier, on considère une suite de choix répétés suivant une *même* loi de probabilité et on s'intéresse à la distribution statistiques du résultat cumulé. On obtient ainsi une distribution qui fait partie de la famille des distributions Lévy-stables, Gaussiennes ou pas.

Quand la distribution n'est pas Gaussienne, en tant qu'objet géométrique la représentation graphique est un objet fractal, dont la dimension est liée au paramètre qui fixe la vitesse de décroissance de la distribution pour les événements de grandes amplitudes. Les objets fractals ont été introduits par Benoît Mandelbrot et sont caractéristiques des distributions Lévy-stables. La caractéristique principale de ces objets est une forme d'invariance d'échelle : l'auto-similarité statistique. Si on regarde un objet fractal avec des zooms différents, on voit toujours une image semblable. On a la même impression de densité ou de porosité et les formes géométriques que l'on distingue sont semblables. En termes économiques, cela signifie que la répartition statistique des gains ou pertes au cours de temps est la même que l'on considère une durée de une semaine, un mois, un an ou n'importe quelle durée. Donc, une distribution Lévy-stable non Gaussienne de croissance de l'économie décrite par la modélisation donne une répartition des gains dans le temps qui est la même quelle que soit la durée de temps considéré. C'est en ce sens que les distributions Lévy-stables sont *stables.*

Cependant, ce modèle a un défaut qui en limite la porté. On a agrégé toutes les entreprises dans une somme pondérée, or ce choix ne se justifie que si toutes les entreprises suivent des stratégies représentables par une même loi de probabilité, ou plus précisément un même comportement statistique pour les événements de grandes amplitudes (grandes pertes ou grands gains). En d'autres termes, on a fait comme si au niveau micro-économique toutes les entreprises suivaient la même stratégie d'allocation de ressources et que seule leur taille respective était à prendre en compte pour les agréger dans une seule entreprise équivalente. Il n'en est rien. Ce type de simplification est souvent utilisé par les économistes qui croient à tort que les grandeurs macro-économiques peuvent être déduites des mesures micro-économiques. En réalité, pour obtenir un modèle qui tienne compte de la micro-économie, il faudrait agréger des entreprises avec des lois de probabilité qui conduisent à des distributions

Lévy-stables *distinctes*. On obtiendrait ainsi, non pas un objet fractal, mais multi-fractal. Tout un domaine d'étude du spectre de dimensions de ce multi-fractal est quasi-vierge et la tâche risque de prendre des années, mais c'est peut-être le seul moyen pour essayer de relier statistiquement le fonctionnement micro-économique, au modèle macro-économique des flux financiers présenté dans cet essai [22].

Pourtant, la situation n'est pas sans issue. Comme les entreprises évoluent dans le même contexte économique, bon ou mauvais, les taux d'intérêt pour un risque donné sont semblables. Les distributions Lévy-stables sont distinctes mais très proches. En conséquence, le caractère multi-fractal n'est pas de nature à contredire le fonctionnement du modèle et à invalider sa description des flux financiers. Il empêche simplement d'extraire les paramètres des distributions statistiques directement des mesures micro-économiques et rend ces paramètres fluctuants. On peut cependant faire une approximation raisonnable en remplaçant le multi-fractal par un fractal simple. Le jeu de la modélisation consiste alors à évaluer ces paramètres. L'intuition, l'esprit critique et l'expérience doivent intervenir pour évaluer ces paramètres et constamment les remettre en cause. L'économie, même dans son aspect comptable, reste une science humaine où la créativité a sa place et pas seulement la technicité [23].

Ce qui vient d'être dit au sujet des entreprises est aussi valable pour les banques commerciales. Mais le faible nombre de banques commerciales par rapport au nombre d'entreprises, ainsi que l'extraordinaire uniformité de leur politique d'allocation des ressources, rendent l'approximation en une banque commerciale équivalente moins sensible au caractère multi-fractal. Grâce au conformisme bancaire, les banques commerciales peuvent être agrégées dans une banque commerciale équivalente. Cette uniformité a plusieurs sources : endogamie des carrières (pas ou peu de diversité de formation), conformisme social des élites bancaires peu propice aux esprits créatifs et parfois critiques, carrière basée sur les résultats à court terme, enfin et surtout, le suivisme des modes en matière d'analyse financière et économique. À part Warren Buffet et quelques banquiers des années '60' [24], tout ce petit monde suit « le marché » même quand

22. Benoît Mandelbrot, Adlai Fisher, Laurent Calvet, *A Multifractal Model of Asset Returns*, Department of Economics, Yale University, Cowles Foundation Discussion Paper # 1164,This Draft : September 15, 1997.

23. C'est évidemment aussi vrai pour les sciences dites « exactes », mais la révolution thatcherienne est aussi passée par là, remplaçant la créativité par la tendance au conformisme, au conservatisme et à la communication médiatique.

24. Des années de bonheur créatif dans tous les domaines, à l'opposé des ténèbres du conformisme néo-libéral et néo-conservateur.

celui-ci est guidé par le pillage et l'auto-destruction.

Dans les deux cas, on touche ici à la relation entre micro-économie et macro-économie. Les équations développées ci-dessus sont des relations macro-économiques. Le prix n'intervient pas explicitement dans les équations du circuit financier de l'entreprise, ni dans celui de l'assurance. Mais il apparaît dans l'équation de couplage. Celle-ci correspond au passage de l'action micro-économique des différents acteurs, au résultat macro-économique global.

Les équations (3.5)(3.6)(5.2)(5.3) font intervenir des quantités macro-économiques, tandis que l'équation de couplage (6.11) , elle, fait intervenir des quantités de nature micro-économique. Et le lien entre ces quantités de nature différentes est donné par l'équation (6.12). Mais pour un même jeu de variables macro-économiques ($rB, rb, iB, ir, ib, u, q, s, v, re, ve$) on peut obtenir l'équilibre de l'équation (6.12) avec plusieurs jeux de variables micro-économiques ($V_r, \alpha, a_1, a_2, a_3, ...$). En effet, toutes les quantités micro-économiques résultent du réseau d'entreprises qui est particulier à chaque économie. Par exemple, en Italie et en Allemagne, il y a proportionnellement plus d'entreprises moyennes et petites, les PME, qu'en France où une plus grande part du capital est concentrée dans les grandes entreprises. La distribution statistique du capital en fonction de la taille des entreprises est différente suivant la culture de chaque pays, qui favorise ou pas, un pouvoir centralisé. De même, certaines préférences sont culturelles, comme la propension à choisir le crédit entre entreprises, ou au contraire, l'emprunt à la banque. On peut aussi citer l'usage de monnaie plastique en 2016, qui correspond à 80% des transactions en Suède et 20% en Italie, etc. À chacun de ces contextes culturels correspond une structure de réseau d'entreprises particulière. Et comme la vitesse de circulation de la monnaie est la longueur moyenne des chaînes de crédit entre entreprises, cette vitesse varie de pays à pays. Mais le fait que la vitesse de circulation chute brutalement lors d'un crash par l'écroulement des chaînes de crédit entre entreprises est identique dans tous les cas.

En d'autres termes, les règles macro-économiques sont identiques même si le fonctionnement micro-économique est différent. C'est la raison pour laquelle il y a plusieurs jeux de variables micro-économiques pour un même jeu de variables macro-économiques : il n'y a pas bijection entre la macro-économie et la micro-économie. Il y a bien des règles générales en micro-économie, qui décrivent le marché de l'offre et de la demande, mais celles-ci sont insuffisantes pour fixer la structure du réseau d'entreprises et le réseau de crédit associé. Il faut leur adjoindre des règles issues du jeu social qui sont de nature culturelle. C'est pourquoi l'économie est autant une science humaine qu'une science dite « exacte ». Le projet idéaliste de Léon Walras de transformer l'économie en science exacte n'a pas d'issue, du moins dans le champ scientifique. Transformé en idéologie rigide, ici le néo-libéralisme, ce projet remplace l'économie capitaliste par une économie de pillage et fait passer de la démocratie au féodalisme, par le processus de soviétisation économique présenté plus haut.

Dans le programme de simulation d'une économie, présentée dans les appendices, il est facile de choisir des distributions de paramètres macro-économiques raisonnables, comme par exemple un taux d'intérêt de la Banque Centrale qui oscille lentement autour de (2%). Mais pour simuler la vitesse de circulation de la monnaie et sa variation lors des crashs, il faut faire des hypothèses de nature culturelle et sociologique. Pour illustrer le fonctionnement de façon pédagogique, on va choisir des hypothèses très simples. Par exemple, on va choisir une culture très décentralisée avec des entreprises qui ont toutes la même taille. On va faire une hypothèse simple selon laquelle le nombre total de crédits entre entreprises est proportionnel à la richesse totale échangée, soit $(x_{n+1} - x_n + re.ve)$. Cette hypothèse est ad hoc, et la propension à se faire crédit entre entreprises pour un même contexte macro-économique est de nature culturelle et sociologique. De même, le choix du seuil de déclenchement d'un crash quand la richesse totale baisse de (6.2%) en un seul cycle, est arbitraire. Il va de soi que si on utilise ce programme pour étudier une économie réelle, il faut introduire le réseau réel d'entreprises et de crédits, ainsi que les habitudes sociales et culturelles, pour estimer les paramètres. L'exercice de simulation en appendice a pour objet, entre autres, d'éclairer ce point.

De ce qui précède il ressort que le fonctionnement de l'économie est un jeu social. En effet, les prix, les taux d'intérêt, le taux de chômage et la politique économique de l'État (fiscalité, investissements) produisent une thésaurisation et une vitesse de circulation plus ou moins grande, ainsi que de l'inflation ou de la déflation. Cette vitesse de circulation en retour agit sur les distributions statistiques des équations des circuits financiers de l'entreprise et de l'assurance.

En période de déflation, tout le monde thésaurise et en période de grande inflation, le crédit est plus grand que ce qu'il est possible de couvrir par de la richesse réelle. La fenêtre de fonctionnement positive de la machine capitaliste est étroite, et l'objet de la politique de la Banque Centrale et de celle des États doivent être de ramener la machine dans cette fenêtre, chacun agissant dans son domaine de compétence.

Ces domaines ne peuvent pas être gérés par la même entité, car le marché des investissements étant un pari sur le futur, il fonctionne par *l'anticipation rationnelle* et celle-ci a besoin de visibilité. On peut prendre une métaphore footballistique : la Banque Centrale est l'arbitre, le gouvernement est l'entraîneur et les autres acteurs sont les joueurs. Comme au football, si l'arbitre et l'entraîneur d'une équipe sont la même personne, on connaît le résultat du match, mais pas la meilleure équipe. Celle-ci est peut-être l'équipe qui a perdu ce match biaisé. Faire un pari sur un match futur non truqué de l'une ou l'autre de ces deux équipes devient difficile. Il n'y a pas d'anticipation rationnelle possible et le marché ne sélectionne plus les bons produits. En conséquence, ceux-ci ne se vendent plus et de la richesse est détruite.

Mais avoir une Banque Centrale indépendante ne suffit pas. La politique économique des États est micro-économique, et l'obtention d'un résultat cohérent macro-économique dépend de la nature des distributions statistiques résultantes et de la façon dont on les utilise. Inversement, ces distributions influencent les politiques micro-économiques : le serpent se mord la queue et rend le passage d'une théorie micro-économique à une théorie macro-économique quasi-impossible. On peut malgré tout essayer de tirer quelques enseignements micro-économiques de ce modèle macro-économique.

Potentiellement, il y a deux situations. Soit les distributions statistiques de résultat, sous-jacentes aux événements micro-économiques, sont Gaussiennes et dans ce cas un résultat global sera en accord avec la politique suivie, par exemple une politique qui vise à la baisse du chômage ou une autre qui vise à une industrialisation. Soit elles ne sont pas Gaussiennes et le résultat sera dominé par une fluctuation très grande dans un sens ou dans l'autre.

Par exemple, le grand bond en avant en Chine a conduit à la production d'acier par tous, partout dans des petites installations. Le résultat a été un échec : la production d'acier de qualité utilisable n'a pas augmenté, au contraire. En effet, la probabilité que les paramètres sidérurgiques soient respectés dans ces petites installations pilotées par des gens non formés n'était pas Gaussienne, mais dominée par la personnalité du responsable local, c'est-à-dire avec des grandes fluctuations. La somme de ces fluctuations a conduit à un résultat global qui a été de l'acier inutilisable. La politique micro-économique de l'acier, dominée par des distributions de résultats non Gaussiennes, a conduit à une politique macro-économique de sous-production d'acier utilisable.

De façon générale, comme l'a montré Benoît Mandelbrot sur le cours des actions et en faisant l'hypothèse que ceux-ci reproduisent globalement les résultats passés et attendus des entreprises, les distributions micro-économiques sont Lévy-stables non Gaussiennes. Dans cette situation, obtenir un pilotage économique qui maintient la machine capitaliste dans la fenêtre de fonctionnement positif nécessite que les actions micro-économiques aient un effet cohérent à toutes les échelles de temps.

Dit de façon géométrique, l'espace de phase de la fenêtre de fonctionnement, défini dans l'espace des paramètres du système (taux d'intérêt, émission de monnaie, fiscalité, régulation du marché, etc.), est un objet fractal. Pour rester sur cet objet, il faut faire des actions micro-économiques qui respectent son invariance d'échelle, et donc qui soient cohérentes à toutes les échelles de temps. L'échelle de temps agit ici comme le facteur de zoom qui définit l'échelle à laquelle on observe le fractal. Si on agit ainsi, à petite échelle de temps, échelle des actions micro-économiques, on a le même résultat qu'à grande échelle de temps, échelle des actions macro-économiques.

En pratique, cela signifie que l'État doit faire une politique économique équilibrée entre le court, moyen et long terme. Et la politique de taux d'intérêt de la Banque Centrale doit être différenciée et non linéaire en fonction du temps. S'il y a trop d'investissement à court terme, les taux à court terme doivent être moins favorables que les taux à long terme, et vice et versa.

Sous-jacent à la nature non Gaussienne des distributions statistiques il y a la différence entre le coût ponctuel et le coût intégré. Les équations du modèle supposent un marché basé sur le coût intégré, or en pratique celui-ci est souvent basé sur le coût ponctuel. La différence entre ces deux coûts correspond à l'accumulation d'une dette cachée qui provoque des crashs boursiers, sujet qui sera discuté dans la section suivante.

Les théories économiques développées au 20e siècle essayent d'expliquer les résultats macro-économiques à partir du fonctionnement du marché au niveau micro-économique. L'idée centrale est que si on arrive à ajuster la quantité de monnaie et les taux d'intérêt, considérés comme simple références d'échange, on peut amener, par l'espérance de gain, les acteurs à produire une économie en croissance avec le plein-emploi pour les keynésiens, et avec un seuil de chômage nécessaire et dont le rôle est positif pour les néo-libéraux.

Bien qu'en désaccord, néo-libéraux et keynésiens sont conscients de la différence entre la probabilité d'un événement et la probabilité du résultat de la somme d'événements qui sont pilotés par cette probabilité ponctuelle. Comme la théorie de Paul Lévy date de 1925 et qu'elle a été exprimée en termes mathématiques très difficilement utilisables et que par ailleurs, les deux outils permettant de l'utiliser simplement ont été développés plus tard par Laurent Schwartz avec la Théorie des Distributions en 1946 et par Benoît Mandelbrot avec l'introduction des Fractals en 1980, ces théories économiques ont fait l'hypothèse erronée de distributions Gaussiennes. En clair, ces théories font l'hypothèse que les lois statistiques du marché à l'échelle micro-économique se transposent naturellement avec les mêmes propriétés au niveau macro-économique : or ce n'est pas le cas. Pour ces théories, bien comprendre le fonctionnement du marché suffit à définir une politique macro-économique.

Si on prend par exemple « The General Theory of Employement, Interest and Money » (GTEIM) de John Maynard Keynes, chapitre 11, l'auteur commence par distinguer le rendement attendu dans le futur du rendement actuel, en considérant la suite des rendements attendus, et fait la somme de leur valeur future estimée avec le taux d'intérêt actuel. On retrouve ici la probabilité ponctuelle et la probabilité de la somme. Mais la nature de cette distribution statistique, Gaussienne ou pas, n'est pas discutée : pour John Maynard Keynes, il va de soi que des fluctuations infinies n'interviennent pas, ce qui est faux quand la distribution n'est pas Gaussienne. Pour l'auteur, l'évolution marginale des coûts de production et des gains attendus fait évoluer la somme en douceur jusqu'à ce que le taux de rendement marginal atteigne le taux d'intérêt de la monnaie, seuil à partir duquel il n'est plus rentable d'investir. Pourtant, l'auteur insiste sur la difficulté à définir le rendement marginal d'un investissement à cause précisément de la nature aléatoire (ie qui dépendent d'une probabilité) de la suite des gains attendus, mais le fait que cette suite de gains puisse avoir des effets très différents quand ils sont réunis dans une somme n'est pas pris en compte :

« Finally, there is the distinction, the neglect of which has been the main cause of confusion and misunderstanding, between the increment of value obtainable by using an additional quantity of capital in the *existing* situation, and the series of increments which it is expected to obtain *over the whole life* of the additional capital asset ; - *i.e.* the distinction between Q1 and the complete series Q1, Q2, ... Qr ... This involves the whole question of the place of expectation in economic theory. Most discussions of the marginal efficiency of capital seem to pay no attention to any member of the series except Q1. Yet this cannot be legitimate except in a static theory, for which all the Q's are equal. The ordinary theory of distribution, where it is assumed that capital is getting now its marginal productivity (in some sense or other), is only valid in a stationary state. The aggregate current return to capital has no direct relationship to its marginal efficiency ; whilst its current return at the margin of production (*i.e.* the return to capital which enters into the supply price of output) is its marginal user cost, which also has no close connection with its marginal efficiency. »

Pour John Maynard Keynes intervient le fait que tous les Qi varient et non pas le type de distribution de probabilité des Qi, à savoir avec une décroissance rapide ou pas, pour les événements de grande amplitude. Or si les Qi varient, mais si aux grandes amplitudes leur probabilité décroît suffisamment vite, alors la somme sera équivalente à la situation où ils sont tous à peu près égaux ou du moins varient dans un petit intervalle.

Toujours dans le but de justifier une politique macro-économique de plein-emploi à partir du lien entre micro-économie et taux d'intérêt, au chapitre 17, John Meynard Keynes compare l'inélasticité de la monnaie et l'élasticité de l'offre de toutes les autres productions. Il corrige son « Treatise on Monney » publié quelques années plutôt de la façon suivante. Dans ce traité, John Meynard Keynes avait défini le *taux d'intérêt naturel* de la monnaie comme le taux qui équilibre ce que rapportent l'épargne et l'investissement. Mais dans GTEIM chapitre 17, il modifie son point de vue et ne valide cette définition que dans une situation de plein-emploi. Il renomme le *taux d'intérêt naturel* de la monnaie *taux neutre*, lequel est compatible avec le plein-emploi et qui correspond à une inélasticité de l'offre d'emploi. En d'autres termes, en jouant sur la politique monétaire et en imprimant de la monnaie, on peut créer une situation de plein-emploi où l'élasticité de l'offre d'emploi étant petite, on peut rendre à nouveau à la monnaie son inélasticité et rejoindre ainsi le taux d'intérêt neutre.

Selon lui, en situation de chômage la non-élasticité de la monnaie, associée à une grande élasticité de l'offre d'emploi, conduit à la thésaurisation qui diminue la demande, ce qui en retour augmente le chômage et ainsi de suite... Cela semble un peu compliqué, mais on peut le présenter différemment.

Du point de vue monétaire, on peut redire ce que John Maynard Keynes a découvert en d'autres termes. Quand il y a le plein-emploi, les salariés épargnent et cette épargne rémunérée maintient le taux d'intérêt bas, ce qui permet de financer l'investissement, qui à son tour conduit au plein-emploi. Quand il y a chômage, les salariés thésaurisent, gardent l'argent liquide ou le mettent à disposition avec méfiance, ce qui conduit à un taux d'intérêt élevé et empêche l'investissement, créant du chômage, et ainsi de suite. Mais étant au chômage, cette thésaurisation est vite épuisée et ne reste qu'un travailleur pauvre, au chômage, qui ne consomme plus, et une machine capitaliste bloquée.

Ainsi, en étudiant le comportement micro-économique, John Maynard Keynes explicite la différence qu'il y a entre *épargne* et *thésaurisation.* Cette distinction est très importante, car alors que l'épargne correspond à une grande vitesse de circulation de la monnaie, la thésaurisation, elle, correspond à un blocage et une très faible circulation de la monnaie. La masse salariale peut ainsi avoir deux rôles opposés.

Il en va de même pour les dividendes : quand ils sont trop élevés, ils créent une thésaurisation qui ralentit la vitesse de circulation de la monnaie, laquelle bloque la machine capitaliste. Mais la situation n'est pas symétrique, alors que les hyper-riches thésaurisent toujours, les classes moyennes consomment toujours et *épargnent* le surplus, elles ne *thésaurisent* pas, sauf en période de chômage. C'est la raison pour laquelle seule une économie où les classes moyennes dominent peut conduire à une production maximale de la machine capitaliste et à un fonctionnement stable de celle-ci.

Pour faire fonctionner une économie, la question n'est pas d'abaisser constamment la masse salariale, mais d'empêcher la thésaurisation. Les néo-libéraux se trompent en estimant que la masse salariale est la cause de coûts trop élevés et de baisse de compétitivité, car la compétition obtenue par la baisse continue des salaires est une compétition qui détruit la consommation, appauvrit la classe moyenne et conduit à la thésaurisation d'abord des pauvres, et ensuite des riches quand les pauvres n'ont plus rien. Or la thésaurisation des riches bloque la machine capitaliste de la même façon que la thésaurisation des pauvres. Contrairement à ce qu'affirment les néo-libéraux, elle ne permet pas le redémarrage, mais condamne la machine capitaliste à sa destruction.

De son côté, John Maynard Keynes en a déduit qu'une politique monétaire expansionniste de l'État est nécessaire en période de chômage pour rendre l'élasticité de l'offre à la monnaie et que les investissements directs de l'État sont nécessaires pour faire baisser l'élasticité de l'offre d'emploi. L'augmentation de l'élasticité de l'offre de monnaie et la baisse de l'élasticité de l'offre d'emploi permettant selon lui de retrouver le plein-emploi et de faire repartir la machine capitaliste. Une fois au plein-emploi, on peut rendre son inélasticité à la monnaie. L'erreur de John Maynard Keynes est de considérer la monnaie comme une richesse dont le rôle particulier est dû à son inélasticité et à sa liquidité que l'on peut utiliser à loisir pour piloter l'économie.

À l'inverse, Milton Friedman et les néo-libéraux considèrent que la monnaie est une simple valeur de référence et qu'elle n'a aucun effet réel à moyen et long terme. Imprimer de la monnaie ne sert qu'à créer de l'inflation, mais ne fait pas repartir la machine capitaliste.

Le point de vue proposé ici est opposé à ces deux approches. La monnaie est la représentation échangeable de la richesse existante. Elle n'est ni une richesse parmi d'autres avec une élasticité que l'on peut manipuler, ni une simple valeur de référence pour sélectionner les acteurs les plus doués pour décider de l'allocation des ressources.

En imprimer plus qu'il n'existe de richesse réelle conduit effectivement à plus d'inflation comme le prédit Milton Friedman à partir de l'équation de Fisher, mais pas parce que la monnaie est une simple référence d'échange. Si c'était le cas, thésauriser la monnaie ne poserait pas de problème, cela n'affecterait pas la richesse existante, mais concentrerait le pouvoir de décision de l'allocation de cette richesse entre les mains des plus habiles. Comme la monnaie *est* la richesse existante sous forme échangeable, sa thésaurisation ne conduit pas à une allocation des ressources plus intelligente, mais à un manque de financement de l'économie et à l'impossibilité de respecter la condition de croissance de l'équation (3.15). La conséquence est la baisse de la vitesse de circulation de la monnaie et comme l'équation de Fisher est inexacte et qu'il faut la remplacer par l'équation de couplage, le résultat est une suite de crashs boursiers qui conduisent à la déflation.

En termes micro-économiques, la concentration de la richesse en très peu de mains conduit à une corrélation des choix d'allocation des ressources et à une concentration sur des investissements à court terme. L'invariance d'échelle des distributions Lévy-stables non Gaussiennes n'étant plus respectée, le passage de la micro-économie au résultat macro-économique conduit à une inefficacité économique semblable au système d'économie centralisé soviétique.

Tout comme John Maynard Keynes, Milton Friedman n'a pas tenu compte des travaux de Paul Lévy, Laurent Schwartz et Benoît Mandelbrot. S'il l'avait fait, il aurait su que le marché parfaitement efficient n'existe pas et qu'on ne peut pas passer simplement de conclusions micro-économiques à des conclusions macro-économiques.

Quant à l'approche keynésienne, elle a l'avantage d'introduire l'étude micro-économique pour comprendre dans quel sens évoluent les différents paramètres. Elle montre que le marché n'est pas efficient, mais qu'il peut être piloté par une intervention de l'État. Mais John Maynard Keynes se trompe sur la nature de cette intervention. Imprimer de la monnaie et lancer des grands travaux à tout-va ne fonctionne pas. Cela a fonctionné après 1929 uniquement parce que la nationalisation de l'or avait donné de la richesse existante à monétiser et parce que la dévaluation simultanée avait détruit la thésaurisation des hyper-riches. Sans ces deux mesures, il aurait eu la stagflation, comme après 1973.

L'État doit intervenir de deux façons. De façon préventive par une taxation du capital non dépensé en bien de consommation, et de façon structurelle en régulant le marché pour que celui-ci soit libre d'accès aux producteurs et aux acheteurs sans risque de pillage. La régulation doit lutter contre les outils de pillage financier pour rétablir le rôle de sélecteurs de projets des banques commerciales. La taxation du capital non dépensé est ici une mesure technique sans visée morale ou éthique. Une personne très riche qui achète à tour de bras des maisons au fur et à mesure de ses gains, dépense, et ces dépenses ne doivent pas être taxées par nécessité économique, mais elles peuvent être taxées dans le cadre culturel des valeurs morales d'une société.

Il y a aussi un problème interne à l'approche micro-économique concernant l'agrégation des comportements des consommateurs avec des courbes d'indifférences. Une courbe d'indifférence représente l'ensemble des combinaisons de deux biens qui procurent au consommateur un niveau d'utilité identique. Ces courbes sont toutes convexes et décroissantes et surtout, elles ne se croisent jamais si le consommateur est rationnel. Il y a un réseau de courbes pour chaque consommateur, mais l'hypothèse des théories micro-économiques est que pour deux biens fixés, le réseau est le même pour tous les consommateurs ; or il n'en est rien. Et de ce fait, quand on agrège tous les consommateurs, les courbes se croisent. Les conclusions qu'en tirent les théories micro-économiques sur l'équilibre du marché sont alors invalidées, mais jusqu'à quel point ?

Si on considère des consommateurs appartenant à deux cultures différentes, l'hypothèse des courbes d'indifférence qui ne se croisent pas est complètement fausse. Par exemple, dans une société religieuse comme le Maroc, la courbe d'indifférence entre l'utilité procurée par la construction d'une grande mosquée et celle de la construction d'un tronçon d'autoroute est très différente de la même courbe qui relie l'utilité de construire une cathédrale ou un tronçon d'autoroute en France : le pays étant beaucoup moins religieux, la convexité sera très différente. Si on met les deux courbes sur un même graphique, elles vont se croiser. On retrouve ici le fait que le prix d'un bien dépend fortement d'*homo œconomicus culturae.*

Par contre, au sein d'une même société les différences entre les consommateurs ne sont pas très grandes, et une courbe est remplacée par une *bande d'indifférence* qui peut être approchée par une courbe commune à tous les consommateurs. Dans ce cas, l'hypothèse de non-croisement des courbes est justifiée.

Ce qu'on peut retenir de la relation entre micro-économie et macro-économie est que les mesures micro-économiques ne se translatent pas directement en résultats macro-économiques. Cependant, comme on va le voir dans la suite, il existe des règles générales sur la politique micro-économique qui conduisent à un fonctionnement statistique positif de la machine capitaliste.

Chapitre No. 10

Crises, bulles financières, dette, fiscalité et croissance

Les crashs de 1929 et 2008 sont des crashs d'une ampleur exceptionnelle par rapport aux autres crashs observés comme celui de 1987 ou comme l'éclatement de la bulle internet en 2000. En fait, il y a deux types de crash distincts :

- le crash dû au pillage,
- le crash dû à l'explosion d'un bulle boursière, crash type Minsky.

Un exemple de crash type Minsky, c'est-à-dire de crash dû à l'explosion d'une bulle boursière, est le crash de la bulle internet de 2000. Un exemple de méga-crash dû au pillage est le crash de 2008.

Le crash type Minsky sert souvent de détonateur pour le méga-crash dû au pillage. Si l'économie est soumise au pillage depuis suffisamment longtemps pour qu'une part importante de la richesse existante ait été thésaurisée, alors l'éclatement d'une bulle lance le crash dû au pillage.

Mais le crash type Minsky est un crash où le levier est respecté. De plus, sans thésaurisation, le crash lié à une bulle sera qualifié de crash « normal », ou encore crash type Minsky, car comme l'a montré l'économiste néo-keynésien Hyman Minsky, ce type de crash fait partie du fonctionnement normal de la machine capitaliste. Nous suivons son approche pour décrire les crashs liés aux bulles boursières. Par contre, cette description ne rend pas compte des crashs de 1929 et 2008, ce qui conduit à remettre en cause les conclusions pratiques qu'il propose.

Suivant Hyman Minsky, on peut classer les investisseurs qui empruntent en trois classes :

- les « hedge borrowers » ou « investisseurs protégés » dont la production de richesse permet de rembourser le capital et les intérêts,
- les « speculative borrowers » ou « investisseurs spéculatifs » dont la

production de richesse permet de rembourser seulement les intérêts,
- les « Ponzi borrowers » ou « investisseurs Ponzi », qui ne peuvent rembourser ni le capital ni les intérêts.

Pour Hyman Minsky, en période de croissance prolongée d'un segment de marché, par exemple l'immobilier, chacun s'attend à ce que la valeur des biens produits augmente. Ainsi, si les prix augmentent suffisamment vite, les investisseurs Ponzi et spéculatifs deviennent des investisseurs protégés au moment de la vente du bien. Comme tout le monde veut bénéficier de la hausse du marché, les banques commerciales acceptent de prêter des sommes de plus en plus importantes aux investisseurs Ponzi et spéculatifs. Mais pour vendre les maisons, il faut qu'il y ait des acheteurs, et quand il y a surproduction elles ne trouvent pas preneur. D'autant plus que les prix des biens augmentent ce qui les rend moins accessibles. Le marché se retourne, les prix cessent d'augmenter et la bulle éclate : les banques cessent de prêter aux entreprises qui sont asphyxiées. Il y a une variante : pour limiter la croissance de la bulle, la Banque Centrale restreint le crédit ce qui limite le nombre d'acheteurs et la bulle éclate. Le problème est que la restriction du crédit est tous azimuts et que même les entreprises saines d'autres segments économiques font faillite.

Dans ce schéma décrit par Hyman Minsky il n'y a pas de pillage ni de thésaurisation, l'instabilité de la machine capitaliste fait partie de la machine elle-même.

Avant de discuter cette notion d'instabilité et de remettre en cause les solutions avancées par Hyman Minsky, reformulons cette même approche avec le modèle proposé ici sur une exemple concret, la bulle internet de 2000.

Les crises économiques sont caractérisées par des bulles boursières et un surendettement. On peut retracer, au moins en partie, l'origine de ces deux phénomènes dans l'écart entre le prix ponctuel et le prix intégré, en le reliant à la différence $\Delta C =$ coût ponctuel $-$ coût intégré :

- quand le *prix ponctuel* est supérieur au *prix intégré*, une bulle se forme,
- quand le *prix ponctuel* est inférieur au *prix intégré*, une dette s'accumule.

Comme le marché équilibre le coût ponctuel et le prix de vente, on a de façon équivalente :

- quand le *coût ponctuel* est supérieur au *coût intégré*, $\Delta C > 0$, une bulle se forme,

- quand le *coût ponctuel* est inférieur au *coût intégré*, $\Delta C < 0$, une dette s'accumule.

Un prix ponctuel supérieur au prix intégré correspond à une anticipation du marché qui extrapole la croissance d'un nouveau domaine économique sans tenir compte des différentes phases qui accompagnent l'établissement d'un nouveau marché. Ces phases sont les suivantes :

1. une nouvelle technologie apparaît,
2. les premiers investissements permettent le démarrage d'une production limitée et chère,
3. la standardisation de la production abaisse les coûts et conduit à l'adoption du produit par les classes moyennes, c'est l'explosion des ventes,
4. le marché est équipé et les ventes correspondent à un renouvellement avec quelques améliorations.

Par exemple, dans le cas des téléphones mobiles, la phase 1 correspond aux années '70-80' où les téléphones portables pesaient environ 1 kg et étaient réservés aux militaires. La phase 2 correspond au début des années '90', la phase 3 à la fin des années '90' et la phase 4 aux années '2000'.

La bulle internet 1998-2000 permet d'illustrer comment une anticipation exacte d'un marché, mais une anticipation qui ne tient pas compte des différentes phases conduit à $\Delta C > 0$ et à une bulle boursière. En 1962, l'entreprise italienne Olivetti produit le premier ordinateur de bureau (le « Programma 101 » inventé par l'équipe de Pier Giorgio Perotto). Cet ordinateur et ceux qu'il a inspirés sont d'abord utilisés dans les programmes spatiaux, militaires, et dans les grandes entreprises. La démilitarisation de certains composants, comme les processeurs Motorola 6502 et 6800, permet la mise en place d'un marché d'ordinateurs en kit pour passionnés et du premier micro-ordinateur assemblé, l'Apple 1. Entre 1970 et 1980 se développe un premier marché qui touche les classes moyennes supérieures. En 1981, IBM lance le premier ordinateur personnel, le modèle PC 5150, dont le prix permet à ce produit d'atteindre toute la classe moyenne. À ce moment, plusieurs start-ups deviennent des géants, au premier rang desquels Microsoft.

En parallèle à ce développement des terminaux, les premiers services qui mettent en réseaux les ordinateurs personnels avec des ordinateurs centraux se mettent en place et la compagnie qui domine le marché est AOL. Cette entreprise utilise la ligne téléphonique classique et un protocole primitif. Cette croissance des deux marchés, celui des ordinateurs personnels et celui des services à distance, ont été accompagnés d'un investissement productif rentable en bourse.

Mais à partir de 1995 cet investissement va se transformer en bulle boursière. Un réseau de communication militaire efficace, ARPANET, passe dans le domaine civil à travers la recherche fondamentale, et c'est dans ce contexte qu'un protocole simple de réseaux de données, le www, est inventé au CERN à Genève. Dans le même temps, l'installation des fibres optiques multiplie le débit de communication possible à bas coût. Le marché anticipe correctement un basculement industriel et l'avènement d'un nouveau monde des communications. Mais il se trompe de phase, on est plus dans la phase 2, on est à la fin de la phase 3. L'extrapolation des rendements boursiers ne tient pas compte du fait que les industriels sont en place et que le coût des différents composants n'augmente plus depuis longtemps : l'apparition du PC 5150 marque le passage de la phase 2 à la phase 3 et cet ordinateur a été introduit en 1981, pas en 1995. En conséquence, le prix intégré est beaucoup plus bas que le prix ponctuel : les marges bénéficiaires par unité vendue sont destinées à chuter très vite et très peu de nouveaux acteurs pourront avoir une croissance exponentielle. La prochaine croissance exponentielle (Yahoo, Google, Facebook) aura lieu dix ans plus tard et concernera le comportement social plus que la production matérielle. En investissant avec une surestimation des marges, le capital alimente une bulle, la bulle internet. Quand le coût unitaire n'augmente plus et que le coût marginal commence à baisser, les marges de profits atteignent leur maximum, car la technologie est en place et la compétition se concentre sur le prix de vente et la réduction des marges.

On voit dans cet exemple la séquence de Minsky. Plus on avance dans les phases de création du marché des ordinateurs connectés à internet et moins il y a de marges, les prix cessent de croître. Les investisseurs Ponzi et spéculatifs font défaut et la bulle éclate.

Le grand apport d'Hyman Minsky a été de montrer que l'hypothèse d'un marché auto-régulé, c'est-à-dire qui trouve tout seul le chemin de la stabilité, est fausse. Cette hypothèse des économistes classiques et néo-classiques est appelée « hypothèse de l'équilibre général ». Mais Hyman Minsky n'a pas convaincu et ce, pour la raison suivante. Au 20e siècle, le débat se focalise sur le rôle de l'État dans la machine économique. Les régimes totalitaires ont tous été des régimes d'économie encadrée strictement par l'État. On a alors identifié toute intervention de l'État comme le premier pas vers la dictature : c'est l'objet du livre de Freidrich Hayek « La route de la servitude ». Dans la réalité l'État peut intervenir sans conduire à la dictature, comme le montrent le New Deal et les démocraties Ouest européennes. Cependant, Hyman Minsky s'est appuyé sur le rôle de l'État pour introduire la notion d'instabilité intrinsèque des marchés. En rejetant toute théorie basée sur le rôle de l'État, les économistes ont rejeté l'idée, pourtant juste, d'Hyman Minsky.

Mais en modélisant les flux financiers, on peut démontrer le résultat d'Hyman Minsky sans faire intervenir le rôle de l'État. En effet, les équations du modèle fonctionnent avec le coût intégré et le marché, lui, fonctionne avec le coût ponctuel. L'État n'est pas nécessaire pour montrer que cela conduit à l'augmentation de ΔC en valeur absolue, c'est-à-dire à une instabilité, soit par la dette, soit par une bulle.

La machine capitaliste fabrique du futur avec du présent, c'est l'objet du crédit. Le coût du crédit comprend trois termes. Le premier correspond à ce que rapporterait la même somme si elle était investie dans un projet supposé sans risque, comme des emprunts d'États : si ce projet sans risque produit une croissance de 2%, le premier terme vaut 2%. Le deuxième terme correspond au risque lié au projet : si un projet a un risque d'échec de 0.5%, le deuxième terme vaut 0.5%. S'ajoute à cela la prime qu'il faut payer à l'investisseur pour le convaincre de faire cet investissement et non pas un autre aussi risqué, mettons 0.5%. Dans cet exemple, l'intérêt payé par l'emprunteur, c'est-à-dire le coût du crédit est de $2+0.5+0.5 = 3\%$. Le problème est qu'il n'y a aucun moyen d'estimer sans erreur le risque, c'est-à-dire le deuxième terme, et que la valeur du troisième terme dépend de l'ambiance du marché au moment où la demande de crédits est mise aux enchères. Le deuxième terme contient tous les aléas objectifs : changement de technologie, tremblement de terre, etc. Donc, quel que soit le rôle et la taille de l'État, même sans de pillage, le coût du crédit, qui est le coût ponctuel, n'est jamais égal au coût intégré mesuré après coup et ΔC n'est jamais nul. Il n'y a pas besoin de faire intervenir des considérations sur le rôle de l'État dans cet argument. Le résultat d'Hyman Minsky est plus général que le contexte dans lequel il le décrit. Cependant, son argumentation est valable : c'est dans les périodes de stabilité et de croissance que l'on prend les plus grands risques et que le deuxième terme est le plus mal estimé. C'est dans ces mêmes périodes que le conformisme des acteurs du marché tend à produire de plus en plus d'investisseurs de type spéculatif et de type Ponzi.

Nous verrons dans la section « Le rôle de l'État » du chapitre « Économie Politique pour un Monde Multipolaire Stable » que l'État peut limiter l'écart entre ΔC et 0, mais pas par les moyens envisagés par Hyman Minsky.

On constate ici le rôle joué par le temps. Le coût intégré tient compte du passé, du présent et du futur, mais s'il est mal évalué, dans le cas d'une bulle surévalué, il conduit à une crise. La sous-évaluation conduit aussi à une crise, une crise de la dette. Celle-ci apparaît sous la forme de la thésaurisation : l'argent qui devrait faire partie du coût est détourné et devient une dette cachée qui s'accumule. Le coût non payé, c'est-à-dire la dette, est capté sous forme de bénéfice indu de l'emprunteur. Quand l'emprunteur est une banque commerciale, la dette est à la charge de la Banque Centrale, c'est-à-dire qu'elle correspond à la captation d'une richesse existante. Cette richesse manquante apparaît dans la comptabilité sous la forme de dette de l'État, des entreprises et des ménages. Pour Hyman Minsky, cette dette peut être effacée par l'émission de monnaie, et donc par une Banque Centrale contrôlée par l'État.

C'est sur ce point que le modèle contredit l'analyse d'Hyman Minsky et des keynésiens avant lui . Pour ces derniers, la monnaie est une variable muette, c'est-à-dire une simple référence d'échelle, pas une variable réelle. En conséquence, pour les keynésiens et leurs successeurs comme Hyman Minsky, il n'y a pas de différence de nature entre la monnaie réelle et la monnaie scripturale. De fait, ils font l'hypothèse que la Banque Centrale peut toujours agir en garant de dernier ressort en imprimant des billets. C'est la raison pour laquelle les keynésiens considèrent principalement la thésaurisation des salariés et pensent pouvoir limiter celle-ci par un jeu à somme nulle entre les déficits/excédents de l'État, des Entreprises, des ménages et des banques : c'est l'objet du chapitre 2, section « Effets du Big Government sur les flux de trésorerie » du livre d'Hyman Minsky « Stabiliser une Économie Instable ». C'est aussi l'objet de la théorie du « liquidity trap » de John Maynard Keynes.

À l'inverse, dans le présent modèle, la machine capitaliste fonctionne parce que la nature de la monnaie réelle et de la monnaie scripturale sont différentes et gérées par des acteurs distincts, la Banque Centrale et les banques commerciales. Dans ce modèle, les banques commerciales peuvent se livrer au pillage et thésauriser bien plus que les salariés.

Ainsi, l'instabilité intrinsèque de la machine capitaliste, identifiée par Hyman Minsky, explique les crashs normaux comme celui de 1975, mais pas les méga-crash comme ceux de 1929 et de 2008.

Les monétaristes néo-libéraux considèrent aussi que la monnaie n'est qu'une variable muette, mais eux pensent qu'en imprimer n'a aucun effet à long terme. Ils se basent sur l'équation de Fisher qui est une approximation non-valable durant un crash.

Il arrive que les deux phénomènes, ΔC positif et très grand et ΔC négatif et très petit, se superposent : en 2008, il y a eu simultanément une bulle immobilière et une crise de la dette. Si en 2008 la dette des États, des entreprises et des ménages avait été nulle, la bulle aurait été absorbée sans désordre monétaire majeur, mais la dette accumulée par la thésaurisation, liée à la révolution thatcherienne, a provoqué une crise qui a failli détruire le système financier mondial comme en 1929. Pour provoquer une explosion thermonucléaire, c'est-à-dire basée sur la fusion, on a besoin d'une explosion nucléaire, basée sur la fission : une bombe A est le détonateur d'une bombe H. De la même façon, la bulle immobilière a été la bombe A qui a allumé la crise financière liée à la dette, c'est-à-dire la bombe H du système monétaire.

Le fait d'avoir simultanément ΔC positif et très grand et ΔC négatif et très petit dans deux segments du marchés n'est pas contradictoire : le $(\Delta C < 0)$ correspond à une économie basée sur les coûts ponctuels qui accumule continûment de la dette, tandis que le $(\Delta C > 0)$ correspond à un segment particulier du marché. Ce qui transforme le crash de type Minsky en méga-crash, c'est une dette trop grande due au pillage et à la thésaurisation.

En réalité, une bulle est aussi une dette, mais une dette particulière. Dans le cas d'une dette classique, un bien est produit et livré, mais pas encore payé. C'est une dette du consommateur envers le producteur. Dans le cas d'une bulle, un bien n'est pas encore produit, mais il est déjà payé. C'est une dette du producteur envers le consommateur. La différence est que dans le cas d'une bulle, le prix est surévalué et la richesse correspondante n'est jamais produite.

En l'absence de pillage et/ou de thésaurisation, la dette est financée en respectant le levier et le crash peut facilement être absorbé par une action de la Banque Centrale. Prenons par exemple une économie sans pillage qui respecte un levier de 10, dans laquelle survient un crash lié à une bulle dans un segment du marché. La Banque Centrale peut alors facilement compenser les pertes en injectant des liquidités, c'est-à-dire un émettant provisoirement plus de monnaie réelle qu'il n'y a de richesse. Cette injection évite la propagation du crash à d'autres secteurs du marché et la production de richesse compense petit à petit cette émission de monnaie. Au total, il y a provisoirement un peu d'inflation, sans autre conséquence grave.

À l'inverse, en présence de thésaurisation, due au pillage ou à d'autres causes (voir ci-dessous), la monnaie qui manque est compensée par des chaînes de crédit entre entreprises et ces chaînes connectent les différents segments du marché. Quand le crash se produit sur un segment, il se propage et la Banque Centrale ne peut pas émettre assez de monnaie pour sauver tous les segments à la fois sans créer un manque de confiance dans la monnaie réelle et provoquer une panique générale. On a alors une propagation du crash de segment en segment.

Si de plus il y a du pillage, le levier est contourné et la masse de crédit qu'il faudrait couvrir pour amortir le crash est supérieure à la richesse totale existante : c'est le méga-crash et la faillite.

La bulle internet a provoqué un crash de type Minsky en 2000, rapidement absorbé. La crise de 1970-1971 s'était propagée à tous les secteurs à cause de la thésaurisation, mais n'avait pas provoqué de méga-crash, car le levier était respecté. La solution apportée, la fin de la non-convertibilité de l'or en dollar, correspond à une injection de monnaie et à de l'inflation, mais pas à un méga-crash. La crise de 2008 cumule la thésaurisation et le contournement du levier, car ensemble ils forment le moteur du pillage. Le résultat est le méga-crash de 2008.

Un exemple concret d'effet détonateur ou pas, est donné par la comparaison entre les crises de 1929 et de 1971 du point de vue de la réserve d'or de la FED aux USA. Dans les deux cas, la période qui précède la crise est une période d'expansion trop grande du crédit. Il y a trop de monnaie scripturale en circulation, le levier est trop grand et les crédits ne sont pas couverts par assez de richesse réelle. Mais en alors qu'en 1970 le niveau de la dette des États est faible comparée au PNB [1], en 1929, après la 1re guerre mondiale, il n'y a pas eu les « trente glorieuses », mais au contraire, une thésaurisation massive, et la dette des États par rapport au PNB est élevée. De plus, par les « broker's loans » le levier a été contourné. Résultat, la crise qui frappe en 1929 produit la déflation et la destruction d'une grande partie de l'économie, alors que la crise financière qui frappe les USA en 1970 est absorbée par la décision de mettre fin à la convertibilité du dollar en or. Pour résoudre la crise en 1934 l'or est nationalisé, en 1971 l'or est remplacé par la garantie de l'État qui repose sur une faible dette par rapport au PNB. S'il n'y avait pas eu de choc pétrolier en 1973, cette dette n'aurait pas augmenté rapidement et les économies développées ne seraient pas entrées dans une stagflation. L'absence de dette et de thésaurisation en 1971 permet d'absorber l'excès de crédit de la décennie précédente, alors que la dette en 1929 amplifie l'éclatement de la bulle de crédits. L'erreur des économies occidentales en 1973 a été de ne pas investir massivement dans une économie à faible consommation énergétique. Même au prix d'un endet-

1. PNB = Produit National Brut.

tement, en divisant par 3 ou 4 ses besoins énergétiques importés et en créant de nouveaux champs d'activités liés aux énergies renouvelables et aux économies d'énergie, après environ dix ans ces pays seraient sortis de la crise comme le New Deal a sorti l'Amérique de la crise de 1929.

En 1982, dix ans après la fin de la convertibilité du dollar en or, le rapport entre réserves d'or de la FED et masse monétaire atteint environ 130%. Pourquoi ? Parce que n'ayant pas modifié leur appareil productif, les pays développés ont accumulé une dette et le rapport dette divisée par le PNB n'est plus suffisant pour garantir la valeur de la monnaie. Il y a alors un retour implicite de l'or comme contrepartie de la valeur de la monnaie.

Plus précisément, le coût intégré du pétrole est plus cher que son coût ponctuel. Les pays importateurs accumulent une dette. À l'inverse, si on avait fait la transition énergétique, comme une énergie renouvelable plus chère à court terme est moins chère en coût intégré à moyen et long terme, le circuit financier aurait engendré le crédit nécessaire. Comme ce crédit aurait été rentabilisé, le rapport dette divisée par le PNB aurait été suffisant pour que la FED fonctionne avec une réserve d'or plus petite.

Parallèlement, n'étant pas des économies de production de biens, les pays de l'OPEP thésaurisent. L'ensemble pays importateurs + pays exportateurs ne remplit plus les conditions de l'équation de croissance (3.15) et l'ensemble entre globalement en récession.

Donc, la dette empêche de grands investissements pour faire la transition énergétique qui n'a pas été lancée dès 1973, et la garantie de l'État qui repose sur une faible dette par rapport au PNB ne peut plus être respectée. Résultat, la richesse est thésaurisée sous forme d'or, ce qui de facto ramène à la situation antérieure de convertibilité du dollar en or et en plus provoque la stagnation économique, car la richesse thésaurisée ne sert pas à produire des richesses. On est dans une situation où les investisseurs préfèrent utiliser la richesse existante pour garantir sa permanence plutôt que de l'utiliser pour créer de nouvelles richesses. Comme la richesse décline naturellement par l'amortissement (la variable (v) dans l'équation 3.15), l'économie décline lentement. Et comme la richesse réelle est thésaurisée en or, les Banques Centrales compensent ce manque par l'émission de monnaie. En pratique, les Banques Centrales « payent » le faible rapport dette divisé par PNB en émettant de la monnaie. On a alors trop de monnaie par rapport à la richesse, d'où l'inflation, et trop de richesse thésaurisée en or au lieu d'être investie, d'où pas de croissance, voire faible déclin. Au total, on a la stagflation. Mais contrairement à 1929, la crise de 1971 n'a pas été le détonateur d'un méga-crash. En 1971, la révolution thatcherienne n'a pas encore eu lieu, ou très partiellement aux USA par les premières dérégulations, et l'économie de pillage n'est pas en place.

La description des bulles par Hyman Minsky est correcte, mais elle ne s'applique pas aux crashs liés au pillage et à la thésaurisation. Son interprétation et les solutions qu'il propose conduisent à un type d'économie certes meilleure que le féodalisme thatcherien, mais bien moins efficace qu'une machine capitaliste pilotée sans pillage, et surtout moins démocratique. Ce type d'économie était celle de la Sérénissime République de Venise. Ce point sera discuté dans la section « La proposition Minsky : un retour à la Sérénissime République de Venise ».

L'estimation directe de ΔC est impossible même sans pillage, car on ne peut pas prédire le futur. Mais on peut utiliser une propriété particulière des distributions Lévy-stables non Gaussiennes pour estimer si ΔC est très différent de 0 : l'invariance d'échelle ou ce qui est équivalent, la dimension fractale du mouvement Brownien associé. Si ΔC était nul, la distribution de croissance ou de décroissance de chaque cours serait Gaussienne. En effet, Benoît Mandelbrot a montré que le caractère non Gaussien des distributions de cours en bourse était lié à un effet « mémoire », en d'autres termes lié à quelque chose d'imparfait dans une transaction qui a un effet retardé sur les transactions futures. D'après le modèle ci-dessus, on peut interpréter cette imperfection, observée par Benoît Mandelbrot, comme ayant pour origine une différence entre le coût ponctuel et le coût intégré. L'invariance d'échelle correspond au paramètre de vitesse de décroissance de la distribution de Lévy. Ce paramètre est mesurable et plus il est petit, plus les fluctuations sont grandes, ce qui correspond à une valeur absolue de ΔC grande (c'est la valeur absolue qui compte, car une bulle est aussi une dette).

La surestimation du coût ponctuel conduit à une bulle. Celle-ci résulte d'une inefficacité du marché liée à une mauvaise information, à un comportement grégaire et à une endogamie sociale des acteurs qui limitent leur créativité. Mais ces bulles sont régularisées par des crashs boursiers qui, s'ils ne sont pas couplés à une thésaurisation, peuvent être absorbés par la machine capitaliste, quitte à y ajouter une viscosité des échanges tout comme on équipe une voiture d'amortisseurs pour la protéger des à-coups. Le problème majeur est donc d'éviter la thésaurisation. La conséquence de la thésaurisation est l'étouffement et le blocage de la machine capitaliste suivant l'équation (3.19). L'étouffement provoque la récession et le blocage provoque la destruction du système monétaire. En l'absence de thésaurisation, les bulles et leur éclatement sont un fonctionnement normal de la machine, car ce sont des événements de courte durée qui n'engendrent pas de crise. De plus, étant liés à des segments particuliers (internet, l'immobilier, etc.), les autres segments de l'économie permettent à la machine de continuer à fonctionner.

Le type de crash boursier le plus grave est celui lié au pillage et à la corruption. Contrairement aux bulles « naturelles », ce type de crash ne peut pas être amorti. C'est une situation de destruction de la machine capitaliste. Le pillage provoque une thésaurisation dans une petite classe d'hyper-riches qui utilisent des fonds de placements à la fois pour piller et pour stocker leur richesse. Or ces fonds ont deux caractéristiques : ils regroupent des investissements à court terme et sont fortement corrélés entre eux, car le propre du pillage est de transférer le risque sur les investisseurs des classes moyennes. Le déroulement du crash est alors le suivant. Le manque de monnaie réelle, causé par la thésaurisation, provoque des chaînes de crédit entre entreprises. Ces chaînes de crédit sont des chaînes de risque corrélé. Dans le même temps, les fonds de placement des pilleurs créent une corrélation des risques entre banques commerciales. On a donc simultanément une corrélation des risques des entreprises et des risques des banques commerciales. Petit à petit, au fur et à mesure que la monnaie est thésaurisée par le pillage, les chaînes de risque s'étendent jusqu'à créer un réseau qui relie tous les acteurs de l'économie. Quand cette longueur de chaîne est atteinte, le seuil de percolation est dépassé. Au moindre défaut de remboursement d'un acteur économique, ce défaut entraîne, à travers le réseau, la faillite de tous les acteurs économiques. En 2008, le défaut d'un gros acteur, Lehman Brothers, a provoqué un crash un peu avant le seuil de percolation. Une grande partie de la machine capitaliste a été détruite, entraînant dette des États et chômage massif, mais l'ensemble flotte encore. Les mesures prises en Europe étaient nécessaires, mais ne sont pas suffisantes pour empêcher une crise de destruction complète, et en 2016 le risque le plus grand se trouve à la City de Londres. Ce point, ainsi que les choix politiques et économiques à faire pour mettre à l'abri au moins la zone euro, seront abordés dans la section « Économie Politique pour un monde multipolaire stable ».

Cela n'arrive que parce que la théorie de Milton Friedman est inexacte et contradictoire. Si on applique sa théorie, il ne faut pas émettre de la monnaie au-delà de la richesse existante. Dans le même temps, il faut déréguler, c'est-à-dire mettre en marche le pillage qui retire la monnaie du circuit économique. La réaction des acteurs est de contourner la machine capitaliste de répartition des risques et de se faire crédit entre eux. La corrélation créée détruit ensuite la machine au moment du crash.

À l'inverse, si la Banque Centrale émet de la monnaie pour compenser la thésaurisation due au pillage, elle crée de la stagflation comme dans les années '70'. Pour sortir de ce dilemme, il faut réintroduire la régulation des marchés pour lutter contre le pillage. Dans cette situation, il n'est pas nécessaire d'émettre plus de monnaie qu'il existe de richesse réelle, et les entreprises ne manquent pas de crédit.

On peut maintenant donner une définition plus précise des deux types de crash.

Un crash « normal », ou encore crash de type Minsky, est un crash limité à un segment industriel qui trouve son origine dans une inadéquation des investissements par rapport au cycle de développement d'une technologie. Cette erreur d'identification de la phase dans l'établissement d'un nouveau marché conduit à surinvestir trop tard au moment où les marges vont commencer à baisser. Ce type de crash est naturel, inévitable et sans gravité s'il a lieu en l'absence de pillage. Par sa nature, il est limité en ampleur et en durée.

Un méga-crash est un crash qui trouve son origine dans la thésaurisation massive. Cette thésaurisation provoque un manque de crédit dans tous les segments du marché simultanément et, pendant une brève durée, une baisse de la vitesse de circulation de la monnaie. Le manque de monnaie réelle pour alimenter le crédit aux entreprises est compensé par la mise en place de chaînes de crédits entre entreprises : la vitesse de circulation de la monnaie augmente rapidement. Tant que le mécanisme de thésaurisation massive n'est pas neutralisé, la Banque Centrale n'a pas de moyen d'action. Plus la thésaurisation cumulée augmente et plus les chaînes de crédits entre entreprises sont longues. Ces chaînes forment un réseau de corrélation des risques de défaut. Au-delà d'une certaine longueur, le seuil de percolation est atteint et le moindre défaut de remboursement provoque le défaut simultané de l'ensemble des crédits. C'est le méga-crash. Un méga-crash plus limité, comme celui de 2008, peut être provoqué avant d'atteindre le seuil de percolation par un crash normal de type Minsky sur un segment particulier. En 2008, ce segment était l'immobilier. Un méga-crash a trois particularités qui le rendent très différent d'un crash normal type Minsky :

- Un méga-crash concerne tous les segments du marché simultanément.
- Un méga-crash n'a pas de limite dans son ampleur, une fois le seuil de percolation dépassé, il peut détruire en une fois toute la machine capitaliste. Il n'y a alors plus de marché, ni de monnaie, et les échanges se font par troc.

– Un méga-crash est le crash du marché du crédit, c'est-à-dire de la monnaie scripturale.

Résumons les conditions de réalisation des deux types de crash.

Dans un marché efficient idéal, le marché équilibre les risques et les gains à chaque instant : il n'y a pas d'effet mémoire sur les prix et les paramètres de l'économie sont des distributions Gaussiennes. Il n'y a ni bulles qui conduisent à des crashs de type Minsky, ni thésaurisation qui conduit à un méga-crash. Il y a seulement des fluctuations finies autour d'une courbe de croissance. Cette situation est illustrée dans l'appendice B.

Dans un marché réel, il y a des effets mémoire sur les prix et le marché n'équilibre pas à chaque instant les risques et les gains. La cause de ces effets mémoire est la différence entre le coût ponctuel et le coût intégré. La conséquence est la création de bulles qui conduisent à des crashs de type Minsky, mais il n'y a pas de méga-crash. En effet, les crashs de type Minsky se concentrent sur un domaine à la fois, comme par exemple la bulle internet de 2000, ils ne touchent pas tous les segments du marché simultanément. Les crashs de type Minsky peuvent être réduits en fréquence et en amplitude par une politique économique qui favorise les coûts intégrés. Les paramètres de l'économie sont des distributions Lévy-stables non Gaussiennes qui peuvent devenir Gaussiennes et avoir une moyenne si on applique une politique qui favorise les coûts intégrés. Ces crashs sont gérables et sans conséquence grave. Cette situation est illustrée dans l'appendice C.

Dans un marché réel, si on met en place des mécanismes qui conduisent à la thésaurisation massive, le marché engendre des méga-crashs. Contrairement aux crashs de type Minsky, les méga-crashs se propagent sur un réseau de chaînes de crédits entre entreprises, réseau qui couvre tous les segments du marché. C'est le marché du crédit lui-même qui entre dans un crash. Et comme ce crash se fait par le passage du seuil de percolation sur le réseau, tout le monde est touché simultanément.

La cause de la thésaurisation en 2016 est la mise en place d'une économie de pillage de type soviétique où l'allocation des ressources est concentrée dans des oligopoles. Cette soviétisation résulte de la fin de la séparation bancaire entre activités de banque de crédit-dépôts et de banque d'investissement. Le marché libre de compétition capitaliste pour le crédit est alors remplacé par un oligopole. Cet oligopole mène une guerre financière contre les entrepreneurs pour créer des monopoles et supprimer le marché libre de compétition sur les domaines visés. Cette situation est illustrée dans l'appendice D.

Cependant, la thésaurisation a plusieurs causes possibles. Elle peut être le résultat du pillage et de la corruption décrit précédemment. Elle peut résulter du couplage de la machine capitaliste avec un type d'économie plus ancien, l'économie des matières premières. Elle peut aussi être due à une fiscalité inadaptée, et enfin à une crise liée à une révolution industrielle ratée. Ces différentes situations sont présentées ci-dessous.

Par ailleurs, la bombe que représente une thésaurisation massive peut être désamorcée. En particulier, la thésaurisation massive qui menace l'économie mondiale en 2016 peut être désamorcée pour éviter un méga-crash d'une ampleur jamais vue auparavant. Ce point sera présenté dans la section « Désamorcer la bombe financière en 2016 et éviter le méga-crash » du chapitre « Économie Politique pour un monde multipolaire stable ».

Quand un crash boursier intervient, la thésaurisation amplifie l'effet de souffle de l'éclatement de la bulle boursière. La question la plus sensible pour la Banque Centrale est le timing des actions à entreprendre. La gestion en temps, du retour vers des paramètres économiques raisonnables, sera discuté après les mécanismes de thésaurisation.

1

L'économie des matières premières non-recyclables

C'est une forme ancienne d'économie. Une ressource naturelle est extraite et vendue, car le prix de l'extraction est plus faible que le prix de vente. Les matières premières sont le plus souvent exportées et conduisent à un transfert de monnaie réelle d'une zone monétaire à une autre. La thésaurisation due à la production de matières premières n'est pas du pillage dans la mesure où elle ne prélève pas de richesse créée dans le circuit financier de la Banque Centrale du pays où la matière première est exportée. Mais elle peut conduire à des problèmes semblables au pillage et à des conflits géopolitiques selon les cas.

Le problème vient de l'usage qui est fait du transfert de monnaie réelle. Si cette monnaie ne peut pas être absorbée par la machine capitaliste locale de l'exportateur et si elle ne peut pas servir à produire des richesses, elle s'accumule. Si dans le même temps la matière première n'est pas recyclable, le résultat global de l'échange est une thésaurisation. Comme dans le cas du pillage, cette thésaurisation conduit à la déflation de l'économie du pays importateur.

En effet, si la matière première est recyclable, la monnaie réelle stockée dans le pays exportateur représente une richesse réelle du pays importateur, richesse qui intervient dans le circuit financier à travers son amortissement et les échanges commerciaux. Elle est recyclée et constitue une richesse réelle qui correspond à la monnaie réelle stockée dans le pays exportateur.

Si la matière première n'est pas recyclable, c'est une thésaurisation qui suit la même équation que l'équation de pillage (3.19) : la matière première agit comme une machine qui transforme de la richesse réelle en monnaie réelle stérile.

Même si la matière première non-recyclable n'est pas importée mais produite et consommée sur place, elle transforme de la monnaie réelle en monnaie stérile. En effet, son amortissement est infini, car aussitôt consommée, aussitôt détruite. Il n'y a pas de durée qui permette de créer de la richesse. Elle permet de produire des richesses, mais elle n'est pas une richesse elle-même au sens de la machine capitaliste. Pour comprendre la différence, on peut comparer le charbon destiné à une centrale électrique et le lait destiné à la production de fromage. Le charbon, une fois brûlé, est définitivement perdu. En plus, il pollue, mais ce n'est pas important ici. Le fromage, une fois mangé est digéré et le mélange bactéries + résidus est recueilli dans les égouts pour être à nouveau décomposé par des bactéries dans des centres de traitement de l'eau qui produisent de l'engrais. Cet engrais, une fois utilisé, produit des plantes, dont certaines retournent dans le cycle de production agricole. Toutes ces étapes mettent en contact le biotope humain (microbiote intestinal humain) et celui des être vivants, plantes et animaux, qui assurent la subsistance de l'homme. Rappelons que le microbiote humain est une masse de ~ 1.2 kg de bactéries, 1 kg étant situé dans l'appareil digestif, sans lequel aucun être humain ne pourrait vivre. Rappelons aussi que les bactéries échangent des morceaux de code génétique jusqu'à former un écosystème stable dans l'ensemble du cycle. En tant que matière première, le lait fait partie d'un cycle complet où la richesse produit de la richesse : l'agriculture permet aux hommes de subsister et de croître en nombre. Cette appartenance à un cycle complet de production de richesse en fait une richesse *représentable par de la monnaie réelle*. La machine capitaliste crée des richesses en faisant faire faire un cycle complet à de la richesse existante. Les équations du modèle décrivent la circulation complète de la richesse dans le cycle. Même quand en apparence le lait est consommé, il n'est pas détruit en tant que richesse, il continue son parcours dans le cycle. Et le coût intégré du lait comprend le coût du maintien de l'écosystème qui nous permet de vivre. Ce n'est pas le cas du charbon.

À titre d'exemple, l'aluminium, le fer et le cuivre, produits à partir de minerais, sont des matières premières recyclables alors que les énergies fossiles sont des matières premières non-recyclables. Les produits agricoles peuvent être considérés comme des matières premières recyclables dans la mesure où les déchets organiques servent d'engrais et les plantes produisent les graines à replanter. Dans ce cas particulier, la première mise en culture du sol après défrichage est comparable à l'extraction de métal du minerai. Par la suite, ces matériaux entrent dans un cycle usage-traitement. Les énergies solaire et éolienne sont comparables à l'agriculture bien que l'énergie consommée ne soit pas recyclée. La mise en production initiale est semblable au défrichage ou à l'extraction de métal à partir de minerais, et la caractéristique de renouvellement naturel de ces énergies tient lieu de recyclage.

Par contre, les OGM transforment l'agriculture en économie basée sur une matière première non-recyclable et polluante. En effet, les graines OGM sont stériles et il faut les racheter à chaque fois. C'est une richesse dont l'amortissement est infini : aussitôt utilisée, cette richesse est aussitôt détruite, tandis que la plante qui doit remplacer cette richesse va mettre une saison pour entrer dans le cycle financier. Au lieu d'être un investissement réutilisable à l'infini, la graine devient une dette qui s'accumule au fur et à mesure que la compagnie qui la vend thésaurise la richesse correspondante. Par ailleurs, en produisant du poison, la plante OGM détruit non seulement les organismes nuisibles à sa croissance, mais aussi tous les autres, ceux qui produisent sa nourriture naturelle et qui aident à l'absorption de cette nourriture par la plante. Le résultat est qu'il faut surutiliser de l'engrais pour compenser cette destruction. Enfin, la destruction de l'écosystème racinaire et sa transformation en désert où subsistent de rares espèces micro et mésoscopiques, supprime en partie les défenses naturelles de la plante et il faut tôt ou tard l'arroser avec des produits phytosanitaires. Au total, un risque est généré pour l'agriculteur et le consommateur et les bénéfices liés à ce risque sont captés par le vendeur d'OGM et de produits chimiques. Le coût de ce risque est transféré du vendeur d'OGM vers l'agriculteur et le consommateur. L'agriculture, qui au départ est une économie de recyclage et de production de richesse, est remplacée par une économie de pillage.

Cependant, même quand la matière première est recyclable, cet échange comprend un risque géopolitique et économique. En effet, le pays exportateur devient une sorte de Banque Centrale bis, dans la mesure où elle peut à tout moment contrecarrer une politique monétaire restrictive de la Banque Centrale, en inondant le marché de ses réserves monétaires. Dans ce cas, la monnaie réelle thésaurisée par le pays exportateur devient un outil de chantage géopolitique, chantage à la mise en circulation brutale de la monnaie. Mais, suivant les équations, une Banque Centrale ne doit pas céder à ce chantage, car l'inflation créée est provisoire. Il faut laisser faire et juste ne plus émettre de monnaie tout en maintenant un levier limité pour avoir une dévaluation de fait par le marché, dévaluation elle aussi provisoire. Le chantage ne marche que parce que l'on y croît. Et avec des matières premières recyclables, il n'y a pas de risque économique.

Techniquement, l'exportation d'une matière première non-recyclable joue provisoirement le rôle de monnaie réelle dans le pays importateur : la matière première non-recyclable est comptabilisée avec la richesse que son utilisation contribue à créer et est monétisée avec elle. Mais alors que la richesse créée fait partie du cycle de production de richesse et est réintroduite dans la machine, la matière première non-recyclable, elle, n'existe plus : on a alors une part de monnaie réelle qui ne correspond à aucune richesse existante. Globalement, pays importateur et exportateur pris ensemble, il y a plus de monnaie réelle que de richesse correspondante. Et en plus, cette monnaie est thésaurisée.

Si cette monnaie n'est pas utilisée, tout se passe comme si la monnaie réelle qui ne correspond pas à de la richesse était détruite. Si cette monnaie est utilisée par le pays exportateur pour acheter des produits dans le pays importateur, elle engendre de l'inflation, car il y a plus de monnaie que de richesse réelle représentée par cette monnaie. De plus, si cette monnaie est utilisée dans plusieurs zones monétaires, elle propage de l'inflation partout.

Les prix augmentant, le pays exportateur a besoin de plus de monnaie et le prix de la matière première non-recyclable augmente. Et comme pour une matière première non-recyclable la constante d'amortissement (v) est très grande, l'équation (3.9) qui garantit que l'Entreprise du pays importateur gagne de l'argent n'est plus vérifiée. Le pays importe alors moins de matières premières et le pays exportateur voit ses gains diminuer. Il y a à la fois inflation et baisse de la croissance. C'est ce qui a été observé dans les années '70'. Les matières premières à courte durée de vie, transformées en monnaie réelle non-productive, détruisent celle-ci. Cette situation conduit à la récession.

C'est, à titre d'exemple, ce qui se passe quand un pays exportateur de pétrole n'utilise pas ses gains pour s'équiper auprès du pays importateur pour devenir lui-même producteur de biens de consommation : les deux s'appauvrissent.

Pour le pays exportateur, sans transformation de la monnaie réelle en richesse réelle, il s'enferme dans une économie non-fonctionnelle condamnée à ruiner le pays tôt ou tard quand la matière première sera obsolète. Cette ruine est précédée d'une période d'euphorie qui peut durer quelques dizaines d'années et qui empêche le pays d'évoluer et de préparer son futur.

Par ailleurs, quand ces matières premières ne sont pas sous le contrôle d'un État fort et légitime, ce dernier tombe sous la coupe de sociétés multinationales qui installent des régimes violents et destructeurs.

De façon générale, une richesse non-recyclable est un handicap à long terme pour le pays producteur, qui engendre faible créativité économique, corruption et organisation sociale très inégalitaire.

Enfin, une matière première non-recyclable peut devenir matière première stratégique et conduire à des conflits.

Du point de vue du pays importateur, l'inflation réelle est masquée par le prix ponctuel des matières premières non-recyclables importées. En effet, celles-ci accumulent un coût qui n'apparaît pas dans l'évaluation des prix. Par exemple, un faible prix du pétrole peut donner l'impression d'une désinflation ou d'une déflation alors qu'en fait, l'inflation est positive et même à un bon niveau. Si on comptabilisait les coûts cachés dans le coût ponctuel, le prix de ces matières premières serait plus élevé et au lieu d'une baisse des prix, on constaterait une hausse des prix. Pour avoir une bonne estimation de la situation et piloter l'économie, il faut mesurer l'inflation hors matières premières non-recyclables et estimer le coût réel de celles-ci en les considérant comme un emprunt et en comptabilisant l'intérêt du prêt correspondant : elles sont une dette qu'il faut financer. Cet intérêt, ajouté au coût ponctuel de ces matières premières non-recyclables, donne le prix qu'il faut comptabiliser pour estimer l'inflation.

Cette façon de comptabiliser les matières premières non-recyclables évite les erreurs d'évaluation de la richesse réelle liées aux fluctuations très rapides des cours, car cette fluctuation est un risque qui est inclus dans le taux d'intérêt.

L'inflation cachée a néanmoins un effet réel sur le pays importateur dont d'activité décroît. Les consommateurs voient les prix des autres produits croître, mais comme l'inflation apparente avec le faible prix du pétrole est basse, les salaires n'augmentent pas et la consommation stagne ou baisse. Le pays importateur importe alors moins de pétrole et le pays exportateur gagne moins d'argent et ne peut plus importer les biens qu'il ne produit pas. Les deux parties finissent dans la déflation.

En 2015-2016, la baisse des prix du pétrole lié à la guerre des prix menée par l'Arabie Saoudite pour protéger ses parts de marché, donne l'impression à tort que l'inflation dans la zone euro est trop faible, alors qu'elle est probablement à un niveau satisfaisant. En conséquence, la modération des salaires correspond en réalité à une baisse du pouvoir d'achat et à une stagnation. Ce qui aggrave la situation est l'anticipation rationnelle qui n'est pas prise en compte ni par la Banque Centrale Européenne, ni par les gouvernements de la zone euro. En adoptant la comptabilité ci-dessus, l'anticipation rationnelle des marchés aurait un rôle stabilisateur et non déstabilisateur.

Une matière première non-recyclable correspond à une surémission de monnaie réelle qui est thésaurisée dans le pays exportateur. Tant que cette monnaie reste thésaurisée, la surémission de monnaie réelle n'a pas d'effet, elle est virtuelle. Mais quand cette monnaie est dépensée, elle devient réelle. Donc l'import-export de matières premières non-recyclables est équivalente à une surémission de monnaie réelle non contrôlées par la Banque Centrale. Pour aggraver le tout, la dépense se fait dans une culture et donc dans une échelle de valeurs qui correspond à des prix très différents de ceux du marché piloté par la Banque Centrale.

Dans le cas du pétrole et du gaz, les pays exportateurs n'ont pas jusqu'à présent un vrai prix de marché dans leur économie, car tout est importé et ce qui ne l'est pas, comme l'alcool, est interdit pour des raisons religieuses, donc son « prix infini » n'est pas fixé par le marché. On a une source d'inflation incontrôlée qui agit comme un générateur aléatoire, lequel se superpose à l'action de la Banque Centrale. Dans ces conditions, même une économie importatrice bien gérée ne respecte pas toujours l'équation de croissance (3.15) et peut se trouver en déflation. Une telle économie peut même être soumise à un chantage sur les prix, ce qui s'est passé lors des chocs pétroliers en 1973, 1979 et 2008. Par ailleurs, la possibilité de créer des chocs inflationnistes ouvre la voie à des opérations de pillage par une anticipation spéculative du pays producteur. Cette spéculation de la part des pays exportateurs a amplifiée l'effondrement du système monétaire dû à la révolution thatcherienne. Dans la première partie de 2008, avant le crash, les prix du pétrole ont explosé, ce qui n'a été bénéfique ni pour les uns ni pour les autres. Les pays importateurs ont subi une crise monétaire aussi grave, si ce n'est plus, que celle de 1929, crise qu'ils ont beaucoup mieux gérée. Les pays exportateurs sont soit ruinés comme le Venezuela, soit à feu et à sang et enfermés dans des guerres et des révolutions sans fin comme les pays arabes.

Un pays importateur dont l'économie repose sur des matières premières non-recyclables abandonne son indépendance politique : il est poings et mains liées. La Russie sous la direction de Vladimir Poutine l'a bien compris en menant une politique d'exportation et de construction d'oléoducs, destinée à remplacer l'addiction au pétrole des pays européens par une addiction au gaz naturel russe. L'objet de cette politique est autant économique que géopolitique. Pour un ancien soldat de la guerre froide, la revanche sur l'Europe qui s'est libérée de l'occupation russe à l'est prend une valeur symbolique plus importante qu'un co-développement, basé sur la mise en place d'une économie de production de biens de consommation, comme l'a fait la Chine avec succès. Au sens du théoricien de la guerre Sun Tsu, la Russie post-soviétique est techniquement en guerre contre l'Europe et le prix qu'elle paye pour cette guerre est la non-transformation de ses capacités scientifiques en économie de production de biens exportés.

Cependant, une matière première non-recyclable peut aussi jouer le rôle de capital initial provisoire pour mettre en marche une machine capitaliste. Dans ce cas, elle agit comme un intérêt payé en nature auprès de la Banque Centrale du pays importateur et on est dans un circuit financier équivalent à un circuit sans banque commerciale. La Banque Centrale du pays importateur fait directement levier sur la monnaie réelle avec une richesse dont l'amortissement (v) est très grand, mais cet amortissement s'applique maintenant à la monnaie réelle. Le pays exportateur peut alors utiliser la monnaie réelle pour mettre en marche une machine capitaliste et sa zone monétaire devient, de facto, associée à la zone monétaire du pays importateur. Plus tard quand son économie est suffisamment développée, le pays exportateur peut quitter cette zone et créer une monnaie qui représente sa richesse propre avec sa zone monétaire. Ce processus fonctionne aussi à l'intérieur d'un pays quand celui-ci n'exporte pas la matière première non-recyclable.

Dans les deux cas, pour que la machine capitaliste fonctionne, il faut que cette matière première, destinée à disparaître, soit transformée en richesse dont l'amortissement est faible. Toute l'astuce est là : partant d'une richesse dont l'amortissement est très grand, la mise en marche d'une machine capitaliste de production transforme celle-ci en richesse dont l'amortissement est faible. Dans le cas contraire, son usage détruit plus de richesse qu'il n'en produit durant un cycle de la machine capitaliste.

On comprend aisément que l'utilisation de matière première non-recyclable comme capital initial d'une machine capitaliste fonctionne, car au début, une machine capitaliste produit des richesses beaucoup plus vite qu'une économie de subsistance et cette vitesse peut alors être plus grande que la vitesse d'amortissement de la matière première. C'est la raison pour laquelle, dans une première phase de développement, la construction immobilière et les ouvrages de génie civil (ponts, tunnels) avec une main d'œuvre bon marché jouent un rôle primordial. Mais pour passer à la phase suivante avec succès, celle de la production de biens, et plus tard de productions de services, une économie doit s'éloigner de l'usage des matières premières non-recyclables. La Suisse, pays enclavé, couvert en partie de montagnes, n'a pas de matières premières non-recyclables et son économie est une des plus efficaces.

Techniquement, l'importation d'une matière première et la production d'un service ne sont pas équivalentes dans le circuit financier. On pourrait penser que l'énergie produite par du pétrole importé est équivalente, en richesse produite, aux soins que procure une consultation médicale. Cette dernière crée, comme richesse, la bonne santé du patient, et le pétrole produit le chauffage de la maison. Mais la bonne santé peut durer longtemps, c'est une richesse durable avec un amortissement (v) faible et l'équation (3.9) qui garantit que l'Entreprise gagne de l'argent est respectée : la machine capitaliste peut alors créer plus de richesse que la richesse détruite. À l'inverse, la matière première non-recyclable par son très grand amortissement ne donne pas assez de temps pour créer des richesses au moins équivalentes.

Le seul cas où ce coefficient d'amortissement très élevé n'empêche pas la croissance, du moins à court terme, c'est le cas où le prix de la matière première est négligeable. Mais cela n'est vrai qu'à court terme seulement. En effet, un prix très bas de cette matière première non-recyclable empêche son remplacement par un circuit financier basé sur une matière première recyclable ou renouvelable (comme l'énergie solaire). Or, ce circuit est favorable au progrès technologique, donne du travail et génère des salaires qui participent à la croissance : si on tient compte du coût intégré, prix de la matière première recyclée et activité économique induite ainsi que les progrès techniques que cela produit, l'usage de matières premières non-recyclables est plus cher sur le moyen et long terme.

Cette situation de prix de la matière première négligeable correspond à la période des années '50' et '60' avant le choc pétrolier de 1973. Durant cette période, les pays importateurs ont connu une croissance économique importante, mais sans progrès technologique dans le domaine de l'énergie. De plus, ce prix très faible a empêché les pays exportateurs de se développer et de devenir des exportateurs de biens, ce qui correspond globalement, pays exportateurs et importateurs de pétrole pris ensemble, à une perte de croissance économique.

Ce qui intervient ici, c'est la différence ΔC entre le coût ponctuel et le coût intégré. Comme on l'a vu précédemment, le coût ponctuel ne tient pas compte des coûts futurs induits par l'activité concernée : $\Delta \mathrm{C}$ agit alors comme une dette qui s'accumule sans jamais être remboursée. Cette dette se diffuse au sein du circuit économique jusqu'à bloquer celui-ci. Après une crise économique prolongée, l'issue est en général une guerre ou une révolution qui remet les compteurs à zéro par les destructions assumées par tous, en une seule fois, à la fin du conflit.

Une économie efficace, qui produit des progrès technologiques, limite les crises et ne provoque pas de guerre ou de révolution, est une économie basée sur les coûts intégrés et pas sur les coûts ponctuels. Si on avait tenu compte des coûts intégrés, la transition énergétique vers les énergies renouvelables aurait eu lieu depuis longtemps.

Dans le cas de l'énergie fossile, la situation est défavorable même quand le prix de celle-ci est quasi-nul. En effet, le coût de la pollution rend cette énergie plus chère que l'énergie renouvelable en coût intégré même si le prix du matériau fossile (pétrole, gaz, charbon) était nul.

La situation des énergies fossiles en 2015 illustre ces situations. Prenant prétexte de la guerre israelo-arabe de 1973, les pays membres de l'OPEP ont reprit le contrôle légitime de leurs matières premières et imposé un prix qui permettait leur développement. Sous la conduite éclairée du ministre du pétrole saoudien, Ahmed Zaki Yamani, ils ont mis en place un marché du pétrole doté d'outils de prévision économique, de façon à optimiser leurs gains tout en ne détruisant pas l'économie des pays importateurs dont ils avaient besoin, à la fois comme acheteurs de pétrole et comme fournisseur de biens transformés. Mais le ministre du pétrole saoudien n'a pas toujours été suivi par l'OPEP et plusieurs crises ont touché les pays importateurs, qui ont alors baissé leur consommation de pétrole provoquant une baisse des gains des pays de l'OPEP. Ces derniers, redevenaient alors raisonnables pendant un certain temps. Durant cette période, ces pays ont construit les infrastructures nécessaires à une économie moderne. L'euphorie liée à cette transformation rapide les a aveuglés : ils n'ont pas mis en place un appareil de production industrielle, ni une agriculture assurant leur indépendance alimentaire. En particulier, bien que leur population ait décuplé, ils n'ont pas formé leur population pour la production et le développement technologique, ni pour la production de biens courants. À la place, ils ont importé de la main d'œuvre sous-payée, corvéable, expulsable et des cadres occidentaux biens payés.

Le modèle mis en place suit le présupposé de la révolution thatcherienne : « la somme des gains à court terme, etc. » Les dirigeants des pays du Golfe ont été formés en Grande-Bretagne à l'apogée du Premier ministre Margaret Thatcher et leur vision du monde est façonnée par la révolution thatcherienne. En particulier, si à court terme il est plus avantageux de faire venir de la main d'œuvre à tous les niveaux plutôt que de faire assumer la construction du pays par ses habitants, alors suivant l'idéologie néo-libérale la création d'une société productive n'est pas nécessaire, elle émergera toute seule. Certes, mais comme le présupposé de la révolution thatcherienne est faux, plus dure sera la chute.

Entre 1975 et 2015, sous la pression de la pollution et grâce au développement technologique, le pétrole est devenu une énergie obsolète. L'amortissement des investissements et des infrastructures fait que le passage aux énergie propres prendra quelques dizaines d'années. Chaque kilowatt-heure qui passe d'une énergie fossile à une énergie renouvelable est définitivement perdu pour les pays producteurs de pétrole[2]. Par ailleurs, passer de 0% à 10% d'énergie renouvelable est cher et difficile, mais de 10% à 20%, c'est beaucoup plus facile (situation actuelle en Europe[3]) et ensuite cela va très vite. Selon l'étude sur l'impact économique des énergies renouvelables de l'International Renewable Energy Agency (IRENA), le nombre de salariés dans cette industrie a augmenté de 18% en 2015[4]. D'après le rapport de l'Agence Internationale de l'Énergie, IEA, « *Snapshot of Global PV Markets* »[5], la capacité de production d'énergie photovoltaïque a augmenté de 50 *GW* en 2015 et couvre maintenant 8% des besoins énergétiques italien, 7.1% des besoins énergétiques allemands. Sur les 50 *GW* de nouvelles capacité, la Chine en a produit 15.3 *GW*, le Japon 11 *GW*, les USA 7 *GW*, l'UE 7 *GW* et l'Inde 2 *GW*. À ce rythme, le remplacement du pétrole et du gaz par les énergies renouvelables a des chances de se produire bien avant que les guerres des pays du Golfe pour le contrôle de ces mêmes produits ne soient terminées. Ces

2. Selon le rapport de « The Solar Foundation », en 2015 le nombre de salariés dans le secteur de l'énergie solaire aux USA a dépassé la nombre de salariés dans l'industrie du pétrole et du gaz naturel. *http : //www.thesolarfoundation.org/wp − content/uploads/*2016/01/*TSF* − 2015 − *National* − *Solar* − *Jobs* − *Census.pdf*

3. En 2015, au Danemark, 42% de l'électricité était éolienne. Vers 2040, l'électricité liée au pétrole et au gaz aura disparue.

4. *http : //www.irena.org/DocumentDownloads/Publications/IRENA_Measuring − the − Economics_*2016.

5. Report IEA PVPS T1-26 :2015.

pays se battront probablement encore pour le contrôle du pétrole et du gaz, alors que ces matières ne seront plus utilisées.

Ce qui a empiré la situation de ces pays est l'intervention soviétique en Afghanistan en 1979. Le 25 décembre 1979, l'Armée rouge intervient en Afghanistan et prend le contrôle de la partie utile du pays (villes et axes de communication) ainsi que le contrôle de la frontière avec l'URSS, à l'exception notable de la vallée du Panshir dirigée par le commandant Massoud. Les forces du commandant Massoud résisteront avec succès d'abord à toutes les offensives de l'Armée rouge et plus tard à celles menées par les forces contrôlées par les pays du Golfe. Pour repousser les soviétiques mais aussi pour prendre le contrôle du pays, les pays du Golfe mettent en place avec le Pakistan une Alliance Islamique le 27 janvier 1980. Contrairement aux forces du commandant Massoud, les forces de cette alliance sont défaites par l'Armée rouge qui garde le contrôle de la partie utile du pays. Mais les forces de l'Alliance sont très bien financées par les pays du Golfe qui endoctrinent et financent des volontaires arabes. L'Alliance bénéficie du soutien pakistanais pour la logistique, l'endoctrinement et pour l'accès au pays. Face aux hélicoptères soviétiques, l'Alliance est régulièrement battue par l'Armée rouge, seul le Panshir résiste. Ce qui permet à l'Alliance de se maintenir, c'est la tradition locale de changement de camps contre monnaie sonnante et trébuchante : les défaites militaires sont compensées par l'achat des territoires conquis par l'Armée rouge et remis aux forces afghanes qui s'empressent de les revendre à l'Alliance. Ainsi, les pays du Golfe, nouveaux acteurs géopolitiques, acquièrent la conviction que leur richesse financière peut tout leur permettre, y compris de battre l'URSS.

Cette conviction sera amplifiée par la fourniture de missiles Stinger à partir de 1986. Cette décision des USA renverse le rapport de force et, privés d'hélicoptères, les soviétiques perdent petit à petit le contrôle des voies de communication jusqu'à la défaite.

Cette défaite a définitivement rendu aveugles les pays du Golfe et la conduite éclairée du développement menée par Ahmed Zaki Yamani est remplacée par le lancement d'une révolution wahhabite mondiale. Là aussi, c'est la révolution thatcherienne qui guide la stratégie, les finances permettent « tout » y compris de gagner les guerres. Ensuite, l'émergence naturelle et la vision wahhabite de l'islam feront le reste : une nouvelle expansion mondiale fulgurante de l'islam en version wahhabite est à portée de main. Du moins, c'est ce que croient les élites de ces pays.

À aucun moment, les pays du Golfe et le Pakistan n'ont réalisé que sans l'appui américain la victoire contre l'Armée rouge était impossible. Au contraire, ces pays vont se convaincre que leur puissance est sans limite. Par ailleurs, le contrôle de l'Afghanistan par les pays arabes du Golfe et par le Pakistan nécessite l'élimination de celui qui, contrairement à eux, avait vaincu les soviétiques et était farouchement attaché à l'indépendance de l'Afghanistan, le commandant Massoud. Ne pouvant le battre militairement, c'est par la ruse qu'il sera éliminé.

Mais l'euphorie de la victoire n'est pas une bonne conseillère, et le système tribal d'organisation du pouvoir ne favorise pas la mise en place d'une stratégie réfléchie et appliquée étape par étape. Ainsi, ces acteurs wahhabites se scindent en deux groupes suivant deux stratégies opposées.

Les premiers pratiquent ce que les trotskistes en France appelaient « l'entrisme ». Ils essayent de se placer aux positions clefs du pays cible grâce à leurs ressources financières et un discours « moderne » trompeur. C'est la politique choisie par les dirigeants officiels des pays du Golfe, Arabie Saoudite, Qatar et Émirats Arabes Unis en tête. Dans un premier temps, sous l'administration du Président Georges W. Bush, ce sont les Saoudiens qui vont réussir à prendre en partie le contrôle de l'économie américaine. Ensuite, après le 11 septembre, dont presque tous les terroristes sont saoudiens et, après de multiples cas de double jeu, les Américains vont s'éloigner des Saoudiens et devenir autonomes en matière pétrolière et politique. Mais cette indépendance politique sera rapidement perdue sous la présidence Obama aux profits du Qatar et des Frères Musulmans. Ces derniers, maîtres dans l'art du double langage, montrent un visage moderne en apparence et s'appuyent sur l'ignorance historique de la jeune administration Obama concernant l'infiltration des systèmes politiques.

Le deuxième groupe, lui, décide d'attaquer les USA militairement de façon à battre, après l'URSS, l'autre superpuissance. Dans l'hypothèse d'un succès, ils espèrent fédérer tous les pays pauvres ou émergents sous leur bannière et revivre l'expansion fulgurante de l'islam des 7es et 8es siècles : quelques centaines de cavaliers avaient entraîné dans leur sillage des peuples entiers. Leur seul succès sera l'attentat du 11 septembre. Depuis, le monde arabe est à feu et à sang ; quant aux USA, ils partagent avec la Chine et la Russie le statut de superpuissance et se portent relativement bien.

La notion de deux groupes distincts opérant des politiques étrangères concurrentes, voire contradictoires à court terme, au sein d'un même État, est peu compréhensible en Occident, car celui-ci n'est pas structuré en société tribale et clanique. Dans les pays du Golfe, l'État est un compromis entre tribus et, au sein de celles-ci, entre clans. Les tribus sont structurées par des relations de cousinage ou de paternité commune. Ainsi, en Arabie Saoudite il y a plusieurs milliers de princes et de princesses. Les mariages donnent lieu à des alliances politiques et les devoirs de loyauté absolue à la tribu sont contre-balancés par la flexibilité des alliances entre clans où toutes les combinaisons sont possibles. Comparer ce mode de gouvernement à celui des États occidentaux n'a pas de sens. Un roi d'un pays du Golfe gère une situation mouvante et, s'il impulse la politique officielle du pays, il doit accepter que certains clans aillent dans d'autres directions. Ainsi, si les rois de ces pays ont choisi la voie de l'infiltration politique du pouvoir en Occident par l'argent du pétrole, d'autres princes ont choisi de financer une approche guerrière. Il n'y a pas de contradiction dans cette superposition et celle-ci ne crée pas d'instabilité politique, comme ce serait le cas si deux politiques, ayant le même but en étant distinctes, voire opposées au niveau tactique, étaient mises en œuvre dans un pays occidental ou en Chine, laquelle partage avec l'Occident la notion d'unicité du pouvoir de l'État.

Il faut noter qu'on emploie le plus souvent en Occident le terme de wahhabisme pour deux réalités historiques différentes. D'un point de vue géopolitique, jusqu'à l'intervention soviétique en Afghanistan le wahhabisme peut être compris comme l'idéologie du mouvement de libération nationale des pays de la péninsule arabique longtemps sous le joug colonial turque, puis occidental. C'est un mouvement légitime et la mise en œuvre des moyens financiers du pétrole pour construire les infrastructures modernes et sortir ces pays de l'extrême pauvreté sont bénéfiques.

Mais ce qui se passe à partir de 1990 est de nature différente. Il s'agit maintenant de conquérir le monde en commençant par les pays arabes : passer du statut de colonisé à celui de colonisateur. Pour préserver le caractère légitime du wahhabisme comme idéologie du mouvement de lutte de libération nationale, il serait plus juste d'utiliser le terme de néo-wahhabisme pour décrire le financement des guerres et des mouvements terroristes à travers le monde après 1990. De plus, le néo-wahhabisme a comme fondement économique l'idéologie de l'émergence naturelle caractéristique du néo-libéralisme. La seule différence est que dans ce cas, c'est Dieu qui est à la manœuvre. Est-ce bien différent des USA où le néo-libéralisme est souvent associé à la volonté de Dieu par la droite républicaine ?

Dans le cadre de l'Alliance Islamique contre l'invasion soviétique en

Afghanistan, la future al queida était financée par les pays du Golfe, essentiellement par l'Arabie Saoudite. Cette dernière avait alors le leadership politique dans le Golfe. Mais ce leadership a été remis en cause avec la guerre en Syrie où une jonction s'est faite entre les anciens soldats de Saddam Hussein et les protégés du Qatar à travers une scission de la branche armée des Frères Musulmans, al nosra. Le résultat est daesh. L'Arabie Saoudite et le Qatar se livrent une guerre sans merci pour la direction du néo-wahhabisme, tout comme les trotskistes et les staliniens l'ont fait pour la direction du communisme. La conséquence est une guerre à l'intérieur de la guerre. Le Qatar utilise daesh pour frapper l'Arabie Saoudite, laquelle décapite ses ennemis pour montrer à l'Occident qu'elle combat daesh, ce qui est vrai, mais pas pour des raisons de désaccord idéologique, uniquement parce que daesh a choisi le Qatar, probablement pour bénéficier du support de la Turquie-AKP. Les Émirats Arabes Unis attendent de connaître le vainqueur pour faire allégeance, le Koweït sert de plate-forme de financement de daesh, mais aussi des affiliés de l'Arabie Saoudite, al nosra, et Bahrain a sous-traité la répression de sa population chiites majoritaires à son voisin saoudien. Pendant ce temps, aucun de ces régimes ne se soucie du futur économique de sa jeunesse.

Par ailleurs, la distinction entre la guerre à l'Occident menée par l'infiltration des systèmes politiques et la guerre menée par des actions terroristes a disparu avec le passage de témoin d'al queida à daesh. Les deux options politiques des pays du Golfe ont fusionné et les deux approches tactiques sont maintenant menées de front, simultanément, par les dirigeants de ces États.

Une carte de la région permet de comprendre les enjeux de pouvoir économique sous-jacents. Les Russes ont choisi l'Iran comme partenaire pour former un bloc des exportateurs de gaz naturel et de pétrole. Dans cette optique, la Russie négocie un accord pour un gazoduc qui relie Russie, Pakistan, Iran. Par ailleurs, en passant par l'Iraq déjà sous contrôle iranien et par la Syrie, un gazoduc permettra l'exportation du gaz iranien vers l'Europe et un oléoduc permettrait de ne pas passer par le détroit d'Ormuz. La route syrienne permet à l'Iran de contourner à la fois la Turquie et les pays du Golfe.

L'autre option, celle soutenue par le Qatar et la Turquie, est aussi un gazoduc qui passe par la Syrie. La prise de contrôle de ce pays par la Qatar et la Turquie est essentielle pour assurer à ces derniers le statut de puissance régionale. Au départ, lors des manifestations contre le régime de Damas en 2011, le Qatar n'était pas opposé au régime, bien au contraire, il était candidat pour construire un gazoduc en Syrie. En 2012, un mois après que la Syrie ait choisi l'Iran au détriment du Qatar et des pays du Golfe, ceux-ci se réunissent et annoncent leur volonté de forger une alliance pour abattre le régime syrien. La démocratie et les manifestations de la population syrienne n'ont rien à voir là-dedans. L'alignement immédiat de la France dans ce jeu, où un rôle de facilitateur neutre aurait renforcé sa position, relève de l'aveuglement. Quant au prétexte de la défense de la liberté et de la démocratie avec comme alliés les états du Golfe, et en plus imaginer que la Russie allait abandonner sa seule et unique base en Méditerranée...

L'alliance entre le Qatar et la Turquie, contrôlée par le parti AKP, est aussi politique. Depuis le retour au pouvoir des militaires en Égypte, le Qatar est le pays central de décision et d'organisation des Frères Musulmans. Quant à la Turquie, la population est encore trop marquée par la modernité européenne pour jouer ce rôle, mais son Président R.T. Erdogan est un acteur de la direction des Frères Musulmans au niveau international. Son projet pour la Turquie est une transition vers un islam wahhabite qui s'éloigne des traditions de l'islam turque, Soufi et européen. En 2014, la Turquie et la Russie se sont mises d'accord pour qu'une branche du réseau de gazoducs contrôlé par la Russie traverse le territoire turc sur 180 km, le « Turkish Stream ». Mais avec la guerre en Syrie, qui oppose les Frères Musulmans du Qatar à la Russie, la Turquie a choisi le Qatar : elle abat un avion de combat russe le 24 novembre 2015 et le 4 décembre la Russie annule le projet « Turkish Stream ». Pour la Russie, ce n'est qu'une branche parmi d'autres, pour la Turquie, c'est un choix stratégique qui engage son économie sur le long terme. Les intérêts économiques de la Turquie deviennent secondaires pour le gouvernement AKP, qui fait passer en premier son projet d'islamisation wahhabite. Ce choix condamne la Turquie-AKP à combattre jusqu'au bout en Syrie et à refuser tout compromis, car sinon elle aura perdu tout rôle dans la partie d'échec pour le contrôle des gazoducs et redeviendra une puissance mineure. Face à un choix économique aussi important, on peut se demander si la Turquie-AKP n'essaye pas d'entraîner l'OTAN dans un conflit avec la Russie, et mettre ainsi cette organisation au service du projet wahhabite. Un an plus tard, l'OTAN ayant exclu cette possibilité et la Turquie se trouvant seule face à la Russie, elle s'est soumise aux conditions russes qui limitent son action à une petite bande de territoire syrien le long de sa frontière et, en échange, la Russie a rétabli le projet Turkish Stream et signé un accord le 10 octobre 2016. La Turquie-AKP a été défaite en Syrie. Mais la priorité de l'AKP a changé, et ce changement entraînera probablement un retournement d'alliance : le nouvel objectif de l'AKP est l'installation d'une dictature religieuse par la force. Cette dictature ne pose pas de problème à la Russie et en échange d'un retournement d'alliance de la Turquie, celle-ci peut obtenir une bande de territoire en Syrie pour mettre à l'abri des combattants islamistes battus et les utiliser contre les kurdes. Ce changement d'alliance en cours n'est pris en compte ni par les USA ni par les Européens.

Le double jeu du Qatar et de la Turquie est un secret de polichinelle. Par ses investissements massifs en Europe, le Qatar paralyse les décideurs politiques qui ferment les yeux, et par son appartenance historique à l'OTAN, la Turquie bénéficie de liens économiques avec l'Europe tout en se rangeant du côté de daesh. En 2015, après plus d'un an de bombardements, daesh est très peu affaibli, comme si son commandement était prévenu des attaques. Si les pays du Golfe et la Turquie ne faisaient pas partie de la coalition, la situation serait peut-être différente. D'ailleurs, les bombardements russes ne souffrent pas de ce manque d'efficacité. Les intérêts de l'Occident et de ces pays sont opposés : l'Occident se contenterait du remplacement de la famille Assad, qui pratique les massacres bien trop souvent, par un régime stable et pas trop sanglant. Les pays sunnites du Golfe et la Turquie, eux, ont un besoin économique et stratégique irremplaçable du contrôle de la Syrie.

La Russie, mis à part son attachement au clan Assad, est proche de l'Occident. Pour la Russie qui partage les intérêts économiques de l'Iran, la Syrie est le seul allié fiable en Méditerranée.

Quant à l'Iran, au-delà de son intérêt économique, il n'a pas oublié que le seul pays de la région qui l'a soutenu quand il était attaqué par Saddam Hussein, était la Syrie du clan Assad : la survie de la révolution iranienne lui doit beaucoup. Mais là aussi, sous-jacent aux sentiments de proximité religieuse, une carte géographique fait apparaître des intérêts économiques et stratégiques. En 2016, l'Irak est en grande partie sous le contrôle de l'Iran. Avec la victoire du clan Assad, l'Iran contrôlera un territoire qui va de l'Océan indien à la Méditerranée, un continuum terrestre qui contourne complètement la péninsule arabique et qui, au nord, est en contact avec la zone d'influence russe. Si cela arrive, l'Iran devient alors, de facto, un des pivots du monde et renvoie la péninsule arabique dans l'isolement qui a précédé l'économie du pétrole. Pour la péninsule arabique, le risque est de devenir une curiosité touristique.

Le paradoxe est que toutes ces guerres sont à court terme pour le contrôle du marché du gaz, alors que le prix de cette énergie restera faible pendant au moins vingt ans du fait des découvertes en Méditerranée orientale et qu'ensuite, les énergies renouvelables auront pris le relais en

Europe. Une débauche de dépenses et de destructions pour rien ou pas grand-chose à moyen et long terme, le court terme, toujours le court terme, l'ADN de la révolution thatcherienne.

Les deux seuls gros importateurs de gaz naturel dans le monde dans les vingt prochaines années sont la Chine et l'Inde. La Chine est un acteur majeur dans le développement d'énergies renouvelables, mais ses besoins à court terme sont gigantesques, et l'Inde est dans une situation semblable avec un développement industriel des énergies renouvelables moins important. La Chine a signé un accord avec la Russie pour la construction d'un gazoduc et la livraison de gaz naturel. De son côté, l'Inde négocie un accord avec l'Iran pour un gazoduc sous-marin qui contournerait le Pakistan et permettrait la livraison de 31.5 millions de m^3 de gaz naturel par jour. En d'autres termes, en 2016, la péninsule arabique est déjà hors-jeu. Les pays de la péninsule pensent, à tort, que la mise en échec du régime de Damas est une victoire, alors que c'est une défaite. Les Russes et les Iraniens n'ont pas besoin d'une victoire, il leur suffit d'empêcher la construction d'un gazoduc en Syrie pour gagner la partie géopolitique. Aux Qatar, à l'Arabie Saoudite et à leurs alliés du Golfe, il ne restera que l'exportation résiduelle de gaz liquéfié par bateaux, et encore elle sera moindre que par le passé à cause du gaz naturel de Méditerranée orientale qui est plus facilement accessible pour les Européens. Ces accords entre Russie et Chine d'un côté, entre Iran et Inde de l'autre, forment l'ossature de la réorganisation des zones économiques. Au-delà du gaz, la Chine et la Russie vont développer ensemble ce qui pour chacun est « l'intérieur » du pays, c'est-à-dire la région frontalière. Ces pays ont une double synergie économique. La Russie a des technologies qu'elle a du mal à mettre en valeur et du gaz naturel, la Chine est une puissance commerciale à même de transformer ces technologies en produits commerciaux rentables et possède les mines de terres rares. De leur côté, l'Iran et l'Inde sont tout deux en phase de décollage économique et ont une population formée prête pour cette transformation économique en pays riche. Ensemble, ces deux pays forment un marché cohérent et puissant qui les sort de leur isolement géographique, lequel est leur seule faiblesse.

Au total, en ce début de 21e siècle, la plupart des régions géographiques du monde se réorganisent en zones économiques. Mais à quelle zone se rattache la péninsule arabique ?

Au-delà des prétextes religieux, la guerre par procuration dans les pays limitrophes entre l'Iran et l'Arabie Saoudite est une guerre vitale pour chacun des protagonistes, compte tenu de leur géographie respective. C'est une guerre destinée à la défaite des deux parties, car elle se fait pour le contrôle du commerce d'une ressource qui n'a plus d'avenir.

Cette guerre se fait aussi au détriment des opportunités réelles de modernisation de ces sociétés par la mise en place d'une économie de production de biens de consommation et d'une agriculture qui assure l'indépendance alimentaire. En réalité, celui des deux acteurs qui se lancera le premier dans la course à la mise sur pied d'une industrie de production compétitive et mobilisera ses classes moyennes, rendra son concurrent insignifiant sur la scène géopolitique : sur le moyen et long terme, c'est un *homo œconomicus culturae* fort qui compte, la guerre d'agression est une perte de temps et une illusion de puissance. C'est par ses succès économiques que l'Occident a désavoué le régime communiste dans les sociétés des pays de l'Est. La simple existence de la ville de Berlin-Ouest illuminée de mille feux et bouillante d'activité était plus efficace pour emporter la partie qu'un bombardement.

Dans le même temps, l'absence de vision politique à moyen et long terme des Européens conduit ces derniers à se reposer sur des alliances passées entre les années 1950 et 1970, il y a plus de d'un demi-siècle. Concentrer ses relations économiques avec un monde arabe en fin de cycle de richesse et stérile en matière technologique, au lieu de se tourner avec détermination vers la Chine, l'Amérique latine et l'Afrique, n'a aucun sens à moyen et long terme en matière économique. C'est même ruineux, et c'est aussi la source d'un retard économique futur. Il serait beaucoup plus rentable d'utiliser l'argent dépensé à faire la guerre pour accélérer la transition énergétique et développer ces nouveaux partenariats. Par ailleurs, plutôt les pays du Golfe prendront conscience de leur réelle situation économique, et plus ils auront de moyens financiers pour mettre en œuvre une transition économique vers des matières premières renouvelables et une production industrielle. Enfin, cette réallocation des ressources assècherait le financement de daesh et des divers groupes terroristes. Une politique occidentale de désengagement partiel mais important, à la fois économique et géopolitique, de ces pays, amènerait la paix et le développement pour toutes les parties. Pour la Turquie, comme le soutien à l'AKP est lié au sortir de la pauvreté de la population anatolienne, un durcissement des liens économiques par l'Europe, pendant quelques années, permettrait de sauver la démocratie en Turquie et de reprendre ensuite des relations amicales avec un pays voisin qui ne ferait plus la guerre à l'Occident.

Suite aux attaques terroristes de daesh à Paris le 13 novembre 2015 et à l'attentat contre l'avion civil russe au Sinaï, les positions russes et occidentales se sont rapprochées pour former une alliance efficace contre daesh en Syrie. C'est le moment qu'a choisi le gouvernement AKP pour abattre un avion de combat russe le 24 novembre 2015, deux jours avant la rencontre entre François Hollande et Vladimir Putin. Le soir même, le Président Barack Obama apporte son soutien au gouvernement AKP, alors que le flou concernant la position de l'avion en Syrie ou en Turquie lui offrait une marge de manœuvre politique[6]. Le documentaire « The Rise of Isis » de Martin Smith de 2014 avait déjà montré que les spécialistes de l'Irak avaient prévenu le Président Barack Obama que le chef de l'État irakien, Nouri Al Maliki, « souffrait de paranoïa aigüe ». Ce dernier avait attaqué les sunnites modérés de son gouvernement, qui avaient permis aux USA de gagner la guerre contre al queida. Il apparaît dans le documentaire que les trop jeunes conseillés du Président Barack Obama l'ont conduit à ne pas intervenir. Lors de la visite de Nouri Al Maliki à la Maison Blanche, le président des USA donne à celui-ci carte blanche. Les Arabes sunnites irakiens n'ont pas le choix et rejoignent daesh.

Dans les semaines précédentes la destruction de l'avion russe, juste avant les élections, des attentats contre les manifestations de l'opposition ont opportunément créé une tension sécuritaire en Turquie, donnant à l'AKP une victoire écrasante. La stratégie de la tension a une longue histoire, depuis l'incendie du Reichstag à Berlin en 1933 aux attentats en Italie dans les années '70', en passant par l'assassinat de Kirov le 1er décembre 1934 pour lancer les purges staliniennes. Après ces attentats, le gouvernement AKP est « officiellement » entré en guerre contre daesh. En réalité, le gouvernement AKP a soigneusement évité de bombarder daesh, mais a bombardé les Kurdes, lesquels négociaient une fin de conflit avec la Turquie et se battaient contre daesh. Le 28 novembre 2015, c'est l'avocat kurde Tahir Elçi qui est assassiné à Diyarbakir à l'Est de la Turquie. Les 11 et 12 février 2016, une conférence à Munich est organisée par les USA et la Russie qui se mettent d'accord pour un cessez-le-feu en Syrie : les bombardements doivent cesser sur tous les groupes à l'exception de daesh. Le lendemain, pour torpiller l'accord, la Turquie bombarde les Kurdes syriens alliés des USA dans le combat contre daesh. Le même jour, l'Arabie Saoudite annonce l'envoi d'avions et de troupes en Turquie pour préparer une « offensive contre daesh ». Personne n'est dupe, tout le monde sait que cette offensive sera contre les Kurdes de Syrie. Cette annonce, juste après l'accord USA-Russie, est une tentative pour empêcher le cessez-le-feu et pour sauver daesh qui est en difficulté sur le terrain. Au même moment, les Turcs et les Qataris soutiennent le gouvernement des Frères Musulmans à Tripoli en Libye contre le gouvernement

6. Dès le lendemain, le Président Barack Obama a modifié sa position.

légal de Benghazi, lequel est soutenu par l'Égypte, les occidentaux et les Russes. Entre les deux, à Syrte, se trouve daesh soutenu par les salafistes saoudiens.

Au vu de la politique suivie par la Turquie depuis l'arrivée au pouvoir de l'AKP, la question de la présence au sein de l'OTAN d'un pays qui soutient ses ennemis devrait se poser.

De son côté, la Turquie-AKP subit le même sort dans ses relations avec daesh que celui que l'Arabie Saoudite avait eu avec al queida. Après avoir été créée par l'Arabie Saoudite pour combattre à sa place sans être directement impliquée, al queida se retournera contre l'Arabie Saoudite où elle commettra des attentats. À la multiplicité des clans et la non-unicité de l'État en Arabie Saoudite répond une multiplicité au sein d'al queida. Les jeux de pouvoir entre factions rivales d'al queida se traduisent par des attentats en Arabie Saoudite, qui sont combattus par le pouvoir en place et soutenus par d'autres cercles de princes saoudiens.

On retrouve ici une caractéristique des États où les relations claniques sont plus importantes que l'État, à savoir la non-unicité de l'État. Chez les deux alliés, État et groupe terroriste, il y a plusieurs clans qui cohabitent, combattent ensemble et s'affrontent violemment en fonction de leur intérêt immédiat. Dans un premier temps, celui où l'État aide à la création du groupe terroriste, toutes les parties ont les mêmes intérêts, mais rapidement au fur et à mesure que le groupe grandit et se fractionne en clans, les clans au sein de l'État s'allient avec des clans au sein du groupe terroriste. Ainsi commence un cycle d'alternance de calme et d'attentats. Ces attentats ne sont pas un conflit entre l'État et le groupe terroriste, mais entre une partie des clans au sein du groupe terroriste allié à l'État et d'autres clans qui veulent plus de pouvoir au sein du groupe terroriste.

La Turquie-AKP a atteint ce stade dans sa relation avec daesh en janvier 2016. L'attentat sur la place du Sultan Ahmed à Istanbul est le premier attentat qu'on puisse attribuer, avec peu de probabilité d'erreur, à daesh en Turquie. Par cet attentat une partie de daesh fait pression sur l'autre partie proche de la Turquie.

En parallèle, le conflit entre daesh et les Frères Musulmans est le prolongement du conflit entre l'Arabie Saoudite et l'alliance Turquie-Qatar. Mais que ce soit daesh ou les Frères Musulmans, il s'agit toujours de révolutionnaires wahhabites en guerre contre l'Occident.

Le coût intégré du choix de l'alliance économique avec les pays du Golfe et de la non-suspension de la Turquie-AKP dans l'OTAN doit tenir compte des dépenses militaires induites en Europe, des dépenses pour les réfugiés qui fuient les révolutionnaires wahhabites, du retard industriel induit par la continuation d'une économie basée sur les hydrocarbures, du chômage induit par ce retard industriel, et du coût lié à la désagrégation de l'UE due à cette crise induite.

L'économie n'étant pas une science naturelle, l'économie politique implique que l'on prenne en compte les conséquences politiques des choix économiques : la dérive vers un fascisme en Turquie, caché derrière le masque de la religion, aura un coût économique beaucoup plus grand que les pertes de marchés et le coût qu'aurait l'instauration de relations économiques plus restreintes entre l'Union européenne et la Turquie. Ces restrictions seraient provisoires jusqu'au rétablissement de la démocratie. Ne rien faire conduirait à laisser péricliter la jeune démocratie turque, pays musulman modernisé avec succès par la laïcité sous la conduite de Mustapha Kemal. On aurait alors un pays instable et condamné à la fuite en avant dans la guerre, comme tous les régimes fascistes, quand la réalité de leurs échecs économiques les rattrape.

Après la reprise légitime du contrôle de leurs ressources sous la conduite de Ahmed Zaki Yamani et la construction des infrastructures de leurs pays, les pays du Golfe n'ont pas investi leurs ressources dans l'éducation et l'intégration de leur jeunesse dans le monde moderne. Ils n'ont pas aidé les pays arabes dénués de ressources naturelles de façon à créer un espace économique et culturel, riche et puissant ; il n'y a pas eu l'émergence d'un bloc politique et économique arabe, productif, stable et pacifique. Enfin, ils n'ont pas mis en place une agriculture au sein de cet espace, assurant au moins 80% de leurs besoins alors que leur démographie est en forte croissance. Et il y a une surproduction de pétrole et de gaz, dont le monde a de moins en moins besoin.

En 2015, à environ 50 dollars le baril, l'Arabie Saoudite est obligée d'emprunter environ 5 milliards de dollars sur le marché de la dette et son budget passe d'un excédent d'environ 20%, dans la décennie précédente, à un déficit d'environ 20%. Toujours en 2015, le budget militaire atteint 10% du PNB, alors que la baisse de revenus du pétrole entre un baril à 100 dollars et un baril à 50 dollars est environ de 8% du PNB. À ce rythme, et avec une démographie galopante, les énormes réserves monétaires du royaume auront fondu en dix à vingt ans, c'est-à-dire sur une période très courte.

D'après le rapport du FMI « Regional Economic Outlook, Middle East and Central Asia, oct 15 », ref mreo1015, l'Arabie Saoudite aura brûlé ses réserves monétaires en 2020, soit cinq ans après la publication du rapport. La situation des autres pays du Golfe n'est pas plus brillante même si le Qatar s'en sort mieux grâce au gaz naturel. Mais cette énergie est aussi obsolète et son utilisation durant la transition énergétique est provisoire. Par ailleurs, les découvertes massives de gaz naturel dans l'Est de la Méditerranée condamnent le prix du gaz à rester très bas.

Cette image de la situation est encore optimiste. En effet, entre 2000 et 2003 la dette de l'Arabie Saoudite était au-dessus ou proche de 80% du PIB. À cette époque la croissance chinoise, l'absence de production de masse de gaz de schiste aux USA, l'absence de production importante de pétrole au Brésil et le très lent développement des énergies renouvelables en Europe conduisaient les « experts » [7] à prévoir des prix du pétrole élevés pour la décennie à venir. Une prévision de prix élevés garantissait au prêteur un risque faible et l'Arabie Saoudite pouvait facilement emprunter à faible coût. En 2014, la dette était tombée à environ 2% du PIB. Mais avec la baisse du prix du pétrole, le PIB baisse et la même dette prend subitement des proportions importantes : d'après le rapport du FMI, elle devrait atteindre environ 16% du PIB en 2016. Contrairement aux années '2000', cette dette a lieu avec des prix du pétrole très bas, qui vont le rester pendant quelques années, peut-être beaucoup plus longtemps encore. Comme l'Arabie Saoudite ne produit rien d'autre et importe tout, elle n'a pas de contre-partie à offrir aux prêteurs et elle va devoir emprunter à des taux de plus en plus élevés. Baisse du PIB, prêts à taux élevés, dette structurelle en croissance exponentielle qui suit la croissance démographique, dépenses militaires en forte croissance, financement de guerres et de révolutions à l'étranger, pas d'agriculture et donc dépendance alimentaire et importation obligatoire, telle est la situation de l'Arabie Saoudite en 2015. Et ses voisins sont dans des situations semblables. Le Qatar est aveuglé par ses réserves de gaz. Sa situation est la même, mais avec un décalage de dix ans et avec beaucoup plus d'ennemis au niveau géopolitique.

Un changement radical d'allocation des ressources peut encore sortir l'Arabie Saoudite et ses voisins de cette impasse, mais le temps leur est compté.

Si elle se réalise, la fin de l'économie de pillage signifie à la fois la fin de l'économie basée sur l'excès du nombre de gens millionnaires au profit des classes moyennes et sur le développement des énergies renouvelables. En conséquence, les pays du Golfe producteurs de pétrole vont perdre

7. Il faut toujours se méfier des « experts » : leur spécialité est la prévision du passé. Donc, le lecteur est fermement invité à se méfier des prévisions contenues dans cet essai, même si son auteur n'est pas économiste et encore moins expert.

des sources de revenus et encourent le risque d'une crise alimentaire.

Il semble que les nouveaux dirigeants d'Arabie Saoudite aient décidé d'agir et, sous la conduite du Prince Mohammed bin Salman, la définition d'une nouvelle page de l'histoire du royaume se dessine. Ce projet exposé dans « Saudi'Arabia Vision 2030 », s'il se réalise, fera basculer le pays dans la modernité tout en restant fidèle à sa culture. On ne peut que souhaiter le succès de ce plan qui offre un avenir pacifique et économiquement viable aux nouvelles générations.

Sans réallocation massive des ressources des pays du Golfe vers la production locale de biens matériels et vers l'agriculture, « le printemps arabe » et « l'hiver islamiste » ne sont que les prémices de la pièce qui va se jouer : la fin sanglante du monde du pétrole. Ces révolutions populaires et les guerres civiles financées par les pétrodollars des pays du Golfe ne sont pas les événements principaux, elles sont les « trois coups » : le rideau se lève, la pièce beaucoup plus violente, commence.

Finalement, tout au long de son histoire depuis ses débuts en Pennsylvanie vers 1850 jusqu'à sa fin vers 2040, l'économie du pétrole aura été une économie basée sur la violence.

Un cas qui résume cette problématique a contrario est celui de la République Islamique d'Iran, forcée par l'embargo à préparer son futur. À partir de 1848, les régimes successifs à la tête du pouvoir en Perse ainsi que l'opposition du moment ont tous misé sur la priorité de la modernisation du pays. Les Kadjar, les communistes du Tudeh, le Premier ministre Mossadegh, le dernier Chah d'Iran et la République Islamique ont tous participé à ce mouvement.

La République Islamique a étendu l'école publique à toute la population, garçons et filles, et produit une population éduquée et adaptée à une économie moderne. C'est un régime très violent comme le sont les révolutions et la torture y est monnaie courante, mais on oublie en Occident que c'est la République Islamique qui a sorti les campagnes de la misère et ses habitants d'un statut effectif de servage. Cette population de classe moyenne pauvre, mais ne vivant pas dans la misère, est le principal appui du régime. La volonté de porter sa révolution au-delà des frontières a conduit l'Iran à affronter militairement et politiquement tous ses voisins et leurs puissants alliés. Le résultat de cet affrontement est un match nul. La population iranienne est jeune, nombreuse et bien formée, mais elle n'a aucun avenir tant que l'Iran est isolé. À l'inverse, toutes les tentatives de renverser le régime ont échoué.

Au contraire, l'embargo pétrolier a protégé l'Iran d'une pluie de dollars faciles à récolter et l'a contraint à se reposer presque exclusivement sur le développement interne de son économie et la formation de sa population.

Du point de vue économique, cette situation a mis l'Iran à l'abri de la révolution thatcherienne et lui a permis de mettre sur pied une économie moderne, bien que manquant d'outillage et de machines de production. Cette économie était au début centralisée comme l'avait été avant elle l'économie Sud-Coréenne. Le cas iranien illustre de façon emblématique l'échec de la révolution thatcherienne à développer des pays pauvres. Bien qu'isolée et parce qu'opposée au pouvoir néo-conservateur et néo-libéral en place aux USA, la République Islamique a effectué la transformation socioculturelle d'une population immergée dans le moyen-âge en une population moderne.

Mais comment terminer en douceur une révolution victorieuse, ici la révolution islamique, pour en préserver les acquis, à savoir le style de vie religieux ? C'est le défi qu'a essayé de relever le Président Khatami et qu'essaye de relever depuis 2014 le Président Rouhani. Une fuite en avant révolutionnaire détruirait tous ces acquis et conduirait la population jeune et moderne dans la misère et la guerre, avec toutes les instabilités politiques que cela comporte. C'est la politique qu'a suivie le Président Ahmadinejad.

Curieusement, il existe une littérature fournie sur les méthodes pour lancer une révolution, mais pas ou peu d'écrits sur la manière de mettre un terme en douceur à celle-ci, quand elle est victorieuse.

En 2015, après la découverte d'importants gisements de gaz naturel en Méditerranée orientale, l'Iran et Israël se trouvent devant le même choix : tourner leur économie vers les matières premières, gaz et pétrole, ou vers la production de technologie, de biens et de services.

Par ailleurs, il existe aussi un parallèle entre la situation d'Israël en 2015 et celle des pays du Golfe en 1990. De même que les pays du Golfe ont été aveuglés par la défaite russe en Afghanistan, les Israéliens, ivres de puissance suite aux succès extraordinaires de leur armée et de leur technologie, sont devenus aveugles. De plus, Israël est le pays où la révolution thatcherienne a été la plus poussée : l'écart entre les riches et les pauvres atteint des records parmi les pays riches, la concentration des capitaux en très peu de mains est extrême, les oligopoles règnent en maître sur l'économie et dirigent la politique. Celle-ci est le champ d'expérimentation d'une droite chrétienne américaine fanatisée et de millionnaires qui ont réussi l'alliance improbable entre un antisémitisme religieux millénariste et une droite nationaliste israélienne. Le résultat est que le pays qui tenait sa force d'une cohésion sociale capable de produire une unité réelle face aux dangers, est maintenant en situation de désagrégation du contrat social et politique. Incapable de se désengager de 95% de la Cisjordanie occupée pour négocier plus tard, même dans quarante ou soixante ans, une paix contre des échanges de territoires correspondants au 5% restants, le pays est de plus en plus soumis au chantage et à la violence des colons. L'occupation de la Cisjordanie, couplée à la révolution thatcherienne, forment un cancer qui ronge le pays et qui le rapproche inéluctablement des sociétés en crise du monde arabe. Finalement, c'est par le pire que se fait l'intégration du pays dans la région. En 2015, ce qui matériellement peut détruire Israël, ce ne sont pas les Palestiniens, leur alliés arabes, ni les élites européennes rongées par l'antisémitisme[8], avec leur double langage dont l'objet est de délégitimer Israël. Ce sont les colons, la révolution thatcherienne, la droite chrétienne américaine fanatisée, et l'ivresse d'une société aveuglée par ses succès militaires.

Non seulement la révolution thatcherienne est au pouvoir en Israël depuis les années '80', mais elle a détruit la société politique israélienne. Il n'y a plus ni droite modérée, ni gauche sociale. Les acteurs de la gauche traditionnelle ont été achetés à bon compte par un enrichissement rapide qui les a déconnectés des difficultés économiques auxquelles sont confrontées les classes moyennes. Contrairement à ces dernières, l'élite politique de gauche n'a pas de difficulté à se loger aux prix élevés de Tel Aviv.

De son côté, la politique européenne n'a pas soutenu les efforts du président Clinton et de sa secrétaire d'État Madeleine Albright en octobre 2000 à Paris. Au lieu d'appuyer de tout leur poids ces efforts pour la signature d'un accord de paix, en particulier par leur influence dans le monde arabe, cette politique a poussé les Palestiniens à mener une guerre qu'ils ne pouvaient gagner, en leur faisant miroiter la possibilité d'un État sans accords de paix.

Cette politique a continué jusqu'en 2016. Regardons qui est présent aux négociations de paix pour la Syrie à Genève en février 2016 : al queida et ses sponsors sont représentés au travers d'ahrar al-sham et au travers des pays du Golfe et de la Turquie-AKP, tandis que les Kurdes,

8. Dans la pièce de théâtre *Der Müll, die Stadt und der Tod (L'Ordure, la Ville et la Mort)* de Rainer Werner Fassbinder, un des personnages résume la forme actuelle de la pathologie en Europe : « Et c'est la faute du Juif, parce qu'il nous fait sentir coupables par son existence, s'il était resté d'où il vient, ou s'ils l'avait gazé, je dormirais mieux ».

qui sont les seuls à combattre daesh et à avoir une conception politique proche de l'Europe, sont mis à l'écart.

Quant au conflit israélo-palestinien, le 14 avril 2016 la France a voté une résolution de l'UNESCO qui efface tout lien historique entre Jérusalem et le judaïsme. C'est une réécriture de l'histoire. L'Allemagne, l'Estonie, la Lituanie, les Pays-Bas et la Grande-Bretagne ont voté contre. En dehors de la Suède, dont les sorties antisémites de sa ministre des affaires étrangères sont en passe de devenir des « classiques » [9], et en dehors de la Slovénie, qui ont toutes les deux voté avec la France, les autres pays européens se sont abstenus. Ce vote est un soutien direct aux extrémistes israéliens et palestiniens. Un lieu qui devrait être un espace de partage est institué comme le butin d'une guerre de religion. Ce vote est évidemment contraire à la politique officielle des Européens et s'oppose à une paix basée sur deux États. Il affaiblit les modérés des deux camps. Il propage une guerre qui se retrouve tôt ou tard en Europe et qui coûte très cher à l'économie européenne.

La politique étrangère fait partie de l'économie politique. Le résultat de quarante ans de révolution thatcherienne dans ce domaine est une économie prisonnière de son addiction au pétrole et au gaz naturel, qui conduit les Européens à appuyer ses ennemis wahhabites contre ses alliés naturels kurdes. Les Kurdes de Turquie étaient sur le point de trouver un accord de paix avec l'État turque avant que les intérêts régionaux, non-turcs, des Frères Musulmans n'interviennent. L'Europe devrait favoriser le retour à cet accord avec une Turquie à nouveau démocratique, en faisant de cet accord de paix une condition des accords économiques préférentiels.

La tragédie la plus grave produite par cette politique étrangère sans boussole a été le génocide au Rwanda. La France avait militairement largement les moyens de l'enrayer dès les premiers jours. Quant aux autres pays européens partenaires de la France, ils étaient au courant jour après jour, semaine après semaine. Ils n'ont rien fait, rien dit, si ce n'est des discours grandiloquents sur le thème « plus jamais ça » pendant

9. Un recueil des déclarations de Margot Wallström pourrait trouver place dans la littérature antisémite du 19e siècle. Il faudrait y ajouter les déclarations de l'ancien Premier ministre Carl Bild. Il y a avait à la fin du 20e siècle environ 2000 citoyens de confession juive en Norvège et 2500 en Suède. En 2016, il en reste environ 700 en Norvège et 1500 en Suède. Les excès de Margot Wallström, de Carl Bild et de leurs acolytes ont des effets visibles. Ces pays sont riches et biens portants. Partir de chez soi, quitter ses voisins, ses amis, n'est jamais un choix facile, mais il semble que pratiquer la religion juive soit devenu très mal vu en Scandinavie, derrière la façade de tolérance.

que la tragédie se déroulait sous leurs yeux. À un peuple qui risque le génocide il serait à conseiller de se trouver un protecteur qui a un intérêt géopolitique à le défendre : USA, Russie, Chine [10].

En 2015, une des minorités ethniques et religieuse parmi les plus persécutées sont les Rohingyas en Birmanie, minorité musulmane dans un pays à majorité bouddhiste. Le statut de citoyen birman ne leur est pas reconnu bien qu'ils fassent partie de la population birmane depuis des siècles, et ils sont exclus de la vie sociale et économique du pays. En bien des points, leur situation rappelle la situation des juifs allemands dans l'Allemagne d'avant la 2e guerre mondiale. Malheureusement pour eux, tout comme les juifs allemands de l'époque, ils ne peuvent espérer de support de personne. La star des média et l'égérie officielle des droits de l'homme, Aung San Suu Kyi, chef du parti qui a gagné les élections, a décidé de laisser faire. En 2012, elle a déclaré qu'elle ne savait pas si les Rohingyas pouvaient être considérés comme des citoyens birmans après des siècles de présence. Aung San Suu Kyi a reçu le prix Nobel de la paix en 1991 et la même année où elle a émis des doutes sur le droit à la citoyenneté de la minorité Rohingya, en 2012 elle est allée chercher son prix à Oslo. Toujours en 2012, elle a reçu la médaille d'or du Congrès des USA, la plus haute distinction. De nombreuses universités de par le monde lui ont donné le titre de *Docteur Honoris Causa.* De nombreuses personnalités d'Hollywood l'ont soutenue, l'actrice Michelle Yeoh l'a incarnée dans le film de Luc Besson, « The Lady ». Ni cette actrice, ni le réalisateur, ni les autres personnalités d'Hollywood qui l'avaient soutenue avant qu'elle ne dirige la Birmanie avec son parti, n'ont jugé utile de s'enquérir publiquement du traitement des Rohingyas : traqués et persécutés dans leur pays, personne ne veut leur venir en aide. La situation se détériore. Les discours de haine à leur égard sont quotidiens en Birmanie, et les mots tuent. Il y a risque, tôt ou tard, d'une « conférence de Wannsee » quelque part en Birmanie, avec danger de leur élimination. Il est fort à parier que les soutiens d'Aung San Suu Kyi diront alors qu'ils ne savaient pas, qu'ils ignoraient tout de la persécution des Rohingyas [11].

Quant à l'ONU, voici ce qu'il en est. Durant le génocide au Rwanda,

10. Patrick de Saint-Exupéry, *Complices de l'inavouable, la France au Rwanda*, Editions Les Arènes, édition revue et augmentée (2 avril 2009), ISBN-13 : 978-2352040835.

11. Le plus étonnant est le silence du Dalaï Lama. Homme d'une grande sagesse, aux positions modérées, il laisse se développer une situation qui risque d'évoluer vers un génocide au nom du Bouddhisme, alors que par sa stature de principale figure mondiale de cette religion, il pourrait intervenir et délégitimer l'usage de la religion dans ce crime.

des Tutsis et des Hutus modérés ont trouvé refuge à Kigali auprès des militaires de l'ONU. Les assassins les ont encerclés. L'officier responsable a demandé à son supérieur de l'ONU l'autorisation de défendre, au besoin par les armes, les hommes, femmes et enfants qui avaient trouvé refuge auprès de ses soldats. Il reçut l'ordre de ne rien faire, de ne pas intervenir, de laisser faire. Je me suis toujours demandé ce que le responsable de l'ONU, qui était au bout du fil, en bout de chaîne de commandement, a fait après avoir raccroché. Ce responsable a continué sa carrière : Kofi Annan[12] est devenu secrétaire général de l'ONU et a reçu le prix Nobel de la Paix. Le génocide est, et restera d'actualité.

Comment comprendre l'action d'un responsable de l'ONU qui donne l'ordre de laisser des civils se faire massacrer alors qu'il a les moyens de l'empêcher ?

Prendre la décision de donner l'ordre aux casques bleus de défendre le camp où sont réfugiés les civils sans couverture par le Conseil de Sécurité, c'est-à-dire interpréter par lui-même de façon large le mandat des casques bleus, est un choix personnel. Cette décision n'est pas faite sous le coup de l'émotion, elle est réfléchie et cohérente avec ses autres décisions. Revenons quatre mois en arrière.

11 janvier 1994. « Un télégramme du général canadien Roméo Dallaire en charge de la Minuar communique aux Nations Unies ses informations sur un plan d'extermination des Tutsi (prévoyant la mise à mort possible de "mille personnes en vingt minutes"), de l'entraînement et de l'armement des miliciens interahamwe et de diverses manifestations organisées par des militaires et des gendarmes contre des opposants hutu et des casques bleus belges en vue de provoquer le FPR et de lancer une guerre civile. Il propose un raid sur les caches d'armes. En réponse, le chef de la Direction des opérations de maintien de la paix des nations unies (DOMP), Kofi Annan, lui rappelle les limites de son mandat et lui demande d'informer le Président Habyarimana[13]. »

Mais tout le monde n'a pas agi ainsi, une fois le génocide en marche. Le général ghanéen Anyidoho a refusé d'obéir aux ordres de quitter le pays pour rester défendre les civils, ordres ONU (ceux du futur prix Nobel de la Paix).

Si on peut comprendre comment les crimes de masse se produisent

12. À ce moment-là, Kofi Annan était le chef civil de la Direction des opérations de maintien de la paix des Nations Unies : il était l'interlocuteur des militaires déployés sur place. Cf. « Shake Hands with the Devil : The Failure of Humanity in Rwanda », General Roméo Dallaire, chef des casques bleus au Rwanda, 2003.

13. Archives RFI Rwanda. www1.rfi.fr/actufr/articles/052/article_27210.asp

une fois le régime totalitaire installé, comment comprendre qu'un tel régime gagne la confiance des citoyens pour prendre le pouvoir ? C'est là qu'intervient une dimension amorale. Sa spécificité est sa compatibilté avec tous les régimes politiques, toutes les hiérarchies dans toutes les organisations (entreprises, ONG, État, etc.). Sans préférence, elle est le lien entre le groupe qui monte dans la société, ou dans une entreprise, et la masse des membres de la société : elle rend « normal », acceptable, voire souhaitable le discours de ce groupe, même s'il est immoral et/ou irrationnel. Elle a une fonction de « normalisation ». L'amoralité est différente de l'immoralité. Cette dernière s'oppose frontalement à une moralité établie, quitte à être peut suivie. Les amoraux eux, justifient toujours le sens du vent, quelle que soit sa direction. Ils servent toutes les prises du pouvoir sans distinction et surtout sans opinion morale réelle.

La révolution thatcherienne conduit à un totalitarisme soft, qui sera présenté dans le prochain chapitre « La révolution thatcherienne contre la démocratie : Deus ex machina ».

Pour se propager, elle aussi va s'appuyer sur l'amoralité pour rendre acceptable le démantèlement du réseau d'accords sociaux et de culture du compromis, sur lesquels repose la démocratie. La révolution thatcherienne ne va pas attaquer la démocratie frontalement, mais en diluant le sens des mots. Les amoraux qui vont participer à cette dilution du langage démocratique sont nombreux, et leur carrière illustre leur action. Ainsi, en 1968, pour être dans le sens du temps et être « moderne », il fallait jouer un rôle dans les mouvements d'extrême gauche. Puis, après le début de la révolution thatcherienne il fallait embrasser la nouvelle modernité, c'est-à-dire le néo-libéralisme.

Toutes les idéologies totalitaires proclament la fin de l'histoire et justifient ainsi que pour elles la fin justifie les moyens. Or « la fin justifie les moyens » est la règle de conduite des amoraux. Leurs succès doivent être compris comme une alarme et l'annonce d'une société où les citoyens abandonnent leurs droits et leurs libertés à des multinationales, renonçant à agir sur le monde et acceptant leur nouveau statut de serfs.

En tant qu'économie politique, la révolution thatcherienne provoque une régression et bloque le passage à une économie basée sur le recyclage et les énergies renouvelables. Par sa technologie et son ensoleillement, Israël est le pays moderne le mieux placé pour être le premier à sortir complètement des énergies fossiles et à se lancer dans une économie de production de biens 100% recyclés, bref pour être le premier à passer dans l'économie à venir. Encore une fois la révolution thatcherienne favorise le court terme au détriment du moyen et du long terme. Une économie basée sur le recyclage et les énergies renouvelables renforce la cohésion sociale nécessaire à un accord de paix avec deux États, Israël et un futur État Palestinien, qui seraient séparés par une frontière.

Le mur de Berlin a été une catastrophe pour l'Europe de l'Est et une bénédiction pour l'Europe de l'Ouest. C'est parce qu'il y avait ce mur que les ennemis européens des deux guerres mondiales ont dû construire une autre voie, celle qui a conduit à l'Union européenne. Finalement, le seul défaut de ce mur était de se trouver trop à l'Ouest, et non à la frontière culturelle-naturelle entre l'espace européen et l'espace russe. *Homo œconomicus culturae* européen et russe peuvent se développer pacifiquement côte à côte, chacun de son côté du mur, et utiliser celui-ci comme un lieu de passage pacifique et d'échanges d'un monde à l'autre.

Un mur est associé par erreur à deux tranchées qui se font face, alors qu'il peut être un outil de transition pacifique entre sociétés trop différentes. Parfois, un État est constitué d'un continuum qui passe d'un monde à l'autre. C'était le cas de la Suisse à l'époque des guerres de religion et le statut d'État neutre lui a été favorable ainsi qu'à ses voisins. Aujourd'hui, la même situation se présente avec l'Ukraine où l'appartenance à l'un des deux voisins, UE ou Russie, est sans issue : nombre de familles sont bilingues et nombre de couples sont mixtes. Vouloir faire rapprocher l'Ukraine de l'UE provoque une politique semblable des Russes et une guerre inutile à la frontière de l'Europe. Un statut proche de celui de l'Autriche, neutralisée par les Alliés et la Russie à la fin de la 2e guerre mondiale, serait profitable à tous et surtout aux Ukrainiens. L'Ukraine deviendrait un lieu d'échange pacifique entre *homo œconomicus culturae* russe et européen, un lieu où le mur se transforme en territoire. La Suisse, constituée de minorités unies, est devenue très riche et bien portante par une politique semblable il y a quelques siècles.

De même, Israël est constitué de minorités très diversifiées aussi bien au sein de la majorité juive que dans la minorité arabophone. Ce mode de vie en mosaïque est rongé par la désagrégation sociale de la révolution thatcherienne. Ayant convaincu les Israéliens que la somme des intérêts particuliers de chaque groupe conduisait à l'intérêt général, la révolution thatcherienne a détruit la fabrique du vivre ensemble, laissant libre champ aux groupes les plus sectaires. Dans les vingt premières années de l'État, la diversité du monde religieux et du monde séculier constituait un continuum social où les modérés étaient soudés contre les extrémistes politiques et religieux. En 2016, chaque groupe défendant ce qu'il croie être son intérêt, la majorité modérée du monde religieux ne s'allie plus avec la majorité modérée du monde séculier. Cette situation est particulièrement visible à Jérusalem. Des familles religieuses modérées et extrémistes s'installent dans un quartier, les habitants séculiers les rejettent en bloc en les ignorants. Les religieux modérés croient défendre leurs intérêts en s'alignant avec les extrémistes pour imposer un style de vie intolérant et, divisés, les modérés sont chassés du quartier : d'abord les modérés séculiers, puis les modérés religieux. Le mode de vie en mosaïque est brisé.

Ce qui menace les Israéliens n'a pas sa source dans le conflit avec les Palestiniens, mais dans la révolution thatcherienne. Les habitants de Tel Aviv, qui se croient à l'abri dans leur bulle comme ils disent, enfermés par la révolution thatcherienne, subiront le même sort s'ils ne font rien. Les extrémistes sont minoritaires partout dans les démocraties représentatives, mais la désagrégation sociale, produite par la révolution thatcherienne, conduit à la prise du pouvoir par les extrémistes. On observe ce phénomène aussi chez les citoyens américains conviés à élire un président démagogue en 2016, et chez les citoyens européens conviés à voter pour des partis anti-européens de gauche comme de droite. La révolution thatcherienne détruit les démocraties représentatives par la désagrégation sociale.

Dans tous les cas, au moyen orient rien ne sera possible tant que la révolution thatcherienne dominera cette partie du monde. Il n'y a pas plus d'émergence naturelle d'accord de paix qu'il n'y a d'émergence de société capitaliste démocratique en l'absence d'État. Le néo-libéralisme est incompatible avec un accord de paix. Par contre, le féodalisme qui est l'aboutissement de la révolution thatcherienne est, lui parfaitement compatible, voire en symbiose, avec les régimes politiques traditionnels de la région et épouse les mêmes caractéristiques : clanisme, violence, intolérance religieuse et politique, contrôle social strict de la vie privée.

Le choix pour Israël d'un développement basé sur le gaz naturel ou au contraire sur la technologie et les énergies renouvelables, n'est pas seulement économique, il détermine son futur politique. Le gaz naturel favorise le coût ponctuel, alors que son rejet comme base économique favorise le coût intégré. Une société construite sur le coût ponctuel est de nature différente d'une société construite sur le coût intégré.

Ce qui a été la chance d'Israël et lui a permis d'atteindre son statut de superpuissance technologique, était l'absence totale de ressources naturelles et surtout l'absence totale de matières premières non-recyclables. Sans le savoir, la découverte de gaz naturel pourrait être une mauvaise chose pour cet État, poussant encore plus loin la désagrégation sociale de la révolution thatcherienne, jusqu'à l'implosion. Les voisins arabes des pays du Golfe n'ont pas été aussi chanceux. Croulant sous les réserves de gaz et de pétrole, leur histoire des cinquante dernières années et surtout leur avenir immédiat sont beaucoup plus problématiques.

Les 10 tonnes d'or du roi du Mali, Kanga Moussa, ont provoqué une crise financière et déstabilisé l'économie du monde arabe. Les 80 tonnes d'or et 400 tonnes d'argent arrivées des Amériques en Espagne au 16e siècle n'ont pas été investies dans le futur. La soudaine manne pétrolière a fait rater aux pays de l'OPEP la construction d'une économie de production diversifiée et les a plongés dans des conflits sans fin de tous contre tous. L'exportation de gaz naturel a empêché la valorisation des avancées scientifiques et technologiques en Russie. Le pétrole de la mer du Nord a permis la désindustrialisation de la Grande-Bretagne, pays qui a inventé la révolution industrielle. Contrairement aux apparences, la découverte de gaz naturel en mer n'est pas une si bonne nouvelle pour Israël. Une société qui crée sa richesse par le travail, crée un réseau de liens sociaux forts, basés sur la culture du compromis pour le bien commun, alors qu'une société qui récolte une pseudo-richesse existante sans effort se désintègre lentement et fait reculer la culture du compromis au profit des divisions internes et de l'intolérance, puis de la violence.

Par ailleurs, il faut le rappeler, la machine capitaliste fonctionne exclusivement avec le coût intégré, alors que le coût ponctuel, lui, conduit à la désindustrialisation par le mécanisme de « Dutch desease ».

Les pays du Golfe ont des alternatives économiques, ils ont encore assez de capitaux pour s'industrialiser et mettre leur population au travail. De plus, ils possèdent, sans le savoir, une matière première recyclable dont l'usage futur n'a pas de limite connue, le verre. À l'inverse des matières premières non-recyclables, les matières premières recyclables sont un moyen efficace de démarrer et d'alimenter la croissance économique produite par une machine capitaliste.

Le sable est constitué du même matériau que le verre qui est utilisé pour la fabrication de bouteilles, de fenêtres, de fibres optiques, de fibres de verre, etc. Mais en volume, l'usage principal du sable est la construction d'immeubles, de routes ou d'ouvrages de génie civil. Pour cet usage, seul le sable marin et le sable prélevé dans le lit des rivières est utilisable, le sable du désert, poli par les vents est trop lisse, trop rond, pas assez rugueux et ses propriétés mécaniques ne sont pas bonnes.

Cependant, la croissance démographique est en train de rendre le *coût intégré* du sable de construction exorbitant. Ce sable est produit par l'érosion dans les montagnes avant de rejoindre le lit des fleuves, les estuaires et les côtes. Il joue un rôle essentiel dans la stabilisation de ces côtes et la destruction des dunes de sable entraîne l'érosion rapide de celles-ci. Le recul des plages de plusieurs kilomètres conduit la mer à emporter les installations humaines, villes et industries. En 2013, le *coût ponctuel* du sable, lui, reste provisoirement bas, mais la destruction des infrastructures qui est considérée comme accidentelle ne pourra plus être couverte par les assurances dans un avenir très proche. Le *coût ponctuel* rejoindra alors le *coût intégré*. Des lois limitant ces prélèvements de sable, ou leur taxation, seront inévitables dans les pays industrialisés.

En 2013, la moitié du sable créé dans les montagnes est bloquée dans les barrages et une partie du reste est extraite directement des rivières [14]. En Floride on broie le verre pour produire à nouveau du sable identique au sable marin naturel. Ce sable, obtenu par broyage du verre, remplace le sable marin sans difficulté pour le génie civil. Le coût de ce sable de verre est le coût intégré réel. Un circuit économique sain serait d'utiliser le sable du désert, trop rond et polis pour le béton, pour faire du verre sous forme de produit fini, exporter le verre et le recycler localement comme sable de construction. On aurait alors une façon de sauver les côtes de l'érosion, tout en consommant du verre et en offrant une alternative économique et du travail aux pays désertiques producteurs de pétrole. Si en plus, ceux-ci utilisaient l'énergie solaire et éolienne pour produire le verre, on aurait un cycle durable.

Ainsi, en exportant du verre sous forme de produits finis telle que des bouteilles, des fenêtres, des fibres, les pays du Golfe pourrait mettre en place une industrie de transformation créatrice de richesse et de travail salarié. Par ailleurs, en dehors du sable, le coût principal de cette production est l'énergie nécessaire pour le faire fondre. Les pays du Golfe possèdent ces deux richesses en abondance. Bien qu'étant une industrie ancienne et de production de masse, le verre est aussi une industrie de haute technologie : verres spéciaux filtrant la lumière, optoélectronique et communication par fibres, matériaux composites en fibre de verre, etc. C'est donc à la fois une industrie capable de fournir du travail à des salariés peu formés et, en même temps, un domaine de développement technologique.

Par leurs installations portuaires et leur intégration dans le transport maritime international, les pays du Golfe ont, en plus de l'avantage comparatif dû à l'énergie et au sable, une infrastructure déjà en place pour l'exportation. Enfin, ils ont encore pour quelque temps les capitaux né-

14. Documentaire de Denis Delestrac, *Le sable, enquête sur une disparition*, Environnement, écologie, Arte France, France - Canada, 2013.

cessaires au lancement de cette industrie. Mais d'autres pays possèdent des déserts et du soleil, l'avantage des pays du Golfe ne va pas durer. Sauront-ils saisir leur chance ?

On voit dans cet exemple la différence entre l'usage d'une matière première recyclable et une autre non-recyclable dans le fonctionnement d'une machine capitaliste. La matière recyclable engendre une société moderne basée sur le travail, alors que la matière première non-recyclable engendre à la fois une société qui peut s'écrouler dès que la matière première devient obsolète, et une société qui génère violence et instabilité. La facilité de transformation de la matière première non-recyclable en richesse fait de la matière première non-recyclable l'enjeu de convoitises géopolitiques et génère l'instabilité au lieu d'amener la stabilité nécessaire au démarrage d'une machine industrielle capitaliste.

Si on compare la situation du Maroc, de l'Algérie et de la Tunisie, on peut faire les constatations suivantes.

La Tunisie, qui n'a aucune matière première, a un contrat social solide, une classe moyenne, une industrie textile, une industrie touristique et son économie est servie par une population bien formée. Sa faiblesse est la mauvaise répartition des investissements au détriment de son agriculture et de l'intérieur du pays. À la fin de sa longue carrière, le ministre des affaires étrangères de l'URSS, Andreï Gromyko, avait fait une tournée dans les pays arabes. La Tunisie était sa dernière étape après un voyage qui l'avait amené dans les riches monarchies du Golfe. Il avait survécu à Staline, Beria, Khrushchev, Brejnev. Il avait toujours réussi à rester dans le cercle fermé du pouvoir, et surtout, à rester en vie. C'était un homme intelligent, rusé et très expérimenté. Accompagné à son avion par le Président Bourguiba, au moment de monter à bord, Andreï Gromyko fait demi tour et se dirige vers son hôte provoquant l'inquiétude de celui-ci. Là, Andreï Gromyko lui dit : « vous n'avez pas de pétrole, mais vous avez des écoles et ça se voit ! ».

Le Maroc a très peu de matières premières, il a des phosphates. Son développement a souffert de la décolonisation tardive du Sahara Occidental espagnol et de la guerre qui a suivi. Divisé politiquement, après une politique de réconciliation nationale, le Maroc a évité le syndrome grec. Il a aussi développé une industrie textile, une industrie touristique et plus récemment il s'est lancé dans le secteur de l'énergie solaire. La société s'est démocratisée et elle est dans une phase de transition vers une monarchie constitutionnelle. La classe moyenne s'est développée dans les villes et le royaume a résisté victorieusement à la tentative de conquête wahhabite lors du printemps arabe et de l'hiver islamiste. Contrairement à la Tunisie, un problème important d'analphabétisme et de manque d'éducation subsiste. Comme la Tunisie, l'investissement est déséquilibré au détriment de l'agriculture et de l'intérieur du pays.

L'Algérie est le seul de ces trois pays qui possède des matières premières non-recyclables en abondance (pétrole et gaz naturel) et qui a construit son économie sur celles-ci. Le résultat est une économie gangrénée par la corruption, une absence de contrat social entre les populations du pays (arabes, kabyles et touaregs), une guerre civile avec 250 000 morts, une crise identitaire dans la jeunesse, et une gestion absurde de son économie. Avec son climat, de l'eau douce en abondance arrosant des plaines agricoles fertiles, l'Algérie importe même les poivrons qu'elle consomme, pendant que la production locale pourrit sur place par manque de circuit de commercialisation adéquat. Le mirage des matières premières non-recyclables...

En termes sociaux-économiques, les matières premières non-recyclables favorisent les acteurs économiques et politiques les moins créatifs et les moins efficaces, à la fois dans les pays exportateurs et dans les pays importateurs. De plus, dans les pays importateurs, l'économie des matières premières non-recyclables crée une ambiance économique frileuse et apeurée face à l'avenir. L'avenir est alors vécu comme une menace, celle de perdre cette précieuse matière première au lieu de considérer celle-ci comme un moment de l'évolution technique et industrielle. Cette situation est favorable aux partis politiques extrémistes et aux idées simplistes.

Pour faire simple, une économie qui favorise les coûts intégrés produit une société de classes moyennes semblable à la Suisse, alors qu'une économie qui favorise les coûts ponctuels produit une société avec plus de millionnaires, mais aussi avec une masse très pauvre vivant dans la précarité et suspendue à la générosité des plus riches.

À l'inverse des matières premières non-recyclables, le recyclage est très favorable à la croissance. Si on reprend l'équation (3.15) qui donne la condition de croissance, une matière première recyclable correspond à un amortissement (v) égal à zéro, voire négatif. En 2015, la plus grande usine de General Motors à Détroit, aux USA, recycle tous ses déchets et en tire un bénéfice annuel de 1 milliard de dollars[15]. Un amortissement négatif est un accroissement de la valeur des biens de l'entreprise qui augmente les bénéfices tout en stimulant la croissance économique.

15. Documentaire ARTE : Alexis Barbier-Bouvier,Thierry Robert, Elena Sender, *Climat, pour quelques degrés de moins*, 2015. Le documentaire présente le « Deep Decarbonization Pathways Project ».

Ce qu'il faut retenir ici, c'est que le coût ponctuel représente seulement une partie du coût et que le reste ne disparaît pas miraculeusement : il s'accumule sous la forme d'une dette cachée, mais dont les effets sont réels. Comme cette dette n'est pas assumée par les acteurs qui en tirent bénéfice, elle est la cause de conflits et de crises qui se résolvent dans la violence. La raison de cette dette est que le coefficient d'amortissement (v) dans l'équation (3.15) est trop grand pour que la consommation de la matière première non-recyclable puisse produire une richesse au moins égale à la valeur de la matière première non-recyclable consommée.

Au contraire, le coût intégré est intimement lié à la répartition en temps (court, moyen et long terme) des investissements et de la richesse qu'ils produisent. Un marché n'est jamais totalement efficient, c'est-à-dire qu'il ne conduit jamais l'allocation idéale des ressources qui maximise la production de richesses. Mais plus le marché repose sur le coût intégré et plus il est efficient.

2

Thésaurisation par une fiscalité inadaptée

Le rôle de l'impôt est multiple et différent selon qu'il s'applique dans une démocratie représentative ou dans un régime différent. Mais dans les deux cas, l'impôt a deux rôles nécessaires pour le fonctionnement de la machine capitaliste : empêcher l'étouffement par thésaurisation et financer le fonctionnement de l'État pour assurer la régulation. Dans le cas des démocraties représentatives, l'impôt assume aussi d'autres fonctions.

On traite d'abord du cas général, puis du cas particulier d'une démocratie représentative qui se soucie de justice sociale. Dans le cas général, valable pour tous les régimes politiques qui utilisent peu ou prou une machine capitaliste, l'aspect moral ou la justice sociale n'est pas pris en compte dans les fonctions de l'impôt, mais seulement son efficacité économique.

On a vu dans les équations (3.19,3.24,3.26) que plus la thésaurisation est grande et plus il est difficile de maintenir des conditions de croissance. La stérilisation des gains remplace la réinjection de la richesse réelle et conduit à une situation de récession. L'économie de pillage provoque une forte thésaurisation de la richesse réelle. Mais même sans pillage, une thésaurisation résiduelle existe quand les acteurs les plus riches cessent de participer à l'économie et deviennent des rentiers. Il est à noter que cela est très rare chez les entrepreneurs qui créent la richesse et atteignent la fortune, car ils réinvestissent leurs gains, mais c'est très courant chez leurs héritiers qui, trop gâtés, n'ont pas le même goût pour l'aventure industrielle, voire pour l'aventure tout court.

La fiscalité sur le capital non investi dans une activité économique intervient pour empêcher la thésaurisation. Il ne s'agit pas d'imposer les riches parce qu'ils sont riches, mais de différencier dans leur capital la part qui finance des activités économiques et celle qui dort dans un coffre. C'est la raison pour laquelle une « flat tax », c'est-à-dire un taux unique d'imposition, est contraire au bon fonctionnement d'une machine capitaliste à produire des richesses. Ce n'est pas trop d'impôt qui tue l'impôt, mais l'impôt mal ciblé. La théorie du taux d'impôt optimal est due à Arthur Laffer. Aux USA, cette théorie a justifié les baisses d'impôts très importantes en faveur des riches, mises en place par toutes les administrations républicaines depuis 1981. Le résultat est un impôt qui se rapproche de la « flat tax ».

L'impôt sur l'ensemble du capital est une mauvaise méthode. Ce n'est pas le capital qu'il faut imposer, mais l'argent réel thésaurisé, le cash. Un riche qui possède plusieurs propriétés, paye l'impôt foncier et finance par l'entretien de ses propriétés l'économie liée à l'habitat, idem pour tous ses achats matériels. Par contre, l'argent réel stocké dans un compte en banque est stérile, ou peu efficace si la banque l'utilise pour des prêts. En effet, la politique d'investissement ou de pillage de la banque va corréler tous les capitaux qui y sont déposés, tandis qu'en encourageant l'action de chaque investisseur, l'allocation du capital sera diversifiée. De plus, si le dépositaire des fonds est le créateur de cette richesse, il a de fortes chances d'être plus doué que la banque pour sélectionner l'investissement. Par ailleurs, une des motivations d'un entrepreneur qui réussit est de montrer sa réussite en achetant des biens, en consommant, ou faisant des dons. Le problème ne vient pas de cette catégorie, mais de ses héritiers. En imposant le cash déposé en banque au-dessus d'un certain seuil, mais pas le capital directement réinvesti par le dépositaire des fonds, on oblige les riches à être des acteurs économiques. Par capital réinvesti il faut entendre capital *directement* investi dans des entreprises et non pas au travers d'un fonds de placement, ni par un intermédiaire comme une banque. Le dépositaire reçoit les bénéfices éventuels, il doit donc en assurer les risques pour être un acteur économique positif de la machine capitaliste, en sélectionnant des bons projets pour l'allocation des ressources.

Si le dépositaire remet son capital à un fonds qui lui garanti un rendement minimal, ce capital et ces gains doivent être imposés, car ce faisant, le dépositaire crée une corrélation des investissements qui provoque un risque supplémentaire pour tous. Techniquement, la valeur de ce risque supplémentaire est le prix de la garantie de rendement minimal. Comme le bénéficiaire de ce risque est le dépositaire et comme le risque, s'il se réalise, est assumé par la collectivité, celle-ci doit être payée par le dépositaire. C'est le sens de cet impôt. Son but n'est pas moral, son but est le bon fonctionnement de la machine à produire des richesses.

Par ce système de taxe ciblée, l'entrepreneur qui a du succès créera plus de richesse et ses héritiers moins doués perdront leur richesse qui se retrouvera dans le circuit économique. La seule façon de stériliser la richesse est de permettre à l'héritier oisif de stocker sa richesse en cash ou au travers d'un fonds géré par un tiers. C'est pour éviter cela que l'impôt sur le cash doit être institué au-dessus d'un seuil. Cette nécessité est aussi valable dans un régime non-démocratique qui se soucie peu ou pas de justice sociale : c'est une nécessité liée aux équations de la machine capitaliste, pour que celle-ci crée plus de richesses qu'elle n'en détruit. Avec ce système de taxe ciblée, un impôt important sur l'héritage est inutile. Si l'hériter n'est pas doué, il perdra son argent qui rejoindra le circuit économique et s'il est oisif ce système de taxe ciblée réinjectera son argent dans le circuit. Dans une démocratie représentative, la situation est différente, car l'impôt sur l'héritage joue alors aussi un rôle moral.

Le cas d'un étouffement d'une économie par thésaurisation est illustré par la politique fiscale menée aux USA par les néo-libéraux à partir de 1981. Les économistes Emmanuel Saez et Thomas Piketty ont montré, à partir des archives fiscales des USA depuis 1913, qu'en 1927 et en 2007, à la veille des deux grands crash boursiers, les 1 % les plus riches possédaient plus de 23 % de la richesse nationale, tandis que pendant la période de plus grande croissance économique, entre 1950 et 1980, ce même 1 % des plus riches possédaient moins de 10 % de la richesse nationale[16].

Ce qu'il faut ajouter à cette étude, est qu'à chaque fois la décennie précédente est une période d'absence de régulation ou bien une période de dérégulation, qui permet l'installation d'une économie de pillage à grande échelle. Le transfert de risque qui caractérise l'économie de pillage s'accompagne d'une très grande inefficacité économique.

16. Thomas Piketty and Emmanuel Saez, *Income Inequality in the United States,1913-1998*, 2003. Quarterly Journal of Economics 118(1), 1-39, series updated to 2010 in March 2012 , *https : //elsa.berkeley.edu/ ∼ saez/piketty − saezOUP04US.pdf*. Pour un commentaire de ces articles cf. le documentaire de Robert Reich, *Inequality for All.*

Statistiquement, c'est facile à comprendre, et la raison est la même que celle qui conduit les régimes communistes à l'inefficacité : la concentration excessive des richesses produit la corrélation maximale des choix économiques dans une vision statique. Plus exactement, dans les régimes communistes, une petite caste décide de l'allocation des ressources et cette caste est guidée par une idéologie qui laisse peu de place à l'adaptation. Une économie de pillage au service d'une oligarchie comme aux USA, entre 1920 et 1927 et depuis 1981, produit une endogamie des élites économiques et un conformisme aveugle et rigide, équivalents à la caste et à l'idéologie communiste. Par des chemins différents, on obtient des économies pilotées par un petit groupe de gens, très homogène et enfermé dans une vision statique de l'allocation des ressources pour la création des richesses. Le résultat est une allocation des ressources très corrélée et inadaptée.

L'URSS était capable d'envoyer des hommes dans l'espace et a battu tous les records de durée de vol. Dans le même temps, elle n'était pas capable de gérer une agriculture autosuffisante. Les USA en 2015 sont capables de produire des cellules solaires et des éoliennes qui leurs rendraient leur indépendance énergétique et engendrerait une croissance économique, mais ils sont incapable d'organiser la transition énergétique. Le coût des guerres est beaucoup plus cher, tout comme le coût de l'importation de nourriture était beaucoup plus cher que de produire sur place pour l'URSS. Du point de vue énergétique, les Européens ont un niveau de vie aussi élevé que celui des USA avec un impact sur le climat deux fois moindre et une indépendance énergétique par des énergies renouvelables qui se développe. Au niveau énergétique, les néo-libéraux des USA ne sont pas très différents des dirigeants de l'ex-URSS.

Par la création de cette oligarchie, en réduisant les taxes des plus riches et en favorisant la thésaurisation, les néo-libéraux ont créé en Occident une économie de type soviétique. La reproduction du passé, le conformisme s'installent et la machine capitaliste cesse de se renouveler, c'est-à-dire de s'adapter, ce qui est sa première fonction. En effet, la machine capitaliste permet de gérer les aléas économiques et elle le fait en s'adaptant sans cesse.

L'autre fonction économique de l'impôt, valable pour toute machine capitaliste, est liée aux coûts ponctuels. Les coûts ponctuels cachent les risques et rendent le marché non-efficient. L'impôt permet de rapprocher le coût ponctuel du coût intégré, ce qui rend le marché plus efficient, donc l'allocation des ressources plus efficace ; il y a alors plus de richesses produites. L'évaluation du coût intégré fait partie de la régulation et doit être mise en place par l'État, lequel agit ensuite par l'impôt ou par la mise en place de normes de production. L'impôt ici n'a pas pour objet principal de financer l'État, mais d'assurer l'efficience du marché en évitant que celui-ci se base exclusivement sur les coûts ponctuels. Par exemple, en mettant en place une norme qui limite les émissions polluantes des voitures, le constructeur doit produire des voitures avec des pots catalytiques qui ont un coût ponctuel plus cher, mais qui est plus proche du coût intégré qui tiendrait compte des maladies liées à la pollution évitée. En ne rendant pas ces normes contraignantes au point limiter la R&D dans les grosses voitures et en mettant en place, en complément de la norme, une taxation plus élevée pour les voitures plus polluantes, l'État favorise l'investissement dans la R&D pour des moteurs propres. Le résultat économique global est une baisse des coûts liés aux maladies respiratoires et une accumulation de capital pour financer celles-ci. Grâce à la taxe sur la pollution du diesel, on tient compte de l'ensemble des coûts.

Aux USA depuis 1981, la thésaurisation et la dérégulation ont favorisé les coûts ponctuels. Les coûts ponctuels éliminent la couverture sociale liée aux emplois, les aides au financement des études des enfants, coûts qui sont reportés sur la classe moyenne. Mais les coûts ponctuels permettent aussi de donner l'impression de gains de productivité alors qu'il s'agit seulement de transfert de richesse. Un gain de productivité a lieu quand on fait une meilleure machine de production, pas quand on sort les coûts du bilan pour les transférer au salarié qui est supposé être... le client. La conséquence a été une faible croissance de la production de richesses par les classes moyennes dont la taille a diminué, ce qui a conduit pour l'État fédéral et pour les États de l'Union à une recette fiscale plus petite, bien que les classes moyennes soient relativement plus imposées. Les classes moyennes se sont endettées pour acheter un bien immobilier censé les mettre à l'abri durant leurs vieux jours et constituer un matelas de sécurité en cas de perte d'emploi. Rapidement, ces biens immobiliers ont servi de contrepartie pour garantir des prêts à la consommation : la classe moyenne s'est mise à vivre à crédit en garantissant ceux-ci avec des biens acquis par des emprunts immobiliers. Pour acheter ces biens avec peu ou pas de capital, les emprunts devaient être à taux très bas : c'étaient des emprunts à taux variable. De plus, leur valeur était trop importante, ce qui donnait lieu à un taux d'endettement des ménages trop élevé. Le tout a alimenté une bulle immobilière dont la valeur ponctuelle devait garantir les crédits à la consommation. Ainsi, l'épargne des ménages n'a plus alimenté l'industrie, laquelle n'a plus pu fournir le plein-emploi. À la place, cette épargne a alimenté une bulle immobilière qui a conduit au crash boursier. Ce déplacement de l'épargne des ménages vers une bulle immobilière correspond à un processus de destruction du mécanisme de monétisation. La monétisation ne peut pas fonctionner avec une classe moyenne précaire, et sans monétisation la réinjection des richesses dans la machine capitaliste cesse. Les classes moyennes se mettent aussi à thésauriser, c'est le blocage de la machine.

De plus, l'appauvrissement des classes moyennes a conduit à une explosion de la criminalité dont les coûts pour les États de l'Union, qui constituent les USA, ont explosé. Enfin, l'inefficacité économique a empêché la transition énergétique et a conduit à des guerres très coûteuses.

Au total, coût de la criminalité (violence intérieure), coût des guerres (violence extérieure), baisses du rendement fiscal d'une classe moyenne surtaxée et appauvrie, ont conduit l'État fédéral et les États de l'Union au bord de la faillite.

Le dernier aspect d'une fiscalité non-raisonnable est la recherche d'une inflation nulle par une politique monétariste. Une légère inflation, de l'ordre de 2%, diminue le coût réel du crédit à la consommation et, simultanément, elle diminue la valeur de la richesse thésaurisée dans des comptes bancaires. Une légère inflation agit comme une pression douce qui incite à la consommation et à la négociation renouvelée des salaires, négociation nécessaire au maintien du réservoir tampon lequel permet la monétisation des richesses créées (voir plus haut). Une inflation nulle remplace cette monétisation par une évaluation erronée et instable des richesses, qui conduit à l'instabilité monétaire.

Contrairement à ce qu'affirment les néo-libéraux, ce n'est pas le grand nombre de millionnaires qui correspond à une économie riche et efficace, mais une grosse classe moyenne et un filet social qui organise le rebond de ceux qui tombent dans la pauvreté. Une classe très riche est nécessaire, car elle est l'expression statistique des fluctuations économiques, mais la promotion de cette classe ne doit pas se faire au détriment des classes moyennes qui sont la vraie force motrice de l'économie capitaliste. Une classe hyper-riche trop grande, au détriment de la classe moyenne, est l'annonce d'instabilités et de crashs boursiers. Le transfert massif vers les ultra-riches stérilise la richesse produite et étouffe la machine capitaliste. En 2013, 10% des Européens possèdent 60% des 60 000 milliards de patrimoine total européen. Même si une partie est utilisée sous forme de richesse dans le circuit financier de l'entreprise, au travers de produits de luxe et de propriétés immobilières, la plus grande partie est thésaurisée et stérilisée en produits financiers tournés vers le pillage.

Tout comme l'aristocratie a thésaurisé et gelé les richesses réelles pendant des siècles après la chute de l'empire romain empêchant le développement économique et stérilisant la pensée, cette nouvelle aristocratie issue de la révolution thatcherienne soustrait par son pillage une fraction de plus en plus importante de la richesse existante destinée à la création de richesses futures. La concentration des richesses dans une minorité hyper-riche au détriment de la classe moyenne, concentration étudiée en détail pas Thomas Piketty dans « Le Capital au 21e siècle », est une conséquence directe de ce pillage. La régulation qui mettra fin au pillage et réorientera la richesse existante vers la production de richesse future, redonnera le pouvoir économique et politique aux classes moyennes et assurera la croissance économique.

En plus des deux rôles présentés, l'impôt a d'autres rôles supplémentaires dans le cas particulier des démocraties représentatives. Les démocraties représentatives fonctionnent parce que la classe la plus nombreuse est la classe moyenne. Définissons les régimes politiques sous l'angle économique avec les seuils suivants.

Si les 5% les plus riches, soit 1 personne sur 20, possèdent plus de 50% de la richesse, on est dans une oligarchie ou un système féodal.

Si les 5% les plus riches possèdent moins de 30% de la richesse, on est dans un régime économique de classes moyennes.

Entre les deux, on est dans un régime de transition.

La raison de cette distinction est que dans le premier cas les intérêts des 5% les plus riches qui ne correspondent jamais aux intérêts des 95% de la population restante, gèrent plus de la moitié de la richesse, et la sélection des projets financés ainsi que la monétisation se font à l'intérieur d'un tout petit groupe. La machine capitaliste est organisée pour et par ce groupe. La démocratie représentative n'a alors plus d'objet et peut être remplacée par un régime dominé par ce petit groupe. Ce régime peut être légitimé par le peuple pour des raisons nationalistes, identitaires ou religieuses, comme c'est cas en Russie avec le régime autocratique plébiscitaire, ou dans les pays du Golfe avec les royautés religieuses. Ces régimes recherchent une forme de légitimité populaire qui justifie la répartition très inégalitaire des richesses. Cette légitimité populaire permet de limiter la violence pour maintenir le pouvoir, même si celle-ci est toujours présente et accompagne l'arbitraire.

Cas à part, une dictature totalitaire se passe de toute légitimité : la folie et la criminalité du groupe au pouvoir maintiennent le système en place par la terreur. Le capitalisme est très mal adapté à une dictature totalitaire et celle-ci n'arrive jamais à mettre en place un marché fonctionnel. Il s'agit toujours d'économies dirigées et centralisées très inefficaces.

Un régime économique de classes moyennes remet la gestion d'au moins 70% des richesses à 95% des gens. Une machine à fabriquer des compromis doit alors être trouvée. Cela peut être une démocratie représentative sous la forme d'une République ou d'une Monarchie constitutionnelle. Mais cela peut aussi être un système semi-républicain comme dans le cas de la Sérénissime République de Venise où une partie seulement des 95% de la population gère les richesses, mais où les autres personnes ont leur mot à dire au travers des corporations de métiers, et surtout où des tribunaux limitent fortement l'arbitraire. La Chine moderne avec son communisme-capitaliste présente des ressemblences avec la Sérénissime République de Venise. Bref, un régime économique de classes moyennes est toujours un État de droit, même inégalitaire, mais où l'arbitraire est limité.

Cette situation est favorable à l'initiative de projets nouveaux et à la monétisation fluide qui permet la réinjection des richesses dans la machine capitaliste. Ces deux aspects sont les principales différences économiques avec les régimes oligarchiques et féodaux et ces différences rendent le capitalisme beaucoup plus efficace dans régime économique de classes moyennes. La Russie est un des pays où la connaissance scientifique est la plus avancée, les pays du Golfe ont des capitaux immenses, mais dans les deux cas, la production de biens de consommation, de produits agricoles ou de richesses autres que sous forme thésaurisée, est très faible et ces pays doivent importer presque tout.

L'efficacité économique des États de droit qui limitent l'arbitraire repose donc sur la capacité à générer des compromis de consensus. De ce point de vue, il n'est pas surprenant que les 4es et 6es pays les plus riches par habitant soient la Suisse et le Danemark. Le consensus se cristallise autour de l'impôt.

Dans le cas des démocraties représentatives, l'impôt a un rôle d'expression du compromis social. Il met en avant une société basée sur le mérite par opposition à société de position prédéterminée. Il assure le fonctionnement d'un ascenseur social pour le renouvellement des élites. Cet ascenseur social comprend le financement de l'école publique et des moyens d'éducation comme les musées. Il assure la santé de la population, les choix négociés pour l'aménagement du territoire et les grands travaux d'infrastructure et enfin, il assure que l'espace public est ouvert à tous par le financement public d'une police neutre.

Dans le système communiste-capitaliste, l'impôt a un rôle d'expression de l'idéologie en place qui est une forme moderne de l'idéologie traditionnelle. La Chine s'organise autour d'un État fort et centralisé, qui laisse une grande liberté aux marchands et aux producteurs, mais qui contrôle les flux de populations et les grands travaux. Ceux-ci ne sont pas décidés à la suite d'un compromis démocratique, mais après discussion dans un cercle restreint de hauts fonctionnaires au service de l'État, semblables aux « lettrés » de l'Ancien Régime impérial. C'est une situation assez semblable à l'organisation politique de l'ancienne « Serenissima Repubblica di Venezia ». Depuis Marco Polo, un lien étrange à guidé les succès et déboires parallèles de la petite république adriatique et du grand empire d'extrême orient.

La situation des démocraties représentatives et du système communiste-capitaliste n'est pas stable et peut à tout moment évoluer vers une oligarchie par le détournement de l'impôt et la thésaurisation. Le rôle économique des responsables politiques est d'empêcher ces dérapages.

3

Crise liée à une révolution industrielle ratée : l'État face à une mutation industrielle

Un État, même moderne et avancé, peut créer artificiellement une situation de crise structurelle où sa capacité à produire des richesses ne correspond plus à son avancement technologique et à son organisation sociale. Cette situation correspond à une révolution technologique ratée et conduit à un déclassement économique et politique du pays. Économiquement, cette situation remplace une richesse active dans le circuit de la machine capitaliste, la consommation, par une richesse thésaurisée, car la crise pousse les acteurs à se prémunir face à un futur incertain.

Quand une révolution technologique se produit, comme par exemple internet ou l'arrivée des microprocesseurs, un pays avancé qui ne réussit pas à prendre part à cette révolution est déclassé économiquement. Ce déclassement crée une situation de crise structurelle. Il s'agit d'un cas qui s'applique aux pays développés et il y a en apparence deux situations possibles. Soit le pays fait partie du groupe de pays où la révolution technologique a eu lieu, comme par exemple les USA et le Japon, pour le développement des semi-conducteurs, soit le pays n'en fait pas partie et doit réagir. Ces deux situations en apparence dissemblables sont en fait les mêmes et sont liées au rôle de l'État dans l'économie.

La 2e guerre mondiale et la course aux armements de la guerre froide ont conduit les USA à financer la construction d'ordinateurs toujours plus puissants. Ce financement était public et fournissait du capital à la fois aux universités et à l'industrie. Le pilotage de cet effort par l'État définissait le cadre et les objectifs, mais ensuite laissait la concurrence jouer entre les différents acteurs. La définition du cadre signifie ici la délimitation entre ce qui peut être mis sur le marché et rendu accessible à tous, et ce qui reste destiné exclusivement à l'armée. Par exemple, dans les années '70' l'exportation d'ordinateurs VAX, IBM et plus tard CRAY était très limitée, et même le CERN à Genève était soumis à des accords de non-revente du matériel importé des USA. La définition des objectifs consiste ici à définir la puissance des ordinateurs que l'État était disposé à acheter à un prix donné.

Ce qu'il importe de noter dans cet exemple, est que l'État ne gère pas lui-même les acteurs, il définit un domaine réservé, le but et le financement disponible, la compétition entre les acteurs et il ouvre la possibilité par la suite, au transfert partiel de cette technologie dans le marché commercial ouvert. En d'autres termes, l'État agit sur deux paramètres de la machine capitaliste :

la probabilité $(1-q)$ de succès du projet de création de richesse et le multiplicateur (s).

Il arrive que pour certains composants, l'État ne trouve pas d'entreprise ou de laboratoire universitaire qui se porte volontaire malgré les incitations financières et, dans ce cas, c'est l'État lui-même qui produit le composant. Mais le (bon) choix par défaut est d'inciter des acteurs non-étatiques à agir dans le cadre de la compétition. L'État est alors l'organisateur et l'arbitre de la compétition, mais pas un des compétiteurs.

En dehors des crashs boursiers, la prise de contrôle d'une partie du capital des entreprises doit être limitée à des domaines réservés, aux limites rigides et bien définies et surtout pas élastiques. Un tel domaine peut être, par exemple, la construction et la gestion de centrales nucléaires ou la gestion du cycle du combustible nucléaire. Dans les deux cas, il s'agit d'impératifs de sécurité. Dans le premier, il faut éviter que sous la pression des actionnaires, le financement de l'entretien soit réduit et, dans le deuxième cas, il s'agit d'éviter que le retraitement du combustible ne serve à produire de l'uranium enrichi et du plutonium destinés à faire des bombes atomiques.

En dehors de grands travaux d'infrastructure et de services publics de base, la propriété partielle ou totale du capital d'entreprises par l'État fausse la compétition à deux niveaux. Elle n'incite pas les compétiteurs les plus créatifs à participer, car les dés sont pipés, et elle fausse l'estimation des résultats produits, car les arbitres sont aussi liés aux créateurs. La conséquence est une probabilité d'échec économique (q) qui augmente. Au-delà d'un certain seuil, l'équation (3.15) n'est plus vérifiée et l'économie entre en récession : cette récession est structurelle. C'est le cas de l'économie post-soviétique en Russie où cette récession structurelle est compensée par l'exportation de gaz et de pétrole. Mais si ces deux sources de revenus diminuent, l'économie russe se trouve en récession.

Cependant, l'État peut intervenir indirectement au niveau des régions par l'intermédiaire de *fondations semi-publiques.* Un exemple réussi, celui de Saar-Stahl dans la sidérurgique allemande, sera discuté plus loin. Cet type de fondation réunit les organisations patronales, syndicales et la région. Elle délègue la gestion au privé tout en assurant à celui-ci un actionnariat stable en échange d'une politique d'entreprise orientée vers le coût intégré par l'investissement régulier dans l'outil de production.

Un exemple de révolution technologique manquée est donné par la France et la révolution des semi-conducteurs dans les années '70'. En 1930 est fondée à Paris la société informatique Bull qui fabrique des calculateurs et des trieuses mécaniques pour les sociétés d'assurance. Malgré des débuts prometteurs qui en font le principal concurrent d'IBM, des conflits internes à la direction affaiblissent l'entreprise qui, de plus, est en conflit avec IBM sur les brevets concernant l'invention de la carte perforée 80 colonnes. Après guerre, la société prospère jusqu'en 1960. Au début des années '60' l'ordinateur 1401 d'IBM domine le marché et Bull s'écroule. Mais les années '60' sont les années de la course à l'atome en France et à l'électrification sous l'égide du monopole national EDF. Ces entreprises ont besoin de gros ordinateurs que Bull ne peut fournir et, en même temps, le gouvernement souhaite conserver l'indépendance de la France. Ne choisissant ni l'un ni l'autre, Bull est à la fois recapitalisée partiellement par des prêts garantis par l'État et par la cession de 49% du capital à General Electric.

C'est la première décision bancale due à l'absence de définition claire du domaine réservé. À la place, il aurait fallu définir ce domaine comme étant celui des très gros calculateurs, séparer Bull en deux entités et laisser le segment des ordinateurs moyens pour entreprises en dehors de l'intervention directe de l'État. C'est l'inverse qui se produit, les très gros ordinateurs passent sous le contrôle américain de General Electric et Bull se concentre sur les ordinateurs moyens avec l'État sur le dos.

General Electric devient l'actionnaire majoritaire en 1967, mais abandonne l'informatique en 1970.

Nouvelle occasion ratée par l'État pour définir les limites du domaine réservé dans l'industrie du calcul.

En parallèle, dans le cadre du « plan calcul », au lieu de définir le cadre, les objectifs et organiser des incitations économiques, l'État fonde l'entreprise informatique CII. L'absence de cadre clair produit des conflits et l'entreprise CII ne reprend pas Bull qui est rachetée par l'entreprise américaine Honeywell.

La compagnie CII forme avec Siemens et Phillips le groupe Unidata pour créer un groupe informatique fort en Europe en 1972, à l'image d'Airbus.

La compagnie CGE, grande entreprise française, dont une part importante des contrats sont liés à l'État, est aussi actionnaire de la CII (montage favorisé par l'État), mais concurrente directe de Siemens. Résultat, la CGE tue l'accord Unidata.

On a ici encore une fois l'illustration de l'incohérence d'un État qui est à la fois joueur et arbitre. L'incohérence atteint son comble quand l'État fait fusionner la CII avec Honeywell-Bull. Au lieu d'avoir deux entreprises concurrentes pour une saine compétition organisée par un État arbitre, on a la fusion, en 1975, de deux entreprises opposées dans leur choix et leur histoire sous la houlette d'un État dont l'objectif n'est pas clair.

Et en 1975, toujours pas de définition claire du domaine réservé : la nouvelle entité doit-elle se concentrer sur les très gros ordinateurs pour les militaires et EDF ou sur le marché des ordinateurs pour les entreprises ? Malgré tout, le dynamisme des ingénieurs et l'écosystème scientifique très riche de la recherche publique permettent à l'entreprise de développer des produits qui font référence. Mais ce capital technologique est peu valorisé par une absence de stratégie commerciale claire. D'ailleurs, au lieu de se concentrer sur les très gros ordinateurs et les ordinateurs pour entreprise, CII-Honeywell-Bull rachète l'entreprise R2E qui vient d'inventer l'architecture du micro-ordinateur compatible PC. Non seulement ce groupe tue dans l'œuf une entreprise qui participe à une révolution industrielle, celle des micro-ordinateurs, mais en plus, elle disperse son activité déjà mal définie.

En 1979, la CGE vend CII-Honeywell-Bull-R2E à l'entreprise Saint-

Gobain qui en plus rachète Olivetti. Le tout est nationalisé en 1982. La suite importe peu, elle ressemble à ce qui précède. En 2014, entre le smartphone et les super-calculateurs du CEA[17], Bull n'a toujours pas de stratégie claire : un désastre industriel. La France qui, grâce à Bull, a une entreprise compétente dans les gros ordinateurs dès les débuts de l'informatique, qui a une entreprise de software CII compétitive dans les années '70', qui a une petite entreprise R2E à la pointe de la révolution des micro-ordinateurs, qui produit des micro-ordinateurs compétitifs avec le TO7 de Thomson dans les années '80', qui a investi des milliards de francs dans ce domaine, est en 2015, en chiffre d'affaires, un acteur mineur de l'informatique mondiale. Au passage, les technocrates français qui ont piloté ce désastre, ont détruit Unidata et Olivetti, privant ainsi l'Europe d'un Airbus de l'informatique.

Seul succès mais à quel coût, la France produit ses propres super-calculateurs. Toute cette triste histoire a été organisée et dirigée par une armée de technocrates issus de la nomenclature, dont aucun n'a pris le moindre risque financier par un investissement de création d'entreprise, mais dont tous ont bénéficié d'avantages matériels sous forme de salaire et de carrière d'autant plus grands que leur échecs étaient coûteux à l'économie française. L'absence de grosse contribution de l'informatique hardware et software, au bilan économique de la France en 2015, est le résultat de cette révolution industrielle ratée. L'informatique rapporte certes, mais une infime fraction de ce qu'elle devrait rapporter à la France, vu ce qui précède.

Cet échec illustre une révolution industrielle ratée à cause d'un État qui gère directement les affaires. La situation symétrique conduit aussi à l'échec. En effet, le même problème, une révolution technologique ratée, survient quand un État abandonne tout rôle pour définir une politique industrielle cohérente, c'est-à-dire quand il renonce à agir sur le couple de variables (q, s).

Un État est comme un joueur de cartes. Au départ, il ne dispose pas d'information sur le futur du jeu et doit donc définir une stratégie généraliste. Cela correspond au financement public de laboratoires de recherche universitaires avec une gamme de sujets la plus large possible. Quand une révolution technologique survient, cette politique ne doit pas être abandonnée, mais elle doit être complétée par une politique industrielle. Celle-ci ne consiste pas à donner des instructions aux entreprises ou à en prendre le contrôle. Elle consiste, entre autres, à organiser des compétitions liées à la révolution technologique. Par exemple,

17. Commissariat à l'Energie Atomique.

l'État peut décider de soutenir fiscalement les habitants qui s'équipent de panneaux solaires à la condition que ceux-ci aient une efficacité de conversion de la lumière en électricité *supérieure* à un seuil. L'État peut dans le même temps ouvrir une compétition, pour un cofinancement public de recherche appliquée dans le domaine visé. L'État peut s'associer aux banques commerciales pour abaisser la fiscalité sur les bénéfices des investissements fait dans les entreprises d'équipements de ce domaine. L'important est que cette politique suive les contraintes suivantes :

- ces financements ne doivent pas être en compétition avec le financement de la recherche généraliste à large spectre,
- l'État ne doit pas être acteur et arbitre, donc les laboratoires publics doivent être entièrement libres du choix des sujets de recherche, aussi saugrenus en apparence soient-ils, et l'État ne doit pas posséder de part de capital d'une entreprise qui participe à la compétition.

Étant l'organisateur de la compétition économique, l'État en est aussi le garant et le cas échéant il ne doit pas hésiter à agir, y compris par l'expropriation d'un acteur malhonnête. Cette action est nécessaire pour permettre aux autres acteurs de jouer leur rôle, mais aussi pour empêcher que l'économie de pillage ne prenne le dessus.

Le cas Arcelor-Mittal illustre la défaillance d'un État, la France, et ses conséquences quand l'État cesse de jouer son rôle de garant du marché libre régulé. Dans le documentaire « Mittal, la face cachée de l'empire », Jérôme Fritel, ARTE 2014, on suit l'ascension de l'empire sidérurgique Mittal à travers les pays, en partant de l'Inde jusqu'à la France en passant par l'espace ex-soviétique. À chaque fois, le même scénario se reproduit.

Le groupe Mittal intervient pour racheter une aciérie ou une mine qui a des difficultés financières ou qui est vieillissante. Pour racheter cette industrie, le groupe finance, légalement ou pas selon le régime, les dirigeants politiques et s'engage à investir pour rénover l'outil industriel. Mais Mittal ne tient jamais ses engagements. À la place, il finance les réparations d'urgence avec une dépense minimale, utilise la peur de la faillite, qui a précédé son arrivée, pour obtenir une augmentation des cadences de travail sans augmentation de salaire et rentabilise son investissement à court terme en s'abstenant de tout investissement important pour la modernisation des installations. En d'autres termes, il rentabilise les investissements faits par d'autres dans le passé et « presse le citron » jusqu'à la dernière goutte avant de licencier le maximum de salariés, tout en évitant soigneusement de revendre l'installation pour éviter qu'un entrepreneur investisse et devienne un concurrent. La chute de l'empire soviétique a été favorable à ces rachats. Parallèlement, cette rentabilisation à court terme et la création d'un monopole sur l'acier low-cost par le pillage correspond parfaitement à la finance thatcherienne de la city. Mittal peut s'endetter sans problème, car ses rendements à court terme sont très bons. À nouveau, on retrouve « la somme des gains maximaux à court terme, etc ». C'est une gestion par maximisation du ROE poussée à l'extrême.

Au Kazakhstan où Mittal a racheté son premier complexe industriel, il n'y a eu aucun investissement de modernisation des installations pendant dix ans. Les mines explosent les unes après les autres et le groupe Mittal se débarrasse du problème avec le soutient des autorités locales, en versant une indemnité aux familles de 15 000 euros par mort. Dans la région, les habitants n'ont aucune autre source de revenus et sont piégés. C'est une forme de servage proche de l'esclavage dans la mesure où « l'ouvrier-objet » ne coûte que 15 000 euros. Le syndicaliste local, interrogé dans le documentaire, qualifie le groupe Mittal de « groupe barbare ». C'est un diagnostique précis.

Mittal est un groupe sidérurgique qui n'a de sidérurgique que le nom. C'est en réalité une entreprise spécialisée dans le pillage des entreprises sidérurgiques et dont le but est de former un monopole aussi peu créatif et aussi peu efficace que les monopoles d'État soviétiques.

Au niveau du timing, le groupe Mittal a eu de la chance, car cette gestion a lieu durant le pic de croissance chinoise, lequel a provoqué des très grands besoins en acier de qualité moyenne pour ses infrastructures (ponts, immeubles, etc.).

À côté de l'acier low-cost il y a l'acier haut de gamme, celui produit en Europe pour l'industrie automobile. Mais les fabricants d'acier européens sont dirigés par des technocrates d'État passés au privé ou par des dynasties industrielles vieillissantes. Face à cette situation un regroupement est encouragé par les politiques : les industries de l'acier françaises, belges et espagnoles sont regroupées au sein du groupe Arcelor. Malheureusement, celui-ci est mis entre les mains des mêmes technocrates et dirigeants. Dans le même temps Mittal est passé de la City à Wall Street. Avec l'aide du financier Wilbur Ross, il obtient le soutien de Goldman Sachs pour lancer une OPA hostile sur le groupe Arcelor en 2006 : c'est l'opération « Olympus ». Pour chaque opération de pillage, Goldman Sachs choisit un nom de code, comme pour un raid sur une ville qu'il faut mettre à sac. Au départ, les Européens résistent. Mais comme dans les anciens pays du bloc soviétique, Mittal va agir au niveau des dirigeants politiques dont l'influence à travers les banques européennes est déterminante. Le point faible identifié est le Luxembourg. Avant le crash de 2008, la transparence bancaire n'est pas à l'ordre du jour en Europe et le Luxembourg s'est fait le champion de l'évasion fiscale et du shadow banking. Le ministre de l'Économie, Jeannot Krecké, rêve de voir ces activités luxembourgeoises bénéficier de l'alliance avec Goldman-Sachs et négocie en secret avec Mittal. Finalement, le Luxembourg trahit ses alliés européens, ce qui permet à l'OPA de réussir. En échange, il obtient que le siège social soit à Luxembourg avec 800 emplois. Ce siège administratif est bien au Luxembourg, mais la vraie direction, elle, se trouve à Londres où réside la famille Mittal, propriétaire de 80% des actions. L'acier européen, qui a été le point de départ de la construction européenne avec la Communauté européenne du Charbon et de l'Acier, est abandonné par un ministre à Luxembourg, contre 800 emplois administratifs. Pour amadouer le partenaire français et éviter une obstruction à la gestion du groupe et au contrôle des installations en France, Mittal promet au Président Sarkozy d'investir pour moderniser les installations et promet de préserver l'emploi, tout comme il l'avait fait avec les gouvernements de l'ancien bloc soviétique. Nicolas Sarkozy cède aux flatteries et devient le porte-parole de Mittal auprès des ouvriers en février 2008. Il comprend trop tard le rôle que ses maîtres lui ont fait jouer et vient s'excuser à Gandrange en octobre 2009, mais le mal est fait.

Pour comprendre le non-respect des engagements de Mittal, il faut décrire brièvement les étapes de fabrication de l'acier. La première étape consiste à séparer le minerai d'autres éléments chimiques par réaction avec du charbon presque pur, le coke. Le coke est fabriqué par combustion du charbon dans une installation séparée, la cokerie. Le coke et le minerai de fer sont fondus ensemble dans le haut fourneau pour produire la fonte qui est un mélange fer-carbone. La fonte est fondue en présence d'oxygène pour réduire la quantité de carbone en dessous de 2%, ce qui donne de l'acier. Cette étape a lieu dans une installation appelée convertisseur à oxygène. On ajoute ensuite à l'acier d'autres composants chimiques pour en faire des aciers spéciaux, par exemple du chrome pour faire de l'acier inoxydable. Cette étape est l'affinage. Enfin, l'acier coulé est mis en forme dans des laminoirs.

Cette dernière étape est dite filière froide. On a donc une cokerie, une filière chaude avec les hauts fourneaux et une filière froide. Mittal s'était engagé à maintenir en fonctionnement la filière chaude, c'est-à-dire les hauts fourneaux et les emplois sur le site. Aucun de ces deux engagements n'a été respecté.

Le crash boursier de 2008 a mis à jour les mensonges de Mittal, son groupe est surendetté et Mittal transforme tout ce qu'il peut en cash en fermant ses usines, tout en empêchant le rachat par un autre groupe qui pourrait devenir concurrent. Le crash de 2008 n'était pas prévu par Mittal au moment où le groupe a pris des engagements auprès des États français et belges, mais cela ne change rien : les engagements doivent être tenus, ou alors le contrat doit être renégocié et éventuellement annulé. La machine capitaliste fonctionne seulement à la condition que celui qui récolte les bénéfices liés à un risque assume les conséquences financières de ce risque si celui-ci se matérialise. Ne pas obliger Mittal à tenir ses engagements ou à perdre le contrôle des industries sidérurgiques françaises et belges, revient à transférer le risque sur les contribuables tout en laissant le bénéfice au groupe Mittal, bref à autoriser un pillage.

C'est à ce moment-là que les gouvernements français et belges avaient le devoir d'intervenir.

L'expropriation par la nationalisation provisoire n'est heureusement pas autorisée par la loi pour une entreprise qui respecte à la fois les lois et ses engagements vis-à-vis des autorités légales élues quand cela touche les deniers publics. Mais en cas de violation des engagements, en tant que garant du marché libre et en tant que garant de l'usage des fonds collectés par l'impôt, le gouvernement a le devoir d'intervenir et d'exproprier les coupables. Ceux-ci peuvent se tourner vers les tribunaux, et c'est au gouvernement de défendre l'intérêt public par ses avocats. Il ne s'agit pas ici de nationalisation idéologique marxiste car le gouvernement doit remettre sur le marché les entreprises nationalisées rapidement. Il s'agit d'expropriation pour permettre à la machine capitaliste de produire des richesses. Le marché régulé ne fonctionne qu'à la condition que les engagements contractuels entre les acteurs soient respectés. Le fait que dans ce cas, un des acteurs soit un groupe multinational et l'autre soit un gouvernement, rend cette condition encore plus essentielle. Si on peut tricher impunément avec l'arbitre, il n'y a plus de règles et le marché n'est plus fonctionnel. L'expropriation doit être faite dans l'intérêt du capitalisme au sens d'Adam Smith et contre le néo-libéralisme de Milton Friedman.

Dans un monde digital, les enregistrements des engagements publics du patron du groupe Mittal lui-même sont nombreux et sans équivoques. Ces enregistrements constituent des preuves accablantes, parfaitement recevables par un tribunal.

Par ailleurs, il serait très surprenant qu'une enquête du fisc ne mette pas à jour une évasion fiscale du groupe, vu la manière de fonctionner de

Mittal. Le fisc peut alors poursuivre personnellement Mittal en justice. Ce dernier, pour éviter un jugement, peut, conformément à la loi, négocier la revente de son groupe à l'État. Les lois sont là, il ne manque que la volonté politique pour les appliquer. La loi n'est pas faite uniquement pour s'appliquer aux pauvres...

Malheureusement, le changement de gouvernement en France ne va pas changer cette situation, il va l'aggraver. Ayant promis de sauver les hauts fourneaux de Florange durant la campagne électorale, le nouveau gouvernement s'est à nouveau couché face à la multinationale et a accepté de nouvelles promesses (filière de stockage du CO2 « UCO ») qui seront comme précédemment trahies par Mittal : au lieu d'investir, Mittal, par un jeu d'écritures comptables, réduira au minimum sa participation. Le jeu de passe-passe consiste à faire l'investissement minimal dans la cokerie pour prolonger sa durée de vie, presser le citron jusqu'au bout et à faire de même avec le laminage. Dans les deux cas, il s'agit de saupoudrage financier destiné à faire durer les installations existantes qui sont anciennes, au lieu d'investir à long terme dans des installations neuves et modernes dans les hauts fourneaux. C'est exactement la méthode employée dans les installations de l'ex bloc soviétique, et on a vu le résultat. Sur le papier, Mittal a bien investi les sommes promises, mais pas dans des installations à long terme, très peu dans la recherche, et il n'a pas maintenu l'emploi. Par ailleurs, contrairement aux engagements initiaux, les hauts fourneaux sont fermés.

Ce qui aggrave la situation est que le groupe a fait un chantage en menaçant de se retirer d'autres installations en France [18], et en particulier celle de la région du Premier ministre de l'époque. Un gouvernement démocratique qui cède à un chantage ouvre la porte à tous les excès et sape les fondements de la démocratie aux yeux des électeurs, lesquels se tournent vers des mouvements politiques d'extrême droite et d'extrême gauche aux idées simplistes. À partir du moment où le patron du groupe Mittal a fait jouer cette menace, il était du devoir du gouvernement de l'expulser de toutes ses activités sur le territoire de la République et de le déclarer persona non grata en France, lui et son clan. Le président et le gouvernement ne représentent pas seulement une politique particulière choisie par les électeurs, ils représentent la nation, avec son histoire et les responsabilités afférentes.

Même en faisant abstraction de considérations morales ou historiques, puisque Mittal n'investit jamais pour moderniser à long terme,

18. D'après le « Canard enchaîné », lequel n'a pas été démenti par le gouvernement, ce qui vaut pour approbation.

les 100 000 emplois en Europe qu'il utilise pour le chantage, sont condamnés. La seule façon de sauver ces emplois est de l'expulser. Il ne faut jamais céder à un chantage et renoncer à la volonté de se battre.

En dehors des engagements non tenus, le groupe Mittal pratique l'évasion fiscale à grande échelle en contournant les lois. Face à un tel acteur, l'État doit s'assurer de la collecte de l'impôt ou alors exproprier le coupable. La méthode « d'optimisation fiscale » employée, consiste à déplacer les bénéfices loin du lieu où ils ont été produits, en jouant sur les différentes filiales du groupe : c'est à nouveau un jeu d'écritures comptables, car l'acier lui, ne voyage pas d'une filière à l'autre. Le terme employé est « prix de transfert » : il s'agit d'une commission pour chaque tonne vendue en interne dans le groupe Mittal. Le résultat est un taux d'imposition des bénéfices en France et en Belgique qui tournent entre 0% et 5%, très en dessous de ce que payent les autres entreprises dans ces pays : la concurrence sur le marché est faussée.

La machine capitaliste ne peut pas produire des richesses à long terme sans une concurrence équitable. L'évasion fiscale, par le jeu d'achats fictifs entre filiales d'une multinationale, est devenue monnaie courante (c'est le cas de le dire !). Non seulement la révolution thatcherienne produit des oligopoles peu créatifs et économiquement aussi inefficaces que les conglomérats soviétiques, mais en plus, elle fausse la concurrence et sape la base démocratique des États, concrétisée par l'égalité devant l'impôt.

C'est par l'acier que l'Europe s'est construite, c'est par l'acier que l'Europe a été trahie, et c'est par l'acier que l'Europe Démocratique et économique doit vaincre le pillage néo-libéral, en revenant au capitalisme d'Adam Smith.

Il s'avère qu'il n'est pas nécessaire d'aller très loin pour trouver la solution, 20 km. C'est la distance qui sépare Florange, où Mittal arrête les hauts fourneaux, de la Sarre. En prenant le contrôle d'Arcelor, le groupe Mittal reçoit une partie des actions de l'industrie sidérurgique de la Sarre en Allemagne. Et tout comme ailleurs, le groupe Mittal avec ses soutiens financiers essaye d'acheter à crédit cette industrie pour la piller. Mais cette fois il ne va pas réussir.

Face au danger, le Land de Sarre, le syndicat IG METALL et le patronat local, créent une fondation le 7 septembre 2001. Cette fondation, la Montan-Stiftung-Saar coordonne la défense de l'industrie sidérurgique et assure son avenir. Elle regroupe toutes les actions de ses membres dans un holding, la SHS-Stahl-Holding-Saar qui possède 26.17% des actions de la sidérurgie et qui contrôle la SaarStahl AG laquelle possède 33.75% des actions. Ainsi, la fondation contrôle 59.92% des actions de l'industrie sidérurgique sarroise. Elle bloque Mittal et garantit qu'une part raisonnable des bénéfices soient réinvestis année après année dans l'outil industriel. Mittal possède 30.08% des actions et les 10% restant appartiennent à la compagnie sidérurgique elle-même, Dillinger-Hüte-Saartahl AG (DHS). Cette dernière a évidemment les mêmes intérêts que la fondation pour le maintien de l'investissement. Mittal n'a pas de moyen d'action pour piller cette compagnie. Pour assurer le long terme, la fondation finance la recherche à l'université du Land de Sarre et à l'Université des Sciences Appliquées de Sarrebrücken. Elle finance aussi des thèses de doctorat et des projets de recherche. Les sujets financés concernent non seulement la physico-chimie de l'acier, mais aussi les méthodes de fabrication plus écologiques. Bref, elle se comporte en bon gestionnaire capitaliste en répartissant ses efforts sur toutes les échelles de temps, tout en assurant les salaires et les dividendes. L'industrie de l'acier emploie en Sarre 30000 ouvriers, techniciens et ingénieurs et se porte bien. L'avenir n'est pas dans l'abandon de l'industrie lourde.

On verra plus loin que les découvertes et les progrès scientifiques résultent d'un effort à toutes les échelles et dans toutes les directions, mais ces recherches dans toutes les directions ont un autre rôle. Quand une révolution technologique survient, les acteurs qui domineront le marché ne sont pas encore tous constitués. Pour se constituer, ils ont besoin d'un écosystème riche de gens qui ont des compétences dans le domaine lui-même et dans les domaines associés. Cet ecosystème est la recherche publique tous azimuts. L'idée qu'un État puisse anticiper les bons domaines de recherches est contredite par les faits. Par contre, la veille technologique et ensuite la définition d'une politique industrielle, une fois la révolution technologique survenue, sont du domaine de l'État.

Un État qui intervient dans les choix de sujet de recherche de ses laboratoires, se prive de sa capacité objective dans la veille technologique. Son rôle est dans la formation de ses scientifiques et dans l'organisation de la sélection des chefs de laboratoire, de façon à éviter la formation de castes intellectuellement stériles, comme c'est le cas en France. En France, c'est le diplôme d'une grande école qui détermine toute la carrière hiérarchique et non les découvertes. À la tête de nombreux laboratoires français, il y a des scientifiques qui ont signé des articles avec un grand nombre de collaborateurs, mais n'ont jamais signé d'article seuls ou à deux, articles qui montreraient leur propre capacité créative. On a une situation semblable aux USA avec une autre technique : des futurs chefs de laboratoire signent une quantité industrielle d'articles mineurs de façons à être rendus visibles par les moteurs de recherche du web. Un grand scientifique ne signe pas des dizaines d'articles, mais seulement quelques-uns qui sont très cités. Et ces articles sont signés tout seul ou à deux. Pour s'en convaincre, il n'y a qu'à penser à Einstein, Dirac, de Broglie.

Un exemple d'intervention réussie de l'État est le plan de sauvetage de l'industrie horlogère suisse piloté par la Confédération pour faire face à la crise du quartz. Pour comprendre cette crise, il faut remonter à la crise précédente, celle de 1929. À la suite du crash boursier de 1929, les entreprises suisses d'horlogerie, très nombreuses et très petites, se sont lancées dans une compétition destructrice en vendant les mouvements de montre par morceaux pour contourner les taxes à l'exportation des montres complètes. Dans un marché en crise, cette pratique a amplifié la baisse des revenus. Pour éviter l'effondrement de son industrie horlogère, la Confédération a organisé avec les banques commerciales une recapitalisation dans le cadre d'un cartel autour d'une société holding l'ASUAG, d'un regroupement des sociétés Omega et Tissot au sein de la société SSIH, et d'un statut avec des règles, « le Statut Horloger ». Les petites sociétés cessent de vendre des pièces de montre pour assemblage à l'étranger et acquièrent le Statut Horloger qui leur garantit des avantages particuliers.

Après la 2e guerre mondiale, la Confédération tarde à mettre fin au cartel pour s'adapter à la libéralisation des échanges et l'industrie horlogère se repose sur ses lauriers, devenant peu créative. Le cartel cessera dans les années '60' et évoluera vers un label de qualité avec des tests de certification pour définir le « Swiss Made ». Le coma créatif, qui a résulté de la prolongation du cartel, a conduit l'horlogerie suisse à accumuler les retards et quand la montre à quartz est arrivée, la chute a été brutale. L'entreprise américaine Timex et l'entreprise japonaise Seiko mettent sur le marché, à partir de 1970, des millions de montres à quartz bon marché et plus précises que les meilleures montres mécaniques. La révolution technologique ratée est ici la montre à quartz. En 1967 des ingénieurs neuchâtelois avaient construit des prototypes de montre à quartz, mais l'industrie suisse n'avait pas investi. On retrouve ici le schéma de fonctionnement des dirigeants de Nokia par rapport au smartphone. Par leurs initiatives à long terme, les gouvernements finlandais et suisse ont permis à une industrie de se développer, mais une vision à court terme des bénéfices des managers industriels a conduit ces industries au bord de la ruine. Dans le cas suisse, la Confédération, qui avait sauvé son industrie horlogère en créant le cartel, aurait dû garder un œil critique sur son patronat horloger et assurer une veille technologique qui soit indépendante des intérêts à court terme des managers.

Entre 1970 et 1983, les parts de marché de l'industrie horlogère suisse passent de 83.1% à 15.3%, soit 5 fois moins. Entre 1970 et 1985, la moitié des entreprises horlogères suisses disparaissent, 90 000 emplois sont détruits et en 1978 la Confédération met en place une aide financière pour les régions les plus touchées. Mais en parallèle, l'État suisse va intervenir avec les banques commerciales pour sauver et relancer cette industrie. En 1979, ETA, sous le contrôle du holding ASUAG, lance la montre « Delirium », montre à quartz dont l'originalité est l'épaisseur de 2 mm seulement. ETA se lance tout de suite dans un nouveau projet, la Swatch. Dans le même temps, sous l'impulsion de la Confédération et des banques, plusieurs solutions sont envisagées et l'approche proposée par Nicolas Hayek est retenue : l'ASUAG et SSIH fusionnent pour donner naissance à SMH qui deviendra le Swatch Group. Il ne s'agit pas de réponse au coup par coup à l'arrivée de la montre à quartz bon marché, mais d'une stratégie globale. La Delirium est une montre qui se démarque des montres à quartz par sa minceur, la Swatch est un concept de montre différent plus proche de l'accessoire de mode, et parallèlement, SMH utilise les profits des nouvelles montres à quartz pour restructurer le secteur des montres mécaniques sans l'abandonner. Les mouvements mécaniques de référence, ETA 6497, ETA 2824-2, Peseux 7001 et Valjoux 7750 sont sélectionnés et produits en masse par ETA, qui fournit dorénavant tous les fabricants suisses, de façon à réaliser des économies d'échelle. Cette stratégie réussit et quand à partir de 1995 la montre mécanique de luxe repart, l'industrie suisse est prête. Petit à petit, les marques renaissent, elles acquièrent la capacité de produire elles-mêmes les mouvements et atteignent en 2013 un chiffre d'affaires de 20 milliards de francs suisse. L'État confédéral n'a pas agi comme investisseur direct, mais comme facilitateur entre banques et industrie, et en créant un écosystème technologique par le rapprochement des écoles et laboratoires publics et privés, engagés dans la recherche sur les matériaux, la micro-électronique, la micro-mécanique. C'est une stratégie mise au point en commun entre industrie, banques et État qui est suivie de façon coordonnée.

Que ce soit en 1930 ou en 1979, l'État Confédéral est intervenu pour organiser le sauvetage de l'industrie horlogère suisse, mais pas en tant que maître d'œuvre, il intervient comme facilitateur.

L'erreur de l'État français est de vouloir soit agir en maître d'œuvre, soit de se retirer complètement.

En tant que maître d'œuvre, il a agi dans l'informatique avec Bull et la CII. En tant que grand absent, en 2010-2016, il est en train de manquer complètement la révolution industrielle mécanique qui résulte du développement de l'impression 3D et de la physique des poudres nano, micro et mésoscopiques. Plusieurs classes de nouveaux matériaux et de procédés de fabrication apparaissent, de petites entreprises créatives françaises et des laboratoires de recherche publics sont actifs, mais à part faire avaler le tout par des grand groupes industriels entre les mains de copains de promotion, qui font constamment l'aller-retour public-privé, il n'y a aucune stratégie industrielle. D'ailleurs, les hommes et femmes, à la tête de l'État en France, sont experts en sondages et média, mais les termes EBM, EDM, MIM, CIM, SLA, SLS etc. ne signifient rien pour eux [19].

Cette situation est illustrée par la destruction de l'entreprise horlogère française LIP. Celle-ci, installée à la frontière suisse et faisant partie du même écosystème, avait la particularité de ne pas être en retard techniquement sur les montres à quartz. Mais tout comme ses consœurs suisses, elle était en retard d'investissement et l'arrivée massive de montres à quartz américaines et japonaises avait vidé ses caisses. Contrairement aux Suisses, les patrons français jettent l'éponge. Les ouvriers se rebellent, occupent l'usine, prennent le contrôle des stocks, vendent ce qu'ils produisent et réalisent en six semaines le chiffre d'affaires de six mois. La preuve est faite que LIP est un outil industriel viable. Pour débloquer la situation, un compromis est trouvé pour relancer l'usine sous la direction de Claude Neuschwander, dans le cadre du groupe BSN dirigé par Antoine Riboud. Mais à la tête de l'État et du patronat ce sauvetage ne passe pas, car il est la preuve que ni le retrait total face aux difficultés accidentelles comme l'arrivée du quartz, ni le pilotage direct par l'État et ses hauts fonctionnaires, ne donne de résultats. Par contre, un plan de sauvetage mis au point par les acteurs économiques eux-mêmes et qui aurait dû être facilité par l'État comme en Suisse, fonctionne. Mais rien ne sert d'avoir raison. D'après le témoignage du patron Claude Neuschwander lui-même et le témoignage du ministre de l'industrie de l'époque, Jean Charbonnel, dans le documentaire « des patrons et des hommes » [20], le gouvernement fait pression sur le groupe BSN pour qu'il abandonne l'investissement dans LIP. C'est le Premier ministre lui-même, Jacques Chirac, qui demande à Antoine Riboud, patron de BSN, de couler LIP. À l'époque, les principales banques

19. EBM=Electron Beam Machining, EDM=Electron Discharge Machining, MIM=Metal Injection Moulding, CIM=Ceramic Injection Moulding, SLA=Stereolithography, SLS=Selective Laser Sintering.

20. Jean-Michel Meurice, *Des patrons et des hommes, 1950-1980*, ARTE France, 2014.

sont sous le contrôle de l'État et le groupe BSN ne peut refuser cette demande : pour 10 millions de francs (somme ridicule) d'investissements prévus dans LIP non réalisés, la France détruit son industrie horlogère. La France, ancienne puissance industrielle de l'horlogerie, passera complètement à côté du renouveau de cette industrie et des bénéfices qui en résultent pendant les quarante ans qui suivront.

Enfin, il existe un cas où l'État doit intervenir directement : durant un crash boursier ou juste après.

L'État doit intervenir et soutenir, y compris financièrement, les grandes entreprises dont la faillite serait systémique suite à un crash boursier. C'est ce qu'a fait le Président Barack Obama en 2008 pour sauver l'industrie automobile américaine. C'est ce qu'on fait tous les États pour sauver le système bancaire en venant en aide aux grandes banques commerciales. Une entreprise a des hauts et des bas et ces cycles se succèdent. Ils correspondent au cycle de vie commerciale des produits fabriqués. Dans ce cycle, il y a une période où les anciens produits sont en perte de vitesse et les rentrées financières baissent alors que dans le même temps le développement de nouveaux produits nécessite des capitaux. Si à ce moment un crash boursier survient, l'entreprise peut se trouver à court de liquidités et être incapable de trouver des capitaux en bourse ou auprès des banques commerciales qui thésaurisent en attendant la fin de la crise boursière. Le résultat est que des entreprises qui n'ont pas de problème structurel grave et qui sont compétitives à moyen et long terme peuvent se trouver en faillite. Cette conjonction explique la destruction de richesse réelle lors de l'éclatement d'une bulle financière qui conduit à un crash boursier. En dehors des mesures qui doivent être prises par les Banques Centrales lors d'un crash, l'État doit aussi intervenir. Que ce soit par des suspensions d'impôts, des prêts, ou en rachetant provisoirement une partie du capital pour alimenter l'entreprise en financement, l'intervention de l'État ne doit pas être considérée ici comme faussant le marché, car justement durant un crash il n'y a plus de marché. Une fois la crise passée, l'État doit se désengager en faisant un bénéfice, car ayant pris un risque, l'État, comme tout acteur économique, doit en recueillir les bénéfices. Inversement, pour que l'État puisse intervenir, il ne faut pas qu'il soit lui-même endetté et à cours de liquidités, sinon sa situation empire la crise et provoque des faillites d'entreprises. Non seulement un État à cours de liquidités n'a pas de capital pour soutenir les entreprises, mais en plus, il est en compétition avec celles-ci pour attirer les investisseurs et il assèche ainsi encore plus le marché des capitaux.

4

Gestion d'une bulle financière

De ce qui précède on peut essayer de penser une stratégie pour gérer un crash boursier. Les paramètres importants sont la vitesse de circulation de la monnaie (V_r) et le levier officiel (u). Le crash survient quand le marché réalise que les investissements ne sont pas couverts par de l'argent réel. Ce défaut de couverture correspond à un levier effectif très supérieur au levier officiel. La relation qui relie ces variables est la suivante (eq 6.3) :

$$u_{eff} = V_r.u$$

Pour comprendre la dynamique de formation d'une bulle en terme de flux financiers, il faut s'intéresser au crédit entre entreprises. Dans une période de forte croissance d'un segment de marché, les entreprises veulent à la fois réaliser tous les bénéfices potentiels et maximiser leurs parts de marché. En conséquence, elles se lancent simultanément dans une guerre des prix et dans une augmentation de la production. Ayant moins de marges et devant investir pour produire plus, elles ont un grand besoin de financement, et une façon économique de l'obtenir est de payer avec des délais leurs commandes. Mais comme toutes les entreprises concernées par ce segment de marché en forte croissance parient sur des grands bénéfices, elles acceptent toutes ces délais de payement et génèrent ainsi des crédits en chaîne : l'entreprise A fait crédit à l'entreprise B qui fait crédit à l'entreprise C, etc. Le nombre de contrats liés à une richesse pas encore vendue, c'est-à-dire pas encore monétisée, augmente. Le résultat est une très grande vitesse de circulation (V_r) et une corrélation des risques de défaut.

Contrairement aux banques commerciales qui sont soumises à la limitation d'émission de monnaie scripturale par le levier officiel, les entreprises peuvent se faire crédit entre elles sans limite, et ces crédits ne constituent pas un contournement du levier. Ils résultent de la concurrence de marché entre un crédit bancaire relativement sûr mais cher et un crédit entre entreprises à prix nul, mais sans garantie. Cependant, ce crédit est équivalent à une émission de monnaie scripturale. En conséquence, la monnaie scripturale totale augmente sans limite par la grande vitesse de circulation.

La corrélation, elle, nous ramène à la percolation. Considérons la probabilité que deux entreprises aient un crédit effectif entre elles par délais de payement. Si l'emprunteur fait défaut, il peut entraîner dans sa faillite l'entreprise créditrice. La situation est semblable à une épidémie discutée plus haut. On peut définir un seuil à partir duquel la somme totale des impayés potentiels mettent en péril une entreprise, par exemple quand 25% des produits vendus sont payés avec un délai, donc avec un crédit induit. Ce seuil est équivalent à la capacité de tuer d'un virus. S'il n'est pas atteint et que les impayés potentiels se réalisent, l'entreprise survie, dans le cas contraire elle fait faillite.

Maintenant considérons la difficulté d'obtenir un crédit auprès d'une banque, soit parce que les taux d'intérêt sont élevés, soit parce qu'il est plus rentable pour la banque d'investir dans des produits financiers de pillage. Cette difficulté peut être quantifiée par la probabilité d'obtenir un prêt. Quand une entreprise subie un retard de payement, voire un impayé, elle peut avoir besoin d'un prêt-relais provisoire, mais si la probabilité de prêt est trop faible, elle risque elle-même d'être en incapacité de payer ses fournisseurs : d'entreprise saine, elle devient entreprise propagatrice des retards de payement. Donc, la probabilité de ne pas obtenir un crédit auprès d'une banque est équivalente à la probabilité de se propager d'un virus.

Enfin, la durée moyenne des retards de payement joue le rôle de la durée moyenne de la grippe avec un rôle d'immunité semblable puisque l'entreprise qui aura fait face à un défaut de payement se méfiera de l'entreprise responsable.

La probabilité de ne *pas* obtenir de crédit est égale à $(1 - P_c)$ où P_c est la probabilité d'obtenir un crédit. Quand la probabilité d'obtenir un crédit baisse, par exemple à cause des outils de pillage, la probabilité de propagation augmente. Si simultanément la moyenne des crédits entre entreprises est suffisante pour rendre ces crédits mortels, par exemple à cause de la thésaurisation liée au pillage qui affaiblit les fonds propres des entreprises, alors il existe un seuil de percolation qui sépare le fonctionnement normal du crash économique. Quand ce seuil est atteint, le défaut d'une entreprise se propage plus vite que le taux de récupération des entreprises touchées et presque toutes se trouvent en défaut de payement simultanément.

On peut expliquer la brutalité de la transition de phase durant un crash par la percolation. Celle-ci trouve sa source d'une part, dans le fait que la réutilisation de la même monnaie réelle pour générer des crédits effectifs en chaîne entre entreprises, est quantifiée par la vitesse de circulation, et d'autre part, dans le fait que la probabilité de ne pas obtenir de crédit est proportionnelle à la vitesse de propagation des défauts de remboursement. On voit dès à présent que l'intervention de la Banque Centrale doit viser à augmenter les crédits disponibles pour faire baisser la vitesse de propagation des défauts de remboursement et, simultanément, remplacer le crédit entre entreprises qui a disparu brutalement dans le crash par un crédit bancaire de façon à relancer la machine. Cette action est relativement facile dans le cas d'un crash de Minsky, c'est-à-dire en l'absence de contournement du levier et de thésaurisation, mais impossible dans le cas contraire. Pour pouvoir intervenir, il faut, au préalable, mettre fin à la fois au contournement du levier et à la thésaurisation. L'intervention de la Banque Centrale en cas de méga-crash est inopérante si l'État ne met pas fin au pillage et ne poursuit pas en justice les coupables pour les dissuader de profiter de la situation.

On va d'abord s'intéresser à la gestion d'un crash de type Minsky. Ensuite, on s'intéressera aux mesures préalables que l'État doit prendre en cas de méga-crash pour permettre à la Banque Centrale d'intervenir avec les mêmes moyens que dans le cas d'un crash de type Minsky.

4.1 Gestion d'un crash de type Minsky

En l'absence de thésaurisation et de contournement du levier, on est dans la situation d'un crash de type Minsky, mais vu du point de vue de la comptabilité des entreprises. Ce genre de crash se gère sans difficulté comme suit.

Comme l'argent disponible est le produit de la monnaie réelle émise par la Banque Centrale multipliée par la vitesse de circulation (V_r), avec une grande vitesse de circulation on a l'équivalent d'une émission de monnaie.

Ainsi, bien qu'il y ait une forte demande quand (V_r) est très (trop) grand, les prix n'augmentent pas beaucoup, mais c'est une situation malsaine de création de bulle financière. La Banque Centrale n'émet pas de monnaie réelle pour accompagner la forte demande, ce manque d'émission est compensé par un crédit non couvert sous forme de délais de payement entre entreprises, lequel produit une grande vitesse de circulation (V_r) et il n'y a pas de facteur qui limite ce type de crédit. À partir d'une forte croissance justifiée par la production de richesse, on crée une surévaluation de la richesse existante, surévaluation cachée qui devra être purgée par une dévaluation. Cette surévaluation est cachée, car la vitesse de circulation compense le faible levier.

Par contre, ces chaînes de crédits ne constituent pas un contournement du levier, car elles ne donnent pas lieu au payement d'intérêts.

De plus, cette surévaluation de la richesse existante n'est pas le résultat d'une surémission de monnaie par la Banque Centrale. Mais si la Banque Centrale émet de la monnaie pour faire diminuer ces chaînes de crédits, elle alimente la surchauffe de l'économie et aggrave la situation. L'émission de monnaie doit avoir lieu après le crash. Avant le crash, la Banque Centrale aurait dû restreindre le crédit dès les premiers signes de surchauffe pour obliger les investisseurs à se montrer plus sélectifs. Face à la restriction du crédit disponible, les entreprises qui pensent que leur segment de marché vit une révolution, vont augmenter les chaînes de crédit entre entreprises. Par contre, les autres secteurs de l'économie vont réduire ces chaînes de crédit pour éviter d'être en défaut de payement. Les chaînes de crédit se concentrent alors sur le secteur qui crée la bulle et elles laissent le reste de l'économie à l'abri. Dans ces conditions, l'amplification localisée des chaînes de crédit conduit à un crash plus rapide dans le segment en surchauffe, tout en ne se propageant pas aux autres secteurs. Ainsi, contrairement à l'intuition et aux critiques des journalistes économiques, la bonne gestion pour la Banque Centrale consiste non pas à accompagner une forte hausse de la croissance dans un segment par une émission de monnaie, mais au contraire par une limitation. La Banque Centrale doit monétiser la richesse existante, *déjà* produite, pas la richesse qui *sera* produite : c'est le rôle des banques commerciales, pas de la Banque Centrale. Plus la Banque Centrale est laxiste et plus la bulle est grosse.

Tant que le marché se repose sur le levier officiel, les cours montent et $(V_r.u)$ est très élevé. La relation de Fisher est alors une bonne approximation et les termes non-linéaires en $1/(V_r.u)$ sont négligeables. Quand le marché prend conscience de la grande valeur du levier effectif (u_{eff}) et de la faiblesse de la couverture du risque, la vitesse de circulation chute rapidement, tout le monde veut du cash et personne ne le remet en circulation : la monétisation est ralentie, voire bloquée. Les termes non-linéaires en $1/(V_r.u)$, qui correspondent à la déflation, deviennent brusquement très importants. La valeur des actions qui ne trouvent pas preneur chute et comme ces actions sont des anticipations, c'est-à-dire qu'elles correspondent à de la monnaie scripturale, celle-ci est détruite. Les chaînes de crédits s'écroulent et les entreprises font faillite. C'est ce qui s'est passé lors de l'éclatement de la bulle internet en 2000.

Or la monnaie scripturale a une propriété d'ubiquité. En tant qu'investissement, elle représente une richesse pas encore créée, une richesse virtuelle. Mais en tant que salaires et bénéfices, elle représente une richesse réelle pas encore monétisée. La destruction d'anticipations exagérées, c'est-à-dire de la bulle financière par la destruction de *richesse virtuelle* est positive, mais la destruction de la *richesse réelle* qui n'est pas encore monétisée, elle, a un effet négatif. Comme la monétisation est bloquée, la destruction de la monnaie scripturale ne détruit pas seulement les investissements non-productifs, mais aussi l'économie réelle qui correspond à un marché sain. En effet, sans monétisation, les investissements sains eux-mêmes ne peuvent plus fonctionner, les produits ne sont plus échangés contre de la monnaie réelle, laquelle ne peut plus être réinjectée et produire de la monnaie scripturale : la machine capitaliste se bloque. Par ce blocage et la destruction de richesse réelle, on passe d'un excès de monnaie scripturale à un manque. On passe d'une situation de désinflation induite plus ou moins visible à une situation de déflation, qui n'a rien à voir avec une désinflation.

Pour rétablir la situation, l'objectif stratégique de la Banque Centrale est double :

- remettre la monétisation en marche,
- limiter la portion d'économie réelle détruite.

Ses moyens d'action sont la mise en circulation de monnaie réelle par des taux d'intérêt très bas et la dévaluation. Toute la difficulté est dans le timing et la gestion de l'information concernant son action.

Concrètement, la Banque Centrale va surévaluer la valeur de ses réserves et baisser son taux d'intérêt : la valeur de (rB) est augmentée et celle de (iB) est abaissée. La surévaluation de la valeur des réserves est une dévaluation de la monnaie.

La tactique proposée est de laisser le marché purger l'excès de monnaie scripturale tout en limitant cette purge par l'annonce, dès le début du crash, de l'intention de dévaluer qui sera suivie par une politique expansive de la monnaie réelle et ce, en utilisant la combinaison de tous les moyens à sa disposition : taux nuls, voire négatifs, mesures de Quantitative Easing, etc. Les seules informations que la Banque Centrale doit garder secrètes sont le montant de la dévaluation et sa date. Celles-ci doivent être négociées avec les autres grandes Banques Centrales pour coordonner le timing et le taux de façon à avoir un effet systémique positif.

Le levier effectif (u_{eff}) joue le rôle d'une impulsion qu'il faut amortir pour éviter qu'elle ne soit amplifiée en se propageant dans l'économie. Pour amortir cette impulsion, il faut adapter le timing avec cette variation rapide.

Si on dévalue tout de suite après le crash, on couple la dévaluation avec la chute de la vitesse de circulation et au lieu de purger l'argent fictif, on purge l'économie réelle.

Avant de dévaluer il faut au préalable purger la bulle spéculative en protégeant l'économie réelle par une injection ciblée d'argent réel, mais il faut éviter une mise sur le marché de capitaux non ciblés qui peuvent être utilisés par les spéculateurs pour continuer à jouer. C'est un cas où l'État doit intervenir pour soutenir les entreprises réelles, par exemple, par une annulation des taxes sur les bénéfices non-financiers, une annulation des taxes sur les bénéfices liés à la vente de biens produits. La Banque Centrale peut mettre à disposition de l'argent réel au travers d'un fonds d'investissement négocié avec l'État. C'est ce que tente de faire la Banque Centrale Européenne avec le Fond européen pour les Investissements Stratégiques (EFSI) durant l'été 2015. Mais elle ne doit pas dévaluer tout de suite.

Tant qu'on reste dans un crash de type Minsky, l'injection de monnaie par le Quantitative Easing est un outil sain et efficace dans la procédure de purge de la bulle et de sauvetage des entreprises. Par ailleurs, il est important qu'avant le crash l'État n'ait pas de dettes, car son rôle face au crash est de soutenir les entreprises est abaissant les impôts aussi bien des entreprises que des particuliers, et donc à s'endetter. Un État doit toujours avoir en réserve une capacité d'endettement de façon à sauver les entreprises et aider les chômeurs, ce qui permet de sortir d'un crash de type Minsky rapidement.

Mais le Quantitative Easing est inefficace tant que le pillage continue. C'est le cas en 2016. Un symptôme qui ne trompe pas est le succès des « mini-bonds » après des Petites et Moyennes Entreprises en Italie[21]. Les mini-bonds sont des obligations simplifiées, qui peuvent être émises sans passer par une grande banque d'affaires, car le descriptif du produit est simplifié. Introduits en 2012, les mini-bonds ont été émis par 145 entreprises entre 2012 et 2015, dont 55 sont des PME non-financières. De plus, 17 des entreprises émettrices sont déjà cotées sur le marché des actions. En d'autres termes, bien que les taux d'intérêt soient nuls ou négatifs, bien que le Quantitative Easing soit en place, les entreprises non-financières ne trouvent pas de financement pour leurs projets. L'argent injecté par la Banque Centrale n'arrive pas au bout du circuit pour irriguer l'économie réelle. Quand il y a une fuite on a beau augmenter la pression à l'entrée, cela n'a aucun effet à la sortie, car tout se perd en route.

Si malgré tout, le Quantitative Easing est poursuivi sans mesures

21. « La Repubblica », 20 juin 2016.

contre le pillage, l'économie entre dans le syndrome japonais de stagnation éternelle qu'on pourrait qualifier de « Japanese desease ».

Pour éviter cette situation et, en 2016, pour sortir le Japon de sa triste situation, le Quantitative Easing doit s'accompagner de mesures énergiques contre le pillage et pour la réinjection forcée de la monnaie thésaurisée indûment. En 2016, cela consiste à interdire les OTC Derivatives et à réserver l'accès du marché des actions et des obligations OTC, aux PME non-financières dont le chiffre d'affaires est inférieur à une limite.

Une fois la purge de la spéculation effectuée, il faut éventuellement dévaluer pour retrouver une monnaie réelle qui correspond à la richesse réelle. Le fait que la dévaluation soit retardée, mais attendue et annoncée, conduit les possesseurs de la monnaie réelle à s'en défaire et ce, de deux façons :

- les possesseurs de la monnaie réelle vendent cette monnaie au rabais contre une autre devise, ce qui revient à une dévaluation,
- les possesseurs de la monnaie réelle achètent des biens en profitant de l'effondrement de la bourse et on a alors un retour de l'argent réel dans le circuit sain, ainsi qu'une contribution à la stabilisation des cours des entreprises de l'économie réelle.

La vente contre une autre monnaie est limitée par le fait que le crash lui-même provoque une baisse des autres marchés et les investisseurs de ces marchés n'investissent dans la monnaie dont on annoncé la dévaluation, qu'à la valeur future estimée de celle-ci. Les Banques Centrales doivent coordonner leur action de façon à ne pas entrer dans une course à la dévaluation. Quitte à mettre de l'ordre dans les comptes entre Banques Centrales une fois la situation stabilisée, les Banques Centrales doivent faire front et agir en commun.

Il est à noter que comme la dévaluation est annoncée, les acheteurs de la monnaie doivent eux aussi s'en débarrasser avant la dévaluation. Ils ont eux aussi intérêt à acheter des biens liés à l'économie réelle et donc stabiliser les cours.

La stratégie de la dévaluation retardée mais annoncée a plusieurs avantages. C'est une dévaluation continue et non discontinue et brutale dont l'ampleur est dans un premier temps laissée au marché.

Si cette dévaluation est trop importante, la Banque Centrale peut racheter à faible coût sa propre monnaie de façon à faire correspondre la richesse réelle avec la monnaie réelle. La Banque Centrale reprend le contrôle de sa monnaie et de la monnaie scripturale. Ce rachat peut être fait avec de la monnaie d'une autre Banque Centrale et empruntée à celle-ci. Comme ce rachat est fait en dessous de l'objectif de cours, il permet aux deux Banques Centrales de rentrer dans leurs frais.

Si cette dévaluation est insuffisante, une fois la purge d'argent scriptural passée, la Banque Centrale peut faire payer un intérêt de gardiennage pour toute somme empruntée à la Banque Centrale et non réinvestie dans la limite du levier.

Cette technique peut (doit ?) aussi être mise en place par les autres Banques Centrales qui font front commun avec la Banque Centrale de la zone monétaire où a eu lieu le crash. En effet, la dévaluation dans une zone provoque la fuite des capitaux vers une autre monnaie, faisant monter le cours de celle-ci à un niveau qui provoque la chute des exportations du ou des pays émetteurs de la monnaie refuge. On a ainsi une propagation de la crise induite par le crash vers une zone saine. Pour empêcher cette propagation, la Banque Centrale du pays de monnaie refuge peut dans un premier temps garantir un cours plancher par rapport à la monnaie de la zone monétaire du crash. Mais cette politique a un coût et ne peut être menée très longtemps. Cependant, c'est par cette étape qu'il convient de commencer pour atténuer le crash et laisser la dévaluation naturelle de la monnaie de la zone de crash s'opérer. Dans un deuxième temps, il faut simultanément abandonner le taux plancher et adopter un intérêt de gardiennage.

Les banques commerciales ont alors deux choix pour défendre leurs intérêts. Soit elles réduisent leur activité, mais alors elles ne provoquent pas d'asphyxie des entreprises par thésaurisation, car elles se débarrassent de la monnaie réelle, ce qui provoque une dévaluation. Soit la banque commerciale réinvestit et donc participe à la stabilisation des cours.

La technique d'un intérêt de gardiennage appelé taux d'intérêt négatif, a été mise en place par la Banque Nationale Suisse pour lutter contre le franc fort en 2015. Dans un premier temps, suite au crash de 2008[22], la Banque Nationale Suisse a mis en place un taux plancher de 1.20 franc suisse pour 1.0 euro en 2011, de façon à stabiliser les échanges avec la zone euro et laisser le temps nécessaire à la dévaluation naturelle de celui-ci au fur et à mesure que les salariés de cette zone ont renfloué leurs banques commerciales avec leur propre richesse. Après avoir cessé de soutenir le cours de l'euro par un taux plancher le 15 janvier 2015, le cours de ce dernier à atteint 0.85 franc pour 1.0 euro mettant en péril les

22. J. B. Taylor, *The Financial Crisis and the Policy Responses : An Empirical Analysis of What Went Wrong.*, NBER Working Papers 14631, National Bureau of Economic Research, Inc, 2009.

exportations suisses. Avec des taux d'intérêt négatifs, fixés à $-0,75\%$, ce cours à été ramené en mars 2016 à 1.10 francs pour 1.0 euro. Cette politique a parfois été mal comprise en Suisse par les industriels. Ceux-ci n'ont pas considéré que cette politique a enrayé la propagation de la crise bancaire de 2008 en Suisse et que la Suisse a participé à l'effort collectif pour sauver le système bancaire de ses partenaires, qui sont aussi ses premiers clients. La politique de Banque Nationale Suisse doit être saluée comme un exemple de sang-froid et de responsabilité. Certes, la croissance économique a reculé de 2.1% en 2014 à 0.8% en 2015, le tourisme a plongé, les dépenses des consommateurs suisses à l'étranger ont crû de 8%, les faillites des entreprises ont augmenté de 7%. En d'autres termes, la crise de 2008 a aussi touché la Suisse, mais de façon très atténuée. Cette crise est en grande partie amortie dès 2016 où la situation se stabilise. Avec le recul, il est probable que les mêmes industriels qui ont vertement critiqué la BNS voient les choses autrement. Cependant, dans la mesure où le choc lié à la décision de l'abandon du cours plancher a un effet à court terme, déstabilisant pour les entreprises industrielles et commerciales, une politique d'accompagnement financier doit intervenir. L'État peut, par exemple, suspendre tout ou partie de l'impôt sur les entreprises industrielles et commerciales situées sur son territoire pour un an à partir de l'abandon du plancher, faire des crédits d'impôt à taux nuls, etc. Il importe que ces aides soient ciblées et excluent les activités de placement financier, sinon elles iraient à l'encontre de l'action de la Banque Centrale. Par ailleurs, il s'agit d'une action ponctuelle destinée à protéger les entreprises des effets d'un choc, qui, lui, est destiné à remettre les banques commerciales dans leur rôle de sélecteurs de projet et pas de pilleurs. La critique des industriels suisses n'aurait pas dû être dirigée contre la BNS, mais contre le Conseil Fédéral qui a agi trop lentement et trop peu. Il aurait dû accompagner l'abandon du court plancher par la BNS, en abaissant massivement pour une année les taxes et impôts des entreprises exposées au taux de change. Il ne s'agit pas d'un cadeau sectoriel, mais d'un effort collectif au bénéfice de toute l'économie du pays. De façon générale, cette mesure doit rester ponctuelle et de fait, au bout d'un an après le choc, avec 1.0 euro à 1.10 franc suisse, elle n'est plus nécessaire. Cependant, globalement, la réaction monétaire suisse peut servir de modèle pour les crises à venir.

Résumons ce modèle. Quand une zone monétaire subit un crash, les autres zones doivent, dans un premier temps, utiliser leurs réserves pour garantir un cours minimal à la monnaie du crash. Sans cette action, la dévaluation de cette monnaie amplifie la chute des exportations vers cette zone, ce qui augmente le chômage à la fois dans la zone de crash et dans les zones exportatrices vers cette zone. Ce chômage amplifie lui-même la crise, tout le monde est perdant. Au bout de quelques années, quand la situation est stabilisée, les zones hors crash doivent abandonner le cours plancher, mais surtout pas simultanément. Cet abandon provoque localement une mini-crise pour les exportateurs qui doivent avoir le support de leur gouvernement pour une durée d'un an.

La dévaluation trop rapide et trop forte du Yuan par la Banque Centrale de Chine en août 2015 est probablement une erreur : elle intervient trop tôt après le crash des bourses chinoises. La nouvelle dévaluation du Yuan en janvier 2016 est survenue par surprise et sans coordination avec les autres Banques Centrales. Ce ne sont pas les dévaluations elles-mêmes qui posent problème, mais la façon dont elles ont été conduites qui minent la confiance dans la Banque Centrale de Chine. Son action apparaît alors isolée et sans stratégie, bref, un pilotage à vue.

4.2 Gestion d'un méga-crash

Un méga-crash n'est pas un secteur particulier en surchauffe qui provoque l'éclatement d'une bulle boursière, mais l'effondrement de la monnaie elle-même : si rien n'est fait, l'économie est démonétisée et retourne au troc. Certes, il reste une monnaie émise par le Banque Centrale, mais celle-ci est soumise à une hyper-inflation. C'est une monnaie fictive où chaque semaine on ajoute des zéros sur les billets de banque. Pire, si on applique la méthode ci-dessus de gestion d'un crash de type Minsky sans avoir au préalable restauré un marché libre du crédit, libre parce que régulé, c'est-à-dire mis à l'abri du pillage, l'action de la Banque Centrale amplifie le pillage et la destruction.

Le cœur du problème est la séparation entre banque de crédit et banque d'investissement. Cette séparation, obtenue par la régulation, oblige les banques d'investissement à affronter la compétition capitaliste pour obtenir du crédit. À l'inverse, si les banques d'investissement et les banques de crédit ne sont pas séparées, les banques d'investissement peuvent obtenir du crédit sans limite en gageant non pas les avoirs des actionnaires des banques d'investissement, mais les salaires et les trésoreries d'entreprises qui transitent par les banques de crédit. Sans séparation bancaire, l'injection de monnaie par la Banque Centrale est détournée par les banques commerciales et réinvestie dans les produits toxiques qui sont à l'origine de la crise. La Banque Centrale alimente alors la crise. C'est ce qui s'est passé entre 2008 et 2016. Après avoir été sauvées par les Banques Centrales et les contribuables, les banques d'investissement qui pratiquaient le pillage ont recommencé de plus belle. L'exemple caricatural est la version européenne de Goldman Sachs, c'est-à-dire la Deutsche Bank. En 2016, cette dernière était engagée avec des produits dérivés toxiques à couvrir environ 20 fois le PIB allemand avec seulement 215 milliards d'avoirs en caisse. La vraie couverture de la Deutsche Bank est constituée des salaires et trésoreries d'entreprises déposés à la Postbank qu'elle contrôle. Or, la Postbank a été créée par les contribuables allemands et est alimentée par les salaires et les trésoreries des entreprises allemandes. Il s'agit d'un cas de pillage extrême. Tout aide de l'État allemand ou de la Banque Centrale Européenne à la Deutsche Bank alimente ce pillage. Le traitement du cas particulier de la Deutsche Bank sera abordé dans la section « Cas particulier de l'UE » du chapitre « Économie Politique pour un monde multipolaire stable ».

Mais on voit dans cet exemple ce qui se passe en l'absence de séparation bancaire entre crédit et investissement. La séparation impose aux investisseurs une compétition sur le marché du crédit, et cette compétition protège le système monétaire des institutions dédiées au pillage. La séparation a été introduite aux USA après le crash de 1929, au travers du Glass-Steagall Act de 1933. Elle a été abolie par la dérégulation en 1999, on connaît la suite. Mais pendant soixante-sept ans la séparation bancaire a protégé le système monétaire d'un méga-crash.

Tout État raisonnable devrait rétablir la séparation bancaire stricte sans attendre le prochain crash, mais si cette séparation n'a pas encore été votée au moment du crash, le gouvernement doit prendre toute mesure légale à sa disposition pour empêcher l'utilisation des dépôts comme garantie des investissements par les banques en difficulté. Selon les cadres légaux propres à chaque pays, plusieurs mesures sont possibles :

- une interdiction par décret,
- l'introduction dans la réglementation bancaire de l'obligation de l'accord explicite du possesseur d'un dépôt pour tout usage de garantie d'un investissement,
- la nationalisation, la séparation en banque de crédit-dépôt d'un côté, et en banque d'investissement de l'autre, avant revente des nouvelles banques qui remplacent l'ancienne.

En parallèle, une loi de séparation bancaire stricte doit être votée dans l'urgence. Ces mesures sont les seules qui éviteront une course aux guichets des banques, des salariés et des entreprises pour retirer leurs dépôts. Au contraire, la séparation bancaire va encourager ces mêmes salariés et entreprises à mettre leur capital à l'abri dans les banques de crédit-dépôt. Ce capital dans les banques de crédit-dépôt assure la continuité de la monnaie par l'existence d'un marché du crédit, et c'est ce marché qui permet à la Banque Centrale d'injecter de la monnaie et d'effectuer une dévaluation efficace. En mars 1933, le Président Roosevelt a fermé toutes les banques pendant quatre jours, le temps de faire voter l'Emergency Banking Act qui a mis provisoirement toutes les activités des banques commerciales sous le contrôle et la supervision de l'État. Cette supervision était provisoire et uniquement destinée à donner le temps nécessaire pour réformer le système bancaire.

Mais l'injection de monnaie réelle est rapidement mise en échec si l'État ne met pas fin à la thésaurisation. L'Emergency Banking Act a été suivi par l'Executive Order 6102, le 5 avril 1933, qui a nationalisé l'or. Cette nationalisation a supprimé en une seule fois la thésaurisation. Cette action ne serait pas aussi efficace aujourd'hui, car la thésaurisation se fait sous d'autres formes. Il faut préciser la nature de la thésaurisation au sens monétaire par opposition à une définition morale ou éthique qui englobe tous les types de richesse. Au sens monétaire, la thésaurisation concerne l'argent liquide, l'investissement dans des fonds de placement qui créent des corrélations statistiques et les produits dérivés toxiques. L'action de la Banque Centrale par l'instauration de taux d'intérêt différenciés en fonction de la probabilité de transfert de risque sera présentée dans la section « Le Rôle de la Banque Centrale » du chapitre « Économie Politique pour un monde multipolaire stable ». L'action de l'État est de nature fiscale, mais elle est souvent mal ciblée. Les taxes traditionnelles qui concernent la thésaurisation sont :

- la taxe foncière,
- l'impôt sur les successions,
- l'impôt sur la fortune (ISF).

Contrairement aux idées reçues, les pays qui ont un impôt sur la fortune ne sont pas forcément ceux qui imposent plus les riches. Une personne riche et propriétaire de plusieurs biens immobiliers payera en France l'ISF en plus des taxes foncières sur chacune de ses propriétés. Mais comme la taxe foncière est bien moins élevée en France qu'aux USA où il n'y a pas d'ISF, au total cette personne payera moins d'impôts en France sur ses propriétés immobilières. À l'inverse, si cette personne possède sa richesse sous d'autres formes que l'immobilier, elle payera plus d'impôts en France. En fait, le problème est mal posé par cette approche traditionnelle. La thésaurisation qui bloque la machine capitaliste est la monnaie réelle qui n'est ni dépensée en biens de consommation (voitures, maisons, yacht, etc.), ni investie dans l'économie réelle ou investie dans des fonds de placement qui créent des corrélations artificielles dans les cours des actions. L'investissement d'un salarié ou d'un petit porteur dans un fonds de placement industriel ne pose aucun problème dans la mesure où les sommes sont petites et où elles se répartissent sur des fonds très différents. Par contre, au-delà d'un seuil, par exemple 1 million d'euros, l'investissement dans un fonds unique crée des problèmes. Le but économique d'un impôt sur la thésaurisation doit être de décourager les investissements dans les produits toxiques, de décourager la concentration des investissements et enfin, de décourager le stockage de la monnaie sur des comptes dormants. La thésaurisation ne concerne pas les classes moyennes, et pour fixer les idées, on peut considérer qu'en dessous de 1.5 million d'euros, hors résidence principale ou première propriété immobilière, il n'y a pas de thésaurisation et ce, quelle que que soit la forme de cette richesse : monnaie, parts de fonds d'investissement, Art, objets de luxe, etc.

La lutte contre la thésaurisation économique doit concentrer les taxes sur la monnaie non investie, l'investissement dans les produits toxiques, et la concentration de l'investissement dans quelques fonds de placement. Ce type de fiscalité est nécessaire pour que la machine capitaliste puisse fonctionner.

Ce type de fiscalité permet aussi de rééquilibrer les inégalités de naissance sans nuire aux entrepreneurs qui ont du succès. Un tel entrepreneur fera des investissements judicieux qu'il choisira lui-même et ne confiera pas son capital à un fonds de placement. De plus, un entrepreneur n'est pas un pilleur et ce qui le motive est la concrétisation de ses projets, pas le pillage par des produits dérivés toxiques. Il sera peu touché par ce type de fiscalité. Par contre, ses descendants, qui n'ont aucune raison d'être aussi doués, auront le choix soit de perdre leur capital par la taxation, soit de l'investir eux-mêmes. S'ils n'ont pas les capacités de l'entrepreneur, ils perdront rapidement ce capital qui sera réinjecté dans la machine capitaliste.

On peut en parallèle avoir un impôt sur la succession, une taxe foncière, ou un impôt sur la fortune, mais ces impôts ont surtout un rôle moral ou éthique dont le but est de renforcer la cohésion sociale.

Par ailleurs, l'impôt le plus néfaste au fonctionnement de la machine capitaliste est un impôt au taux indépendant des revenus, la « flat tax ». En effet, les données expérimentales des quarante dernières années montrent que le ruissellement, le « trickle down », ne fonctionne pas[23]. Sans impôt redistributif, la consommation baisse, la classe moyenne qui fournit les entrepreneurs diminue et la concentration des investissements

23. Thomas Piketty, *Le Capital au 21e siècle*, Seuil, 2013.

dans un petit groupe de gens aux idées semblables conduit à la soviétisation de l'économie. La « flat tax » est anti-capitaliste, c'est une taxe de régime féodal.

Une fois la séparation bancaire instituée et la fiscalité contre la thésaurisation économique en place, les mesures pour faire face à un crash de type Minsky peuvent être appliquées à un méga-crash.

Des anticipations erronées des différentes phases de croissance d'un nouveau domaine économique par le marché sont inévitables et sont régularisées par des crashs boursiers « normaux » de type Minsky. Si ceux-ci ont lieu en l'absence de thésaurisation et de dette de l'État, ils font partie du fonctionnement normal de la machine capitaliste et celle-ci s'adapte sans difficulté. Mais si la Banque Centrale réagit à contre-temps comme en 1929, un crash « normal » peut prendre des proportions anormales et détruire une très grande partie de l'économie de production. Si en plus il y a pillage et thésaurisation comme c'était aussi le cas en 1929, la sortie di crash boursier ne peut pas avoir lieu sans intervention de l'État pour mettre fin au pillage et remettre en circulation la richesse thésaurisée indûment.

Pour limiter les anticipations erronées et éviter le pillage, un système de taxe-détaxe pour introduire de la viscosité sur les transactions boursières, permettrait tout à la fois de fournir aux entreprises, et donc aux salariés, la sécurité financière recherchée, et permettrait de stabiliser les marchés boursiers au profit des investisseurs de type Buffet.

Par ailleurs, avoir un peu d'inflation contenue par des taux d'intérêt de quelque % permet de prévenir un choc boursier dû à une bulle et d'avoir un peu de marge de manœuvre pour réagir. On peut alors baisser les taux, ce qui revient à injecter des liquidités et à laisser l'inflation réajuster la monnaie réelle à la richesse réelle.

5

La proposition Minsky : retour à la Sérénissime République de Venise

L'État est une entreprise très particulière : son produit est le « vivre ensemble ».

Pour ce type d'entreprise, la main invisible d'Adam Smith fonctionne-t-elle ? Cela dépend du régime politique : elle s'exprime complètement par le vote, en partie par le plébiscite, et pas du tout par les instances du parti unique, sauf si celui-ci agit comme un parlement à travers ses courants politiques, comme c'est le cas en Chine. Il s'agit alors d'un faux parti unique. Quand la main invisible d'Adam Smith peut s'exprimer, son efficacité est variable.

L'État vend ses services par l'intermédiaire des impôts et le prix de marché de ces services est assuré par la mise en compétition des programmes politiques. Les électeurs comparent le prix d'un même service produit par le secteur privé, mais aussi l'étendue de ce service.

Les néo-libéraux ont trompé les électeurs en leur faisant croire que le prix économique était le coût ponctuel, alors que le coût réel que payent les consommateurs est le prix intégré. Par exemple, un service d'éducation nationale avec un programme dont 90% du contenu est le même pour tous les élèves, produit des citoyens qui vivent plus facilement ensemble qu'un programme scolaire décidé par chaque école dans un système entièrement privé. Dans ce cas, on produit des consommateurs qui ont peu de codes sociaux en commun et qui se réfugient dans le communautarisme. Ce dernier a un coût économique prohibitif, très supérieur au budget de l'éducation nationale, même dans un pays comme la France, où pourtant ce budget est le plus grand par rapport aux autres domaines. Bref, produire un citoyen est beaucoup plus efficace d'un point de vue économique que de produire un consommateur.

Le court terme, toujours le court terme de la révolution thatcherienne, qui cache le coût intégré au profit immédiat du coût ponctuel. Après le vote du Brexit, l'état de la société britannique et l'état de l'État tout court, avec ou sans Écosse, montre où cela mène. La Grande-Bretagne et sa démocratie exemplaire ont échappé au communisme, ont vaincu Hitler et Napoléon, et sont tombées sous les assauts de l'idéologie libertarienne. Ce point sera abordé dans la 2e partie, section « La jonction idéologique rouge-brune avec la révolution thatcherienne : le mouvement libertarien ».

Les keynésiens et les néo-keynésiens comme Hyman Minsky pensent que la machine capitaliste la plus efficace est celle où l'État est la plus grande entreprise, le « Big Government ».

La question posée ici est la suivante : quelle doit être la portion de l'État dans l'économie ? Les néo-libéraux en veulent le moins possible et les keynésiens le plus possible.

Dans le cas du néo-libéralisme de Milton Friedman, on a vu qu'il est construit sur une contradiction : la dérégulation conduit à la thésaurisation, laquelle engendre des méga-crashs qui détruisent l'État démocratique. Seuls subsistent des multinationales qui remplacent la démocratie par le féodalisme. Le néo-libéralisme est compatible avec les autocraties plébiscitaires et non pas avec la démocratie. Qu'en est-il du Big Government ?

Poussé à son extrême, celui-ci conduit à une économie centralisée soviétique, laquelle est aussi à une forme de féodalisme. On retrouve par un chemin différent la situation où mène le néo-libéralisme. Mais les keynésiens ne proposent pas d'aller jusque-là. Le projet est un Big Government qui contrôle la majorité des richesses par la monnaie et qui pilote la machine capitaliste par des grands programmes d'investissement : aller sur la lune, construire un réseau d'autoroutes, etc. L'État met en place à cet effet des agences spécialisées comme la NASA, ou des entreprises publiques comme la SNCF en France pour le développement du réseau TGV.

Reprenons le diagramme de la machine capitaliste et ajoutons-y le secteur public dans la case entreprise. Cette situation est illustrée dans le diagramme de la figure 10.1.

Dans ce diagramme, la monnaie scripturale est injectée dans la partie supérieure de la case entreprise, c'est-à-dire dans le secteur public. Cela ne signifie pas que le secteur privé n'a pas accès au crédit, mais que la portion la plus grande va au secteur public.

Comme l'exprime très clairement Hyman Minsky dans « Stabiliser une Économie Instable », les hypothèses de base d'un tel système financier sont les suivantes :

- la dette publique est exempte de tout risque de défaut,
- la somme totale des excédents-déficits des ménages, des entreprises, du secteur public et des institutions financières est égal à zéro.

La gestion d'une telle économie selon les keynésiens consiste à répartir les excédents-déficits entre les quatre catégories précédentes, quitte à

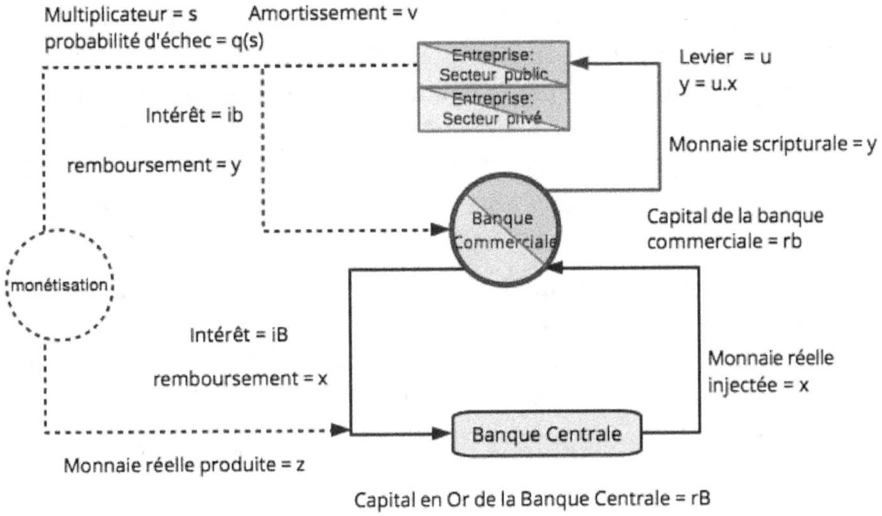

FIGURE 10.1 – Circuit Financier de l'Entreprise avec un Big Government

émettre des emprunts d'État, supposés de risque nul. Il revient à la Banque Centrale, par ses taux d'intérêt et par l'impression de monnaie, de « financer » ces emprunts d'État. Financer est entre guillemets, car il n'y a pas nécessairement de richesse existante en contre-partie, et si ajustement il doit y avoir, il se fait par l'inflation.

Dans cette vision, la déflation est le contraire de l'inflation et résulte de la thésaurisation des salariés confrontés à la peur du chômage. La recette pour sortir de cette situation est alors une dette massive de l'État qui finance des grands travaux, dette financée par l'émission d'emprunts d'État. Quant à la liquidité bloquée par la thésaurisation, elle est rétablie par l'impression massive de monnaie par la Banque Centrale. En effet, celle-ci provoque une dévaluation de fait par l'inflation : la monnaie thésaurisée perd alors de la valeur et la part de richesse existante qu'elle représente diminue. Mais cette méthode de lutte contre la thésaurisation ne fonctionne que si la monnaie ne peut pas être mise à l'abri de l'inflation par des outils financiers de pillage. Dans ce schéma, il n'y a pas de différence entre la monnaie réelle et la monnaie scripturale. La seule différence est que la monnaie scripturale est émise par les banques commerciales : celles-ci ne sont qu'un intermédiaire qui doit faire diffuser le crédit émis par la Banque Centrale. Leur rôle de sélecteur de projet est très réduit dans la mesure où il s'insère dans les grands programmes de l'État.

C'est un système de crédit à un seul étage, où le crédit est émis par l'État et où il est représenté par la monnaie émise par la Banque centrale. La monnaie ne représente pas la richesse existante et la contre-partie est la confiance dans l'État. C'est ce qu'exprime l'hypothèse selon laquelle la dette publique est exempte de tout risque de défaut. L'ajustement entre monnaie et richesse réelle se fait par l'inflation et n'est pas immédiat.

Dans cette approche, la monnaie ne représentant pas la richesse, elle est de même nature qu'elle soit réelle et émise par la Banque Centrale, ou scripturale et émise par les banques commerciales. C'est d'ailleurs le point le plus faible de ces théories économiques.

Ce système fonctionne si l'État en question domine l'économie mondiale et si cet État est géré raisonnablement, c'est-à-dire sans allocation absurde des ressources. Ce système est celui de Bretton Woods : une économie domine, celle des USA, les autres sont des économies annexes. L'économie dominante a la plus grande réserve d'or, qui n'a pas besoin de correspondre en valeur à une fraction connue de la richesse monétisée. Son rôle est symbolique, elle doit être suffisamment importante pour laisser croire que la dette de l'État est dénuée de tout risque.

Dans quelles conditions une telle économie peut-elle fonctionner ? En premier lieu, il ne faut pas qu'il y ait dans le même système monétaire d'autres économies aussi grandes, comme c'est le cas depuis la fin des années '70' avec l'économie du Japon et de l'Europe. Ensuite, il faut que le système de sélection des projets ne conduise pas à financer des absurdités. Après la 2e guerre mondiale, une grande partie de la zone monétaire Bretton Wood était en reconstruction et la sélection des projets ne posait pas de difficulté : c'était une machine capitaliste dans la phase 1.

Dans cette phase, les investissements les plus rationnels sont les infrastructures. Or, en tant qu'investissements de long terme, ils n'attirent pas, par eux-mêmes, les capitaux privés. C'est une situation où le Big Government est le plus efficace. Le risque d'erreur d'allocation des ressources est faible. Le Big Government permet la recherche de compromis entre tous les acteurs de la société. Les entreprises privées sont sûres d'être payées, et pour les banques commerciales pilotées par la Banque Centrale et le gouvernement, c'est un investissement aux rendements faibles, mais sans risque.

De fait, le plan Marshall et la reconstruction de l'Europe de l'Ouest et du Japon montrent le succès de cette approche.

Dans cette phase pilotée par l'État, l'amortissement (v) est très proche de 0, car la durée de vie des ouvrages de génie civil est de plusieurs dizaines d'années, le risque d'échec est quasi-nul et (q) est proche de 0, car aucun de ces ouvrages n'est pas ou peu utilisé, et enfin le multiplicateur (s) est élevé, car ces infrastructures permettent une forte croissance des activités économiques. En conséquence, le Big Government fonctionne.

Il ne faudrait pas en déduire que c'est le remède universel. En effet, si le Big Government est remplacé par une économie centralisée, il n'y a plus de compétition entre les entreprises chargées de construire les ouvrages ainsi qu'entre les entreprises sous-traitantes et dans ce cas, la qualité de construction baisse donc (v) augmente. La mauvaise gestion et le gaspillage se développent, donc (q) augmente. Enfin, l'absence de liberté d'entreprendre limite la création d'entreprises susceptibles d'utiliser ces ouvrages et donc (s) diminue.

De plus, même dans une économie capitaliste, quand les infrastructures du pays sont déjà construites, le Big Government peut conduire à du gaspillage. On trouve en Espagne un aéroport inutilisé, en France des tronçons d'autoroute qui ne vont nulle part et un aéroport projeté il y a cinquante ans à Nantes, qui est inutile aujourd'hui et qui est en passe d'être construit avec la garantie de l'État, c'est-à-dire garanti par l'argent des contribuables.

Pour éviter ces situations, une certaine liberté de choix et un débat ouvert sur l'allocation des ressources doivent exister. C'est ce qui se passe dans les démocraties, mais aussi dans des régimes de consensus par l'État. Ces régimes comme la Sérénissime République de Venise et le régime capitaliste-communiste chinois, ne sont ni des démocraties représentatives, ni des autocraties plébiscitaires, ils se situent entre les deux.

Le cas de Venise permet d'illustrer cette situation. C'est une République formée de deux catégories de citoyens : les hommes libres (la plèbe) et les aristocrates (le patriarcat). Ce dernier est composé des descendants des principales familles vénitiennes enregistrées dans le livre d'or, qui a été fermé à toute adjonction en 1297. Le patriarcat élit le Grand Conseil et le Sénat. Le Grand Conseil élit le Doge, lequel n'est pas un monarque absolu et gouverne avec plusieurs conseils spécialisés : le Conseil restreint qui représente les six arrondissements de la ville (appelés sextiers), le Conseil des Quarante (organe politique et économique), et le Conseil des Dix (organe juridique). Pour les affaires étrangères, le Doge gouverne avec le Sénat. Par ailleurs, la plèbe a ses propres organisations professionnelles qui défendent leurs intérêts en intervenant auprès des différents Conseils. Ce système permet les débats en matières économiques et sociales et limite les excès et les choix absurdes. L'économie est alors dominée par les marchands, les banquiers et les premiers industriels autour du verre et de la métallurgie, qui agissent dans le cadre d'une politique coordonnée par le Big Government.

Au départ, cette économie était basée sur le sel extrait de la lagune. Venise n'a pas de ressources naturelles à part le sel. Mais c'est une matière première recyclable, car une fois consommée, elle retourne à la mer par les cours d'eau. Par ailleurs, son coût ponctuel est égal à son coût intégré. Et c'est une matière stockable, transportable et d'usage universel. En d'autres termes, l'industrie du sel est parfaite pour le lancement d'une machine capitaliste. Le commerce du sel va entraîner le commerce des céréales et ensuite, le commerce et le contrôle du commerce de l'or au niveau mondial. La production de sel vénitien étant insuffisante avec le développement du commerce, Venise commercialisera même du sel produit aux Baléares. De même, Venise commercialisera des céréales produites dans les pays de la mer noire, ainsi que les produits de luxe du monde musulman et de l'Asie. Pour mener à bien ce commerce mondial, Venise avait besoin de deux outils, des routes commerciales sûres pour le transport et des moyens de payement différés fiables.

Pour ce qui est du transport, le Big Government vénitien va investir dans la plus grande et la plus moderne[24] usine à bateaux militaires de l'époque, l'Arsenal. Ensuite, il va utiliser sa flotte pour deux fonctions : conquérir des ports-relais où mettre ses entrepôts et organiser des transports en convois escortés par ses navires de guerre, les « mude », qui transportent aussi bien le coton de Syrie que les céréales, l'or et l'argent. Faire du commerce à Venise et payer ses taxes permet aux marchands de bénéficier de ce système. La conquête limitée à des ports sans s'enfoncer dans l'intérieur du pays a plusieurs avantages. Elle limite les moyens humains nécessaires et, en ouvrant la possibilité aux habitants locaux de commercer mondialement par ces ports, la présence vénitienne devient acceptable, voire souhaitée. Là où la conquête d'un port était trop coûteuse ou impossible, Venise faisait intervenir sa diplomatie pour ouvrir des comptoirs. Dernière alternative, Venise achète un territoire stratégique comme l'île de Corfou à l'entrée de l'Adriatique en 1386. Le coût

24. L'armement des bateaux sera fait à la chaîne lors de la traversée du canal de l'Arsenal : c'est le taylorisme plus de huit siècles avant Henry Ford !

ponctuel est élevé, mais le coût intégré très faible. Cette place-forte fait de l'Adriatique une mer privée vénitienne pour les quatre siècles suivants et l'achat évite le coût d'une guerre qui aurait été plus élevé.

Les principales ressources financières pour maintenir cette flotte et ces ports étaient les taxes sur le commerce. Ainsi, le vrai produit économique offert par l'État-entreprise vénitien était l'accès au commerce mondial. Un producteur de céréales ou de produits de luxe, en contact avec la Méditerranée, pouvait par ce service et moyennant le payement d'une taxe accéder à un marché mondial.

Pour ce qui est du payement, Venise va inventer la banque moderne. Elle va non seulement utiliser la comptabilité à double entrée (recettes et dépenses) des banquiers lombards, mais elle va aussi se lancer dans le crédit au sens moderne du terme. Les banquiers lombards prêtaient déjà aux rois pour leurs dépenses fastueuses ou militaires et ces prêts étaient en monnaie sonnante et trébuchante, mais les banquiers vénitiens vont émettre du crédit, c'est-à-dire de la monnaie scripturale adossée à de la monnaie réelle. Ces crédits ne vont plus être seulement destinés aux rois et aux puissants, mais aussi aux marchands et aux premiers industriels. Ils installent des bureaux de change dans les plus grandes places commerciales d'Europe.

La première banque a été créée à Venise en 1151. L'émission de monnaie réelle en or et en argent est sous le contrôle exclusif de la Zecca, qui est un organe d'État plus proche des Banques Centrales contrôlées par l'État telles que proposées par les keynésiens et les néo-keynésiens, que de la Banque Centrale indépendante décrite dans cet essai. Venise va faire crédit au Saint Empire Romain Germanique en échange de l'argent des mines de Bohème et de Hongrie. Cet argent, très apprécié en Orient, va être exporté en échange de l'or d'Inde, de Chine et d'Afrique.

À partir de la moitié du XIIe siècle, l'or oriental était pillé par les Mongols en Chine et en Inde. Autrement, il provenait des mines du Soudan et du Mali. Les Vénitiens échangeaient cet or contre de l'argent surévalué provenant du Saint Empire Romain Germanique.

Dans les territoires conquis en Chine et en Inde, les Mongols remplacèrent l'or par la monnaie d'argent. Les échanges avec les Vénitiens se faisaient en Perse et sur la Mer Noire, où l'or était échangé contre de l'argent européen.

Deux fois par an, Venise organisait un « convoi des lingots » par des galères armées et escortées vers la Méditerranée orientale. Chargés principalement d'argent, les navires retournaient à Venise chargés d'or.

Les alliances de Venise lui assuraient le commerce exclusif avec l'Égypte, exclusivité accordée par le pape Jean XXII. Et cette exclusivité lui permettait de surévaluer l'argent par rapport à l'or en Orient et d'émettre de la monnaie en or à un prix plus élevé en Occident. Entre 1250 et 1350, les financiers vénitiens mirent sur pied une structure de spéculation mondiale sur les monnaies et sur les métaux précieux qui rappelle par certains aspects l'immense casino moderne des « produits dérivés ».

On peut faire un parallèle avec le système de Bretton Woods, où les USA avaient la quasi-exclusivité du commerce de l'or par la convertibilité du dollar en or et la domination du stock d'or de la FED. Tous les autres systèmes financiers dépendaient de la FED.

En résumé, il existe une seule économie capitaliste mondiale, Venise, avec une seule source de crédit adossé à de l'or, les banques vénitiennes, le tout contrôlé par une « Banque Centrale » au service de l'État, la Zecca. Si on ajoute que la principale entreprise est l'État à travers l'Arsenal et que le tout est financé par des taxes élevées, on a un système keynésien. Le rapprochement est encore plus marquant si on ajoute que la dette de l'État est supposée sans risque, qu'il n'y a pas de différence de nature entre la monnaie réelle et la monnaie scripturale, qu'il n'y a pas de correspondance entre richesse existante et monnaie réelle, et enfin que l'ajustement se fait par l'inflation. De plus, tout comme dans la proposition d'Hyman Minsky dans « Stabiliser une économie instable », le rôle économique de l'État est de piloter la Banque Centrale, le déficit privé, le déficit public, et de lancer des grands travaux. L'économie que propose Hyman Minsky est celle du Big Government de la Sérénissime République de Venise[25].

Cette économie s'est écroulée pour deux raisons principales. D'une part, l'Espagne a pris le contrôle du commerce de l'or et de l'argent grâce à ses mines d'Amérique. D'autre part, le Big Government vénitien a sclérosé l'économie qui ne s'est pas lancée dans de nouvelles aventures technologiques et industrielles.

Pourtant, l'industrie vénitienne était très créative : dans la sidérurgie à Brescia pour ses canons, dans le verre à Murano, dans le textile, dans l'horlogerie, dans la construction navale et hydraulique. De plus, Venise était un centre important de l'édition en ayant importé la technologie du papier de Chine et la technologie de l'imprimerie d'Allemagne. Enfin la première loi de protection de la création intellectuelle, le brevet mo-

25. Thomas F. Madden, *Venice a new History*, Penguin Books, 2012, ISBN 978-670-02542-8.

derne, est né à Venise en 1474 par une loi connue sous le nom de « Parte Veneziana ».

Alors, quel est le problème ? Le problème est une machine capitaliste basée sur un système de crédit à un seul niveau. Les banques commerciales ne jouent pas le rôle de sélecteur de projet, elles sont là pour appliquer la politique de la Banque Centrale, la Zecca, qui elle est pilotée par le Big Government. Tant qu'il s'agit de grands projets comme construire l'Arsenal en 1104 ou d'organiser les convois maritimes, les « mude », tout va bien, mais quand il s'agit de diversifier l'industrie et de créer des écosystèmes économiques autour d'une technologie, ça ne marche plus du tout : le Big Government est lourd, lent, peu dynamique et surtout organisé en clans de hauts fonctionnaires qui n'ont rien à voir avec l'aventure industrielle[26]. Pour passer à la phase 2, la machine capitaliste a besoin d'une séparation des fonctions basée sur un système de crédit à deux niveaux. La Banque Centrale est indépendante et organise une compétition entre banques commerciales dont elle est l'arbitre neutre qui garantit le libre marché et qui lutte contre le pillage. Les banques commerciales choisissent les projets parmi ceux qui leur sont présentés et les industriels choisissent la banque commerciale qui offre le meilleur service en terme de taux et de stabilité du crédit. L'État cesse le Big Government dans la phase 2 et devient le garant de la monétisation par le dialogue social et l'impôt redistributif. Il devient l'acteur principal de la recherche scientifique et technique, aussi bien au niveau des laboratoires que dans le domaine de la transition vers les applications industrielles, qu'il promeut par une politique fiscale et réglementaire, dont l'objet est de toujours favoriser le coût intégré au détriment du coût ponctuel.

Bref, le Big Government marche très bien dans la phase 1 et dans une économie capitaliste mondiale dominée par un seul acteur. Les problèmes commencent après la phase 1.

Dans le cas particulier des années '60' qui ont suivi la reconstruction, ce qui a permis au Big Government de continuer à assurer la croissance économique, c'est la guerre froide. Cette guerre n'était pas si froide que cela, elle a semé mort et destruction dans le tiers-monde. Les effets néfastes du Big Government étaient donc moins visibles, mais néanmoins réels. La guerre froide a légitimé la création de domaines réservés à vocation technologique pour les applications militaires. Le transfert de ces technologies vers le civil a assuré la croissance économique. Les programmes militaires jouaient le rôle que jouait l'Arsenal pour Venise. Mais

26. On connaît cette situation en France où les technocrates ont en quarante ans seulement déstabilisé l'industrie française.

cette configuration a des limites.

Elle ne fonctionne que dans le cadre d'une économie unique, ici l'économie américaine, avec des économies secondaires et dépendantes, comme les économies européennes et japonaises. À cette époque, acheter un gros ordinateur nécessitait une autorisation : le marché n'était pas libre. En conséquence, il n'y avait pas de concurrence forte dans ce domaine. Autre exemple, l'aviation civile était dominée par Boeing et MacDonnel-Douglas, qui elles-mêmes finançaient la R&D par des contrats militaires. Ce type d'économie tend à se scléroser et de fait, les progrès technologiques ont été ralentis. Au lieu de développer des énergies renouvelables, on a assuré par la force militaire et par des guerres lointaines la continuation du pétrole. On avait dès les années '60' le savoir scientifique pour développer les énergies éoliennes et solaires, comme cela a été fait depuis les années '90'. Le Big Government a fait perdre trente ans.

En présence de plusieurs économies de tailles comparables, ce système ne fonctionne plus et les domaines réservés ne sont plus coordonnés. Une course s'engage alors pour démilitariser la technologie, ce qui provoque un boum technologique provisoire. C'est ce qui a été observé avec la micro-informatique. En France, la volonté de garder toute l'informatique sous le contrôle indirect de l'État a conduit à empêcher le pionnier français de la micro-informatique, R2E, de se développer indépendamment et sur la base de profits. Le Big Government a tué dans l'œuf la micro-informatique française.

Cependant, ce type d'économie capitaliste unique, basée sur le Big Government, a permis à la Chine de passer avec succès la phase 1. Et pour ne pas subir le même sort que sa petite sœur Adriatique, son défi est maintenant le passage dans la phase 2.

Ce qui rend le Big Government efficace dans la phase 1 est aussi ce qui le rend inefficace dans la phase 2.

La phase 1 est dominée par les investissements lourds et à long terme. Or, les investissements qui mobilisent beaucoup de capital initial et qui rapportent sur le moyen et long terme, doivent être pilotés par quelques très gros investisseurs, et ceux-ci doivent avoir des garanties de commandes de l'État pour limiter les risques. L'exemple type est la création par le gouvernement militaire de Corée du Sud de l'entreprise sidérurgique Posco avec le concours de l'entreprise TeaguTec. Mais dans la phase 2, celle de la diversification technologique, ce sont des acteurs économiques petits et moyens qui explorent les possibilités commerciales de technologies nouvelles. Le succès résulte d'une sélection darwinienne à partir d'une très grande diversité de choix. L'État et les très grandes entreprises sont structurellement homogènes dans leur vision économique, ils sont les plus mauvais acteurs pour créer cette diversité.

Si le Big Government keynésien n'est pas adapté à la phase 2 du capitalisme, l'État comme agent économique n'est pas inutile pour autant : son rôle change et il doit muter.

Ce nouveau rôle est double. D'un côté, il doit céder aux régions le rôle d'accompagnement des industries lourdes, et de l'autre, il doit promouvoir la diversité des tentatives de commercialisation de nouvelles technologies par des entreprises petites et moyennes.

Son seul rôle en tant qu'entreprise économique concerne les domaines réservés. Ceux-ci sont liés à deux contraintes. D'une part, la sécurité qui implique un contrôle de l'État dans l'industrie nucléaire ou l'industrie d'armement. Ce contrôle peut être direct ou indirect par la voie d'autorisation d'exportation ou de vente. D'autre part, il doit promouvoir l'aménagement du territoire, ce qui implique des contraintes pour assurer l'équité des citoyens quel que soit leur lieu d'habitation. Cela nécessite que l'État contrôle les grands réseaux nationaux comme les autoroutes, les voies ferrées, les canaux de navigation, etc. À nouveau, ce contrôle peut être direct par une participation au capital, ou indirect par la législation, mais il doit s'exercer.

Ces divers aspects seront présentés dans les sections du chapitre « Économie Politique pour un Monde Multipolaire Stable ».

Résumons les différences entre le modèle proposé ici et les approches keynésiennes comme celle d'Hyman Minsky.

Contrairement aux keynésiens, ce modèle ne suppose pas que la dette de l'État soit sans risque. D'une part, parce que même avec une économie dominée par un seul pays, comme les USA après la 1re guerre mondiale, des États peuvent faire faillite, comme l'Allemagne en 1923. D'autre part, parce que dans une économie multipolaire comme celle des années '80' avec les USA, le Japon et l'Europe, les faillites des États sont possibles : l'Argentine a fait défaut de sa dette.

Comme le montre l'étude précédente sur les deux types de crash, crash type Minsky ou méga-crash lié au pillage, la machine capitaliste peut fonctionner en mode de destruction des richesses si on la pilote avec les mauvais paramètres. Dans le cas de la déflation, la destruction est non-linéaire et peut brutalement mettre les États en faillite, y compris l'ensemble des États.

De plus, le fait d'adosser la monnaie à une réserve d'or ne suffit pas à garantir la stabilité et la non-faillite de l'État. Les deux économies qui ont concentré la plus grande portion d'or disponible pendant environ un siècle, à savoir le monde arabo-musulman après le pèlerinage de Kanga Moussa et l'Espagne du siècle d'or, ont produit des économies qui sont restées en faillite pendant des siècles.

Ces deux hypothèses keynésiennes, à savoir la dette de l'État sans risque et la monnaie stable adossée à l'or, sont invalidées par les faits.

L'autre différence majeure concerne la nature de la monnaie. Pour les keynésiens, la monnaie n'est qu'une *échelle de valeur* et non une *valeur*. Plus précisément, dans l'approche keynésienne, la monnaie ne représente pas la richesse existante, mais une convention, qui permet à l'État de répartir les richesses de façon à assurer le plein-emploi et le développement. Dans cette vision, la thésaurisation qui menace est celle des salariés : la consommation est le moteur de l'économie. En conséquence, les keynésiens se concentrent sur la monétisation. Celle-ci est pilotée par l'État au travers du secteur public et de la Banque Centrale, laquelle n'est pas indépendante.

Dans cette vision, le rôle de la banque commerciale est de conduire et réaliser la politique de crédit décidée par la Banque Centrale. Enfin, pour compléter la vision keynésienne, la Banque Centrale n'est que partiellement indépendante. Son capital est contrôlé par les principales banques commerciales, et l'endogamie entre dirigeants politiques et direction des grandes banques commerciales assure la cohérence de la politique de l'État et de celle de la Banque Centrale. Un ancien secrétaire d'État au trésor devient souvent directeur d'une grande banque de Wall Street et vice et versa.

Mais cette approche ne tient pas compte de la possibilité de thésaurisation massive par le pillage, de la dette massive non financée créée par l'économie des matières premières non-recyclables et des bulles crées par le processus de Minsky. De plus, dans un monde avec plusieurs Banques Centrales couvrant des zones économiques de tailles comparables, cette approche conduit soit à la guerre des monnaies et au dumping fiscal, soit au conflit idéologique pour mettre sous domination unique toutes les zones. Dit autrement, l'approche keynésienne ne permet pas de résoudre le dilemme de Triffin.

Dans le meilleur des cas pour cette approche, celui d'une nouvelle guerre froide qui isolerait les zones économiques, une économie keynésienne ramènerait, dans chaque zone séparément, la situation à celle de la Sérénissime République de Venise. Mais cela ne résoudrait pas le problème de la sclérose du développement quand la machine capitaliste ne passe pas en phase 2.

Dans cette liste déjà longue, il faut ajouter l'absence de distinction claire entre le circuit financier de l'entreprise et celui de l'assurance. Il n'est pas besoin de s'étendre sur ce sujet, les différences entre le modèle présenté ici et l'approche keynésienne sont suffisantes pour affirmer que le modèle proposé n'est pas keynésien. C'est un modèle monétariste contraire au néo-libéralisme.

6

Capitalisme et type de société

Le modèle présenté n'est ni keynésien ni néo-libéral, il est dans la continuité du capitalisme social de marché[27], c'est-à-dire de l'école de pensée allemande qui a permis la renaissance de l'Allemagne de l'Ouest après la 2e guerre mondiale. Dans cette école deux courants dominent : l'ordolibéralisme[28] plus proche des chrétiens-démocrates, et le libéralisme sociologique[29] plus proche des sociaux-démocrates. Tous les théoriciens de cette école de pensée ont été des opposants au communisme et au nazisme et la plupart a dû s'exiler durant les années '30' pour échapper à la persécution. Ils ont aussi rejeté le néo-libéralisme[30] et sa dérégulation, le laisser-faire sans limites, qui a conduit au crash de 1929. Pour le capitalisme social de marché, l'État est un acteur essentiel en tant que garant du libre marché, de la lutte contre toute forme de monopole ou d'abus de position dominante, et de l'indépendance de la Banque Centrale. C'est aussi un acteur de régulation des normes sanitaires et sociales, qui garantit un système de protection sociale et une classe moyenne dominante par l'impôt redistributif. Le capitalisme social de marché comprend tous les éléments du modèle économique qui sera proposé dans la 2e partie, à l'exception de la lutte contre le pillage et la régulation financière stricte. À l'époque, les produits financiers toxiques étaient peu nombreux et le débat était centré sur le rôle de l'État.

27. Dénomination introduite par Alfred Müller-Armack.
28. Walter Eucken, Franz Böhm.
29. Wilhelm Röpke.
30. Le terme néo-libéralisme est paradoxalement né dans le contexte de cette école, par un opposant au laisser-faire, Alexander Rüstow, mais son sens s'est complètement inversé depuis. Le terme lui même a été l'objet de débats lors du Colloque Walter Lippmann à paris en 1938.

Le capitalisme social de marché est le modèle qui a été suivi pour la reconstruction de l'Allemagne de l'Ouest et pour le projet européen initial. Il est à la base de l'euro et des statuts de la Banque Centrale Européenne. Mais à partir du gouvernement de Gerhard Schröder, l'Allemagne, et avec elle l'Europe, se sont éloignées du capitalisme social de marché pour se rapprocher du néo-libéralisme anglo-saxon. Ce mouvement s'est accentué avec Angela Merkel et Wolfgang Schaüble. Le résultat est un hybride où la dérégulation conduit la Deutsche Bank à accumuler vingt fois le PIB allemand en produits toxiques fin 2015, où la classe moyenne s'appauvrit et où les idées nationalistes, qui ont fait tant de mal à l'Allemagne et à l'Europe, renaissent en Allemagne sous la forme du parti AFD à l'Ouest et sous la forme du mouvement PEGIDA à l'Est. Il est à noter que les ex-citoyens de l'Allemagne de l'Est ont été trompés deux fois. En votant pour la réunification, ils pensaient rejoindre le capitalisme social de marché et bénéficier d'une transition pensée et guidée par l'État, alors qu'ils ont été les premiers à qui on a appliqué le néo-libéralisme et la théorie de l'émergence d'une économie « naturelle ». La crise dans laquelle ils ont été plongés a détruit une génération. Dans une population qui a connu le nazisme et le communisme, ce n'est certainement pas la meilleure façon d'introduire la démocratie. Ils ont été trompés une seconde fois par d'Angela Merkel qui leur a vendu le projet européen comme suivant le capitalisme social de marché, alors qu'elle-même tendait à le remplacer par le néo-libéralisme : en étant laxiste vis-à-vis des supers-managers et des oligopoles, tout en demandant constament de la rigueur aux salariés, elle a détourné la théorie du capitalisme social de marché et créé des boucs émissaires. Le capitalisme social de marché est basé sur la rigueur dans la gestion des comptes de l'État, c'est-à-dire sur les impôts et les dépenses, mais aussi sur la rigueur vis-à-vis des entreprises et de leur devoir envers la société. En ne gardant que la rigueur pour les salariés et en absolvant tous les comportements des supers-managers, elles fait porter à autrui, les autres États européens, l'UE et les syndicats, l'appauvrissement de la classe moyenne allemande dont elle est responsable. Ces points seront développés dans le 2e partie.

En phase 1, le capitalisme est compatible avec l'autocratie plébiscitaire, mais ensuite il y a blocage, du moins pour l'instant. Il faut attendre le résultat de l'expérience russe de port-franc high tech pour voir si une adaptation, dans un cadre limité, le rend compatible pour passer à la phase 2. Par contre, le capitalisme au sens d'Adam Smith dans le cadre d'une société horizontale permet le passage à la phase 2 sans problème.

Pour passer dans la phase 2, une démocratie représentative récente dont la société est encore verticale, doit lancer une évolution culturelle du type de la « Movida » espagnole. C'est la difficulté de cette étape, qui explique la situation politique en Pologne en 2016. Pour passer en phase 2, une partie de la société entame une évolution culturelle, laquelle provoque une réaction de blocage d'une autre partie de la société. Celle-ci, une fois au pouvoir, fait évoluer le pays vers une autocratie plébiscitaire. La première victime de cette évolution est la liberté de la presse. En Pologne, durant la réunion de l'OTAN de juillet 2016, la traduction du discours du Président Barack Obama a entièrement inversé le sens du texte, lui faisant dire des compliments alors qu'il s'agissait de critiques. Les médias de Corée du Nord n'auraient pas fait mieux. Ainsi, une Movida manquée est un processus qui transforme une jeune démocratie représentative en autocratie plébiscitaire. C'est ce qui s'est passé en Hongrie et c'est ce qui est en cours en Slovaquie. La Pologne de Lech Walesa et de Solidarnõsc semble mieux résister.

Quant aux sociétés claniques, elles sont très bien adaptées à une démographie très diluée : peu d'habitants sur un très grand espace. Tant que la péninsule arabique était peu peuplée, la loyauté absolue au clan ou à la tribu ne s'opposait pas à une enveloppe formelle, appelée État, dont l'objet était strictement limité à la politique étrangère. De fait, la non-unicité de l'État n'a posé aucun problème aux États du Golfe et à l'Arabie Saoudite tant que leur population était peu nombreuse. Mais celle-ci a décuplé en vingt ans. Il ne s'agit plus de trouver un compromis entre une centaine de princes des différentes tribus, mais entre des dizaines de milliers princes, ce qui explique la situation actuelle. Il se peut que la politique de lutte contre daesh des gouvernements d'Arabie Saoudite et du Qatar soit crédible, mais que ces gouvernements ne soient plus en mesure de mener une politique étrangère. La politique officielle est alors une parmi plusieurs des politiques étrangères effectives du pays.

D'une certaine façon, un parallèle se dessine avec les sociétés démocratiques encore verticales qui essayent de lancer une évolution culturelle et qui provoquent une réaction. L'histoire des pays de la péninsule arabique de 1970 à 2016 montre que le capitalisme n'est pas compatible avec ces sociétés, car elles ne permettent pas la création d'une classe de travailleurs, transversale aux clans : soit un clan est vaincu et mis en esclavage, soit ses hommes n'ont pas de comptes à rendre à un directeur d'usine. De fait, pendant longtemps les flots d'argent n'ont servi qu'à acheter des bijoux et des armes pour faire des défilés militaires. La situation a changé avec l'économie de pillage néo-libéral, qui elle, est tout à fait compatible avec des sociétés claniques. Les règles de conduite des razzias et du partage du butin ne sont pas différentes des règles du néo-libéralisme. Par le néo-libéralisme, l'absence de classe de travailleurs autochtone a été comblée par l'achat d'esclaves temporaires dans les pays pauvres, des travailleurs immigrés sans aucun droit. Ce sont ces travailleurs qui ont construit les infrastructures de ces pays. Mais ce système arrive à son terme. Une population nombreuse rend la gestion des équilibres sans véritable outil étatique, à la fois à l'intérieur des clans et entre clans, quasi-impossible. Tant que la population était peu nombreuse, l'économie du pétrole était semblable à l'économie traditionnelle. Il s'agissait de se partager un butin ou une rente pétrolière ce qui était assimilable à un tribut payés par un peuple vaincu. Mais avec une population jeune, nombreuse, collée à internet et avide de participer à un monde dont elle est, jusqu'ici, restée spectatrice, cela ne fonctionne plus.

De plus, la possibilité de se draper dans la défense de la religion pour légitimer une révolte dont le but est le pouvoir, permet à une partie de la jeunesse de s'attaquer au système. Peut-être le projet exposé dans « Saudi'Arabia Vision 2030 » et défendu par les nouveaux dirigeants d'Arabie Saoudite, est-il une réponse à cette situation. Si c'est le cas, et si ce projet construit un modèle original à la fois compatible avec les traditions et le capitalisme, il est de l'intérêt de tout le monde qu'il réussisse. Car dans le cas contraire, la situation actuelle de violence au sein du monde arabe va s'amplifier. Et cette situation est structurellement une guerre contre l'Occident. Avec les pétrodollars occidentaux ces pays arment des factions en conflit, lesquelles sèment la mort et la désolation dans le monde arabe. Les populations arabes fuient massivement vers l'Europe qui n'a plus besoin de main d'œuvre et qui est affaiblie par le pillage néo-libéral. Cette absence de travail conduit ces populations dans des quartiers ghettos, où elles deviennent la proie de prédicateurs payés par les mêmes pétrodollars qui financent les destructions à l'origine de l'exil de ces gens. Les pays européens se trouvent alors pris dans cette guerre d'inadaptation clanique qui ne les concerne pas. C'est le commerce avec ces pays qui finance à la fois les massacres dans le monde arabe et qui entraîne l'Occident dans des conflits qui lui sont culturellement étrangers. C'est la réduction de ce commerce et du flux de pétrodollars, ainsi que le succès de projets comme « Saudi'Arabia Vision 2030 », qui peuvent sortir toutes les parties de cette impasse. Par ailleurs, si le projet « Saudi'Arabia Vision 2030 » échoue, mais si le flux de pétrodollars est massivement réduit, la péninsule pourra aussi retrouver la paix dans une société traditionnelle, plus frugale et à l'écart du monde.

La leçon que l'Occident peut tirer de cette expérience est que le commerce avec des sociétés qui ne sont pas compatibles avec le capitalisme, ou qui ne souhaitent pas le devenir, doit être très réduit dans l'intérêt de toutes les parties. Cette conclusion est l'exacte opposée du néo-conservatisme qui est la forme politique du néo-libéralisme. Les néo-conservateurs proposent comme alternative au capitalisme au sens d'Adam Smith le pillage néo-libéral, lequel est présenté comme une forme moderne du pillage classique pratiqué par les sociétés claniques. Ces sociétés pensent trouver là le moyen de rejoindre le monde moderne. Le résultat de la politique néo-conservatrice est la destruction des pays du monde arabe et l'exode massif de leurs populations vers l'Europe qui ne peut les accueillir que temporairement, sous risque de sombrer elle-même dans l'autocratie plébiscitaire. Pour sauver la démocratie représentative, l'Europe doit d'urgence sortir des énergies fossiles. Elle doit aussi sortir du nucléaire comme cela sera discuté dans la section « Cas particulier de la France » du chapitre « Économie Politique pour un Monde Multipolaire Stable »(2e partie).

Bibliographie

[1] Adam Smith, *The Theory of Moral Sentiments*, 1759, http ://www.econlib.org/library/Smith/smMS.html.

[2] Adam Smith, *An Inquiry into the Nature and Causes of the Wealth of Nations*, 1776, http ://www.econlib.org/library/Smith/smMS.html.

[3] David Ricardo, *On the Principles of Political Economy and Taxation*, 1821, http ://www.econlib.org/library/Ricardo/ricPCover.html.

[4] Alfred Marshall, *Principles of Economics.* London : Macmillan and Co., 1890, http ://www.econlib.org/library/Marshall/marP.html.

[5] Irving Fisher, *The Purchasing Power of Money.* New York : The Macmillan Co., 1911, http ://www.econlib.org/library/YPDBooks/Fisher/fshPPM.html.

[6] Arthur Cecil Pigou, *The Economics of Welfare.* London : Macmillan and Co., 1920, http ://www.econlib.org/library/NPDBooks/Pigou/pgEW.html.

[7] Arthur Cecil Pigou, "The Value of Money," *The Quarterely Journal of Economics*, vol. 32, no. 1, pp. 38–65, 1917.

[8] John Maynard Keynes, *The General Theory of Employment, Interest and Money.* Palgrave Macmillan, 1936.

[9] J. von Neuman et Oskar Morgenstern, *Theory of Games and Economic Behavior.* Princeton University Press, 1944.

[10] C. E. Shannon, *A mathematical theory of communication.* Bell System Technical Journal, 1948, vol. 27.

[11] Freidrich Hayek, *The Road to Serfdom.* Routledge Press, 1944.

[12] Milton Friedman , Anna J. Schwartz, *A Monetary History of the United States, 1867-1960.* Princeton University Press, 1963.

[13] John Rawls, *Téorie de la Justice.* Points, 1971, ISBN-13 : 978-2757814161.

[14] Wilhelm Röpke, *Crisis and Cycles.* willian Hodge and Co, 1936, https ://mises.org/library/crises-and-cycles.

[15] Wilhelm Röpke, *International Economic Disintegration.* willian Hodge and Co, 1942, https ://mises.org/library/international-economic-disintegration.

[16] Wilhelm Röpke, *The Social Crisis of our Time.* CHicago University Press, 1941, https ://mises.org/library/social-crisis-our-time.

[17] Wilhelm Röpke, *A Humane Economy.* Henry Regnery Company, 1960, https ://mises.org/library/humane-economy.

[18] Wilhelm Röpke, *Economics of the Free Society.* Henry Regnery Company, 1963, https ://mises.org/library/economics-free-society-1.

[19] Walter Eucken, *The Foundations of Economics.* Springer, 1940.

[20] Robert Triffin, *Gold and the Dollar Crisis. The Future of Covertibility.* Yale University Press, 1960.

[21] Robert Triffin, "Gold and the Dollar Crisis : Yesterday and Tomorrow," in *ESSAYS IN INTERNALTIONAL FINANCE.* Princeton University Press, 1978, no. 132, https ://www.princeton.edu/~ies/IES_Essays/E132.pdf.

[22] Hayman Minsky, *Stabiliser une économie instable.* Les Petits Matins et Institut Veblen, 2016, ISBN 978-2-36383-186-6 , http ://www.lespetitsmatins.fr/collections/stabiliser-une-economie-instable/.

[23] Milton Friedman, *A Theory of the Consumption Function.* Princeton University Press, 1957, http ://papers.nber.org/books/frie57-1.

[24] Thomas F. Madden, *Venice a new History.* Penguin Books, 2012, ISBN :978-670-02542-8.

[25] Benoît Mandelbrot, *Fractales hasard et finance.* Éditions Flammarion, 2009, EAN13 : 9782081225107.

[26] Benoît Mandelbrot , Adlai Fisher, Laurent Calvet, "A Multifractal Model of Asset Returns," Department of Economics,Yale University, Cowles Foundation Discussion Paper #1164, 1997.

[27] Benoît Mandelbrot, *Une Approche Fractale des Marchés. Risquer, Perdre et Gagner.* Éditions Odile Jacob, 2004, ISBN : 2-7381-1536-5.

[28] Robert L Devaney, *A First Course in Chaotic Dynamical Systems.* Addison-Wesley Publishing Company, 1992.

[29] Bruce J. West , William Deering, "Fractal Physiology for Physicists : Lévy Statistics," in *PHYSICS REPORTS.* North-Holland, October 1994, vol. 246, no. 1,2.

[30] Jean-Philippe Boucheau , Antoine Georges, "Anomalous Diffusion in Disordered Media : Statistical Mechanism, Models and Physical Applications," in *PHYSICS REPORTS.* North-Holland, November 1990, vol. 195, no. 4,5.

[31] D. Sornette, "Critical Market Crashes," in *PHYSICS REPORTS.* North-Holland, 2003, vol. 378, no. 1, https ://arxiv.org/pdf/cond-mat/0301543v1.pdf.

[32] Misako Takayasu , Hideki Takayasu, "Fractals and Economics," in *Complex Systems in Finance and Econometrics.* Springer, 2011, pp. 444–463, https ://www.researchgate.net/publication/227183242_Fractals_and_Economics, ISBN : 978-1-4419-7701-4.

[33] J. K. Ralf Metzler, "The Random Walk's Guide to Anomalous Diffusion : a Fractional Dynamics Approach," in *PHYSICS REPORTS.* North-Holland, December 2000, vol. 339, no. 1.

[34] J. Price and E. Kelly, "Warren buffet : Genius or statistical anomaly," in *Proceedings of the first International Workshop on Intelligent Finance*, Melbourne Australia, december 2004, www.iwif.org.

[35] Aldo Shorno, *Les Dessous de l'Empire du Mal. Surmonter la faillite systémique du capitalisme néolibéral.* Éditions Baudelaire, 2015, ISBN : 979-10-203-0617-3.

[36] S. G. Payne, "A history of spain and portugal," in *THE LIBRARY OF IBERIAN RESOURCES ONLINE*, vol. 1, chapter 10 : http ://libro.uca.edu/payne1/spainport1.htm.

[37] Peter Shneider, *Berlin Now.* Pinguin Books, 2014, ISBN : 978-0-241-97083-6.

[38] E. Baltensperger, *Le Franc Suisse. L'histoire d'un succès.* Presses Polytechniques et Universitaires Rommandes, 2015, ISBN : 978-2-88915-104-02.

[39] E. Gramlich, *Subprime Mortgage : America's Latest Boom and Bust.* Rowman & Littlefield Publishers, 2007, ISBN-10 : 087766739X , ISBN-13 : 978-0877667391.

[40] Robert Reich , Jacob Kornbluth, "Inégalité pour Tous," documentaire produit par 72PRODUCTION, 2014, titre original "Inequality for all", http ://robertreich.org/.

[41] Charles H. Ferguson, "Inside Job," documentaire produit par Audrey Marrs et Charles Ferguson, 2010.

[42] Michael Kirk, Jim Gilmore, Mike Wiser, "The Warning," documentaire de la chaine TV internet Frontline, 2009, http ://www.pbs.org/wgbh/pages/frontline/warning/view/.

[43] Kate Davis , David Heilbroner, "Le Complot de Newburgh," documentaire produit par Kate Davis , David Heilbroner pour Covert Production, HBO, 2014, https ://www.youtube.com/watch ?v=JlHTmrq5Lfs.

[44] Vladimir Klyuev, Phil de Imus, and Krishna Srinivasan, "Unconventional Choices for Unconventional Times : Credit and Quantitative Easing in Advanced Economies," Fond Monétaire International (FMI), Tech. Rep., 2009.

[45] S. P. Z. Karen E. Dynan, Jonathan Skinner, "Do the Rich Save More ?" *Journal of Political Economy*, vol. 112, no. 2, pp. 397–444, 2004.

[46] Aristote, *Politique*, http ://remacle.org/bloodwolf/philosophes/Aristote/tablepolitique.htm.

[47] Alexandre Papanicolaou, Emilie Yannoukou, "Espoir sur le fil," documentaire produit par Persona production (France) et Co-produit par Elibo productions (Greece), 2013.

[48] Marie Maurice, "Le monde selon H&M," documentaire produit par Premières Lignes Télévision (France), 2015.

[49] I. Ziv, "Capitalisme," documentaire produit par Zadig Production, 2014.

[50] Thomas Piketty , Emmanuel Saez, "Income Inequality in the United States,1913-1998," *Quarterly Journal of Economics*, vol. 118, no. 1, pp. 1–39, 2004, https ://elsa.berkeley.edu/~saez/piketty-saezOUP04US.pdf.

[51] Thomas Piketty, *Le Capital au XXI siècle.* Éditions du Seuil, 2013, ISBN : 978-2021082289.

[52] Katherine Round, "The Divide," documentaire produit Dartmouth Films and Literally Films, 2015.

[53] Jean-Michel Meurice, "Des patrons et des hommes, 1950-1980," documentaire produit par ARTE France, 2014.

[54] Jérome Fritel, "L'Embuscade," documentaire produit par Brotherfilms, 2014.

[55] J. B. Taylor, "The Financial Crisis and the Policy Responses : An Empirical Analysis of What Went Wrong," NBER Working Papers #14631, National Bureau of Economic Research, 2009.

[56] Coline Tison , Laurent Lichtenstein, "Internet, la pollution cachée," documentaire produit par Camicas Production, 2012, http ://www.webdeveloppementdurable.com/internet-la-pollution-cachee-documentaire-france5/.

[57] Denis Delestrac, "Le sable, enquête sur une disparition," documentaire produit par Arte France, 2013.

[58] Alexis Barbier-Bouvier , Thierry Robert , Elena Sender, "Climat, pour quelques degréés de moins," documentaire produit par Arte France et Bonne Pioche, 2015.

[59] B. S. Bernanke, "Global imbalances : recent developments and prospects," Speech 317, Board of Governors of the Federal Reserve System (U.S.), 2007.

[60] B. S. Bernanke, "The Global Saving Glut and the U.S. current account deficit," speech delivered at the Homer Jones Lecture, St. Louis, April 14, 2005.

[61] E. Fama, "Efficient Capital Markets : a Review of Theoretical and Empirical Works," *The Journal of Finance*, no. 25, pp. 383–147, 1970.

[62] W. Max Corden and J. Peter Neary, "Booming Sector and De-Industrialisation in a Small Open Economy," *The Economic Journal*, vol. 92, no. 368, pp. 825–848, december 1982.

[63] Paul Krugman, "The narrow moving band, the Dutch desease, and the competitive consequence of Mrs Thatcher," *Journal of Development Economics*, vol. 27, pp. 41–55, 1987.

[64] Andrei Shleifer , Robert W. Vishny, "Value Maximization and the Acquisition Process," *Journal of Economic Perspectives*, vol. 2, no. 1, pp. 7–20, 1988.

[65] George A. Akerlof , Paul M. Romer, "The Economic Underworld of Bankruptcy for Profit," *Brookings Papers on Economic Activity*, vol. 2, april 1993.

[66] Satoshi Nakamoto, "Bitcoin : A Peer-to-Peer Electronic Cash System," www.bitcoin.org.

[67] Simon Barber , Xavier Boyen , Elaine Shi , Ersin Uzun, "Bitter to Better - How to Make Bitcoin a Better Currency," https ://crypto.stanford.edu/~xb/fc12/bitcoin.pdf.

[68] G. T. di Lampedusa, *Il Gattopardo.* Feltrinelli, 2007, ISBN : 978-88-07-81028-2.

[69] K. Daoud, *Meursault, contre enquèète.* éditions Actes Sud, 2016, ISBN : 2330064489.

[70] The Solar Foundation, http ://www.thesolarfoundation.org/wp-content/uploads/2016/01/TSF-2015-National-Solar-Jobs-Census.pdf, 2015.

[71] International Renewable Energy Agency (IRENA), http ://www.irena.org/DocumentDownloads/Publications /IRENA_Measuring-the-Economics_2016.pdf, 2016.

[72] Jacques Caplat, *L'Agriculture Biologique pour Nourrir l'Humanité.* Actes Sud, 2012.

[73] R. Bardget, *The Biology of Soil. A community and ecosystem approach.* Oxford Unversity Press, 2005, ISBN : 978-0-19-852503-5.

[74] Food and Agriculture Organization of the United Nations (FAO), "Guidelines for Soil Description," http ://www.fao.org/docrep/019/a0541e/a0541e.pdf, guidelines for Soil Description, 4th ed. FAO, Rome, 2006.

[75] Lucas A. Garibaldi et all, "Mutually beneficial pollinator diversity and crop yield outcomes in small and large farms," *Sciences*, vol. 351, no. 6271, pp. 388–391, January 2016.

[76] B.Bicken et all, "Des bactéries résistantes dans les boues d'épuration," *Horizons*, p. 37, January 2016.

[77] B.Bicken et all, "Degradation of Sulfonamide antibiotics by Microbacterium sp. Strain BR1-elucidating the downstream pathway," *New Biology*, vol. 32, no. 6, pp. 710–715, January 2015.

[78] Elsa Casalegno , Karl Laske, *Les Cartels du Lait, Comment ils remodèlent l'agriculture et précipitent la crise.* Éditions Don Quichotte, 2016, ISBN : 978-235-949-454-9.

[79] Joël Santoni et Jean-Charles Deniau, "Ces fromages qu'on assassine." documentaire produit Bo Film et France 3, 2007.

[80] Frédéric Biamonti, "Nucléaire, exception française." documentaire produit par Société de Production Morgane & Kami productions et France 3.

[81] Jean Baptiste Renaud, "Nucléaire, la politique du mensonge ?" documentaire produit par « Premières Lignes Télévision ».

[82] Myriam Tonelotto, "Thorium, la face gâchée du nucléaire." documentaire produit par Citizen Films, Innerversion, Juliette Films, MoreFilms, 2016.

[83] Julien Aubert , Barbara Romagnan, "Faisabilité technique et financière du démantèlement des installations nucléaires de base." ASSEMBLÉE NATIONALE : Rapport No 4428, http ://www.assemblee-nationale.fr/14/rap-info/i4428.asp, février 2017.

[84] Adrien pinon,Elisabeth Bonnet, "Centres commerciaux : la grande illusion." documentaire produit par Little Big Story et 13 Productions, 2015.

[85] O. Rosowsky, "Essais Thérapeutiques en médecine praticienne." *Prospective et Santé*, no. 6, pp. 100–113, 1978.

[86] O. Rosowsky, G. Salfati, A. Flachs, J. Foex, M. Minsky-Kravetz, B. Vincent, J. Goedert, B. Degornet, "Histoire Naturelle de 179 malades hypertendus traités pendant 3 ans par l'acébutalol chez 40 médecins généralistes." Édité par la Société Française de Médecine Générale et le département cardiovasculaire des laboraroires Spécia branche pharmaceutique de Rhône-Poulenc, 1981, Recherche multicentrique sur les résultats thérapeutiques et la pharmacovigilance au long cours, Étude de l'adhésion et de la non adhésion au traitement, facteurs tenant aux malades, aux médecins, aux médicaments.

[87] O. Rosowsky, J. Andral, J. Citée, "Le management des troubles de santé en médecine de ville." 2002, rapport d'une étude menée à la demande de l'Union Régionale des Médecins Libéraux d'Iles de France, et publié avec le soutien de G. de Pourvouville, GREGAS U 537 INSERM, http ://www.sfmg.org/data/generateur/generateur_fiche/963/fichier_rapporturml_o_rosowsky_scene_de_dangerb0103.pdf.

[88] O. Rosowsky, *La Casugraphie, le concept de « cas » selon R.N. Braun dans la gestion du risque en situation diagnostique « ouverte »*. Contrat de recherche CRI-INSERM Groupe IMAGE-ENSP, adaptation à la CLASSIFICATION INTERNATIONALE DES MALADIES, CIM 10ième révision.

[89] J. Lanier, *You are not a gadget.* Vintage books, 2011, ISBN : 978-0-307-38997-8.

[90] J. Lanier, *internet : qui possède notre futur.* Éditions Le Pommier, 2014, ISBN : 978-2-7465-0776-0.

[91] Rainer Werner Fassbinder, *Der Müll, die Stadt und der Tod (L'Ordure, la Ville et la Mort).* Suhrkamp, 1976.

[92] Manfred Gerstenfeld, *Behind the humanitarian mask, the Nordic countries, Israel, and the jews*, 2012, ISBN : 978-965-218-066-7.

[93] Xavier Harel , Olivier Lamour, "La Suisse, coffre-fort d'Hitler." documentaire produit par Little Big Story, France, 2016, http ://www.film-documentaire.fr/4DACTION/w_fiche_film/47937_1.

[94] Philippe Bensoussan , Jacques Tarnero, "Décryptage," documentaire produit par Sophie Dulac Production, 2003.

[95] Pierre Conesa, *Dr. Saoud et Mr. Djihad, la diplomacie religieuse de l'Arabie Saoudite*, 2016, ISBN : 978-2-221-19564-2 éditions Robert Laffont.

[96] Francis Fukuyama, *The end of History and the last man.* Free Press, 1992, ISBN : 978-0743284554.

[97] Roméo Dallaire, *Shake Hands with the Devil : The Failure of Humanity in Rwanda.* Da Capo Press, 2003, Général Roméo Dallaire, chef des casques bleus au Rwanda , ISBN : 978-0786715107.

[98] Patrick de Saint Exupéry, *Complices de l'inavouable, la France au Rwanda.* Editions Les Arènes, édition revue et augmentée, 2009, ISBN-13 : 978-2352040835.

[99] Anne Veron , Gadh Charbit, "RDA Le Mystère des Enfants Volés," documentaire produit par Licht Film et Public Sénat, 2016, https ://www.publicsenat.fr/emission/rda-le-mystere-des-enfants-voles-11236.

[100] James Rise, Eric Lichtblau, "Bush Lets U.S. Spy on Callers Without Courts," *The New York Times*, 2005.

[101] Michael Kirk , Jim Gilmore , Mike Wiser , Lind Hirsh , Ben Gold , Martin Smith, "The United States of Secrets." documentaire produit par Michael Kirk , Jim Gilmore , Mike Wiser pour Frontline, pbs.org, 2014, http ://www.pbs.org/wgbh/frontline/film/united-states-of-secrets/.

[102] James Spione, "Lanceurs d'Alerte , Coupables ou Héros." documentaire produit par Daniel J. Chalfen et James Spione pour Morninglight films et Naked Edge films, réalisé par James Spione, 2014.

[103] Hansjürg Zumstein, "SwissAir les derniers jours." documentaire produit par RTS pour l'émission « Temps Présents », 2006.

[104] Stéphane Manier , Raphaël Rouyer, "Diesel, le scandale français." documentaire produit par Galaxie Presse, 2012.

[105] Matthew Drutt, *In Search of 0,10 The Last Futurist Exhibition of Painting.* Fondation beyeler, 2015, ISBN : 978-3-906053-27-1, disponible sur http ://www.hatjecantz.de.

[106] Ian Loader, "Consumer culture and commodification of policing and security," *Sociology*, vol. 33, no. 2, pp. 373–292, may 1999.

[107] Claire Laborey, "Mainmise sur les villes." documentaire produit par Chamaerops Productions, Arte France, 2015, http ://http ://boutique.arte.tv/f10420mainmise_sur_villes.

[108] Herman Hertzberger, *Lessons for Students in Architecture.* Uitgeverij 010 Publishers, Rotterdam, 1991.

[109] Patrick Weil, *Le sens de la République.* Grasset, 2015, ISBN : 978-2-246-85822-5.

[110] Sue Peabody, *There are no slaves in France : the political culture of Race and Slavery in the ancien Régime.* Oxford University Press, 1996, ISBN-13 : 9780195101980.

[111] Byung-Chul Han, *Psicopolitca.* Editore Nottetempo, 2016, ISBN-10 : 8874526121 , ISBN-13 : 978-8874526123.

[112] Aldo Shorno, *Les dessous de l'Empire du Mal.* Éditions Baudelaire, 2015, ISBN : 979-10-203-0617-3.

[113] V. Klemperer, *LTI, la langue du IIIe Reich.* Éditions Sciences Humaines - Agora, 2003, ISBN : 978-2-26-613546-7.

[114] G. Orwell, *1984.* Éditions Gallimard, 1950, ISBN : 978-2-07-036822-8.

[115] J. Rifkin, *La Nouvelle Société à coût Marginal Zéro, l'Internet des Objets, l'Émergence des Communaux Collaboratifs et l'Éclipse du Capitalisme.* Éditions Les Liens qui Libèrent, 2014, ISBN : 979-10-209-0141-5.

[116] Peter Wolf, "Does an atom interferometer test the gravitational redshift at the Compton frequency ?" Rencontres de Moriond and GPhyS colloqium 2011, Gravitational Waves and Experimental Gravity, 2011.

[117] Michael Hohensee, "Matter-Wave Tests of the Einstein Equivalence Principle." Rencontres de Moriond and GPhyS colloqium 2011, Gravitational Waves and Experimental Gravity, 2011.

[118] Peter Wolf , Luc Blanchet , Christian J. Bordé , Serge Reynaud , Christophe Salomon , Claude Cohen Tannoudji, "Atom gravimeters and gravitational redshift," *NATURE*, vol. 467, no. 2, September 2010.

[119] H. Müller, A Peters , S Chu, "reply to Atom gravimeters and gravitational redshift," *NATURE*, vol. 467, no. 2, September 2010.

[120] M. Hohensee , H Müller, A Peters , S Chu, "Gravitational Redshift , Equivalence Principle , and Matter Waves," September 2010, arXiv :1009.2485.

[121] M. Hohensee , H Müller , A Peters , S Chu, "Equivalence Principle and Gravitational Redshif," September 2011, arXiv :1102.4362.

[122] Peter Wolf , Luc Blanchet , Christian J. Bordé , Serge Reynaud , Christophe Salomon , Claude Cohen Tannoudji, "Does an atom interferometer test the gravitational redshift at the Compton frequency ?" September 2010, arXiv :1012.1194.

La bibliographie des deux volumes a été regroupée par thématique.

Revue « Marché et Organisations »
L'Harmattan

Cahiers d'économie et de gestion thématiques dont le but est de promouvoir la recherche originale sur les relations de plus en plus étroites qui se tissent entre le marché et les organisations. Les acteurs économiques de taille, de puissance et de pouvoir différents dont les intérêts peuvent être convergents, complémentaires ou, le plus souvent, antagoniques, ont tendance à organiser les marchés. La raison du marché, pourtant, est la référence stratégique pour l'entreprise ainsi que pour les institutions publiques de décision économique.

Numéros parus :

N°1 : Artisanat. La modernité réinventée, 2006
N°2 : La petite entreprise, elle a tout d'une grande. De l'accompagnement aux choix stratégiques, 2006
N°3 : Tourisme et Innovation. La force créative des loisirs, 2007
N°4 : Le travail. Formes récentes et nouvelles questions, 2007
N°5 : Les universités et l'innovation. L'enseignement et la recherche dans l'économie des connaissances, 2007
N°6 : Entrepreneuriat et accompagnement. Outils, actions et paradigmes nouveaux, 2008
N°7 : Développement durable des territoires. Economie sociale, environnement et innovations, 2008
N°8 : Développement durable et responsabilité sociale des acteurs, 2009
N°9 : Gouvernance : exercices de pouvoir, 2009
N°10 : Le travail collaboratif. Une innovation générique, 2009
N°11 : Economie sociale et solidaire. Nouvelles trajectoires d'innovations, 2010
N°12 : Relations à la marque et marques de la relation. Regards croisés sur le management relationnel de la marque, 2010
N°13 : Les contrats au service de la recherche ?, 2011
N°14 : Le potentiel économique de l'Afrique subsaharienne, 2011
N°15 : Management de la distribution, 2012
N°16 : Territoire Vert. Entreprises, Institutions, Innovations, 2012
N°17 : Eco-conception, conception et innovation. Les nouveaux défis de l'entreprise, 2013
N°18 : Intelligence économique : entreprises et territoires, 2013
N°19 : La finance globale. Un monde fini, 2013
N°20 : La crise du « développement », 2014
N°21 : La Chine innove. Politiques publiques et stratégies d'entreprise, 2014
N°22 : Go East! Nouvelles Economies de Marché, 2015
N°23 : L'économie du changement, 2015
N°24 : Le temps des artisans. Permanences et mutations, 2015
N°25 : Innovations de proximité et esprit d'entreprise, 2016
N°26 : L'avenir des économies du Maghreb : entre inertie structurelle et envie de rupture, 2016/3 (n° 27)
N°27 : Le sport aux frontières du marché du travail, 2016
N°28 : Dynamiques internationales des entreprises, 2017
N°29 : L'univers du risque, 2017
N°30 : Les petites entreprises dans l'histoire industrielle, 2017

Collection « L'esprit économique »

fondée par Sophie Boutillier et Dimitri Uzunidis en 1996
dirigée par Sophie Boutillier, Blandine Laperche, Dimitri Uzunidis

Dernières parutions

► *Série Economie et Innovation*
N. ABBES, *L'entreprise responsable. De la responsabilité sociétale à la communication environnementale*, 2013.
Z. LIU, *Politiques d'innovation et pme en France. Une histoire de liens faibles*, 2013.
E. BESANÇON, N. CHOCHOY, T. GUYON, *L'innovation sociale. Principes et fondements d'un concept*, 2013.
F. PAUN, L. ALEXANDRE-LECLAIR, I. VAILEANU-PAUN, *Innover ou périr. Paroles d'experts*, 2014.
F. ABADA, *Individualiser son offre au moindre coût*, 2015.
S. MAHREZ, La division cognitive du travail dans le capitalisme postfordiste, 2016.
M.-J. POLLET-VILLARD, *L'innovation dans les services. cadre d'une analyse dynamique fondée sur les réseaux*, 2017.
B. CHRISTOPHE, *La décroissance écologique transforme l'entreprise*, 2017.
► *Série Le Monde en Question*
T. BRUGVIN, *Le commerce équitable et éthique. Opportunités et limites*, 2014.
W. AMEDZRO St-HILAIRE, *Le capital global et sa régulation*, 2014.
W. AMEDZRO St-HILAIRE, *Reconstruire l'Afrique. Nouvelle gouvernance et projet de développement*, 2014.
M. SANTI, *Misère et opulence. Chroniques d'austérité globalisée*, 2015
J.-M. BOUSSARD, *Les prix agricoles. Nouveau dialogue sur le commerce des bleds*, 2017
C. BASTIDON, O. GBAGUIDI A. GHOUFRANE, A. SILEM (dir.), *Commerce, investissement et développement durable en Afrique*, 2017.
L. BOURQUIN, *Europe 3.0 : le grand réveil, 2017.*
► *Série Krisis*
A. MARQUEZ-VELASCO, *Politique et économie. 10 mesures phares pour un monde meilleur*, 2015.
R. GOODFELLOW, *Le cycle des crises aux États-Unis depuis 1929. essai de systématisation de la conjoncture*, 2016.
M. LAUDET, *Aux origines de l'économie politique : Antoine de Montchrestien et son « traicte de l'oeconomie politique »*, 2016.
J. HUERTA DE SOTO, *La théorie de l'efficience dynamique*, 2017.
► Série *Clichés*
S. BOUTILLIER, D. UZUNIDIS (dir.), *La Russie européenne. Du passé composé au futur antérieur*, 2008.
R. VOLPI, *La négociation. Pain, paix, liberté*, 2009.
► *Série Cours Principaux*
B. NDIAYE, *Analyse économique de l'investissement en capital humain*, 2014.
P. BOUVIER-PATRON, *Economie et management de l'entreprise innovante. Réseaux, territoire et développement durable*, 2014.
J. KIAMBU, *Eléments d'analyse économique*
J.-P. MOCKERS, *Court traite d'économie et de politique économique*, 2016.
P.-Y. CARASCO, Prix de transfert et stratégies d'optimisation fiscale de la firme multinationale, 2017.
B. LANDAIS, *Les fluctuations économiques, une synthèse nouvelle*, 2017.
► *Série L'économie formelle*
F. DUHAMEL, A. DUNOYER de SEGONZAC, *La cocotte-minute financière. Petit précis de décomposition socio-économique*, 2012.
P. BRACONNIER, G. CAIRE (dir.), *L'économie sociale et solidaire et le travail*, 2013.
M. SANTI, *L'Europe. Chroniques d'un fiasco économique et politique*, 2013.
J. BERNARD, *La croissance. 10 points cruciaux*, 2013.
P.-A. LAMBERT, *Le temps de la rigueur. Fiscalité, protection sociale, mondialisation*, 2014.
F. BISMANS, *La grande récession : un autre regard sur des temps troubles (2007-2013)*, 2016.
B. SCHWENGLER, *De l'inflation à la dette publique : analyse des discours politiques*, 2016.

L'HARMATTAN ITALIA
Via Degli Artisti 15; 10124 Torino
harmattan.italia@gmail.com

L'HARMATTAN HONGRIE
Könyvesbolt ; Kossuth L. u. 14-16
1053 Budapest

L'HARMATTAN KINSHASA
185, avenue Nyangwe
Commune de Lingwala
Kinshasa, R.D. Congo
(00243) 998697603 ou (00243) 999229662

L'HARMATTAN CONGO
67, av. E. P. Lumumba
Bât. – Congo Pharmacie (Bib. Nat.)
BP2874 Brazzaville
harmattan.congo@yahoo.fr

L'HARMATTAN GUINÉE
Almamya Rue KA 028, en face
du restaurant Le Cèdre
OKB agency BP 3470 Conakry
(00224) 657 20 85 08 / 664 28 91 96
harmattanguinee@yahoo.fr

L'HARMATTAN MALI
Rue 73, Porte 536, Niamakoro,
Cité Unicef, Bamako
Tél. 00 (223) 20205724 / +(223) 76378082
poudiougopaul@yahoo.fr
pp.harmattan@gmail.com

L'HARMATTAN CAMEROUN
TSINGA/FECAFOOT
BP 11486 Yaoundé
699198028/675441949
harmattancam@yahoo.com

L'HARMATTAN CÔTE D'IVOIRE
Résidence Karl / cité des arts
Abidjan-Cocody 03 BP 1588 Abidjan 03
(00225) 05 77 87 31
etien_nda@yahoo.fr

L'HARMATTAN BURKINA
Penou Achille Some
Ouagadougou
(+226) 70 26 88 27

L'HARMATTAN SÉNÉGAL
10 VDN en face Mermoz, après le pont de Fann
BP 45034 Dakar Fann
33 825 98 58 / 33 860 9858
senharmattan@gmail.com / senlibraire@gmail.com
www.harmattansenegal.com

www.ingramcontent.com/pod-product-compliance
Lightning Source LLC
LaVergne TN
LVHW021146061026
849535LV00002B/373

* 9 7 8 2 3 4 3 1 2 6 1 2 8 *